알면 다르게 보이는

일본 문화

2

알면 다르게 보이는 일본 문화 2

초판 1쇄 펴낸날 | 2022년 5월 6일
초판 4쇄 펴낸날 | 2023년 11월 11일

지은이 | 강상규·이경수·동아시아 사랑방 포럼
펴낸이 | 고성환
펴낸곳 | (사)한국방송통신대학교출판문화원
　　　　주소　서울특별시 종로구 이화장길 54 (03088)
　　　　전화　1644-1232
　　　　팩스　(02)741-4570
　　　　홈페이지　http://press.knou.ac.kr
　　　　출판등록　1982년 6월 7일 제1-491호

출판위원장 | 박지호
편집 | 신경진
편집 디자인 | 티디디자인
표지 디자인 | 플러스

값 19,500원

알면 다르게 보이는

일본 문화 2

강상규·이경수·
동아시아 사랑방 포럼 지음

지식의날개

차례

들어가기

한일관계가 뜨겁다. 일본은 한국에게 어떤 존재일까? 또한 일본에게 한국이란 어떤 의미를 가지는 것일까? 서로 무시하고 지내면 그만이라고 생각할지도 모른다. 하지만 한국과 일본은 좋으나 싫으나 앞으로도 얼굴을 마주하고 살아야 하는 이웃이 아닌가. 지정학적으로 한일 양국은 싫어도 함께 살아가지 않으면 안 된다. 일본이 우리에게 불편하면서도 외면할 수 없는 존재라고 하면, 상대를 면밀히 관찰하고 깊이 알아가며 차분하면서도 성숙하게 대응해 나가는 것이 훨씬 지혜로운 일이 아닐까.

일본의 문화와 역사는 고대에서 지금까지 한국과 긴밀하게 연결되어 있다. 여러 면에서 한국과 닮아 있지만 또한 너무나 다르기도 하다. 그래서 일본을 곰곰이 바라보면 어느새 우리 자신을 거울에 비춰 보고 반추하게 되는 경우가 적지 않다. 그러면 무엇이 어떻게 유사하며 또한 어떤 차이들이 존재하는 것일까. 여기서 독자 여러분에게 질문을 던져 보자. 여러분은 일본을 생각하면 어떤 이미지가 떠오르는가.

이 질문을 드리면 한국의 기성세대 분들은 대체로 한일관계나 자신의 '경험'에 비추어 일본에 대한 인상을 언급하는 경우가 많다. 왜구, 섬나라, 천황제 국가, 풍신수길豐臣秀吉, 임진왜란, 일본 제국주의, 이

등박문伊藤博文을 비롯하여 메이지 유신, 사쿠라, 스모, 프로야구, 야쿠자, 가미가제, 신칸센新幹線, 경제대국, 지진의 나라, 사무라이, 게이샤, 가라오케, 엔카, 친절함, 부끄러움의 문화, 국화와 칼, 다테마에建前와 혼네本音의 이중성 등이 자주 등장하는 답변이다.

　반면에 젊은 세대들은 자신이 접해 온 '정보'에 기대어 답변하는 경우가 더 많다. 첨단산업과 과학이 발전하여 노벨상을 많이 수상한 나라, 애니메이션이나 망가가 재미있고 우동과 라면, 생선초밥, 맥주와 사케お酒가 맛있는 나라, 아이돌 스타, 청결함 등을 언급하는가 하면 할복, 역사 왜곡, 경제동물, 독도 분쟁, 이지메 문화 등으로 이질감을 느낀다는 지적도 빈번하게 듣는다. 최근에는 아베, 후쿠시마 원전 사고, 방사능 오염수, 군사대국화, 우경화와 같은 대답도 부쩍 많아졌다.

　여기에 거론한 용어나 개념이 일본을 이해하는 데 모두 중요한 의미를 지닌 키워드이며, 이들 하나하나가 일본을 구성하는 중요한 퍼즐 조각이라고 해야 할 것이다. 각각의 키워드에는 밝음과 어두움의 이미지가 제각기 투영되어 있겠지만, '국화와 칼'처럼 이질적으로 보이는 두 세계는 기묘하게 서로 맞닿아 있고 가까이에서 공존하고 있다. 따라서 일본에 대한 한국인들의 이해 수준이 이러한 키워드를 그저 단편적으로 나열하는 데 머무르고 만다면, 일본을 종합적으로 이해하고 있다고 말하기 어려울 것이다. 살아 있는 일본을 이해하려고 한다면 다른 느낌을 주는 여러 퍼즐이 어떻게 어우러져 역동적으로 작동하는지 입체적으로 통찰할 수 있어야 할 것이다.

　그러면 이제 질문의 방식을 조금 바꿔 보기로 하자. 일본은 한반도와 역사적으로 도대체 어떻게 이어져 있는 것일까? 그리고 일본 역사는 어떻게 전개되어 왔을까? 일본의 역사에서 사무라이 세력이 지배층으로 부상한 것은 언제부터일까? 일본에서 천황은 어떤 존재이며, 역사적으로 천황의 위상에는 어떠한 변화가 있었던 것일까? 섬나라 일본이 강력한 해양세력으로 부상한 배경은 무엇이며, 메이지 유신으로 일본이 세계적으로 도약할 수 있었던 이유는 무엇일까? 일본은 왜 전쟁의 가해자이면서 피해자 의식이 강한 것일까? 일본 국민은 일본의 전쟁 책임이나 식민지 책임을 어떻게 생각하고 있을까? 일본은 민주주의 국가로 분류되지만 민주주의를 쟁취하기 위해 어떤 시민혁명의 경험을 갖고 있을까? 패전국 일본이 전후 신속하게 세계적인 경제대국으로 부상할 수 있었던 주요한 요인을 어떻게 설명해야 할까? 근대 이후 일본은 스스로를 아시아와 서양 어느 쪽에 속한다고 생각해 왔을까? 일본에서는 왜 야당 세력이 약할까? 일본 시민들은 후쿠시마 원전 사고가 현재 수습되어 가고 있다는 일본 정부의 발표를 진심으로 믿는 것일까? 현재 일본의 경제력이나 국가 경쟁력은 세계적으로 어느 정도 수준일까?

이러한 문제들 하나하나가 일본과 함께 살아가야 하는 우리에게 매우 중요한 의미를 갖는다. 한국의 위정자들이나 국민들은 이런 문제에 얼마나 합리적인 답변을 할 수 있을까.

만일 여러분이 일본 정치가의 어떤 행동이나 발언에 분노하고 화가 난 경험이 있다면, 비분강개悲憤慷慨를 넘어 이러한 문제에 보다 본격적인 관심을 가지고 대응해 나갈 필요가 있을 것이다. 한일관계를 풀어 가는 해법은 서로에 대한 맹목적인 반감이나 혹은 무원칙한 화해의 손짓으로는 절대 마련되기 어렵기 때문이다. 양국의 시민들이 서로 열린 마음, 성찰하는 자세로 지속적인 관심을 만들어 나갈 때 비로소 보다 성숙한 소통과 상생의 실마리가 마련되고, 공통의 미래를 슬기롭게 열어가는 '생각의 근육', '지혜의 근육'도 키워 갈 수 있을 것이다.

　이번에 내놓는 《알면 다르게 보이는 일본 문화 2》에는 총 56편의 글이 수록되어 있다. 원고를 제출하고 토론에 참여한 분들 모두에게 깊은 감사의 마음을 전하고 싶다. 방송대 일본학과 학부와 대학원 일본언어문화학과를 거쳐 일본 전문가로 활약하고 있는 분들이 주축이 된 공부 모임인 '동아시아 사랑방 포럼'에서 발표하고 토론한 원고를 다듬어 하나로 엮은 것이다. 방송대 이경수 교수님이 지난 1권에 이어 이번에도 산파 역할을 담당해 주었다. 또한 원고를 사독해 주신 고성욱, 신재관, 박경애, 김영복, 홍유선, 김민철, 정은순, 황성자, 이주영 님께도 진심으로 감사드린다. 한일관계가 어려운 가운데 이렇게 두 번째 책을 내놓는 것은 일본을 바라보는 시선과 스토리텔링이 유연하고 다양하며 풍부해지는 것이야말로 상호간의 이해와 소통, 신뢰와 존중하는 마음을 만들어 가는 데 중요한 자산이 될 것이라고 믿고 있기 때문이다. 독자 여러분의 공감과 격려, 질정叱正을 부탁드린다.

저자를 대표하여
동아시아 사랑방 포럼 공동대표 강상규

이 책에 나오는 일본의 주요 지명

- 삿포로
- 아오모리
- 아키타
- 이와테
- 야마가타
- 미야기
- 센다이
- 니가타
- 후쿠시마
- 가나자와
- 나가노
- 돗토리
- 기후
- 도쿄
- 오카야마
- 고베
- 교토
- 아이치
- 히로시마
- 오사카
- 시즈오카
- 야마구치
- 다카마쓰
- 나라
- 후쿠오카
- 사가
- 마쓰야마
- 나가사키
- 구마모토
- 가고시마
- 미야자키
- 오키나와
- 오키노토리시마

동아시아와 한일관계의
연결고리

히로시마, 나가사키, 후쿠시마로 이어지는 일본 원자력의 여정

한국과 일본의 과거사 갈등을 이해하는 열쇠, 도쿄재판

일본의 최남단 오키노토리시마 이야기

히로시마, 나가사키, 후쿠시마로 이어지는 일본 원자력의 여정

강상규 (한국방송통신대학교 일본학과 교수)

3.11 동일본대지진과 함께 무너진 일본의 원자력 안전 신화

2011년 3월 11일, 일본 동북지역을 강타한 대지진과 쓰나미의 충격은 엄청난 것이었다. 그리고 이런 재난에 이어서 발생한 후쿠시마 원자력발전소^{이후 원전으로 표기}의 연속적인 폭발과 이로 인한 엄청난 양의 방사성 물질의 유출 사고는 어떤 드라마보다도 더욱 극적으로 진행되었다. 일본을 덮친 3중 재앙의 상황은 전 세계에 실시간으로 생중계되었으며 일본의 위기 대응 능력과 정치적 리더십의 무기력을 백일하에 드러냈다. 3.11을 통해 20세기 후반 내내 일본에서 견지해 오던 원자력 안전 신화는 멜트다운, 곧 완전히 녹아내렸다. 3.11이 일본 혹은 인류에게 던지는 메시지는 무엇인가?

지진의 땅, 피폭국의 체험 위에 세워진 원전대국

일본은 세계적으로 지진의 위험성이 가장 높은 곳이다. 일본 열도는 4개의 거대한 플레이트 경계 위에 자리 잡고 있기에 지각이 매우 불안정하다. 태평양 플레이트, 유라시아 플레이트, 북아메리카 플레이트와 필리핀 플레이트가 접하고 있는 지점에 일본 열도가 존재하는 것이다. 따라서 '일본 열도가 지각변동에서 생겨난 만큼 일본의 어디에서 산다고 해도 지진에서 안전한 곳이 없다'라는 것은 일본인이면 누구나 알고 있는 확고부동한 상식이다.

지구의 지각(地殼) 구조와 일본 열도　　©김승한

　대지진이 일본에서 언제 어느 곳에서든 일어날 수 있다는 사실은 일본 정치와 사회를 이해하는 데 매우 특별한 의미를 지닌다. 왜냐하면 이런 자연 조건은 일본인들의 일상 속에 '불안감'과 '위기의식'을 심어 놓았고, 더욱 안전한 일본의 구축이라는 소명 의식과 꼼꼼한 대비 태세, 아울러 암묵적으로 단결과 조화의 일본 문화를 형성하는 주요한 토대이자 배경이 되었기 때문이다.

　그런데 2011년 3.11 대재앙 사태를 보면서 이해할 수 없는 것은 언제든지 강력한 지진이 발생할 수 있다는 일본 열도의 '구조'적 특성을 무시한 채 일본에 54기에 이르는 원전이 가동되어 왔다는 사실이다. 더욱이 일본의 원자력 발전 전력량은 놀랍게도 미국, 프랑스에 이어 세 번째로 높다.

　이런 당혹스러움은 일본이 지구상에서 원자폭탄에 피폭당한 유일한 국가라는 매우 특별한 '역사'적 사실을 상기하면 더욱더 커질 수밖에 없다. 히로시마에서 14만 명, 나가사키에서 7만 명으로 추정되는 이들이 단기간에 사망했으며, 간신히 살아남은 이들은 이후 피폭자라는 멍에를 짊어지고 평생을 살아야 했다. 그렇다면 이런 특별한 지질학적 구조와 역사적 체험을 해 온 일본이 어떻게 원자력에 대한 거부감과 불안감을 접어 두고 그동안 원전 대국이라는 입지를 다져 올 수 있었던 것일까?

'원자력의 평화적 이용'이라는 슬로건

1942년 미국은 '맨하탄 프로젝트 Manhattan Project'라는 이름으로 비밀리에 핵무기 개발에 착수하여 원자폭탄의 실제 사용을 통해 2차 세계대전에 종지부를 찍었다. 그리고 전쟁이 끝나자 이제 세계는 자본주의와 사회주의라는 두 개의 대립적인 진영으로 나뉘면서 '냉전 Cold War'으로 돌입, 핵무기의 개발에 사활을 걸며 몰입해 들어갔다. 1949년 8월 소련이 핵실험에 성공하자, 한국전쟁 중이던 1952년 11월 미국은 수소폭탄 실험에 성공했고 1953년 8월에는 소련도 수소폭탄을 개발했다. 수소폭탄의 위력은 가히 상상을 초월해서 히로시마에서 터졌던

히로시마(좌), 나가사키(우)에 투하된 원폭에서 피어오르는 버섯 구름

핵폭탄의 수백 배에 달하는 것이었다.

그런데 이런 상황에서 '전쟁과 죽음'의 수단이던 공포의 핵무기가 '평화와 건설'의 도구로 전환될 수 있다는 논리가 국제 무대에 등장했다. 한국전쟁이 종료된 지 얼마 되지 않은 1953년 12월 8일, UN에서 행해진 미국 대통령 아이젠하워 Dwight D. Eisenhower 의 '평화를 위한 원자력 Atoms for Peace', 즉 '원자력의 평화적 이용'이라는 이름의 연설이었다.

아이젠하워는 이 연설을 통해 핵 개발로 인한 세계적 상황을 직시해야 한다고 강조했다. 요컨대 '핵 관련 연구와 개발을 군사적 목적이 아닌 평화적이고 경제적 활용이 가능한 방식으로 돌려놓아야 하며, 핵이 인류의 사회 경제적 조건을 향상시키는 도구가 될 수 있도록 해야 한다'는 것이었다. 그리고 핵무기 생산에 사용할 수 있는 핵분열 물질을 국제적인 통제 아래 두자는 국제원자력기구 IAEA 에 대한 구상도 제시했다.

이런 상황에서 미국 측 원자력 정책의 변화에 대한 긍정적인 반응이 미일동맹하에서 새로이 국제 무대에 등장한 일본에서 구체화되어 나타났다. 원폭을 맞은 지 채 10년도 되지 않은 1954년 3월 2일, '원자력 연구개발 예산'이 처음으로 일본 국회에 제출되어 통과된 것이다. 당시 원자력 예산 편성을 주도한 인물은 훗날 일본 총리의 자리에 오르는 당시 30대의 젊은 국회의원 나카소네 야스히로 中曾根康弘 였다. 이렇게 국회에서 원자로 건설계획 예산이 책정되면서 일본 정부는 드디어 핵 연구계획에 자금을 제공하기 시작한다. 이는 산업정책의 관점에서 원자력이 미래 에너지 정책의 일환으로 자리매김했기 때문이기도 했지만 보다 중요한 이유는 권력정치의 관점에서 핵을 둘러싼 전후 국제정치의 정황을 민감하게 느끼고 있었기 때문이기도 했다. 전후 일본 정치가들의 의식 속에는 한편으로 '원자력의 평화적 이용'이라는 명목으로 핵기술을 산업차원에서 수용하면서, 다른 한편으로는 핵무장이라는 미래의 선택지도 마련해 두겠다는 고민이 존재하고 있었던 것이다.

원자력이라는 '절대반지'의 치명적인 유혹

인류가 원자핵의 알갱이를 불안정하게 만들거나 쪼갤 수 있다는 사실을 알게 된 것은 20세기 초의 일이었다. 원자핵을 깨면 아주 강력한 힘으로 결합되어 있는 핵력이 어마어마한 에너지로 방출된다는 것이 차츰 알려진 것이다. 특히 우라늄이라는 대단히 큰 원자핵에다가 중성자를 부딪쳐서 원자핵을 흔들어 주면 원자핵이 불안정해지고 마침내 두 개의 파편으로 나누어지는 우라늄 핵분열 반응이 2차 세계대전 전야인 1938년 말 독일의 학자들에 의해 발견되었다. 우라늄 핵분열 반응에서는 일반적인 화학반응과 비교해서 '완전히 차원이 다른' 양의 에너지가 방출된다는 사실을 알게 되었고, 그것이 폭탄에 이용된다면 기존의 폭발물과는 도저히 '비교가 불가능한' 고성능의 폭탄이 된다는 점을 직감했다.

중요한 것은 시간과의 싸움이었다. '나치 독일이 먼저 원자탄을 제조하면 세계는 멸망할 것이다', '나치가 개발하기 전에 미국이 먼저 핵무기를 개발해야 한다'는 사명감에 불타는 과학자들이 1942년 미국이 극비리에 추진하는 '맨하탄 프로젝트'에 투입되었다. 세계대전 중에 사람들은 원자력의 안전성이나 거기서 생기는 갖가지 방사성 물질이 인간과 지구환경에 어떠한 영향을 미치게 될지를 숙고하기보다는 우선 그 압도적인 힘을 손에 넣는 것에 매진해 들어갔다.

원자핵 분열에서 발생하는 힘이 '비교 불가능한 압도적인 힘'이라는 사실에 생각이 미쳤을 때, 이제 원자력은 잠재된 인간의 욕망을 꿈틀거리게 하고 요동치게 만드는 '치명적인 유혹'일 수밖에 없었다. 그 힘을 장악한 자가 세상을 손에 쥐리라는 것은 누가 봐도 불을 보듯 명료한 사실로 보였기 때문이다. 비교 불가능한 압도적인 힘! 그렇다면 그 힘이 설령 온 세상을 재앙으로 내몰아간다고 하더라도, 아니 어쩌면 재앙으로 몰고 갈 수 있기 때문에 더욱 다른 존재가 그 힘을 소지하기 전에 자신이 먼저 장악하고 싶은 욕망은 정당할 뿐만 아니라 불가피하게 보였을 것이다. 이런 연유로 원자력을 장악하려는 인간들의 모습은 마치 톨킨 J.R.R. Tolkien, 1892~1973년의 《반지의 제왕 The Lord of the Rings》에서 묘사한 절대반지 The One Ring 의 마력에 빨려 들어가 '영혼조차 털려 버린' 존재들과 그대로 겹쳐진다.

핵무기로 2차 세계대전의 종지부를 찍은 이후에도, 원자력이라는 '비교 불가능한 압도적인 힘'을 경험한 인류는 절대반지의 유혹을 떨쳐버릴 수 없었다. 그것은 과거에 경험해 보지 못한 공포의 존재였지만, 죽음과 파멸을 불사할 만큼 매력적인 모습을 갖추고 있기도 했다. '원자력의 평화적 이용'이라는 이름으로 원전이 추진된 것은 이런 맥락에서였다. '원자력의 평화적 이용'은 원자력의 이미지를 '전쟁과 죽음'에서 '평화와 건설'로 완전히 뒤집는 발상의 전환이자 그 자체가 역사의 진보처럼 보였다. 이제 절대반지로서 거대한 원자력이 인간의 손바닥 안으로, 저마다의 일상 속으로 파고들어 왔다.

원자력에 대한 선망과 공포 사이: 아톰 vs. 고질라

전후 일본의 원자력 발전이 유력 정치가와 엘리트 관료들의 주도하에 추진될 때, 많은 일본의 과학자들은 일본이 미국에 패배한 것이 일본 과학이 충분히 발전하지 못했기 때문이며, 과학적 사고가 결여되어 있기 때문이라는 '자각'과 '반성'에 젖어 있었다. 이런 의식 속에서 발아한 과학적 합리성과 과학 만능적 지향 의지가 미래의 에너지로서 원자력을 수용하게 만들고, 원자력 에너지를 실용화하는 것이야말로 인류의 위업이자 과학기술의 위대한 성과이고, 역사의 필연적인 '발전' 방향이라는 믿음을 갖게 되었다. 이는 환언하면 결국 1945년 8월의 원자폭탄에 대한 경악할 만한 '공포'의 경험과 동시에 생겨난 그에 대한 엄청난 '선망'이 역설적으로 전후 일본인들의 의식 속에서 원자력의 도입을 받아들이게 했다는 것을 의미한다.

일본에 원자력에 대한 긍정적인 이미지가 빠르게 확산될 수 있었던 데는 공교롭게도 잡지 《소년》에 1952년 4월호부터 연재되기 시작한 만화작가 데즈카 오사무 手塚治虫 의 대표작 〈테츠완 아톰 鉄腕アトム〉의 공전의 히트에 힘입은 바가 크다. 한국에는 '우주 소년 아톰'으로 소개된 주인공 아톰은 전후 일본인들에게 매우 특별한 존재로 각인되었다. 아톰은 체구는 작지만 10만 마력의 엄청난 힘을 가진 로봇으로 거대한 몸집을 가진 나쁜 로봇들을 제압한다. 일본인들을 사로잡은 주인공 아톰을 움직이는 힘이 다름 아닌 원자력 Atom 이었다. 한편 아톰의 곁을 지키는 귀엽고 사랑스러운 여동생은 거대한 핵분열 반응을 일으키는 재료인 우라늄 Uranium 을 의미하는 우란 ウラン 이었다. 아톰은 원자력으로 움직이는 과학 문명의 첨단 아이콘이자 정의를 수호하는 존재로

서 일본인들의 마음속에 굳게 자리 잡았다. 그는 원자력을 상징하는 아이콘과 같은 존재였으며, 원자력 연구개발을 진행해 나가는 데 친화적인 환경을 조성해 주었다. 전후 일본 만화의 화려한 시작을 알린 '테츠완 아톰'은 이처럼 자연스럽게 '원자력의 평화적 이용'을 상징적으로 보여 주는 존재가 된 것이다.

그런데 동일한 시기에 일본을 비롯한 서방 국가에서 반핵 여론이 비등하는 사건이 발생하면서 사태는 예측 불능의 상황으로 번져가고 있었다. 그것은 아이젠하워 대통령의 '원자력의 평화적 이용' 연설이 나온 지 얼마 되지 않은 1954년 3월 1일 마셜 제도의 비키니섬에서 미국이 수소폭탄 실험 Castle Bravo 을 비밀리에 진행한 것과 관련되어 있었다. 비키니 핵실험은 예상보다 훨씬 큰 폭발력으로 안전지대라고 예측했던 인근 섬에 대피해 있던 마셜 제도 주민 236명과 함께 인근 해상에서 조업 중이던 일본 참치잡이 어선 '다이고 후쿠류마루第5福龍丸'의 선원 23명까지 피폭시킨 사건이었다.

비키니 해역에서 발생한 미국의 수소폭탄 실험 피폭 사고가 알려지면서 수산물 먹거리 등 방사능 오염에 대한 공포와 불안이 엄습했고, 원폭에 대한 반대 서명운동과 저항이 시작되었다. 이 사건은 히로시마와 나가사키에서 피폭당한 일본인들이 전후 내내 억눌러 왔던 반핵 감정과 반미 감정을 격렬히 자극하면서 일본 여론을 들끓게 했다. 일본의 가정주부를 중심으로 한 원자탄과 수소폭탄 금지 청원은 1955년까지 3200만 명에 달하는 일본인들이 청원서에 서명하는 미증유의 사태로 확산되었다. 일본 국내에서는 이 사건을 계기로 반핵 평화운동이 일어났고, 히로시마 피폭 10주년에 해당하는 1955년 8월 6일을 시작으로 '원자탄과 수소폭탄 금지 세계대회'가 매년 열리게 되었다.

데즈카 오사무의 〈테츠완 아톰〉

영화 〈고질라〉 포스터(1954)

한편 1954년 11월에 혼다 이시로^{本多猪四郎} 감독의 영화 〈고질라^ゴジラ, Godzilla〉가 개봉한 것은 이런 일본 내부의 반핵 움직임과 관련되어 있었다. 영화 〈고질라〉는 수소폭탄으로 유전자가 변형된 괴수 고질라가 일본을 파괴하는 내용으로 핵무기에 대한 일본인의 공포감이 적나라하게 반영되어 있으며, 일본에서만 961만 명의 관객을 동원했다. 원자력에 대한 '선망'이 아톰에 투사되어 있다면, 고질라는 일본인에게 수소폭탄의 '공포'를 상징하는 존재였다.

미국 CIA와 일본 미디어 합작의 프로파간다 활동

미국은 일본의 반핵 평화운동을 초조한 시선으로 주시하고 있었다. 미국으로서는 '원자력의 평화적 이용'을 세계에 선언하고 소련에 대항하는 핵전략을 실행해 나가려던 상황에서 예기치 못한 암초에 걸린 셈

이었다. 일본 측의 방사능 피폭에 대한 동요가 더욱 커지기 전에 '원자력의 평화적 이용'을 공세적으로 펼쳐 가려는 미국의 입장을 가장 잘 만족시켜 줄 수 있는 인물로 미국 CIA가 지목한 사람이 당시 요미우리讀賣 신문사와 일본 최초의 민간 TV 방송국 니혼 티브이日本テレビ 사장으로 있던 일본 미디어계의 거물 쇼리키 마쓰타로正力松太郎 였다. 그후 쇼리키는 원자력이라는 에너지가 자원이 부족한 일본에게 최적의 전력이라는 생각을 굳혔고, CIA와 함께 미국의 프로파간다인 '원자력의 평화적 이용' 이미지를 대중들의 의식 속에 각인시킬 방법을 모색하게 된다.

이후 쇼리키는 미국 CIA를 도와 다양한 이벤트를 통해 '원자력의 평화적 이용'이라는 프로파간다를 일본에 대대적이고 적극적으로 홍보함으로써 일본에 원전이 들어서는 사실상의 토대를 만들어 갔다. '원자력의 평화적 이용'에 관한 홍보가 확산되는 과정에서 주목해야 할 부분은 일본이 경험한 '원폭'과 앞으로 경험할 '원자력'이 전혀 성격이 다른 별개의 것이라는 인식을 대중들 속에 널리 확산시켜 일본 전역에 폭발적으로 비등했던 반핵 여론이 반反원전 여론으로 번지지 않도록 사실상 완전히 차단했다는 점이다. '원자력의 평화적 이용'이라는 조직화된 선전 활동이 대중에게 원자력이야말로 '과학이 약속한 밝은 미래로 가는 열쇠'라고 하는 광범위한 신념으로 확산되면서, 놀랍게도 피폭자를 비롯한 반핵운동본부에서조차 원자력의 평화적 이용을 적극적으로 수용하겠다는 입장 발표가 이어졌다. 후일 쇼리키 마쓰타로를 일본 원자력의 아버지라고 부르는 것은 이런 사정에서 연유한 것이었다.

일본 원자력의 안전신화

그러면 일본인들에게 존재하던 핵에 대한 두려움, 피폭에 대한 공포감은 어떻게 극복될 수 있었을까. 그 핵심은 일본에 들어설 원자력이 '절대 안전'하다는 것이었다. 일본 정부와 전력회사, 매스컴은 기회가 있을 때마다 원전이 '다중방호 시스템'이며 완벽에 가까운 기술로 통제하기 때문에 재해에 따른 사고는 사실상 일어날 수 없다고 강조했다. '절대 안전'의 선전에는 원자력 관련 분야의 전문가와 과학자들이 적극적으로 동참했다. 원전을 추진하면서 이익을 얻는 정치가와 기업, 매스컴, 전문가 집단이 하나가 되어 대대적인 장밋빛 홍보와 선전을 한 것이다.

이런 상황에서 영국은 1957년 윈즈케일에서, 미국에서는 1979년 쓰리마일 섬에서 원전 사고가 났다. 그리고 마침내 1986년 4월 26일 소련의 체르노빌에서는 원전 사고로 최악의 방사능 누출 사태가 발생했다. 이에 대해 일본은 여태껏 원전에 대형 사고가 일어나지 않고 있으며, 소련의 경직된 관료주의나 미숙한 기술력과는 차원이 다르다는 논리로 일본 원자력의 안전 신화를 유지해 나갔다. 이와 관련하여 2015년에 노벨문학상을 받은 알렉시예비치 1948~ 는 10년 넘게 집필한《체르노빌의 목소리》한국어판 서문에서 다음과 같이 매우 의미심장한 사실을 지적해 주고 있다.

"몇 해 전, 일본 홋카이도에 있는 토마리 원전을 방문한 적이 있다. 호텔 방 창문으로 그 모습을 처음 봤는데, 갈매기 날개처럼 하얀, 마치 해안에 착륙한 우주비행선같이 보이는 완벽한 구조였다. 토마리 원전 직원들은 자신들을 마치 데미우르고스, 즉 조물주처럼 생각하는 것 같았다. 내게 체르노빌에 대해 질문했다. 내 이야기를 들으며 연민을 담은 미소를 지었다. '우리가 일하는 원전에서는 절대로 일어날 수 없는 일'이라고 했다. '원전 건물 위로 비행기가 떨어져도 끄떡없고, 가장 강력한 지진, 규모 8.0의 강진도 견뎌낼 수 있다'고 했다. 하지만 이번에 일본 역사상 처음으로 규모 9.0의 지진이 발생했다. 현대인들은 자기 능력의 한계를 인정하려 하지 않는다."(《체르노빌의 목소리》(새잎, 2011) 한국어판 서문 중에서)

이처럼 체르노빌의 사건이 발생했음에도 불구하고, 일본의 원전은 절대 안전하고 일본의 원자력 기술은 지금 소련의 수준과는 다르며 따라서 안심해도 된다고 했다. 그러다가 결국 체르노빌 사고를 훨씬 능가하는 인류 최악의 원전 사고가 후쿠시마에서 발생한 것이다.

히로시마와 나가사키, 후쿠시마가 발신하는 메시지

원자폭탄이나 원자력 발전은 기본적으로 동일한 원리에서 출발한다. 더욱이 원자력이라는 에너지는 원전을 통해 현대 문명의 '혈액'이 되어 21세기 '문명' 세계와 우리들의 '일상'을 구성하고 있다. 그리고 원자력이라는 에너지를 최종적으로 채택하는 것은 다름 아닌 국가의 정책결정자들이 하는 '정치 행위'에 의해서이다. 널리 알려진 것처럼 핵무기와 원자폭탄은 20세기 후반 이후의 세계를 특징짓는 가장 뜨거운 정치적·국제정치적 이슈가 되어 왔으며 미래에도 그럴 것이다. 그런데 원전의 문제는 왜 과학, 에너지, 경제, 사회, 행정, 환경과 같은 차원에서만 국한해서 다루어지고 있을까? 원자력을 다루는 시각 혹은 프레임 자체를 한층 다층적이고 열린 시각으로 전환해야만 하는 이유가 여기에 있을 것이다.

다시 일본 이야기로 돌아가면, 19세기 이후 제국 일본과 21세기 경제 대국 일본의 행보에 제동을 걸었던 것은 아이러니하게도 모두 원자력이었다. 20세기에 극도로 부국강병을 추진해 가던 일본이 외부에서 날아온 원자폭탄에 무너져 내렸다면, 21세기에는 경제 대국으로 도약하려고 스스로 지진의 대지 위에 들여놓은 원전이 연쇄적으로 폭발하면서 다시 일본을 주저앉힌 것이다.

인류의 20세기는 에릭 홉스봄E. J. E. Hobsbawm의 표현을 빌리면 '극단의 시대'였다. 한편으로 인류가 과학기술혁명 등에 힘입어 전에 없는 풍요로움을 구가하게 되었는가 하면, 다른 한편으로는 역사에서 전례를 찾아볼 수 없을 정도의 대규모 전쟁과 핵무기의 등장, 군비경쟁의 악순환, 내란, 이념 대결, 집단적 광기와 학살, 혁명과 파괴와 같은 상처로 얼룩진 시대이기 때문이다. 인간의 영혼과 지구환경은 '절대반지' 같은 원자력의 치명적인 유혹에 의존하면 할수록 '골룸'의 형상처럼 병들어 갔다. 그것은 현대인의 단기적인 이익과 자기중심적 욕망을 채우기 위해 미래 세대의 생존 조건을 근원적으로 파멸하는 사악하고 어리석은 행위라는 것이 드러나고 있다. 인류는 이제 브레이크 없이 달리는 고속열차 위에 올라타고 말았는지 모른다. 파멸에 이르기 전 과연 누가 어떻게 절대반지를 파기할 수 있을 것인가. 인류는 절대반지의 유혹을 떨쳐 내고 세계를 구할 수 있을 것인가. 미래의 시선이 지금의 우리를 지켜보고 있다.

한국과 일본의 과거사 갈등을 이해하는 열쇠, 도쿄재판

박규훈(국세청, 변호사)

야스쿠니 신사에 합사된 A급 전범

도쿄에서 지하철을 타고 진보초神保町 역에 내리면 세계 최대의 고서점 거리가 펼쳐진다. 가판대에 쌓여 있는 헌책의 향기를 맡으면서 걸어 올라가다 보면, 왼편으로 깊은 해자와 수많은 벚나무가 에워싸고 있는 부도칸武道館을 만난다. 그 맞은편으로 눈을 돌리면 매년 8월 15일이 될 때마다 뉴스에 어김없이 등장하는 야스쿠니 신사靖国神社가 나타난다.

메이지 유신明治維新으로 수립된 신정부는 도쿠가와德川 막부와 보신전쟁戊辰戦争이라는 내전을 벌이는데, 야스쿠니 신사는 1869년 이 전쟁에서 전사한 장병들의 넋을 기리기 위해 건립되었다. 이후 야스쿠니 신사는 청일전쟁, 러일전쟁, 1차 세계대전, 만주사변, 중일전쟁, 2차 세계대전에서 전사한 군인, 군속 등에 대한 합사를 거듭하여, 현재 2,466,584명의 영령을 신으로 모시고 있다. 여기에는 식민지 조선과 대만 출신도 다수 포함되어 있다.

나카소네 야스히로中曽根康弘가 1985년 8월 15일 현직 총리로서는 처음으로 야스쿠니 신사를 참배한 이래, 고이즈미 준이치로小泉純一郎, 아베 신조安倍晋三 등 우리에게도 익숙한 후임 총리들이 참배를 이어

나갔다. 그때마다 한국, 중국 등 주변국들은 강하게 반발해 왔다. 그 이유는 도쿄재판에서 유죄를 선고받은 A급 전범이 야스쿠니 신사에 합사되어 있기 때문이다. 도대체 도쿄재판과 A급 전범이 무엇이기에 야스쿠니 신사 참배가 동북아시아 사이에 그토록 민감한 외교문제인 것일까?

일본의 항복으로 세워진 극동국제군사법원

수천만 명의 목숨을 앗아간 2차 세계대전은 1945년 4월 30일 히틀러가 자살하고 독일이 항복하면서 사실상 끝난 것처럼 보였다. 그러나 아시아에서는 그 후로도 몇 달 동안 전쟁이 지속되었다. 미국, 영국, 소련의 정상들이 7월 26일 일본에게 무조건 항복을 권유하는 포츠담 선언을 발표했지만, 일본이 이를 묵살한 채 항전했기 때문이다. 히로히토 裕仁 천황은 8월 15일 미국이 히로시마, 나가사키에 투하한 원자폭탄으로 무고한 사람들이 희생되고 나서야 비로소 '전쟁 종결의 조서'를 낭독했다.

미국은 9월 2일 군함 미주리 Missouri 호 갑판에서 일본에 항복문서 서명을 받아낸 후, 일본에 대한 점령정책을 차례로 펼쳐 나갔다. 아시아·태평양전쟁을 일으킨 일본의 지도자들에 대한 처벌도 그중 하나였다. 이를 위해 연합국 최고사령관 맥아더는 100명이 넘는 일본의 군부, 정·관계 주요 인사들을 전범 용의자로 체포했다. 또한 국제검찰국 International Prosecution Section 을 설치하여 누구를 어떤 죄로 기소할지 검토하는 작업에 착수했다. 이 과정에서 호주는 히로히토 천황의 처벌을 강력하게 요구하기도 했다. 그러나 맥아더와 연합국은 점령정책의

극동국제군사법원이 설치된 구 육군사관학교 강당 전경

원활한 수행이라는 명분을 앞세워 히로히토 천황의 책임을 묻지 않기로 결정하고 말았다.

이듬해 1월 19일 맥아더는 특별선언을 발표해 극동국제군사법원 International Military Tribunal for the Far East을 설치했다. 이를 바탕으로 연합국 미국, 영국, 중국, 소련, 프랑스, 네덜란드, 캐나다, 호주, 뉴질랜드 9개국과 그즈음 미국에서 독립한 필리핀(1946년), 영국에서 독립한 인도(1947년)에서 지명한 판사 11명으로 구성된 거대한 법정이 도쿄 이치가야의 구 육군사관학교 강당에 들어섰다. '도쿄재판'이란 바로 극동국제군사법원에서 열렸던 전대미문의 재판을 달리 부르는 말이다.

침략전쟁은 범죄인가

판사들과 마찬가지로 11개국에서 파견된 검사들은 1946년 4월 29일 아시아·태평양전쟁을 일으킨 전 총리대신 도조 히데키東條英機를 비롯한 피고인 28명에 대한 공소장을 극동국제군사법원에 제출했다. 공소장의 주요 내용은 피고인들이 1928년 1월 1일부터 1945년 9월 2일까지 동아시아, 태평양, 인도양을 지배하기 위한 공동모의를 하고 만주사변, 중일전쟁, 태평양전쟁 등을 일으키는 한편, 그 과정에서 민간인을 학살하고 포로를 학대함으로써 평화에 반하는 죄crimes against peace, 전쟁범죄war crimes 그리고 인도에 반하는 죄crimes against humanity를 저질렀다는 것이다.

검사들이 피고인들의 죄를 세 가지로 묶은 이유는 극동국제군사법원 헌장Charter of the International Military Tribunal for the Far East에서 도쿄재판이 다룰 수 있는 범죄를 그와 같이 한정했기 때문이다. 범죄의 정의를 간단하게 살펴보면 다음과 같다. 평화에 반하는 죄란 침략전쟁을 계획, 준비, 개시, 수행하거나 그러한 공동모의에 참가하는 행위, 전쟁범죄란 포로의 대우 등을 정한 전쟁 법규와 관습을 위반하는 행위, 마지막으로 인도에 반하는 죄란 전쟁 전 또는 전쟁 중에 정치적·인종적 이유로 박해하는 행위를 말한다.

이런 죄목으로 전범들을 법정에 세우겠다는 아이디어가 도쿄재판에서 처음 등장한 것은 아니었다. 미국, 영국, 소련, 프랑스는 1945년 8월 8일 런던에서 나치 독일의 전범을 처벌하기 위해 뉘른베르크재판International Military Tribunal을 열기로 합의했는데, 평화에 반하는 죄와 인도에 반하는 죄는 이때 만들어진 뉘른베르크 헌장에서 탄생했다. 극동국제군사법원 헌장은 뉘른베르크 헌장을 모델로 삼아 만들어졌다. 평화에 반하는 죄로 유죄가 선고된 피고인을 통상 'A급 전범'이라고 부르게 된 연유도 뉘른베르크 헌장 제6조 a항에서 평화에 반하는 죄를 두고 있었기 때문이었다. 그런데 뉘른베르크재판과 달리 도쿄재판에서 인도에 반하는 죄는 사실상 다루어지지 않았다. 원래 인도에 반하는 죄는 나치의 유대인 대량학살을 염두에 두고 만들어진 것인데, 일본의 경우에는 그와 같은 사례가 없다고 보았기 때문이다. 이 때문에 도쿄재판에서는 평화에 반하는 죄가 가장 중요한 위치를 차지할 수밖에 없었다.

도쿄재판의 역사적인 첫 공판은 1946년 5월 3일 열렸다. 기요세 이치로清瀬一郎 등 변호인은 평화에 반하는 죄가 2차 세계대전이 끝날 무렵 나치 독일과 일본의 전범들을 처벌하기 위해 사후적으로 만들어진 법에 불과하다고 항변했다. 그러자 조셉 키넌Joseph B. Keenan 수석 검사는 침략전쟁이 범죄라는 사실은 국제사회에서 이미 2차 세계대전 이전부터 상식이었다고 반박했다. 일본을 포함한 대다수 국가들이 1928년 체결한 부전조약不戰條約에서 더 이상 전쟁을 분쟁해결의 수단으로 사용하지 않기로 선언한 점을 내세웠다. 이처럼 평화에 반하는 죄를 둘러싸고 변호인은 '승자의 심판론'으로 도쿄재판의 권위를 허물려고 했고, 검사는 '문명의 심판론'으로 도쿄재판을 정당화했다.

'평화에 반하는 죄'로 유죄가 선고된 24명의 피고인들

도쿄재판은 개정 후 1948년 4월 16일까지 약 2년 동안 검사와 변호인이 제출한 방대한 증거 서류와 여러 증인에 대한 심리를 마쳤다. 그

도쿄재판의 판사들

가운데 웹 재판장, 오른쪽에서 세 번째 베르나르 판사, 왼쪽에서 첫 번째 팔 판사, 왼쪽에서 두 번째 뢸링 판사

로부터 약 7개월이 지난 1948년 11월 4일부터 재판장이었던 호주의 웹William Webb 판사가 판결문을 낭독했는데, 이는 판사 11명 중 7명만 참여하여 작성된 것이었다. 웹 재판장, 프랑스의 베르나르Henri Bernard 판사, 네덜란드의 뢸링B. V. A. Röling 판사, 인도의 팔Radhabinod Pal 판사는 각자 다수 의견에 반대하는 의견서를 별도로 제출했다.

판결은 재판 도중 정신이상을 보이거나 병으로 죽은 3명을 제외하고 24명의 피고인들에 대해 평화에 반하는 죄의 유죄를 인정했다. 일본이 일으킨 아시아·태평양전쟁을 침략전쟁으로서 범죄라고 본 것이다. 다만 마츠이 이와네松井石根에 대해서는 난징南京 대학살을 막을 책임을 다하지 않았다는 이유로 전쟁범죄에 대해서만 유죄를 인정했다. 이에 대해 팔 판사는 2차 세계대전 당시 전쟁을 일으키는 것은 국제법상 범죄가 아니고, 난징 대학살에 관한 증언을 믿을 수 없다는 이

피고인 신문을 위해 증인석에 앉아 있는 도조 히데키

판결 선고를 듣고 있는 히로타 고키

유로 피고인들 전원에 대해 무죄를 주장하여 일본에서 큰 반향을 일으켰다.

한편 판결은 피고인들 중에서도 아시아·태평양전쟁을 진두지휘한 도조 히데키, 중일전쟁 당시 외무대신이었던 히로타 고키広田弘毅 등 7명에 대해서 사형을 선고했다. 스가모巣鴨 형무소에 수감 중이던 이들에 대한 교수형은 판결이 선고되고 얼마 지나지 않은 12월 23일 집행되었다.

그러나 도쿄재판이 구현한 정의는 여기까지였다. 그 후 제2, 제3의 도쿄재판은 더 이상 열리지 않았다. 냉전과 한국전쟁의 영향으로 복역 중이던 나머지 피고인들과 재판을 기다리던 A급 전범 용의자들이 석방되었기 때문이다. 여기에는 아베 신조의 외할아버지이자 나중에 총리가 되는 기시 노부스케岸信介도 포함되어 있었다. 그러나 독일은 일본과 다른 길로 나아갔다. 뉘른베르크재판이 끝난 후에도 전범재판을 계속 열어 의사, 법률가, 기업가, 은행가에게 나치에 협력한 책임을 물었기 때문이다.

한국인에게 도쿄재판의 의미

일본 정치인의 야스쿠니 신사 참배가 문제되는 이유는 앞서 살펴본 것처럼 도쿄재판에서 인정된 전쟁책임을 부정하는 것으로 읽힐 수 있기 때문이다. 그러나 도쿄재판을 바라보는 한국인의 심정은 이에 그치지 않고 한층 더 복잡할 수밖에 없다. 도쿄재판이 일본의 한반도 식민지배에 대해서는 눈을 감았기 때문이다. 판·검사석에 앉아 있던 서양의 열강들 역시 아시아와 아프리카에 식민지를 거느린 제국이었기 때문에 일본의 제국주의 그 자체는 문제 삼지 않았던 것이다. 이 때문에 광복을 맞이한 조선은 도쿄재판에 판·검사를 보낼 수 없었다. 일본이 식민지 조선에서 저지른 일본군 '위안부', 강제징용과 같은 전쟁범죄가 다루어질 수 없었던 것은 어찌 보면 당연했다. 오히려 포로감시원으로 전쟁에 끌려간 조선인 청년들은 전쟁이 끝난 후 아시아 각지에서 열린 또 다른 전범재판에서 일본과 같은 가해자의 위치에 서게 되었다. 도쿄재판이 평화에 반하는 죄를 통해 지키려고 한 '평화'는 과연 누구를 위한 것이었을까? 불완전하게 끝나버린 도쿄재판은 한국과 일본이 지금까지도 과거사 문제로 갈등하게 만드는 원인을 제공하고 있는 셈이다. 우리가 도쿄재판을 기억해야 할 이유가 바로 여기에 있다.

일본의 최남단
오키노토리시마 이야기

김민철(유민국제법연구소 대표, 변호사)

일본의 최남단

　한국의 최남단은 어디일까? 어지간한 한국인이면 '마라도 馬羅島'라고 어렵지 않게 답할 것이다. 그러면 일본의 최남단은 어디일까? 문득 생긴 궁금증에 인터넷을 찾아보니 하테루마지마 波照間島 라는 답을 찾을 수 있었다. 오키나와 열도의 끝자락에 위치한 이곳은 일본 본토보다 차라리 대만이나 중국에 가깝다. 이 섬의 타카나자키 高那崎 라는 곳에 일본 최남단 평화의 비 日本最南端平和の碑 가 세워져 있다고 한다. 좌표는 북위 24도 2분, 동경 123도 48분이다.

　그런데 이는 사람이 사는 유인도에 한정했을 경우의 답이다. 비록 사람이 살진 않지만 실제 일본의 최남단은 일본 본토 남쪽 태평양 방면에 위치한 오키노토리시마 沖ノ鳥島 이다. 도쿄도 산업노동국 홈페이지에선 그 좌표를 북위 20도 25분, 동경 136도 5분으로 소개하며 일본 최남단 日本最南端 이란 설명을 추가하고 있다. 먼 바다에 있는 새의 섬. 그 이름만 보면 사람의 발길이 닿지 않은 아름답고 운치 있는 남국의 섬이 떠오른다. 그러나 실상은 약간 다르다. 바다 위로 불쑥 튀어나온 바윗덩이 두 개와 이를 둘러싼 산호초가 전부. 섬 도島자를 쓰지만 섬이라 하기엔 조금 어색해 보인다. 도쿄에서 약 1,700km 떨어져 있는

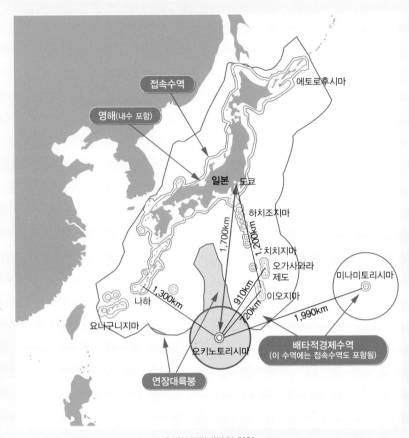

오키노토리시마의 위치

출처: 일본 해상보안청 웹사이트

오키노토리시마 전경

1980년대 후반부터 있었던 키타코지마와 히가시코지마의 콘크리트 보강 공사 후 사진으로 과거 두 바위의 모습과 다름.

출처: 일본 도쿄도 산업노동국.

이 두 개의 바윗덩이엔 키타코지마北小島와 히가시코지마東小島라는 앙증맞은 이름이 붙어 있다. 밀물 때엔 약 70cm가 해면 위로 나오며 면적은 9m²에 불과하다는 설명도 있다. 하와이 대학의 저명한 해양법 학자였던 존 반 다이크 Jon M. Van Dyke 교수는 1988년 뉴욕타임스 기고에서 이 두 바윗덩이를 '킹사이즈 침대만한 침식 중인 두 개의 작은 돌기'라 표현한 바 있다. 그 이래 킹사이즈 침대 king-size beds 라는 표현은 오키노토리시마의 대명사가 되어 버렸다. 일본에서도 비슷하게 4.5조와 1.5조의 다다미畳 면적이라 칭하기도 한다. 망망대해에 외로운 두 개의 바윗덩이. 새들이라도 찾아와 친구가 되어 주면 좋겠다는 마음에서 오키노토리시마沖ノ鳥島란 이름이 붙었을지 모르겠다.

역사

보잘것없는 바윗덩이 같지만 오키노토리시마에도 일본의 역사가 담겨 있다. 오키노토리시마가 세상에 알려진 계기는 다소 논란이 있지만 보통 스페인의 베르나르도 데 라 토레 Bernardo de la Torre가 서태평양을 탐험하던 중 1543년경 처음 발견한 것으로 소개된다. 1565년 스페인의 미겔 로페즈 데 레가즈피 Miguel López de Legazpi가 확인했다는 언급도 있다. 이처럼 16세기 스페인 탐험가들에 의해 존재가 확인된 오키노토리시마는 스페인 해도를 통해 파레세 벨라 Parece Vela 란 명칭으로 세상에 알려졌다. 파레세 벨라는 '돛과 같은 모양'이라는 뜻으로 산호초 전체 형상이 마치 범선의 돛과 비슷해서 붙여진 이름으로 보인다. 그 외에도 이곳을 찾았던 사람이나 배의 이름을 따서 더글러스 리프 Douglas Reef, 노틸러스 락 Nautilus Rocks 이라는 이름으로도 불렸다.

15~16세기 대항해시대를 지나 19세기 서세동점 시기에 이르기까지 아시아의 크고 작은 도서들은 서구열강의 지배에 놓이기도 했다. 오키노토리시마에서 비교적 가까운 괌Guam의 경우 스페인령을 거쳐 현재 미국령으로 되었다. 그러나 오키노토리시마는 상대적으로 서구열강의 관심을 받지 못했다. 섬이라고 하기에는 너무나 작은 탓에 그 존재가 알려지지 않았고 주변국의 다른 섬들과도 1,000km 이상 족히 떨어져 있어 외국의 영토적 야욕에서 비켜갈 수 있었으리라. 일본 역시 1888년 이전엔 이곳의 존재를 파악하지 못했다는 설명도 있다. 현재 행정구역상 함께 관리되고 있는 오가사와라 제도小笠原諸島 역시 오키노토리시마로부터 수백 킬로미터는 족히 떨어져 있다고 하니 그리 놀라울 일은 아니다.

그러던 중 일본은 1931년 6월 내무성고시 제163호를 통해 이 바윗덩이를 포함한 산호초 일대를 오키노토리시마로 명명하고 도쿄부 오가사와라 지청 관할 행정구역으로 편입시켰다. 당시는 메이지 유신 후 근대국가로 탈바꿈한 일본이 한참 대외팽창을 추진해 나가던 시점으로 1931년 9월 만주사변이 일어나기 불과 몇 달 전이었다. 일본은 1940년경부터 오키노토리시마에 비행장과 등대 건설을 추진했으나 태평양전쟁의 전황 악화로 공사는 곧 중단되었다. 그리고 2차 세계대전 패망과 함께 오키노토리시마가 속한 오가사와라 제도는 1968년 오가사와라 반환협정에 따라 일본의 관할로 복귀할 때까지 미국의 신탁통치하에 놓이게 된다. 이처럼 망망대해의 외딴 바위는 근대일본의 팽창과 좌절의 역사를 고스란히 함께 했다. 현재 키타코지마와 히가시코지마는 도쿄도 오가사와라무라 오키노토리시마東京都小笠原村沖ノ鳥島 1번지, 2번지라는 주소로 일본의 영토로 관리되고 있다.

망망대해 바위에 쏠린 세계의 시선

1930년대 일본이 자국령으로 오키노토리시마를 편입시킬 때만 해도 이 산호초 수역에는 키타코지마, 히가시코지마 외에도 수면 위 바위들이 서넛은 더 있었던 것으로 알려져 있다. 그러나 파도의 침식과 해수면 상승으로 모두 소실되고 키타코지마와 히가시코지마만 남게 되었다. 이에 일본은 1987년 오키노토리시마를 해안보전구역으로 지정하고 1993년까지 대대적인 콘크리트 보강과 시설공사를 실시했다. 자연 상태의 바위 주위를 둘러싸는 방식으로 대규모 공사를 실시하여 작은 바위들은 직경 50m가 넘는 콘크리트 갑옷을 입었다. 종전에 없던 인공시설물도 관측시설 등의 이름으로 주위에 새로 만들어졌다. 지금 자연 상태의 바위는 콘크리트로 둘러싸인 윗부분만을 살짝 엿볼 수 있을 뿐이다.

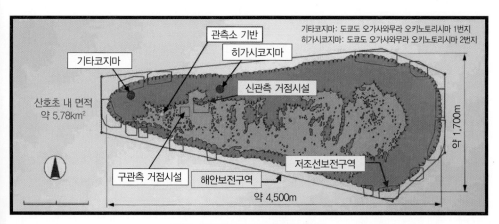

오키노토리시마 공사 후 시설 등 위치도

출처: 일본 국토교통성.

오키노토리시마는 이런 공사를 계기로 국제사회의 스포트라이트를 한 몸에 받았다. 엄혹했던 서세동점 시기에도 세상의 관심에서 비켜 있던 오키토노리시마가 급작스럽게 관심을 받은 이유는 무얼까. 일각에선 오키노토리시마에 대한 일본의 주권 귀속을 문제 삼기도 했고 공사활동에 따른 해양오염 문제를 지적하기도 했다. 그러나 가장 큰 관심사는 오키노토리시마의 주변 해역이 일본의 배타적 경제수역과 대륙붕으로 인정될 수 있는가에 있었다.

전 세계 국가들이 1973년부터 10여 년 동안 제3차 해양법회의를 통해 바다의 대헌장인 유엔해양법협약의 성안을 위해 노력한 결과 위 협약은 1982년 자메이카 몬테고베이에서 최종 채택되기에 이른다. 그리고 해양의 법질서는 급격히 변화한다. 그 이전 국가들은 자국의 육지에서 기껏해야 몇 해리에 걸친 영해와 그 이원의 일부 해저와 하층토에서 자원탐사·개발권을 인정받았다. 그런데 유엔해양법협약의 채택으로 국가는 최대 200해리의 배타적 경제수역과 최소 200해리의 대륙붕에서 일정한 자원개발과 이용을 위한 권리를 보유하게 되었다. 즉 배타적 경제수역과 대륙붕 제도에 따라 그 이전과 비교할 수 없을 만큼 광활한 수역에 국가들의 다양한 권리가 인정된 것이다.

공교롭게 오키노토리시마에 공사가 시작된 때는 유엔해양법협약이 채택된 지 몇 해 되지 않은 시점이었다. 그리고 일본 정부는 오키노토리시마가 동 협약에 따라 인정된 광활한 수역에 걸쳐 배타적 경제수역과 대륙붕을 보유한다고 주장해 오고 있다. 오키노토리시마를 중심으로 한 200해리 수역은 약 43만 km² 상당으로 이는 일본 국토 전체 면적인 38만 km²를 상회한다. 그 주변 해역에는 메탄 하이드레이트, 희토류 등 상당량의 광물자원도 매장되어 있다고 한다. 더욱이 오키노토리시마는 오키나와와 미국령 괌의 중간에 위치하여 전략적 측면에서도 중요하게 평가된다.

그런데 수면 위 육지지형이 언제나 배타적 경제수역과 대륙붕을 보유하는가 하면 항상 그런 것은 아니다. 특히 유엔해양법협약은 "인간이 거주할 수 없거나 독자적인 경제활동을 유지할 수 없는 암석rocks은 배타적 경제수역이나 대륙붕을 가지지 아니한다."라고 규정한다(제121조 제3항). 오키노토리시마의 두 바윗덩이는 밀물일 때도 수면 위에 있는 육지지형이지만 '인간이 거주할 수 없거나 독자적인 경제활동을 유지할 수 없는 암석'이라면 배타적 경제수역과 대륙붕을 보유할 수 없는 셈이다. 이로 인해 일본의 공사 소식은 세계의 주목을 받음과 동시에 주변국과 갈등의 시발이 되기도 했다. 오키노토리시마의 배타적 경제수역과 대륙붕 보유 주장에 중국과 한국은 반대입장을 분명히 했다. 물론 오키노토리시마가 배타적 경제수역과 대륙붕을 보유하지 못한다는 결론이 그 어떤 국제재판소나 국제기구로부터 명시적으로 내려진 것은 아니다. 그러나 오키노토리시마가 배타적 경제수역과 대륙붕을 보유하지 못하는 암석이라 보는 시각은 아직도 세계 다수의 논자들 사이에 유효하게 이어지고 있다.

맺음말

한국의 남쪽 끝 마라도에는 신선한 각종 해산물을 넣은 짜장면이 유명하다. 비록 지금은 코로나19 사태로 국가 간 여행객 왕래가 많이 줄었다고 하지만 이전까지 제주도를 찾는 일본 여행객이 늘어 왔고 마라도를 방문해 본 일본 여행객들도 분명 있을 것이다. 반면 일본의 최남단 오키노토리시마를 아는 한국 독자는 그리 많지 않을 것이다. 그러나 인간의 과학기술은 날로 발전하고 있다. '킹사이즈 침대'라는 애칭이 붙은 보잘것없는 망망대해의 이 곳에도 아주 먼 훗날 여행객들이 방문하게 되는 발칙한 상상도 전혀 불가능한 것은 아닐지 모른다. 배타적 경제수역과 대륙붕 보유 여부를 둘러싼 국제사회의 논란이 있긴 하지만 국적을 초월하여 한국인과 일본인이 만나 조화를 이루는 경험을 해 본 독자도 분명 있을 것이다. 한일이 서로에 더 관심을 가지고 상식적으로 사고하고 합리적으로 소통하는 가운데 서로의 간극을 좀 더좁히면 이 먼 바다의 외로운 바윗덩이가 새로운 동북아 평화협력의 장소로 거듭나는 일도 불가능하지는 않을지도 모른다. 상식에 입각한 협력과 소통의 노력을 통해 상생하는 새로운 역사를 써 나가는 것. 이것이 동북아가 꿈꾸어 가야 할 새로운 지향점이 아닐까 한다.

정서와 이미지로
본 일본

일본인의 정서,
알면 다르게 보이는 마음

이경수 (한국방송통신대학교 일본학과 교수)

우리에게 일본은 어떤 나라인가

일본은 어떤 나라인가? 일본을 다룬 다양한 국내서와 번역서가 넘쳐나는 한국에서, 소위 일본 전문가를 자처하는 사람들이 적지 않은 한국에서 이제는 어쩌면 식상한 질문일지도 모르겠다. '일본' 하면 '전성기 때보다 정체되어 있기는 하지만 여전히 경제 강국이자 선진국'이라는 말이 따라다닌다. 일본은 정체되고 느리게 변화하는 한편 한국은 여러 면에서 빠르게 발전하고 역동적이고 매력적인 나라로 보는 경향이 많다.

그래도 일본은 '거리 등이 깨끗하고 정비가 잘 된 나라', '친절한 사람들, 맛있는 음식과 스토리텔링이 가득한 볼거리가 많은 관광 대국', '장인이 대접받고 전통을 잘 지키는 나라'라고 알려져 있다. 역사와 정치에서 한국과 갈등을 빚고 있지만 그들이 간직하고 보존하는 문화는 여전히 매력적이다. 일본에 대한 이미지는 사람마다 각기 다를 것이다. 하지만 여기서 더 나아가 왜 일본 사람들은 이런 상황에서 이렇게 행동하거나 생각하는지, 왜 일본이 일본다운지 등 근본적인 질문을 하는 사람들은 아직도 많지 않다. 일본이 장인정신이 발달하고 여행하기 좋은 나라라면 그 힘은 어디서 나오는 것일까? DNA가 원래부터 그랬던 것은 아닐 것이다. 일본은 한국과 오랫동안 묘한 관계가 있는 나라이다. 지리적으로 가까이 있어 잘 알 것 같으면서도 참으로 모를 나라가 일본이기도 하다. 그러니 일본과 일본인을 분석하는 책이 여전히 한국에서 나오는 것일지도 모른다. 최근에는 다양한 목적으로 일본을 찾는 사람들이 늘어나고 있다. 일본인이라고 해서 특별한 사람들은 아닐 것이다. 국적에 관계없이 통하는 보편적인 정서와 매너는 존재한다. 하지만 동시에 일본을 비롯해 어느 나라든 걸어온 역사가 다르고 사회를 움직이는 시스템이 다르기 때문에 나라마다 특수한 정서와 문화 역시 존재한다.

이제 좀 덜 식상한 질문을 해 보겠다. 내가 보는 일본이 일본의 전부일까? 한 나라를 다 안다는 것은 불가능한 일이다. 한국인이라고 한국의 모든 분야를 다 알 수는 없다. 누구나 자신이 경험한 제한적인 기준과 분야로 한 나라를 '이런 나라다'라고 단정하는 것만큼 위험한 일은 없는 듯하다. 필자 역시 40여 년간 일본과 인연이 있고 전문적으로 일본을 연구하고 있지만 아직도 잘 모르는 부분이 너무 많다. 무엇보다도 일본은 상대적으로 자신의 의견과 감정을 겉으로 드러내는 것을 조심스러워하는 사람들이 많아서 일본과 일본인의 표면적인 모습만 보고 판단하는 것은 매우 위험하다. 한국은 예나 지금이나 앞으로도 일본과 얽힐 수밖에 없다. 한국이 편견 없이 일본의 다양한 부분을 보려고 한다면 유리한 점이 많다. 일본을 연구하는 다른 나라 사람들보다 한국인은 지리적으로 가까운 일본을 부담 없이 갈 수 있고 일본어도 상대적으로 빨리 배우는 편이다. 이런 장점을 살려 일본에 관심이 있는 한국 사람들이 집단지성처럼 좀 더 넓은 기준으로, 글로벌한 시각으로 일본의 본질을 바라보려고 한다면 한국에게도 이익이지 손해가 되지는 않을 것이다. 지금은 글로벌과 디지털이라는 용어가 낯설지 않은 21세기이다. 21세기에는 어떤 시각으로 일본을 바라보면 좋을까? 일본의 변하지 않는 부분과 서서히 변하는 부분, 다른 나라와 크게 다르지 않은 보편적인 일본의 모습과 일본에만 있는 특수한 모습, 양날의 검처럼 때에 따라 장점이 되기도 하지만 동시에 단점이 되기도 하는 일본의 여러 모습을 같이 봐야 할 것이다.

디테일이 강한 나라 일본인의 정신

일본이라고 하면 '작게, 섬세하게, 디테일하게, 안전하게' 등 수많은 수식어가 따라다닌다. 일본의 전통적 시가는 와카31자이다. 그리고 세상에서 가장 짧은 시로 일컬어지는 일본의 하이쿠 운율5·7·5을 지닌 정형시가 있다. 오랜 전통을 지닌 하이쿠는 오늘날까지 대중들에게 정착되어 회자되고 있다. 구체적으로 보면 일본은 아주 작은 것을 더 작게 만들고 더 섬세하게 관찰하여 만드는 전통을 지켜 나가는 특이한 나라 같다.

이어령 교수의《축소지향의 일본인》은 일본의 디테일한 면이 잘 묘사되어 있다. 일본인 하면 장인정신이 살아 숨쉬는 나라라 할 수 있다. 일본의 매력 중 하나를 꼽는다면 장인정신을 꼽을 수 있다. 일본은 과거의 문화를 소중히 하고 잘 보존해 나가려고 노력하고 있다. 그 대표적인 것이 시니세老鋪, 즉 '오랜 세월이 지나도 여전히 존재하는 가게'들이다. 전통을 사랑하고 잘 보존하고 문화가 살아 있는 경제 대국의 저력이라 할 수 있다. 일본의 시니세는 대도시, 소도시에서 그 환경에 맞게 꾸준히 잘 보존하고 관리하고 있다. 아주 느리지만 느림의 미학을 잘 실천해 나가는 국민이다.

일본은 예부터 장인정신이 살아 있는 나라로 몇 대를 이어오면서 가업을 승계해 오는 경우가 많다. 200년이 넘은 장수 기업이 많다. 대표적으로 578년에 창립된 오사카의 곤고구미는 세계에서 가장 오래된 기업으로 알려져 있다. 절이나 신사 등의 건축과 보수를 하는 곤고구미는 건축물 복원 분야에서 독보적인 기업이다. 중간에 여러 번 어려운 고비가 있었지만 잘 넘기고 지금까지 이어 오고 있다. 교토에도 시니세가 많은데 청수사로 올라가는 끝자락에 있는 수백 년 된 시치미七味 가게도 인상적이다. 재미있는 것은 일곱 가지의 맛을 내는 고춧가루 양념을 파는 이 시치미 가게를 찾아 전국에서 손님이 온다는 사실이다. 나도 시치미라도 사야겠다고 생각해 20분을 줄을 서서 기다리다 가게에 들어갔다. 가게는 손님들에게 시치미를 팔기에 앞서 맛부터 보라며 뜨거운 물에 시치미를 넣어 권한다. 술을 마시고 나서 해장국으로 콩나물에 고춧가루를 풀어 먹어 보기는 했어도 뜨거운 물에 시치미를 희석해 마셔 보는 경험은 생소하고 인상적이었다. 다른 손님들이 시치미를 탄 물을 시음한 후 시치미를 사 가는 것을 보고 나도 덩달아 마셔 보았다. 솔직히 특별히 맛있다는 생각은 안 들었으나 손님마다 시치미를 여러 개 사 가니 나도 몇 개 샀다. 수백 년의 오랜 역사를 지닌 가게인 데다가 기다린 시간이 아까워 기념으로 사 온 시치미는 아직도 개봉하지 않고 고이 보관하고 있다. 그때는 남들이 구입하니 분위기에 휩쓸려 얼떨결에 샀지만 한국인에게는 빨간색의 태양초 고춧가루가 더 어울리고 맛있다. 하지만 교토에서 시치미를 사온 것은 시니세의 시치미에 대한 스토리텔링에 감동을 받아서였다. 소비는 이성적이기보다는 감정적인 행위가 아닐까?

누구나 외국을 여행하다 굳이 필요하지 않은데 홀린듯 충동적으로 무엇인가를 잔뜩 구매해 본 경험이 있을 것이다. 교토에는 시치미 가게뿐 아니라 양갱이 도라야 가게, 쓰케모노 가게, 안경 가게, 도자기 가게 등 역사와 전통을 이어오는 시니세들이 즐비하다. 도쿄에서는 아사쿠사浅草에 이런 가게들이 많다. 그래서 도쿄 아사쿠사에 가면 이 가게 저 가게 구경하거나 이것저것 먹어 보다가 시간이 다 간다. 이런 매력이 있다 보니 아사쿠사에는 늘 사람이 많아서 인파에 휩쓸린다. 흔히 일본은 물건을 잘 만드는 나라라고 한다. 비싼 물건도 그 가치에 충실하기에 이런 말이 나온 듯하다. 무엇인가를 사면 속았다는 생각이 거의 들지 않는 이유이다. 비싼 물건이라면 거기에는 신용과 품격이 담겨 있기 때문이다. 이것이 서구권 사람들이 점점 더 많이 일본 여행을 하는 이유 중 하나이기도 하다.

나고야 지방의 명물로 140년 넘게 장어덮밥히쓰마부시을 고집해 온 호라이켄蓬莱軒이라는 가게가 있다. 장어덮밥을 그냥 먹고 가는 음식이 아니라 전통과 결합시켜 잊지 못할 추억을 오롯이 전하는 가게인 것이다. 장어덮밥이 나오면 덮밥을 4등분으로 나눈다. 한 등분만 앞 접시에 덜어 그대로 먹는다. 또 다른 한 등분은 파와 와사비 김을 뿌려 비벼 먹는다. 또 다른 한 등분은 호리병 안에 들어 있는 국물오차즈케을 넣어 말아 먹는다. 이와 같이 3가지 방법으로 나누어 먹은 후에 남아 있는 한 등분은 가장 맛있게 먹었던 방법으로 한 번 더 먹는다. 보양식의 하나로 먹는 식사법과 예절이라는 스토리를 만들어 낸 셈이다. 장어덮밥 자체가 맛있어서 대충 먹어도 만족스럽겠지만, 이렇게 차분하고 조심스럽게 예쁘게 먹어야 맛있다는 스토리가 있으니 왠지 일본의 전통 음식문화를 경험하는 기분이 들면서 뇌리에 강하게 남는다. 이

순간 장어덮밥은 나고야에 오면 꼭 경험해야 하는 관광 상품이 된다. 스토리텔링의 강국, 일본의 한 단면이다.

용기 있는 지식인과 자기 일에 최선을 다하는 경비 할아버지

한국에서는 '일본의 대학' 하면 흔히 도쿄東京대학, 와세다早稻田대학, 게이오慶応대학 등을 떠올린다. 맞다. 일본을 대표하는 명문대들이다. 그런데 일본은 지방에 거점을 둔 국립대학도 도쿄의 명문대학 못지않게 지방 명문대로 높이 평가받는다. 중부지방에는 나고야名古屋대학이 있는데 그곳에서 안식년을 보냈다. 나고야가 위치한 아이치현愛知県은 수많은 공장들이 모여 있는 공업지역이다. 얼핏 특별한 매력이 없어 보이는 도시이지만 세계적인 자동차 회사인 도요타자동차가 있어 나고야대학은 더욱 빛난다. 나고야대학의 기본교육방침에 속하는 '용기 있는 지식인'이라는 말이 상표등록까지 되어 있다니 이채로웠다. 잘못된 것을 잘못되었다고 용기 있게 말하기 어려운 시대를 살아온 우리로서는 이 말이 주는 무게가 만만치 않다. 용기 있게 행동하고 그 행동에 책임을 지는 사람이 진정한 지식인이 아닐까라는 생각을 해본다.

자연과학대학 건물은 밤늦게까지 불이 꺼지지 않는다. 불야성의 대학 연구실을 볼 때마다 나고야대학에서 이미 노벨상 수상자가 여섯 명이나 나왔는데 앞으로도 노벨상 수상자가 또 나올 것 같아 살짝 부러워진다. 나고야대학의 교수들은 멋과 세련미와 거리가 멀지만, 후줄근한 차림에 배불뚝이 배낭을 메고 자료를 보면서 걷는 모습에서 연구자로서 은은한 멋이 느껴지기도 한다. 교수들은 대부분 집에서 가져온

도시락이나 빵으로 점심을 해결한다. 회의도 도시락을 먹으면서 하는 경우가 많다. 구내식당에서도 점심을 먹는 교수는 찾아보기 어렵다. 먹는 즐거움도 인생에서 빼놓을 수 없을 텐데, 이곳 교수들은 시간 아까운 것만 생각하지 먹는 즐거움엔 관심이 없는 모양이다. 나고야는 대표적인 미식 도시인데 정작 나고야대학의 교수들은 살기 위해 먹지 미식을 즐기는 것 같지 않아 묘하게 재미있다는 생각이 들었다.

대학에 들어가면 자유와 낭만을 만끽하리라 기대에 부풀었을 학생들은 어떨까? 대학 근처에는 먹고 마시는 장사가 잘 되기 마련인데, 학교 주변에는 그 흔한 술집이나 카페조차 없다. 대신 밖으로 나가지 않아도 웬만한 것은 다 해결할 수 있도록 캠퍼스 안에 서점, 편의점, 문방구, 생활협동조합, 카페, 식당 등이 각각 몇 군데나 있다. 시간을 아껴 공부할 수 있는 환경을 만들어 준 것이 아닐까라는 생각이 든다. 휴일에도 학교에 나와 동아리 활동을 하는 학생들이 많은데, 마치 선수처럼 합숙 훈련까지 하는 동아리도 있다. 동아리에서 만난 인연이 사회로까지 이어지는 일본만의 특수성 때문인지도 모르겠다. 한국어, 영어, 중국어 등 유창한 외국어로 친절하게 자원봉사를 해주는 학생들과 풍부한 자료가 있는 도서관은 특히 외국인 유학생들에게는 거의 천국이나 다름없다.

이 대학의 경비는 대부분 아저씨가 아니라 할아버지뻘 되는 분들이다. 미국과 캐나다도 그렇지만 노약자가 할 수 있는 일은 노약자에게 기회를 준다. 일종의 기회균등인 셈이다. 경비 할아버지가 일하는 모습을 한참 바라본 적이 있는데, 넘어진 자전거 하나 세우는 일조차 대충하지 않았다. 옆 자전거와 줄과 간격이 맞는지 다른 자전거와 부딪칠 염려가 없는지 빙빙 둘러보며 꼼꼼히 살피고는 핸들의 각도까지 맞쳐 놓는다. 꼼꼼하기로 유명한 일본의 한 단면이다. 경비 할아버지를 비롯해 자기에게 맡겨진 일은 누가 보지 않아도 최선을 다하는 많은 일본 사람들의 모습이 아름다워 보였다. 일본의 저력이 경비 할아버지의 일하는 모습에서도 구체적으로 느껴진다.

강한 스토리텔링을 만들어 내는 일본인

좋은 것은 더 좋게, 하찮아 보이는 것도 소중하고 귀중한 것으로 만드는 일본 특유의 저력은 문화적으로 국내외 사람들의 마음을 사로잡는 데 성공했다. 일본을 잘 모르는 사람은 일본을 융통성 없는 빡빡한 나라, 괴팍한 나라로 생각하기 쉽다. 일본과 한국은 여러 면에서 비슷하지만 많이 다른 나라이다. 쌀을 주식으로 하며 국과 반찬이 있는 일본의 상차림은 한국과 비슷하다. 그러나 한국과 달리 일본은 밥그릇이나 국그릇을 들고 먹으며 젓가락으로만 식사를 한다. 여럿이 함께 먹는 음식을 자신의 접시로 덜어올 때 전용 젓가락이 없다면 자신이 사용하던 젓가락의 반대쪽을 이용해서 덜어온다. 일본에서는 일본 음식인 우동이나 국수를 먹을 때는 '후루룩' 소리를 내며 맛있다는 표시를 하지만 대신 외국 요리인 스파게티는 소리 내서 먹지 않는다고 한다 다른 음식을 먹을 때는 소리를 내지 말고 조용히 먹어야 한다. 우동으로 유명한 가가와현香川県 혹은 어느 우동 가게에서 만들어 낸 그럴듯한 스토리일지도 모른다. 일본에서 젓가락을 놓을 때는 끝이 왼쪽을 향하게 내려놓아야 한다. 한국처럼 젓가락을 세로로 놓으면 상대를 위협하는 무기처럼 생각해 무섭다고 생각한다. 그런데 양식을 먹을 때 젓가락보다 더 위험해 보이는 포크는 세로로 놓는다. 이를 어떻게 설명해야 할까? 이처럼 식사 예절만 보더라도 일본과 한국은 다르다.

　사람은 먹기 위해 살고 살기 위해 먹는다는 말은 우리가 살아가면서 항상 듣는 말이다. 일본에서 먹거리 하면 뭐니 뭐니 해도 오사카大阪를 빼놓고 생각할 수 없다. '먹다가 죽는다'는 뜻의 구이다오레くいだおれ 하면 오사카 도톤보리道頓堀를 떠올리는 사람이 많을 것이다. 오사카 사람은 먹고 마시는 일에 돈을 아끼지 않아 재산을 탕진한다는 뜻으로 사용된 말이다. 그런데 지금은 '구이다오레'라는 말이 오사카를 먹여 살리고 있다. '천하의 부엌'이라는 별명이 있을 정도로 오사카 음식은 맛있기로 유명하다고 모두 입을 모으기 때문이다. 더구나 오사카를 여행해 본 사람이라면 한 번은 마주쳤을, 피에로 복장을 하고 검은색 테 안경을 낀 채 북을 치는 모습을 한 소년 인형도 이름이 '구이다오레 타로'이다. 오사카 도톤보리의 명물로 통하는 인형이다. 이처럼 오사카의 사례 또한 스토리텔링에 성공한 케이스이다. 일단 전 세계 사람들이 오사카 하면 먹으러 온다는 자체가 그렇다. 나 역시 오사카의 번화가인 도톤보리에 가면 맛과 분위기에 취해 지갑을 저절로 열 때가 한두 번이 아니었다. 오사카 상인들의 열정이 구이다오레의 스토리를 만들어 오사카를 먹고 즐기는 도시로 만들어 낸 것이다. 소식小食하는 일본의 전통 식사와는 어울리지 않지만 말이다. 미식 문화가 예술의 경지에 오른 나라로 아시아에서는 일본, 서구권에서는 프랑스를 꼽는다. 일본 음식을 가리키는 '와쇼쿠和食'는 다양하고 신선한 식재료와 특색 있는 음식이 사회적·문화적 가치가 크다고 해서 2013년 유네스코 무형문화유산에 등록되었다. 그전에는 프랑스 미식 문화가 2010년에 최초로 유네스코 무형문화유산에 등록된 바 있다. 일본의 스토리텔링, 또 어떠한 모습으로 만나게 될지 일본에 갈 때마다 기대가 된다.

일본인의 마음과 정서

일본은 우리와 매우 흡사하면서도 다르다. 일본의 면적은 한반도의 1.7배 남한의 3.8배 이고 인구는 1억 3000만 명을 넘는다. 일본은 유라시아 대륙의 동쪽 면을 따라 북동에서 남서 방향으로 길게 늘어선 섬나라이다. 4개의 큰 섬과 7,000여 개의 작은 섬으로 이루어진 나라이다. 환태평양 지진대에 속해 있기 때문에 지진과 화산활동 등이 많은 나라지만 악조건을 잘 활용해 온천 등을 관광산업으로 발전시켜 왔다. 일본은 대도시뿐 아니라 지역사회를 발전시키기 위해 부단히 노력하고 있다. 섬나라인 일본의 음식을 보면 사계절이 뚜렷한 해산물을 사용한 요리, 지역의 특색이 담긴 향토 요리 등이 발달해 있다. 초밥, 다코야키, 오코노미야키, 우동, 오뎅, 돈카츠, 카레, 소바 등은 우리에게 친숙한 일본 음식이다. 일본의 자동차는 도로에서 좌측통행을 한다. 보행자의 통행은 도쿄라면 한국과 마찬가지로 우측통행을 하지만 오사카라면 좌측통행을 한다. 이처럼 일본은 한 나라 안에서도 지역별로 문화가 다를 때가 있다. 하물며 한국과 일본은 서로 다른 나라이니 얼마나 문화 차이가 크겠는가?

우리가 더 나은 관계를 위해 일본에게 바라는 점은 무엇일까? 일본은 근현대 아시아에서 최고 강대국이었다. 그래서 60대 이상의 일본인 노인들은 아직도 일본이 최고라고 생각하고 있으나 일본의 젊은이들은 나날이 빠르게 변하는 한국에게 놀라고 있다. 실제로 일본에 살아 본 많은 한국인들에게 일본은 배울 점이 많은 나라이기도 하지만 매뉴얼에 집착하는 나라, 느리고 불편한 나라 인터넷을 신청하면 설치까지 시간이 너무 많이 걸린다, 여전히 현금을 선호하고 여러 부분에서 아날로그적인 면이 많은 나라, 혼밥 문화, 혼자 할 수 있는 취미가 발달했으나 조직에 들어가면 행동은 집단으로 하는 나라이기도 하다. 어쨌든 한국에게 일본은 미래 지향적으로 함께 가야 할 나라, 어떤 면에서는 닮았지만 어떤 면에서는 많이 다른 나라이다. 한국과 일본이 서로의 기준을 강요하지 말고 서로 다른 점을 있는 그대로 존중하고 공존할 수 있는 방법을 모색했으면 좋겠다. 시간은 조금 걸리겠지만 양국이 상호 노력해서 2000년 초반처럼 한일관계가 좋아지면 얼마나 좋을까? 1998년 한일문화개방을 한 김대중 대통령의 지혜와 결단력이 그리워지는 이유이다.

일본 문화 속으로 들어간 고양이

조성미 (배화여자대학교 강사, 번역가)

일본에서 살았던 당시의 일기나 메모를 읽어 보면 낯선 곳에서 느끼는 긴장감이 어느 순간 일상처럼 익숙해지는 어떤 순간들, 작지만 확실한 행복들, 여행지가 아닌 일상 속 여유로운 일본에 대한 기억과 일본인의 습성과 문화를 이해하려고 고군분투한 흔적들이 기록되어 있다. 일본 특유의 정취를 느낄 수 있는 작지만 귀여운 카페, 개성을 살려 자유롭게 각자의 아름다움을 드러내는 가게들과 특히 골목마다 눈에 띄는 유유자적 낭만 고양이들의 모습이 일본에 대한 나의 잔상이다.

고양이는 보통 사람들의 일상과 달리 언제나 우아하고 여유롭고 당당하게 자기만의 방식으로 살아간다. 흔히 고양이와 접촉하면 행복 호르몬이 나온다고 한다. 일본인이 유달리 고양이를 좋아하는 이유도 스트레스가 많은 사회에서 생활하고 있기 때문에 귀여운 고양이의 몸짓을 보며 힐링을 하고 고양이의 자유분방한 성격을 동경하는 것은 아닐까?

최근 코로나19의 영향으로 사회적 거리 두기, 생활 수준과 사람 간 관계의 변화, 가족 형태와 결혼관의 변화로 애완동물의 수요가 급증하고 있다. 고양이는 특성상 혼밥, 은둔형 외톨이, 고독사, 비혼 등 사회가 안고 있는 여러 문제에 노출된 현대인에게 최적화된 애완동물이다.

최근에는 애완동물이라는 말보다는 사람과 동물이 더불어 산다는 의미에서 반려동물companion animal이라는 말이 점점 널리 쓰이고 있다. 이 '반려동물'이라는 용어야말로 고양이에게 가장 적합한 호칭이 아닐까 한다. 흔히 고양이의 행동적 특성인 개인주의적 성향과 깔끔한 성격을 대인 간 거리유지를 중시하며 신중하고 조용한 일본인에 빗대어 표현하기도 한다. 왜 일본인은 문학작품 속에 고양이를 주인공으로 등장시키고 수많은 드라마나 영화에 주연으로 때로는 조연으로 출연시키며 고양이를 모티브로 스토리텔링을 하는지, 그들의 문화를 통해 알아보고자 한다. 일본 문화 속에 등장하는 고양이를 통해 우리와는 다른 독특한 일본의 다양한 모습과 일본인의 습성도 이해할 수 있을 것이다. 일본 문화 속 고양이의 핵심적 모티브를 문학작품, 대중문화, 경제, 스토리텔링 등의 관점에서 비교 분석하는 일은 일본 문화를 이해하는 데 주요한 단서가 될 것이다.

문학작품의 주인공이 된 '고양이'

고양이는 특유의 매력과 신비로움으로 수많은 예술가에게 영감을 주었다. 고양이는 사람과 친근한 존재로 문학작품과 생활 속에서 때로는 고독을 상징하는 모습으로, 때로는 따뜻하고 여유 있는 모습으로 묘사되어 있다. 고양이를 주인공으로 한 일인칭 소설《나는 고양이로소이다吾輩は猫である》는 일본 문학의 최고봉인 나쓰메 소세키夏目漱石의 대표작의 하나이다. 주인공 고양이는 실제 소세키 집에 들어온 검은 고양이가 모델인데, 그 고양이가 죽었을 때 소세키가 직접 고양이의 부고를 알린 에피소드는 아직도 유명하다. 무라카미 하루키 역시

작품 속에 고양이를 자주 등장시켜 왔다. 하루키가 자주 언급하는 단어 중에는 작지만 확실한 행복을 뜻하는 '소확행'이란 말이 있다. 무라카미 하루키가 쓴 수필집《랑게르한스섬의 오후 ランゲルハンス島の午後》에 나오는 이 신조어는 요즘 자주 입에 오르는 유행어이다. 1996년 수필집《소용돌이 고양이의 발견법》은 하루키가 여행 중 여러 지역에서 만난 고양이에 대한 감상과 사진을 담았다. 몸을 둥글게 말고 자는 고양이의 모습을 '소용돌이 고양이'로 표현하는 등 하루키의 고양이에 대한 사랑은 '소확행'의 실천이라고 할 수 있다. 하루키의 '모든 사물과 나 자신 사이에 적당한 거리 두기'의 미학 정신이 고양이의 사는 모습과 거의 닮았다는 것을 알 수 있다. 국내에는 고양이와 함께 찍은 사진이 표지에 실린 책으로《하루키 일상의 여백》1999년이 출간되었다.

《인생은 어떻게든 된다! 人生はにゃんとかなる!》라는 책은 고양이 사진과 함께 독자에게 힐링과 위로의 메시지를 전해 주어 많은 인기를 얻었다. '어떻게든'이라는 의미의 '난토카何とか'를 'ニャンとか'로 표기했는데, '난何'과 고양이 울음소리의 의성어인 '냥ニャン'의 소리가 비슷하고, 또 고양이 소재의 책이라는 점에서 재미있게 표현하여 붙은 제목이다. 일본 출판계에는 고양이를 소재로 책을 만들면 무조건 잘 팔린다는 속설까지 있다고 한다. 일본 문학작품 속에서 고양이는 인간으로 묘사되곤 하는데, 고양이를 연인처럼 생각하거나 인간의 모든 것을 꿰뚫어 보고 비판하는 존재로 그려진다. 남과 일정한 거리감을 편하게 생각하고 신중하며 마음속을 드러내지 않는 일본인의 모습이 고양이에 투영되어 있다고 할 수 있다. 그들이 고양이에게 애정을 기울이는 것은 개인주의 성향이 강한 고양이에게 동질감을 느껴서가 아닐까 한다.

대중문화 속의 '고양이'

'고양이 영화'라는 장르가 딱히 존재하는 것은 아니지만 고양이는 양대 반려동물인 개와 함께 종종 영화에 등장한다. 한때는 동서양을 막론하고 고양이를 죽음이나 마녀를 상징하는 동물로 보는 미신적인 시각도 존재했지만 최근에는 영화, 드라마, 애니메이션, 만화, 잡지 할 것 없이 모두 고양이를 다루고 있다. 한국인에게 고양이에 대한 이미지는 대체로 기분 나쁜 울음소리에 반드시 해코지를 하는 공포의 동물로 재수 없고 불길하며 꺼림칙한 동물이라는 인식이 지배적이었다. 반면 일본은 고양이를 주인공으로 한 영화가 많은 편인데, 일본 영화 〈선생님과 길고양이〉, 〈고양이와 할아버지〉, 〈구구는 고양이다〉, 〈고양이를 빌려드립니다〉, 〈세상에서 고양이가 사라진다면〉, 〈고양이 여행 리포트〉, 〈오늘의 네코무라상〉 등이 있다. 또한 〈빵과 스프, 고양이와 함께하기 좋은 날〉, 〈고양이 사무라이〉는 드라마와 영화로 상영된 작품으로 고양이를 중요한 소재로 다루고 있다.

앤드류 로이드 웨버의 뮤지컬 〈캣츠Cats〉는 뉴욕의 뒷골목에 사는 고양이들의 삶을 통해 인간의 또 다른 모습을 그린 화려한 브로드웨이 뮤지컬이다. 고양이 분장을 한 배우들이 출연해 현란한 춤과 동작을 선보이는 〈캣츠〉는 일본을 대표하는 극단 '사계四季'의 빼놓을 수 없는 유명한 작품이다. 일본 뮤지컬 공연의 대표격인 극단 '사계'는 일본의 대도시마다 극장을 하나씩 가지고 있고, 뮤지컬 〈캣츠〉만을 위한 전용 극장을 운영하고 있다. 우리에게 친숙한 '도라에몽'과 '헬로키티'도 고양이를 모델로 만든 캐릭터이다. 애니메이션 〈고양이의 보은猫の恩返し〉은 〈귀를 기울이면〉의 여자 주인공인 '쓰키시마 시즈쿠'가 쓴 이야기라고 설정된 파생 작품인데, 고양이인 '남작 바론'과 '문'은 이 두 작품에 공통적으로 등장한다. 남작의 동료인 '무타' 역시 〈귀를 기울이면〉에 나오는 고양이 '문'과 동일한 캐릭터이다. 〈고양이의 보은〉은 미야자키 하야오의 요청을 받아 히이라기 아오이柊あおい가 그린 만화 〈바론 고양이 남작バロン 猫の男爵〉을 원작으로 하는 작품이다. 고양이 바론이 신사로 그려져 아직까지도 인기가 있다. 〈이웃집 토토로〉에 등장한 고양이버스를 비롯해 일본 애니메이션에서 고양이는 아이들에게 좋은 친구이자 어려울 때 도움을 주는 역할을 한다. 일본 영화와 문학에 관심을 가지면서 알게 된 흥미로운 사실은 일본의 고양이를 모티브로 한 영화는 고양이와 집사의 교감을 다루는 데 반해 한국 영화는 고양이에 대한 인식 개선을 우선으로 한다는 점이다. 일본 영화에 등장하는 외로운 사람들이 고양이를 안고 있는 모습에서 고양이가 사람을 대신해 힐링과 소통의 역할을 하고 있는 것이 보인다.

왜 고양이는 복을 부른다고 할까?

일본에 가면 눈에 자주 띄는 것이 바로 '마네키네코'라고 부르는 고양이 상이다. '마네키'는 일본어로 '손짓하여 부르다', '초대하다'라는 의미이고 '네코'는 고양이로 '손짓하여 부르는 고양이'라는 뜻이다. 일본에서는 도자기로 만든 고양이 모양 장식품인 마네키네코를 가게마다 장식해 두고 있는데, 손님을 부르고 재물운을 가져온다고 한다. 오른발을 들고 있으면 돈을 부르고 왼발을 들고 있으면 손님을 부른다는 행운의 고양이로 최근에는 두 발을 다 들고 있는 고양이도 있고 플라스틱으로 만들어져 앞발을 앞뒤로 흔드는 고양이도 있다. 마네키네코

는 앞발을 높이 들고 누군가를 부르는 듯한 모습인데, 마네키네코라는 이름 역시 이 자세에서 유래했다. 앞발을 들어 올린 자세는 '고양이가 세수하면 손님이 온다'는 일본의 속설대로 고양이가 세수하는 모습을 흉내 내어 만든 자세라고 한다. '고양이 세수하듯 하다'라는 우리 속담이 일본에서는 목욕 습관으로 살짝 몸을 담갔다가 나오는 것을 '까마귀 목욕하듯이 からすの行水'라고 한다. 탕 속에 들어가 몸을 담그는 풍습에서 나온 말로 일본인들의 목욕은 대개 30분을 넘기는 일이 없고, 머리를 감지 않는 경우도 많다고 한다.

마네키네코는 행운을 부르는 마스코트로 신봉되는가 하면 상업적인 영역에서도 헬로키티처럼 고양이 캐릭터로 사랑받고 있다. '마네키

마네키네코의 모습

네코의 날'을 지정하여 기념할 정도로 마네키네코는 급속도로 일본 전역으로 퍼져 나갔고, 일본 하면 쉽게 떠올리는 상징물이 되었다. 마네키네코의 제2의 전성기는 1990년대부터로, 무표정하게 앞발을 들고 있는 고양이를 귀엽다고 여겨 수많은 현대판 마네키네코가 캐릭터로 재탄생했다. 핸드폰 줄, 열쇠고리, 가방에 다는 인형뿐만 아니라 세토야키와 이마리야키 같은 전통적인 유명 도자기로 만들어진 마네키네코부터 소녀들이 행운을 기원하는 키티 마네키네코에 이르고 있다. 마네키네코를 주제로 활동하는 예술가를 비롯해서 오늘날에는 고양이가 아닌 강아지나 곰 인형, 남자 친구 사진이라도 한 팔만 들고 있다면 무엇이든지 마네키네코라고 부를 정도라고 한다.

마네키네코가 탄생한 것은 에도시대 1603~1867년로 다양한 고양이 설화도 이 시기에 만들어졌다. 주인의 원수를 갚는 이야기, 병을 고쳐 주는 고양이 약사 이야기 등 다양한 설화를 통해 고양이는 '복을 가져다주는 신'으로 일본인들에게 귀한 애완동물이었다. 에도시대 사람들이 고양이 '부적'을 몸에 지니며 의지한 것처럼 오늘날 일본인들도 고양이 관련 상품을 보면서 복을 비는 것은 아닐까 한다. 이렇듯 고양이는 일본 문화와 생활 곳곳에 아주 친숙한 모습으로 한자리를 차지하고 있다.

고양이의 날과 네코노믹스

애묘인들과 학자가 모이는 '고양이의 날 실행위원회'와 일반 사단법인 펫푸드협회가 1987년부터 2월 22일을 고양이의 날ネコの日로 제정했다. '고양이와 함께 살 수 있는 행복에 감사하고 고양이와 더불어 이

기쁨을 음미하는 기념회'이다. 일본에서는 이날 고양이와 관련된 캠페인과 이벤트, 계몽활동이 펼쳐진다. 고양이의 날은 고양이가 우는 소리를 빗대어 '222^{냥냥냥}'이라 불리게 되었다고 한다.

'네코노믹스'는 고양이를 뜻하는 일본어 '네코'와 경제학을 의미하는 '이코노믹스'의 합성어이다. 반려동물이 늘어나면서 관련 산업도 발전하고 있는데, 사료 등 기본적인 것은 물론 동물 보험, 미용, 병원 등 다방면으로 확대되어 반려동물 관련 시장의 규모가 한 해 1조 엔이 넘는다고 한다. 고양이 관련 책이나 상품의 경제효과가 막대해서 고양이가 불러일으키는 경제효과 때문에 '네코노믹스'라는 신조어도 생겼다. 최근 일본에는 저출산 현상과 더불어 반려동물을 자식처럼 키우는 사람이 늘어나면서 자신이 키우던 동물과 한 무덤에 묻힐 수 있는 묘지가 인기를 끌고 있다고 한다. 고양이 카페^{네코 카페}는 손님이 차를 마시며 점원 역할을 하는 고양이와 만날 수 있는 곳이다. 최근 세계 각지에 일본 고양이 카페를 모방한 카페가 생기고 있지만, 고양이가 부수적 존재인 해외의 고양이 카페와 달리 고양이가 카페의 주체라는 점에서 성격이 다르다. 고양이 택배, 고양이 은행도 있다. 그렇다고 고양이가 택배 일을 하거나 은행을 운영한다는 뜻은 아니고 고양이 이미지를 사용하는 회사를 뜻한다. 고양이의 특성과 일본인의 취향이 잘 맞아떨어져 애묘인에게 일본은 그야말로 천국이다. 천만 원이 넘는 고양이, 고양이 전용 마사지 숍, 일본 반려동물 박람회인 펫하쿠^{Pet博}, 일본 국제 펫박람회인 인터펫^{Inter Pets}, 고양이와 놀아주면서 청소도 할 수 있는 장난감 모코로 맙볼, 고양이 카페, 고양이 전용 레스토랑 등에서 알 수 있듯이 고양이는 일본에서 널리 사랑받고 있다.

스토리텔링의 주인공 '고양이'

일본에서는 고양이를 모티브로 스토리텔링을 하는데, 흥미로운 것은 단순히 먹고 둘러보고 물건을 사던 관광객들에게 새로운 볼거리를 만들어 더 많은 사람들이 찾아오도록 만들었다는 점이다. 사가현의 작은 섬 다카시마에는 고액 복권 당첨으로 유명한 복권 신사宝当神社가 있다. 연간 15만 명이 방문하는데 행운에 대한 스토리텔링으로 재미와 흥미를 상품화했다. 스토리텔링의 하이라이트는 그 섬에 상주하는 고양이 후쿠짱ふくちゃん으로 직접 복권을 뽑아 주는 역할을 하고 있다. 후쿠오카의 고양이 섬 아이노시마相島는 고양이 섬에서만 가능한 스탬프 수집, 퀴즈 풀기, 고양이 관련 상품 가게 등이 있다.

일본의 고양이 마을이나 섬의 특징은 고양이들이 사람들과 공존하며 사람에 대한 경계심이 없다는 점이다. 각자 섬에서 자신들의 방식대로 살아간다. 고양이와 더불어 공존하며 자연의 섭리에 순응적인 일본인의 모습이 엿보이기도 한다. 와카야마현 기시역에는 공무원까지 된 고양이 역장 다마가 있다. 고양이 다마 효과로 기시역의 승객이 17%나 증가했다고 한다. 2007년 1월 5일 와카야마 전철의 정식 역장이 된 다마가 2015년 무지개 다리를 건넜을 때 회사장으로 장례가 치러졌고 조문객도 3,000명이 넘었다고 한다. 역장 다마는 죽은 후 신으로 받들어지고 다마를 섬기는 신사도 생겼다고 한다. 폐역 위기에 처했던 시골 마을의 작은 역인 기시역을 연간 120억 원의 경제효과를 누리는 명소로 되살린 것이 바로 고양이였다. 공무원이 된 고양이 역장이라는 스토리텔링에서 일본의 각종 이벤트에 대한 열광과 일본인의 탁월한 마케팅 능력을 엿볼 수 있다. 오늘도 일본의 고양이는 카페의

고양이 유골함과 영전 사진

직원으로 공무원인 역장으로 신사의 마스코트로 열심히 일하며 일본 경제를 리드하고 있다.

일본은 가정집에 작은 불단仏壇을 갖춰 놓고 조상을 모시는 집이 많이 있는데, 반려동물을 위한 불단이 인기를 끌고 있다. 우리나라에서도 반려동물의 장례를 치르지만 기르던 고양이가 떠났을 때 절에 화장을 맡기고 유골을 불단에 놓고 매일 생전에 좋아하던 가쓰오부시 가다랑어포를 놓고 기도하는 모습은 일본만의 독특한 문화라고 할 수 있다.

일본 문화 속으로 깊숙이 들어간 고양이는 문학과 대중문화, 경제를 리드하며 일본인과 고양이가 상생하면서 얻은 효과를 스토리텔링으로 재구성한 문화 코드라 할 수 있다.

일본인의 손님맞이 정신,
오모테나시

김형기(주식회사 맥스텔 대표)

2020 도쿄 올림픽의 키워드 '오모테나시'

예부터 우리 한국인은 귀한 손님이 오면 상다리가 휘어질 정도로 음식을 차린다거나 사위가 처가에 가면 장모가 귀한 씨암탉을 잡아서 대접한다고 했다. 귀한 손님을 정성을 다해 대접하는 것은 일본인의 경우도 마찬가지이다. 이처럼 일본인의 접대를 상징하는 대표적인 단어가 바로 오모테나시おもてなし이다.

오모테나시란 모테나스もてなす, 대접한다의 경어로 겉과 속 구분 없이 격식을 갖추어 정성을 다해 손님을 모시는 것을 의미한다. 현재는 일반 가정보다는 호텔, 여관, 식당같이 접객을 하는 서비스 업종에서 주로 사용하는 중요한 개념이다.

오모테나시가 일본에서 화제를 불러일으키고 일본인의 주목을 받은 것은 2013년 도쿄 올림픽 유치 활동 때이다. 2013년 9월 아르헨티나 부에노스아이레스에서 열린 IOC 총회에서 올림픽 개최지를 결정하기 위한 유치 신청국의 프레젠테이션이 있었는데, 이 자리에서 일본은 유명 아나운서 타키가와를 내세워 오모테나시를 소개하여 참석자들과 세계 매스컴에 크게 어필했다. 이를 계기로 오모테나시라는 단어는 일본 열도를 뒤덮었고, 한 일본 출판사가 매년 발표하는 신어新語·

유행어 流行語 2013년도 대상 大賞에 선정되기도 했다. 이로써 오모테나시는 코로나19 사태로 개최가 1년 연기된 2020 도쿄 하계 올림픽을 상징하는 키워드가 되었다.

쿠베르텡 동상과 도쿄 올림픽 뮤지엄

다도의 근본, 오모테나시

오모테나시는 일본의 전통 문화 다도 茶道에서 유래되었다고 전해진다. 불교 선종의 에이사이선사 栄西禅師를 통해 일본에 소개된 차는 초기에는 귀족이나 승려 등 특권 계급의 전유물이었으나 가마쿠라시대 1192~1333년와 무로마치시대 1336~1573년를 거치면서 점차 상류 무사들 간에 손님을 초대하여 차를 대접하는 다회 茶会의 개최로 변화·발전했다. 다회의 주최자는 목욕물을 준비하고 목욕을 끝내고 욕의로 갈아입은 참가자에게 과자를 곁들인 차를 대접한 후 식사와 술까지 대접했다. 이런 다회가 점차 주최자 자신을 과시하기 위한 모임의 성격을 띠면서 다기, 벽걸이, 꽃꽂이 등 인테리어도 사치스러워졌다.

그런데 이런 외형적 사치의 폐해를 지적하고 소박함과 겸손함이야말로 다도의 참된 정신이라 강조하면서 와비차 わび茶를 완성하고 전파시킨 사람이 일본의 다성 茶聖으로 불리는 센노리큐 千利休이다. 그

는 차를 대접할 때의 마음가짐을 정리한 '리큐 7칙利休七則'을 만들었는데, 여기에서 다회의 예법으로 가장 강조한 것이 손님을 맞이할 때의 '오모테나시의 마음', 즉 손님에 대한 배려였다. 한 잔의 차를 대접하더라도 모든 정성을 쏟아 손님을 배려하는 오모테나시를 다도의 본질로 여긴 것이다.

하마리큐 정원 내의 나카지마노 오차야

에도시대에 이르러 경제상황이 좋아지고 공중목욕탕이 생기면서 서민들에게도 목욕이 일상화되고 꽃구경, 절과 신사 참배의 여행이 대중화되자 이들이 이용하는 숙박업소나 식당 등이 손님을 끌어들이기 위해 오모테나시를 중시하면서 오늘날과 같은 일본의 전통으로 자리 잡게 되었다.

고객 만족을 지향하는 오모테나시

오모테나시가 추구하는 가치는 고객 만족이다. 고객을 깨끗한 환경에서 왕처럼 편안하게 모시는 것이다. 이를 위해서는 고객의 입장과 눈높이에서 생각하고 모든 면에서 고객을 배려해야 한다. 건물과 시설 같은 외관은 물론 고객을 대하는 종업원들의 말투, 태도, 복장 등도 중요시하며, 거창한 것보다는 인사, 청소 상태 등 아주 소소한 부분까지 세심하게 신경써야 한다. 이런 점에서 청결과 예의를 중시하고 인사와 상대방에 대한 배려가 몸에 배어 있는 일본인들의 섬세한 정서와 오모테나시는 궁합이 아주 잘 맞는다고 할 수 있다.

청결은 오모테나시의 기본

오모테나시를 구성하는 대표적인 요소는 청결, 인사와 친절 그리고 배려이다. 일본 여행 경험이 있는 사람은 잘 알겠지만 일본은 어디를 가나 깨끗하다. 일본 어느 식당에 가더라도 깨끗한 물수건이 제공되고, 회나 초밥과 같이 생선을 날것으로 요리해 먹는 일이 대중화되어 있는 것도 청결하기에 가능한 일이다. 그중에서도 여러 사람이 같이 사용하는 화장실의 청결함은 놀라울 정도이다. 한때 한국에서 깨끗한 공중 화장실 만들기 캠페인을 벌인 적이 있는데 그때 본받아야 할 모델로 자주 소개되던 것이 일본의 화장실이었다.

이런 청결함은 청소를 중요시하는 일본인의 생활 태도에 기인하는 것으로 보인다. 매년 12월 말일이 되면 대청소의 날이라고 해서 각 가정은 물론 직장, 절, 신사 등 모든 곳에서 한 해의 묵은 먼지를 털어내고 물청소를 하느라 일본 전체가 부산하다. 생활용품을 파는 대형 마트에는 다양한 아이디어 상품으로 가득 찬 청소용품 코너가 크게 자리하고 있다.

직장인의 경우에도 평소 사무실의 화장실을 직접 청소하고 정기적으로 회사 주변의 쓰레기를 줍거나 잡초를 제거하는 모습을 흔히 볼 수 있다. 많은 관중이 모이는 야구와 축구 같은 스포츠 경기에서도 경기가 끝난 후 관중들 스스로 주변 쓰레기를 정리하는 모습은 낯설지 않다.

생활화된 인사 문화

오모테나시를 구성하는 두 번째 요소는 인사이다. 아마도 일본인만큼 인사가 생활화되어 있는 국민은 없을 것이다. 동네에서는 잘 모르는 사람을 마주쳐도 그냥 지나치지 않고 반드시 인사말을 건네며, 길을 가다 다른 사람과 살짝이라도 부딪히면 누구의 잘못에 관계없이 '미안합니다すみません'라고 말한다. 아는 사람을 만난 후 헤어질 때도 '안녕히 가세요'라고 인사하는데 한 번만 하는 것이 아니라 상대방이 보이지 않을 때까지 돌아보며 여러 번 인사한다. 따라서 일본인과 작별 인사를 할 때는 많은 시간과 인내가 필요하다.

가게나 음식점에서도 '어서 오세요'라고 큰소리로 인사하며 손님을 맞이하고, 백화점 같은 곳에서는 물건을 사면 판매원이 물건을 매장 밖까지 들어다 주면서 '감사합니다'라는 인사와 함께 손님이 보이지 않을 때까지 고개를 숙여 인사한다. 관광지에서도 방문했던 손님이 돌아갈 때면 손님을 태운 차량이 보이지 않을 때까지 종업원들이 모두 나와 손을 흔들고 몇 번씩 인사한다. 손님의 모습이 사라지기 전에 돌아서서 자기 일을 하는 모습은 상상할 수 없다. 일반 기업의 경우에도 내방객을 배웅할 때는 반드시 엘리베이터 앞까지 나와서 엘리베이터 문이 닫힐 때까지 몇 번이고 머리 숙여 인사한다. 필자도 한국에서 하듯이 한 번 인사하고 고개를 들었더니 상대방이 아직도 머리를 숙이고 있어서 다시 고개를 숙인 적이 여러 번 있었다.

일본인은 한여름이나 연말연시에 지인이나 신세 진 사람들에게 안부 엽서를 보내 인사하는 습관이 있다. 여름에 보내는 것을 쇼추미마이(暑中見舞い)라고 하며, 연초에 보내는 것이 연하장(年賀状)이다. 연하장은 12월 중에 보내면 우체국에서 모아 두었다가 1월 1일에 일제히 배달한다. 상(喪)을 당했을 경우에는 금년에는 상으로 안부 엽서를 못 보낸다는 안내 엽서를 보낼 정도이다. 또한 일 년에 두 번, 신세 진 사람들에게 감사의 표시로 일반적으로 부담을 느끼지 않는 금액인 3,000~5,000엔 정도의 간단한 선물을 보낸다. 7월 백중에 보내는 것이 오츄겐(お中元), 연말에 보내는 것이 오세이보(お歳暮)인데 이런 선물을 받으면 반드시 고맙다는 답례 편지를 보낸다. 평소 식사에 초대되어 대접 받아도 고맙다는 답례 편지를 보낸다. 한국 같으면 전화 인사로 끝내지만 일본은 반드시 편지로 한다. 최근에는 편지 대신 메일로 하기도 하나 격식 있는 사람 간에는 아직도 편지를 이용한다. 이런 일본의 인사 문화는 일본인에게는 매우 자연스럽고 당연한 일이지만 일본어 편지 쓰기에 능숙하지 않은 외국인에게는 상당히 부담스러운 일이다.

손님에 대한 배려

오모테나시를 구성하는 세 번째 요소는 손님에 대한 배려이다. 외국과는 달리 일본의 호텔에는 잠옷, 슬리퍼, 칫솔, 간단한 세면도구가 다 준비되어 있어 본인이 따로 준비하지 않아도 된다. 환경 문제로 일회용품 사용에 대한 비판도 많지만 여행객의 입장에서는 짐을 줄일 수 있어 편리한 것도 사실이다. 세계에서 비닐 쇼핑백을 가장 많이 사용하는 일회용 물품사용 대국 일본이 소매점의 비닐 쇼핑백 제공을 유료로 바꾼 것은 2020년 7월 1일이다.

손님에 대한 배려는 식당에서도 쉽게 볼 수 있다. 초밥집에 가면 요리사가 초밥의 재료가 바뀔 때마다 도마를 물수건으로 닦는 것을 볼수 있다. 이는 청결함을 유지하기 위한 것도 있지만 서로 다른 재료의맛이 섞이는 것을 피하기 위해서이다. 튀김 요리의 경우는 최상의 맛을 내기 위해, 사용하는 식용유의 품질은 물론 기름의 온도, 튀기는 시간, 튀김의 색깔과 식감 등을 부단히 연구하고 노력한다. 요리에 대한연구는 물론이고 항상 손님을 주시하면서 최상의 타이밍에 요리를 제공하려고 노력한다. 초밥이나 튀김 요리는 요리사이타마에, 板前 앞의 카운터 자리에서 먹어야 맛있는 요리를 먹을 수 있다고 하는 것도 이런까닭이다. 손님에 대한 서비스의 질을 유지하기 위해 소수의 좌석만을고집하는 유명 초밥집과 튀김집도 많다.

일본의 택배 시스템이나 코인 로커도 오모테나시에서 큰 역할을 하고 있다. 무겁거나 큰 짐이 있을 경우에 택배를 이용해 짐을 미리 부치고 가벼운 차림으로 여행을 할 수 있다. 골프장에 갈 경우에도 주로 승용차에 골프채를 싣고 운전해서 가는 한국과는 달리, 2~3일 전에 골프채를 미리 택배로 보내고 옷가방만 가지고 전철을 타고 골프장 가까운역에 내려 골프장 전용 셔틀 버스를 이용해서 가는 경우도 많다.

팁 문화가 없는 일본

업무나 여행으로 외국을 방문할 때 제일 머리 아픈 일 중 하나가 팁으로 얼마를 주어야 적당한가 하는 문제이다. 하지만 일본은 팁 문화가 없어 적어도 이 문제로 골치 아플 일은 없다. 호텔 침대에 팁을 놓아

두어도 가져가지 않으며, 식당에서도 따로 팁을 요구하지 않는다. 그렇다고 서비스가 나쁘지도 않다. 이것은 숙박 요금이나 식대에 이미 서비스에 대한 대가가 포함되어 있다고 보기 때문이다. 일본에 팁 문화가 없는 것은 추가 대가 없이 손님 접대에 최선을 다하는 오모테나시 정신과 서양식 팁 문화가 맞지 않기 때문이다. 전통 여관의 숙박 요금도 방당 가격이 아니라 아침 저녁 두 끼의 식사를 포함해 인당 가격으로 정해지는 것이 일반적이다. 방값과 식대를 따로 구분하지 않는 것은 오모테나시의 영향이라 할 수 있다. 오래전 일본 출장 때 묵은 전통 여관에서 출장비 정리를 위해 방값과 식대를 구분해 달라고 했더니 난처한 표정으로 안 된다는 대답을 들은 적이 있다.

오모테나시의 상징 오카미

오모테나시를 잘 체험할 수 있는 대표적인 곳이 항공기의 기내 서비스와 관광지의 전통 여관이며, 일본어 경어를 실생활에서 가장 많이 사용하는 사람은 접객업 종사자일 것이다. 한때 한국에서 서비스업 종사자를 대상으로 한 고객응대와 친절교육 붐이 일어난 적이 있었는데 그때 벤치마킹한 것이 일본 항공업체의 기내 서비스 교육 프로그램이었다. 지금도 일본 친절교육 기관의 운영자나 강사들 중에는 항공사 승무원 출신이 많다.

일본 전통 여관에는 안주인인 오카미 女将가 있는데 오카미의 역할은 손님맞이에서부터 시설의 청소 상태, 음식 메뉴와 맛, 꽃장식, 종업원의 복장과 태도 등 여관의 모든 것을 꼼꼼히 점검하고 책임지는 것이다. 이와 같은 오카미라는 지위는 대개 자신의 며느리나 딸에게 물

시니세 여관 카가야 전경

려주는 것이 전통이다. 후계자인 젊은 안주인 와카 오카미若女将는 나이가 지긋한 오카미 밑에서 오랜 기간 교육을 받으면서 모든 노하우를 전수받는다. 손님에 대한 만족스러운 접대를 위해 오랜 기간에 걸쳐 하나하나 꼼꼼히 배우고 노력하는 이들의 마음 자세에는 절로 머리가 숙여진다.

1906년 창업한 이시카와현의 전통 여관 '카가야加賀屋'의 오카미에 관한 이야기는 가히 전설적이다. 지금은 흔히 볼 수 있지만 오카미가 직접 객실을 돌면서 인사하는 것을 일본 최초로 시작했고, 손님에게 절대 '안 됩니다NO'라고 말하지 않고 손님의 기대에 부응해 세심한 배려로 손님 한 사람 한 사람에게 최대한의 서비스를 하려고 노력하는 것으로 알려져 있다. 몇 해 전 이런 오카미의 하루 생활이 TV 방송으로 소개된 적이 있었는데 아침부터 저녁 늦게까지 손님 응대를 위해 거의 뛰어다니다시피 움직이는 오카미의 초인적인 모습은 매우 감동적이었다. 이런 오카미의 마음가짐과 노력으로 '카가야'는 일본 제일의 오모테나시 명성을 얻었고 지금도 많은 일본인들이 머무르고 싶은 전통 여관으로 자리 잡게 되었다.

코로나19 팬데믹 사태가 오모테나시에 미친 영향

오모테나시는 사람에 의한 근접 대면 서비스, 즉 아날로그식 접근이 기본이다. 따라서 오모테나시를 위해서는 많은 사람이 필요하며 이는 바로 인건비 부담에 따른 비용 상승으로 직결된다. 하지만 최근의 코로나19 팬데믹 사태로 사회적 거리 두기와 비대면 접촉을 권장하는 상황하에서는 종래 방식의 오모테나시를 유지하기가 어렵다. 일부 업소에서는 로봇이 손님을 응대하는 시스템을 도입하기 시작했으나 아무리 AI가 발달한다 해도 사람이 하는 것과 같은 수준의 서비스를 로봇에게 기대하기는 어렵다.

최근 오래된 가게인 시니세의 폐업이 눈에 띄는 것도 코로나19 팬데믹 사태의 영향이다. 후계자가 없어 고민하던 중 코로나19 사태로 손님이 격감해 경영이 어려워지자 아예 폐업을 결정하는 곳이 늘고 있다. 2020년 4월 폐업한 긴자 가부키좌歌舞伎座 앞의 도시락점 '코비키쵸벤마츠木挽町辨松'도 그중 하나이다. 1868년 창업한 이래 150년간 영업해 온 시니세가 설비 노후화, 매출 감소, 후계자 부재 등의 문제로 새 주인을 물색해 간판을 유지하려 했으나, 코로나19 팬데믹 사태로 인한 가부키좌의 장기 휴관으로 매출이 급감하자 급기야 폐업을 결정했다. 마지막 영업을 끝내고 가게의 셔터를 내린 후, 길 건너편 가부키좌

건물을 향해 그동안 신세 많이 졌다고 말하며 머리 숙여 절하는 가게 주인의 모습을 TV 뉴스를 통해 보면서 매우 안타까웠다.

일본 인기 드라마 〈남자는 괴로워〉에도 소개되었던 도쿄 시바마타 柴又의 230년 된 장어와 잉어 요리집 '가와진川甚'도 코로나19 사태의 어려움을 이기지 못하고 2021년 1월 폐업했다. 지금 폐업해야 여러 사람에게 폐를 끼치지 않고 그나마 종업원들의 퇴직금을 지불할 수 있어 폐업을 결심했다는 8대째 주인의 인터뷰를 보면서 주위 사람과 종업원을 생각하며 마지막까지 최선을 다하는 경영자의 모습에 존경을 표하지 않을 수 없었다. 코로나19 사태로 가업 계승이라는 일본의 좋은 전통이 사라져 가는 것 같아 안타깝다.

한편 음식 배달업은 역설적이게도 코로나19 팬데믹 사태의 '혜택'을 많이 본 희귀한 업종 중 하나이다. 사회적 거리 두기로 직접 식당을 찾지 않고 집이나 직장으로 배달해서 먹는 사람이 늘어나면서 음식 배달업은 호황을 맞고 있다. 하지만 배달원에 대한 충분한 교육이 없다 보니 소비자의 불만과 고충이 끊임없이 발생한다. 오모테나시의 중요성을 생각하게 하는 대목이다. 사람에 의한 근접 대면 서비스를 기반으로 하는 오모테나시가 코로나19 사태를 이겨 내고 본래의 모습을 되찾고 나아가 더욱 발전해 갈 수 있을지 궁금하다.

일본의 연하장

우다가와 노리코(일러스트레이터)

번역: 김영복(전남대학교 박사과정)

연하장의 역사

일본에서는 헤이안시대인 8~9세기경부터 정월 초에 친척이나 신세를 진 사람의 집을 돌아다니며 인사하는 습관이 있었다. 이것을 '年始回ねんしまわり', 우리말로 세배歲拜라고 한다. 에도시대17세기경가 되면 교우관계가 넓어지면서, 파발꾼飛脚이라고 하는 배달원을 시켜서 편지를 보내는 것으로 새해 인사를 갈음하는 사람도 많아졌다. 이런 편지가 연하장의 시작이라고 한다.

메이지시대19세기 후반에 우편제도가 도입되어 우편엽서의 발행이 시작되자, 그 엽서로 연하장을 보내는 사람이 증가했다. 그 결과 연말에 많은 양의 연하장이 몰려들어 우체국 직원은 잠시도 쉬지 않고 엽서 처리를 해야만 했다. 그래서 도입된 것이 12월 중에 연하장을 접수하여 정월 초하룻날에 배달하는 시스템인데 현재도 계속되고 있다.

연하장의 역할

근래 10년 전에는 새해에 친척이나 회사의 상사, 단골손님, 학교 선생님, 신세를 진 사람의 집에 인사 다니는 것이 습관이었지만, 지금은 의례적인 교우관계를 옛날만큼 그렇게 중요하게 여기지 않아 '연하장으로 인사하면 충분하다'라고 생각하는 사람이 주류를 이루고 있다.

연하장은 신년 인사나 지난 한 해 동안 감사의 마음을 전하는 것 이외에도, 커뮤니케이션이 소원해진 친구나 지인에게 1년에 한 번 근황을 알리는 데도 이용한다. 소식이 없던 사람에게 연하장을 받으면, '아, 무사히 잘 지내고 있구나!'라고 안심하는 것도 연하장의 역할 중 하나이며 그립던 사람의 이름을 보는 것도 새해의 즐거움이다.

모습이 바뀌는 연하장

하지만 최근에는 인터넷 보급으로 이메일, 회사나 개인 홈페이지를 통해 신년 인사를 하는 사람이나 기업도 많아졌다. 그래서 연하장의 발행 매수는 해마다 줄어들고 있는 상황이다. 그런데도 아직 '종이'가 가지는 따뜻함에 마음이 끌려 엽서 연하장을 고집하는 사람이 적지 않다.

이전에는 '새해 복 많이 받으세요 あけましておめでとうございます'라는 문구에 약간의 그림을 곁들이는 것이 주류였다. 그림에 의미를 두는 사람은 한 장 한 장 손으로 그림을 그리거나 수제 판화를 만들거나 혹은 인쇄업자에게 부탁해서 기성의 일러스트 삽화를 인쇄하기도 한다. 이 경우의 '그림'이란 그해의 간지 干支를 나타내는 동물이 많고, 그 밖에 경사스러움을 상징하는 소나무, 대나무, 매화, 후지산, 설날 해돋이 등이 선호된다.

연하장 쓰기를 바쁜 연말에 귀찮은 일이라고 생각하는 사람도 적지 않다. 그래서 요즘은 다양한 PC용 연하장 작성 소프트웨어가 판매되고 무료 다운로드도 가능하다. 제공되는 일러스트와 사진의 화질도 높아서 누구나 프로 수준의 멋진 연하장을 만들 수 있다. 가족이나 자신의 사진을 디자인에 넣어서, 예를 들면 '결혼했습니다', '아이가 태어났습니다' 등의 근황 보고도 할 수 있다. 가정용 프린터의 해상도도 높아져서 최근 연하장은 매우 컬러풀하고 멋지게 만들 수 있다.

세뱃돈 추첨번호 연하 엽서

일본우편주식회사日本郵便株式会社, Japan Post Co. Ltd.가 발행하는 연하장용 엽서 '세뱃돈 추첨번호 연하 엽서'는 추첨번호가 첨부된 엽서이다. 연하장 앞면수신인 있는 면 아래쪽에 번호가 인쇄되어 있고, 1월 중순에 당첨 번호가 발표된다. 1등은 30만 엔 상당의 전자화폐 또는 현금, 2등은 일본의 특산품 모둠 세트, 3위는 우표 2매 묶음 시트이다. 이 엽서로 연하장을 보내는 사람이 대부분이지만, 물론 사제엽서로 연하장을 보내도 괜찮다. 다만 사제엽서 연하장을 받은 사람은 복권의 즐거움이 없다는 아쉬움도 있을지 모르겠다.

상중 엽서

집안 식구가 사망했을 때는 다음 해 연하장을 발송하지 않는 대신에 '상중喪中 엽서'를 11월 하순부터 12월 상순 사이에 보낸다. 엽서의 내용에는 '상중이라서 새해 인사를 정중히 사양하겠습니다'라는 문구와 함께, 돌아가신 분의 이름과 가족 관계, 돌아가신 날짜를 쓰기도 한다. 여기서 말하는 가족 관계의 범위는 일반적으로 부모·조부모·형제자

세뱃돈 추첨번호 연하 엽서

상중 엽서

한중문안 엽서

일본의 연하장

매·손자까지를 말한다.

만약 상중일 때 연하장을 받았을 경우에는 1월 7일이 지나고 나서 한중寒中 문안 엽서를 보낸다. 1월 1일부터 1월 7일까지 마쓰노우치松の内, 정월 초 집 앞에 소나무 장식을 세워 두는 기간라고 하는데, 이 기간을 설 명절로 여기기 때문이다. 한중문안 엽서를 보낼 때는 연하장을 보내지 못한 사유와 사과의 뜻을 적는다. '상중 엽서'나 '한중문안 엽서'의 경우는 화려한 색이나 디자인은 사용하지 않고, 연회색·연청색·연녹색·보라 등 차분한 색깔로 그린 꽃이나 경치를 담아 애도의 마음을 표현한다. 일본우편주식회사에서는 이에 어울리는 우표를 팔고 있는데 대부분 그 우표를 사용한다.

끝으로

연하장은 일본의 새해를 대표하는 것 중 하나이다. 다만 머지않아 종이 낭비의 절감, 인터넷 발달 등 여러 조건의 변화에 따라 연하장이 완전히 온라인화할 가능성도 없지는 않을 것이다. 하지만 비록 전달 방법은 바뀌어도 연하장 자체의 형태는 계속 후세에 남길 수 있으면 좋겠다.

자포니즘,
일본 문화가 있는 서양 미술

이주영(번역가, 자포니즘 연구가)

"서구권 사람들은 왜 이렇게 일본 문화를 좋아해요?" 영어와 프랑스어 관련 일을 하고 일본학을 전공하면서 자주 이런 질문을 들을 때가 많다. 주로 서구권에서 유학한 적이 있거나 국내에서 서구권 사람들과 일하는 이들에게서 들은 질문이다. 아무래도 현재 일상에서 누리는 문화는 서구권에서 왔으니 현대 일본 사람들을 포함해 아시아 사람들이 유럽이나 북미 문화에 우호적인 것은 이상한 일이 아닐지도 모른다. 그런데 서구권 사람들이 유독 일본 문화에 대해 단순한 오리엔탈리즘 차원이 아니라 동경하고 예찬하는 태도를 보일 때 많은 한국 사람들은 의외라고 생각한다. 영어나 프랑스어 일을 하다 보면 도쿄와 교토의 풍경, 기모노, 하이쿠, 벚꽃, 사무라이, 게이샤, 신사와 사찰, 다도 등 일본 특유의 미학에 푹 빠진 서구권 작가나 예술가의 글을 매우 자주 접한다. 일본 문화를 좋아하고 나아가 일본 문화에서 많은 영감을 받는 서구권 사람들의 태도를 이해하려면 짚고 넘어가야 할 것이 자포니즘이다. 나 역시 처음으로 일본의 미학에 매력을 느끼게 된 것은 자포니즘의 영향을 받은 유럽과 북미 미술에 관한 영어와 프랑스어 자료를 번역하면서부터였다. 서구권 사람들이나 서구권의 콘텐츠가 왜 이렇게 일본 문화에 우호적이냐는 질문을 받으면 내가 좋아하는 주

프랑스 화가 제임스 티소, 〈일본 물건을 들고 있는 여인〉(1865)

프랑스 화가 에두아르 마네, 〈에밀 졸라의 초상〉
(1868). 스모 선수의 그림과 일본풍 병풍이 보인
다. 프랑스 문학가 에밀 졸라를 떠올리면 소설보다
는 이 그림이 먼저 생각난다.

벨기에 화가 알프레드 스티븐스, 〈일본 옷을
입은 파리의 여인〉(1872). 파란색 기모노를
입은 프랑스 여성 그림은 국내에서 번역출
간된 후카이 아키코의 《자포니슴 인 패션》
에 소개되었다.

요 서양 미술 작품을 휴대폰 사진으로 먼저 보여 주곤 한다.

이 그림을 본 사람들이 묻는다. "왜 옛날 19세기 서양 미술에 일본 문화가 있죠?" 내가 대답한다. "혹시 '자포니즘'이라고 들어보셨는지요?" 상대방이 잘 모르는 것 같으면 신나게 이야기를 시작한다.

자포니즘, 일본 문화에 빠진 서양 미술계

우선, 자포니즘 Japonisme 이라는 용어를 퍼즐처럼 쪼개 보자. '일본'을 뜻하는 프랑스어 'Japon'과 '-주의, -특성'을 뜻하는 프랑스어 '-isme'가 합쳐진 단어가 바로 '자포니즘'이다. '자포니즘'이라는 용어는 예술의 중심지로 불리는 프랑스에서 나왔는데 프랑스 미술 비평가 필립 뷔르티가 1872년에 처음으로 사용했다. 자포니즘이 서구권에 일으킨 바람은 심상치 않았다. 프랑스 소설가이면서 남동생 쥘 드 공쿠르와 함께 프랑스의 최고 문학상 '공쿠르상'을 탄생시키는 데 기여한 에드몽 드 공쿠르는 1884년 4월 19일 《일기 Journal》에서 자포니즘을 이렇게 설명했다. '자포니즘은 서구권 사람들의 관점에 혁신을 일으키고 있었다.' 한마디로 쉽게 이야기하면 자포니즘은 서구권에 불어닥친 일본 열풍이다. 특히 이런 자포니즘은 미술 분야에서 시작되어 차차 다른 분야로 퍼져 갔다. 19세기에 시작되어 21세기까지 이어지는 자포니즘은 분야가 방대하므로 여기서는 19세기 서양 미술로 자포니즘을 살펴보려고 한다.

미술 쪽에 별로 조예가 깊지 않던 내가 갑자기 서양 미술사에 관심을 가지고 본격적으로 책을 구입해 읽고 전시회를 보러 가게 된 계기는 자포니즘이다. 영어와 프랑스어 번역 일을 하면서 자포니즘 테마를 자주 접하면서 신선한 충격을 받았다. 미술 기법은 서양 미술이 익숙하지만 소재는 일본 문화가 끌리는 내게 자포니즘 사조는 완벽한 조합이었다. '아니, 이것은 내 취향인데!' 프랑스어를 전공하던 학부 시절에 책으로만 접했던 프랑스 화가 에두아르 마네, 클로드 모네 등도 자포니즘에 영향을 받았다는 것을 알고 나와 취향이 비슷하다는 생각에 한층 가깝게 느껴졌다. 특히 한국에서 대중적으로 잘 알려진 유럽 인상파 화가들이 구체적으로 어떤 역사 배경에서 일본 문화와 만나게 되었는지 호기심이 생겨 자포니즘을 연구해 보기로 했다.

　서양 미술에서 동아시아 문화를 소재로 사용한 예는 자포니즘이 처음은 아니다. 그 이전에 17세기 말에서 18세기 말까지 유럽의 왕실과 귀족이 중국풍을 즐기던 '시누아즈리 chinoiserie'가 있었기 때문이다. 자포니즘의 부상은 우연이 아니다. 문화와 예술은 정치, 역사와 함께 가는 일이 많다. 1853년, 미국의 페리 제독이 이끄는 흑선이 일본의 에도만에 나타나 개항을 요구했다. 1854년에 일본은 새로운 시대가 열렸고 미국의 힘에 맞서기 힘들다고 판단해 불평등조약이라 할지라도 페리 제독과 미일화친조약을 체결했다. 얼마 지나지 않아 일본은 영국, 러시아, 네덜란드, 프랑스, 기타 유럽 국가들과도 통상조약을 맺었다. 1868년, 일본은 메이지 유신을 통해 에도 막부가 몰락하고 근대 천황제 국가가 되었으며 본격적으로 서구화 개혁을 추진하게 되었다. 일본의 미술과 공예품은 1862년 런던 만국박람회에 처음 소개되었고, 이후 1867년 파리 만국박람회에도 소개되었다. 이후 일본의 미술과 공예품에 대한 관심은 유럽과 미국으로 확대되었다. 만국박람회는 단순한 전시회가 아니라 자국의 기술, 문화와 예술을 대대적으로 선보이는 자리였다. 서구의 예술가들은 도자기, 그리고 도자기 포장지로 사

빈센트 반 고흐, 〈탕기 영감의 초상〉
(1887). 우키요에에 심취했던 고흐
의 취향을 잘 보여 준다.

용된 일본의 채색 목판화 '우키요에'에 열광했다. 특히 반 고흐를 비롯
해 인상파 화가들은 이제까지 보지 못한 강렬한 색채와 구도에 큰 충
격을 받아 새로운 영감을 얻었다. 에드몽 드 공쿠르가 언급한 대로 '자
포니즘은 서구권 사람들의 관점에 혁신을 일으키고 있었다.' 이렇게
서구권에서는 본격적으로 자포니즘 열풍이 일어났다.

자포니즘이 반영된 서양 미술 작품 중 내가 가장 먼저 만난 것은 빈
센트 반 고흐의 〈탕기 영감의 초상〉이다. 서양 미술사에 관한 프랑스
어 자료를 번역하다가 〈탕기 영감의 초상〉을 보고 유명한 화가 빈센트
반 고흐에 처음 관심을 가지게 되었다. 이 그림은 서초 예술의 전당에
서 열린 반 고흐 전시회에서 실물로 처음 봤다. 당시 전시회에서 다른
그림은 눈에 안 들어오고 〈탕기 영감의 초상〉 앞에서 가장 오래 머물

렀다. 자포니즘을 알기 전에 반 고흐는 그저 내게 여러 유명한 화가 중 하나였다. 하지만 우키요에의 아름다움을 그림 속에 멋지게 녹여낸 〈탕기 영감의 초상〉을 보는 순간, 반 고흐는 나의 관심 화가 목록에 들어가게 되었다. 물감 가게 주인 탕기 영감을 그린 이 초상화에서 반 고흐는 배경에 우키요에를 가득 그려 넣었다. 반 고흐가 우키요에에 심취했다는 것을 상징적으로 보여 주는 작품이다.

　도자기와 함께 자포니즘을 이끈 우키요에는 이제 한국인에게도 낯선 존재가 아니다. 2021년과 2022년에도 서울에서 흥미로운 우키요에 전시회가 열렸다(일본문화원, 국립중앙박물관). 전시회에 가기 힘들다면 이연식의 《유혹하는 그림, 우키요에》, 김애경의 《우키요에 풍경 속에 담긴 숨은 그림》, 오쿠보 준이치의 《우키요에》 등 국내에 출간된 책으로도 언제든 우키요에를 만날 수 있다.

자포니즘, 서구권이 일본 문화에 남다른 호감을 느낀 출발점

　일본과 서구권은 오랜 교류의 역사를 자랑하면서 서로에게 영향을 받아 새로운 문화를 창조하기도 했다. 일본이 서양 미술의 기법을 받아들여 현대 일본 미술을 발전시키고 서양 요리를 돈카츠, 오므라이스, 카레라이스, 고로케처럼 일본 스타일로 바꿔 새로운 요리로 탄생시킨 것처럼, 서구권도 일본 문화를 단순히 모방하는 것이 아니라 주체적으로 수용해서 자포니즘을 발전시켰다. 서구권이 다른 아시아의 문화 중에서도 일본 문화에 남다른 호감을 가진 데는 자포니즘의 역할을 무시할 수 없다. 한국에서도 유명한 반 고흐, 에두아르 마네, 클로드 모네, 에드가 드가, 구스타프 클림트 등은 서구권 사람들도 교과서와 전시회를 통해 익숙하게 접하는 화가들인데, 구도나 소재에서 자포니즘의 영향을 받았다는 공통점이 있다. 사람은 익숙하고 많이 보는 것에 호감을 느끼는 편이다. 실제로 한국에서 기업가, 디자이너, 번역가 등 다양한 프랑스인, 유럽인들과 일하거나 교류하면서 공통 화제로 자주 나누는 이야기 중에 자포니즘, 우키요에, 기모노의 천과 문양, 일본 문화가 있다. 이들은 미술계에서 일하는 사람들이 아니었는데도 자포니즘에 대한 지식이 대단하다. 자포니즘뿐만 아니라 일본 문화를 다양한 관점에서 다룬 전시회, 도서, 콘텐츠가 서구권에서 많이 발달해 있기 때문이다. 실제로 나 역시 파리를 여행하면서 자포니즘 관련 자료가 다양한 것을 보고 놀란 기억이 있다. 외서 기획으로 영어권과 프랑스어권 도서를 아마존에서 검색할 때도 자포니즘은 물론 한국에서 잘 다루지 않는 종류의 일본 테마 도서가 다양해서, 서구권 도서도 자포니즘이나 일본 문화를 배우는 자료로 유용하게 활용하고 있다. 자포니즘과 여기서 파생된 예술과 디자인에 관해 배경 지식을 쌓을수록 서구권의 문화와 예술을 이해하는 데 도움이 될 때가 많다. 아울러 일본 문화에 남다른 애정과 관심을 표현하는 서구권 사람들이 왜 많은지 이론적으로도 이해할 수 있다. 일본 사회가 서구권 문화에 우호적인 것처럼 서구권 사회도 일본 문화에 우호적이다. 자포니즘은 일본과 서양의 관계를 알아가는 코드가 되기에 세계사 관점에서 일본학을 공부하는 사람에게도 흥미로운 탐구 대상이라고 생각한다.

자포니즘의 영향을 받은 서양 미술 작품 중에서 가장 좋아하는 작품을 하나 꼽으라면 캐나다 화가 폴 필Paul Peel, 1860~1892년이 그린 19세기 작품 〈일본 인형과 부채〉이다. 일본 문화에서도 특히 심취한 대상이 일본 전통인형이기 때문이다.

캐나다 화가 폴 필, 〈일본 인형과 부채〉(1889). 그림 속에서 일본 부채와 함께 있는 일본 인형은 '이치마쓰 인형(市松人形)'이다. 이치마쓰 인형은 남녀 어린아이들의 모습을 사실적으로 표현한 일본 전통 인형이다.

일본 인형이 서구의 예술계에 처음으로 소개된 것은 1800년대 후반 자포니즘 붐을 통해서이다. 미국에서 일본 전통인형 분야의 권위자로 일본에서도 유명한 앨런 스캇 페이트 관장은 프랑스와 한국에서 유학한 경험이 있으며 하버드대학교에서 동아시아학으로 석사학위를 받았다. 앨런 스캇 페이트 관장은 저서 《일본 인형: 닝교의 환상적인 세계》에서 일본 인형에 매료된 서구권 화가들을 소개한다. 앞에서 소개한 제임스 티소, 알프레드 스티븐스도 일본 인형을 그림 속에 담았다. 일본 인형도 서구권 예술가들 사이에서는 수집 대상이었다.

21세기 자포니즘

자포니즘은 19세기 한때 서구권 예술계에서 유행하던 짧은 열풍이 아니다. 일본풍에 열광한 유럽 인상파 화가들의 미술작품으로 시작되었지만, 앨런 스캇 페이트 관장이 저서 《일본 인형》에서 설명한 것처럼 이제 자포니즘은 유럽과 미국에서 일어난 일본풍의 인기를 전부 가리키는 용어로도 사용된다. 자포니즘이라는 용어가 탄생한 프랑스에서도 마찬가지이다. 프랑스 기사들을 보면 미술을 넘어 분야와 관계없이 일본에서 온 것에 열광하는 현상을 '자포니즘'이라고 표현하기도 한다. 일본 뉴스에서 흥미로운 장면을 봤다. 요즘 한국을 비롯해 전 세계에서 사랑받는 일본 애니메이션 극장판 〈귀멸의 칼날: 무한열차편〉의 파리 극장 개봉 소식이었다. 다이쇼시대 1912~1926년를 배경으로 한 애니메이션 〈귀멸의 칼날〉은 프랑스 파리에서도 높은 인기를 구가하고 있다. 일본 뉴스 기자가 인터뷰한 젊은 프랑스인 여성의 모습이 인상적이었는데, 기모노 차림에 풀메이크업으로 애니메이션의 주인공 소녀 네즈코처럼 분장한 모습이었다. 기모노를 입은 유럽 여성들의 모습이 담긴 19세기 미술 작품이 21세기 코스프레로 재탄생한 것 같았다. 그뿐만 아니라 〈귀멸의 칼날〉에는 우키요에의 거장이자 여전히 프랑스와 서구권에서도 대단한 인기를 자랑하는 가쓰시카 호쿠사이 葛飾北斎의 유명한 작품 〈가나가와 앞바다의 파도〉를 떠올리는 장면이 나온다. 주인공 소년 탄지로가 혈귀들을 물리치기 위해 사용하는 물의 호흡 기술에서 나오는 파도이다. 21세기에도 서구권에서는 여전히 자포니즘이 진행 중이다. 그 분야는 미술에만 국한되지 않고 더욱 다양해졌다. 한국의 게이머들 사이에서 높은 인지도를 자랑하는 최근의 미국산 사무라이 게임 〈고스트 오브 쓰시마〉도 21세기판 자포니즘이라고 할 수 있다. 이 외에도 찾아보면 한국 사람들이 서구권 콘텐츠를 통해 일본 문화를 소비하는 예시가 꽤 다양해 흥미롭다.

프랑스의 작곡가 드뷔시의 교향곡 〈바다〉에 영감을 준 가쓰시카 호쿠사이의 우키요에
〈가나가와 앞바다의 파도〉는 최근 일본 애니메이션 〈귀멸의 칼날〉에도 영감을 주었다.

　자포니즘은 어쩌면 서구식으로 가공된 일본 문화일지도 모르지만
그 기반은 엄연히 일본 문화이다. 자포니즘은 일본 문화의 수용을 글
로벌적인 관점에서 바라볼 수 있는 흥미로운 방법이 아닐까?

교육에 새겨진
일본의 언어와 행동문화

일본어의 매뉴얼 경어를 어떻게 이해하면 좋을까?

시대에 따라 변화하는 일본 교육

일본에서 사용하는 호칭의 뉘앙스

일본어의 매뉴얼 경어를
어떻게 이해하면 좋을까?

김동규 (한국외국어대학교 교수)

말은 시대와 함께 사회 속에서 변화한다. 청년이 자주 사용하는 줄임말이나 청소년의 '급식체'를 잘 이해하는 중·노년층은 많지 않을 것이다. 반대로 어른들이 학생 때 사용했던 말을 지금의 젊은이가 듣는다면 '그게 뭐예요' 하고 웃을지도 모른다. 이렇듯 말은 살아 숨쉬는 생물처럼 시대와 사회 환경에 따라 변화하는 모습을 보여 주는데, 사람도 사회도 변화하기에 어쩌면 당연하다고 할 수 있을 것이다. 여기에서는 이와 같은 언어와 관련된 변화 중에서도 특히 서비스업 분야에서 자주 들을 수 있는 표현을 중심으로 한국어와 일본어의 사용 방식에 대해 살펴보자.

한국어에 '접객 경어'가 있다면 일본어에는 '매뉴얼 경어'가 있다

아이스 아메리카노 나오셨습니다!
고객님, 그 가방은 빨간 색은 없으세요.

커피를 주문해 놓고 기다리거나 쇼핑을 하러 갔을 때 흔히 들을 수 있는 표현이다. 한국인 누구나 이런 표현을 처음 들었을 때는 고개를 갸웃거렸으나 이젠 대부분이 익숙해져 그냥 그러려니 할 것이다. 그런데 일본어에도 이와 비슷한 표현이 있다.

お会計の方、1万円になります。 대금은 1만 엔이 되겠습니다.
お料理はお揃いになりましたでしょうか。 요리는 모두 나오셨나요?

앞의 표현은 손님으로 상품을 구입하거나 서비스를 받는 장면에서 들을 수 있는 것으로 일본인 역시 부자연스럽게 느끼는 사람이 있는가 하면 그렇지 않은 사람도 있다. 한국어와 일본어 모두 이와 같은 표현은 상업적인 장면에서 사용되는 정형적인 표현으로 일상에서 사용되는 표현과는 조금 다르다. 일본어에서는 이와 같은 표현을 '매뉴얼 경어マニュアル敬語'라고 한다. 이는 말 그대로 고객과 직접 접촉하는 접객 장면에서 일본어 사용, 특히 경어 사용을 구체적으로 규범화한 것이다. 이 매뉴얼 경어는 신입사원이나 임시직원의 지도에 많이 사용하는데, 주로 편의점과 같이 아르바이트생을 많이 고용하는 곳에서 사용하기 때문에 '편의점 경어コンビニ敬語' 혹은 '아르바이트 경어バイト敬語'라고도 한다.

한국어는 이와 같은 표현을 '백화점식 경어' 라고 부르는 경우가 있으며 특히 앞에서 든 예문은 '사물 존대'라고 한다. 다만 일본어의 매뉴얼 경어와 같이 명칭이 규정된 것은 아니고 부르는 이름은 조금씩 다르다. 여기에서는 이런 표현이 주로 사용되는 장면에 중심을 두어 '접객 경어'라고 부르기로 하자.

한국어의 접객 경어와 일본어의 매뉴얼 경어, 둘 다 서비스업 분야에서 직접 손님을 대하는 장면에서 사용하고 구입하는 측이 아닌 판매하는 측이 사용한다는 공통점이 있다. 또한 이런 표현은 '적절하지 않다' 혹은 '부자연스럽다'는 평가를 받는 경우가 많은 것도 한국어와 일본어의 공통점이다. 서비스업에서 고객에게 부정적인 인상을 주는 것은 상업적으로도 결코 적절하지 않을 것이다. 그럼에도 불구하고 '매뉴얼 경어'와 '접객 경어'가 여전히 사용되는 이유는 무엇일까?

사회인의 자질을 평가받는 '매뉴얼 경어'

우선 일본어의 매뉴얼 경어를 자세히 알아보자. 접객 장면에서 사용되는 독특한 경어 표현인 매뉴얼 경어는 일본의 고도성장기 무렵부터 사용하기 시작했다는 견해도 있지만, 일본 문화청이 주관하는 '국어에 관한 여론조사国語に関する世論調査'에서 자주 다루고 일본 국내 일반인을 대상으로 한 일본어 도서에 실리기도 하는 등 꾸준히 관심을 받아왔다. 하지만 그 존재를 '공식적으로 인정'받은 것은 2007년에 발표된 '경어의 지침敬語の指針'으로 보는 것이 좋을 것 같다. '경어의 지침'은 일본 정부기관인 문화청에서 발간한 것으로 일본어 경어 사용의 기본적인 기준으로 기능한다. 여기에서는 '매뉴얼 경어는 언어적인 면에서 서비스의 질을 일정한 수준으로 유지하고 있다'고 평가하고 있다. 물론 매뉴얼 경어의 긍정적인 점만 다루고 있는 것은 아니지만 기본적으로는 유효하다고 평가하고 있는 점이 주목할 만하다. 그렇다면 일본어의 매뉴얼 경어는 어떤 긍정적인 면을 가지고 있을까?

우선 해당 직종에서, 구체적으로는 특정한 접객 장면에서 경어 사용의 지침과 준거로 사용된다는 것이다. 의외일 수도 있지만 실은 일본어 경어를 잘 사용하는 것은 결코 쉽지 않다. 한국어의 관점에서 본다면 '존댓말을 못 쓴다고? 어렸을 때부터 예의범절로 배우는 것 아닌가?' 하는 생각이 들 수도 있을 것이다. 하지만 이런 오해는 한국어 존댓말과 일본어 경어의 차이로 인한 것이다.

한국어의 존댓말은 유교적 윤리에 근거를 둔 상하관계가 경어 사용을 결정하는 중요한 기준이 된다. 상하관계를 결정하는 요소는 여러 가지가 있으나 그중에서도 연령과 지위는 매우 강력한 요소이다. 특히 연령은 존댓말 사용에서 결정적으로 중요한 요소가 되기 때문에 한국어에서 존댓말을 잘 쓰기 위해서는 상대방의 나이를 파악하는 것이 중요하다. 그 때문에 한국어에서는 태어난 해, 띠, 학번, 공유하는 지인의 나이 등 다양한 방법으로 연령을 파악하려 하는 것이다. 예를 들면 '몇 년 생이세요?', '무슨 띠예요?', '학번이 어떻게 돼요?', '혹시 김철수 과장님 아세요? 누가 더 나이가 위세요?'와 같은 표현으로 상대의 연령을 파악한다. 또한 한국어에서는 어린아이라도 손윗사람 혹은 연장자에게는 존댓말을 사용하도록 가정교육, 학교교육을 받고 있다. 이와 같이 한국어의 경어 체계는 상하관계, 즉 유교적 윤리를 중시하는 개인의 도덕이라는 측면이 강하다고 할 수 있다.

반면 일본어의 경어는 사회적인 소산으로서의 성질이 강하다. 일본어 경어 체계의 기본적인 성질은 상대 경어이다. 화자와 청자의 관계만을 기준으로 하는 절대 경어예를 들면 한국어의 존댓말에 비해 화자, 청자, 화제의 인물의 관계를 종합적으로 고려하는 상대 경어는 눈앞의 사람청자과의 관계만이 아니고 화제의 인물과의 관계, 즉 사회적인 요소가 좀 더 강하게 작용하는 경어 체계이다. 또한 일본어의 경어는 친한지 그렇지 않은지, 공적인지 사적인지와 같은 요소를 중시한다. 예를 들면 친한 관계, 사적인 관계에서는 경어의 사용이 적거나 없고, 친하지 않은 관계, 공적인 관계에서는 경어를 사용한다. 일본 드라마나 영화에서 손자가 조부모에게 반말을 하거나, 경어를 잘 쓰지 못하는 사회초년생이 나오는 장면은 결코 창작물의 과장이 아니라 실제 생활에서 사용되는 일본어를 반영한 것이다. 일본 젊은이들은 어렸을 때는 경어를 거의 사용하지 않다가 사회에 나오면서 사회인으로서 경어를 사용하게 된다. 이는 일본 서점에 '사회초년생을 위한 경어'와 같은 경어 가이드북이 다양하게 존재하는 것에서도 알 수 있다. 정리하자면 한국어의 존댓말은 도덕적 측면, 예의범절의 성질이 강하고 일본어의 경어는 사회적 소산의 성질이 강하다고 할 수 있다.

매뉴얼 경어로 다시 돌아가 생각해 보면 10대 아르바이트생이나 신입사원은 일본어의 사회적인 사용에 익숙하지 않기 때문에 당연히 경어를 잘 사용하지 못한다. 업무로서 접객을 지시받더라도 어떤 말^{경어}을 사용해야 하는지 알지 못하는 경우가 많다. 사회인으로서 경험이 부족하기 때문이다. 매뉴얼 경어는 이런 경우 경어 사용의 지침과 준거로 역할을 한다.

눈앞의 상대를 중요하게 생각하는 매뉴얼 경어

두 번째는 대인 커뮤니케이션에서 매뉴얼 경어의 역할이다. 이는 직접 만나는 고객에게 어떤 말로 대응할 것인가의 문제인데, 대부분의 접객 장면에서는 고객을 높일 필요가 있다. 그 일환으로 고객에게 사용하는 말에 '경어를 많이' 사용하는 것이다. 일본어의 경어체계를 분석하는 관점은 여러 가지가 있지만 그중에서도 소재 경어素材敬語와

대자 경어対者敬語라는 개념이 있다. 간단히 말하자면 소재 경어는 사항, 사물, 내용에 대한 경어이고 대자 경어는 커뮤니케이션에서 상대 청자에 대한 경어이다. 일본어 경어 중 '데스です, 입니다'와 '마스ます, 입니다'는 대표적인 대자 경어이다.

일본어의 경어도 시간의 흐름과 더불어 변화하고 있는데 그 흐름 중 하나가 '대자 경어의 확대'이다. 대자 경어의 사용을 좀 더 중요하게 생각하거나 과거에는 소재 경어로 사용했던 경어가 대자 경어로 사용되는 장면이 늘어나는 것이 그 예이다. 이는 일본어의 경어가 커뮤니케이션을 중시하는 방향으로 흘러가고 있다는 뜻이다.

매뉴얼 경어의 문제점으로 소재 경어를 대자 경어처럼 사용하는 것과 경어의 과중한 사용이 자주 지적된다. 하지만 이는 달리 말하면 덮어 놓고 문제점이라고만 할 수는 없는데, 설령 지금까지의 경어 사용법과 '다르다'고 할지라도 '눈앞의 고객'에게 '경어를 많이' 사용하는 것은 커뮤니케이션을 중시하는 현대 일본어 경어의 흐름과 일맥상통하는 것이라고 할 수 있기 때문이다. 매뉴얼 경어는 다소 어색하더라도 경어를 사용하여 직접 만나는 고객을, 즉 커뮤니케이션의 상대를 높여서 표현한다는 커뮤니케이션 중시 의식이 반영된 것이다. 이런 의식이 접객이라는 장면과 맞물려 시너지 효과를 낸다고 할 수 있다. 자신에게 정중하고 공손한 말을 사용하는 것을 싫어하는 고객은 없을 것이다.

매뉴얼 경어의 부자연스러움과 위화감

하지만 매뉴얼 경어는 긍정적인 측면만 있는 것은 아니다. 우선 모어화자인 일본인끼리도 느끼는 부자연스러움과 위화감이 그것이다. 아무리 고객을 위한 경어라고 할지라도 그 말이 적절하지 않은 경우, 고객의 불쾌함으로 연결되는 역효과를 가져온다. 이런 부자연스러움과 위화감은 여러 형태로 나타난다.

お客様、どうぞいただいてください。 고객님, 드셔보세요.
お客様、それをお持ちしますか。 고객님, 그거 가져가시겠어요?

앞의 예문은 자주 사용되는 매뉴얼 경어인데 둘 다 문법적으로 오류가 있다. '고객님 드셔보세요'의 뜻으로 사용되는 표현에서 '이타다쿠 いただく'는 겸양어 謙讓語 Ⅰ로 이 표현을 쓰면 음식을 먹는 고객을 높이는 것이 아니라 음식을 권하는 점원을 높인다. 음식을 먹는 고객을 높이기 위해서는 존경어인 '잡숫다 召し上がる'를 사용하여 'お客様、召し上がってください。 손님 잡수세요/드세요'라고 해야 한다. 이는 '먹다, 마시다'의 겸양어 Ⅰ로 사용되는 'いただく'를 '어디나 사용할 수 있는 좋은' 경어라고 착각하여 고객에게도 사용한 것이라고 해석할 수 있다.

'고객님, 그거 가져가시겠어요'의 뜻으로 사용되는 'お持ちする 가져가다'도 겸양어 Ⅰ로 고객을 높이는 것이 아니라 상품에 관계된 점원을 높인다. 고객을 높이는 경어표현을 하려면 'お客様、それをお持ちになりますか。 고객님, 그거 가져가시겠어요?'로 해야 한다.

두 매뉴얼 경어 모두 앞에서 언급한 커뮤니케이션을 중시하는 생각, 고객 대우의 의식이 반영되었다고 보는 것이 좋을 것 같다. 하지만 문법적인 오류가 있는 것은 분명한 사실이다.

한편, 문법적으로 치명적인 문제가 있는 것은 아니지만 부자연스러움과 위화감을 느끼는 표현도 있다. 겸양어 I의 경어 형식 중 하나인 'させていただく'는 자신 측의 행위를 표현하되 상대 혹은 제3자의 허가를 받아서 행동하거나, 상대가 허가해 줌으로써 어떠한 은혜나 이익을 얻을 경우 사용한다. 그런데 '本日、休業させていただきます。오늘 휴업하겠습니다.'와 같은 표현을 썼을 때 장사를 하는 점주가 휴업을 하려고 모든 고객에게 휴업의 허가를 구한 것은 아니기 때문에 어색하고 부자연스럽다고 느끼는 일본인도 적지 않다. 반면 이는 매뉴얼 경어로서 서비스업에서 자주 사용하는 표현이기 때문에 이제는 어색하지 않다고 생각하는 일본인도 많은 것으로 알려져 있다.

이와 같이 '本日、休業させていただきます。오늘 휴업하겠습니다.'는 표현은 오류가 있다고 단정하기 어렵다. 문법적으로 분명한 오류가 있는 것은 아니기 때문이다. 하지만 역시 어색한 부분이 있으며 서비스업에서 실제로 많이 사용되어 익숙해져 있는 것도 사실이다. 이에 대해 '경어의 지침'에서는 대안으로 '本日、休業いたします。오늘 휴업하겠습니다.'를 사용할 것을 권장하고 있다. 이 표현은 'させていただく'를 사용한 앞의 표현과는 조금 뉘앙스가 조금 다르긴 하나 부자연스러움, 잘못됨이라는 평가에서는 자유로울 수 있다.

다만 이런 부자연스러움과 위화감에 대해 근래 또 다른 의견이 있다. 부자연스러움 혹은 오용으로 치부되는 경어 사용을, 언어를 사용하는 주체의 잘못만으로 볼 것이 아니라 일본어 변화의 흐름에서 파악하고자 하는 것이다. 다키우라는 경어는 사용하면 할수록 그 경의적 정도가 하락한다는 '경의체감의 법칙'을 들면서 'お客様、どうぞ<u>いただい</u>てください。고객님, 드셔보세요.' 와 같은 표현의 출현에 이해를 표하고 있다. 이 같은 표현의 출현과 사용을 단순히 '잘못된 일본어'로 볼 것이 아니라 일본어 경어가 변화해 가는 모습, 구체적으로 'いただく'의 변화로 볼 수 있다는 것이다. 글의 처음에 언급한 바와 같이 말은 시대의 흐름 속에서 변화해 간다. 변화의 과정과 모습을 관찰함으로써 언어를 좀 더 잘 파악할 수 있게 된다.

두 번째는 매뉴얼 경어의 사용 혹은 남용이 불러오는 자기표현 결여의 문제이다. '경어의 지침'에서는 현대 일본어 경어 사용의 중요한 점으로 '상호존중'과 '자기표현'을 들고 있다. 경어는 상하관계를 분명히 하려는 과거 신분사회의 유산이 아니라, 현대 사회의 구성원으로 서로의 인격과 사회적 위치를 존중하는 의미와 기능을 갖는다는 것이 상호존중이다. 자기표현은 현대 사회의 구성원으로서 자신의 의식을 주체적으로 언어 경어에 반영한다는 것이다.

매뉴얼 경어의 문제점 중 하나는 자기표현의 결여와 연결된다는 점이다. 경어에서 자기표현을 실현하기 위해서는 커뮤니케이션의 장면을 구성하는 인간관계, 내용, 경위 등을 파악하고 적절히 해석하여 말에 자신의 의식을 반영할 필요가 있다. 그러나 매뉴얼 경어는 이런 파악, 해석, 반영의 여지를 없앤다. 커뮤니케이션의 장면을 단순화하고 그 장면에 사용하는 언어를 규격화시켜 선택의 여지를 없앤 것이다. 선택의 여지를 없앤 것은 앞에서 확인한 바와 같이 사회초년생과 같이 일본어의 경어에 익숙하지 않은 경우는 도움이 되기도 하지만 자기표현 혹은 커뮤니케이션에 능동적으로 대응하는 측면에서는 적절하다고 볼 수 없다.

사람이 아니라 물건을 높이는 한국어의 접객 경어

이번에는 한국어의 접객 경어에 대하여 살펴보자. 접객 경어를 언급할 때 우선 지적되는 것이 이 글의 모두에서 언급한 '사물 존대'의 문제이다. 본래 한국어의 경어법은 대화의 주체인 인물이나 대화의 청자에게 경의를 나타내는 것, 즉 인물에게 경의를 표현하는 것을 원칙으로 하고 있다. 하지만 '아이스 아메리카노 나오셨습니다'라는 예문의 경우 인물인 고객을 높이는 것이 아니라 사물인 '아이스 아메리카노가 나오시다'와 '빨간 색 가방은 없으시다'을 높이고 있다. 이를 사물 존대라고 하는데 한국어의 접객 경어의 중요한 특징이다. 이 사물 존대에 대한 의견은 크게 두 가지로 나뉜다.

존경의 선어말어미 '-시-'는 한국어의 경어법 중 주체 경어법에 속하는 것으로 글의 주체 혹은 주어를 높이는 경어법에 사용된다. 이 경우, 문장의 주체 혹은 주어는 인물이며 사물에는 사용할 수 없기 때문에 문법적으로 오류라고 하는 견해이다. 또한 사물 존칭에 대해서 국립국어연구원이 조사한 바에 따르면 '자연스럽지 못하다'가 64.7%, '상대방을 높이는 표현이라 볼 수 없다'가 55.6%를 차지하고 있어 사물존칭을 긍정적으로 인식하고 있지 않음을 알 수 있다(2015년 국민의 언어 의식 조사 보고서).

반면 선어말어미 '-시-'를 사용한 접객 경어와 관련하여 '이미 한국어의 접객 장면에서 정착되어 있다', '손님을 높이는 표현으로 볼 수 있다', '결과적으로 손님을 높이는 표현으로 오용은 아니다'라는 연구논문도 있다. 이는 실제 사용과 현상을 중시한 긍정적인 입장이다.

커뮤니케이션 중시의 관점에서 보는 사물 존대와 접객 경어

이와 같이 양면적인 평가를 받고 있는 접객 경어에 나타나는 사물 존대를 어떻게 보아야 할까? 첫째, 문법의 측면에서 보자면 접객 경어의 사물 존대에는 오류가 있다고 할 수 있다. 문법적으로 잘못된 부분이 있는 것이다. 하지만 매뉴얼 경어에서 살펴본 바와 같이 문법적으로 오류가 있다고 하더라도 실제로 사용되고 있는 점을 고려하면 문법적으로 문제가 있다는 것만을 이유로 잘못된 표현이라 하기는 힘들 것 같다.

문법은 법칙과 같아서 변화하지 않는다는 인식을 가지는 경우도 있지만 사실은 그렇지 않다. 문법도 변화하는 부분이 있다. 다만 그 속도가 매우 느리므로 변화하지 않는 것처럼 보일 뿐이다. 접객 경어에서 사물 존대의 사용은 한국어 문법 변화의 과정을 보여 주는 현상일 수도 있다.

둘째로 접객 경어의 유효성 측면이다. 서비스업에서 공손하고 정중한 표현을 안정적으로 사용하는 것이다. 부자연스러움과 어색함은 따로 논하더라도 존댓말의 안정적인 사용은 접객 장면을 원활하게 해 준다. 부자연스러움이나 어색함이 있음에도 불구하고 접객 경어를 왜 사용하는가 하는 질문에 많은 접객업 종사자들은 '고객의 불만 방지', '고객의 만족도 제고'를 들고 있다. 고객 대응의 측면은 일본어의 매뉴얼 경어에서도 같은 점을 지적하고 있다.

셋째는 대인 커뮤니케이션 중시의 측면이다. 한국어의 경어체계는 절대 경어이다. 화자와 청자의 관계가 경어 사용을 결정하는 기준이 된다. 화자인 점원은 청자인 고객에게 존댓말을 사용하여 적절한 대인 커뮤니케이션을 수행한다. 화자인 점원의 위치를 고객에게 존댓말로 표현하는 것이다. 이런 의미에서 보면 점원이 존댓말을 사용하지 않은 경우, 고객이 '손님 대접을 받지 못했다'라고 느끼는 것은 당연하다고 할 수 있다. 고객인 청자에 대한 인식을 존댓말로 표현하는 것이 접객 경어에도 적용되어 있다고 할 수 있다.

즉 점원이라고 하는 사회적 역할과 고객이라고 하는 사회적 역할에 따라 존댓말의 사용이 요구되며 접객 경어는 그런 상황에서 대인 커뮤니케이션의 수단으로 사용된다고 할 수 있다.

마지막으로 사물 존대의 확장 문제이다. 선어말어미 '-시-'를 사용한 사물 존대는 많은 경우 부자연스러움을 주는 것이 사실이다. 하지만 선어말어미 '-시-'를 사용하여 높이는 사물은 결국은 고객의 사물이다. 해당 사물을 고객의 소유물 혹은 고객의 일부로 해석을 확대한다면 선어말어미 '-시-'의 사용도 터무니없다고는 할 수 없다. 한국어에서도 높임을 받는 주체에 관련된 것에 경어법을 사용하거나 어휘적인 방법으로 경어화_{밥→진지, 술→약주}를 하는 경우가 있는 것을 생각하면 사물 존대의 확장도 어느 정도 설명할 수 있다. 사물 존대의 확장이라는 관점을 적용시키면 문법의 오류라는 점도 어느 정도는 해결된다. 문법도 변화하는 것이므로 시간이 흘러 용법에 변화가 생겼고, 지금 우리가 듣고 말하고 있는 것이 그 변화하는 과정이라는 것이다. 다만 이런 사물 존대의 확장이 후세에도 한국어에 남아서 일반적으로 사용될지 그렇지 않을지는 지금은 모르는 일이다.

한국어의 접객 경어와 일본어의 매뉴얼 경어, 근본적인 성질은 일맥상통?

한국어의 접객 경어와 일본어의 매뉴얼 경어의 근본적인 성질^{본질}을 명확히 하는 것은 쉽지 않지만 서로를 비교해 보면 보이는 부분이 있을지도 모른다. 어떤 사물이나 사항의 본질은 그 하나만으로는 잘 보이지 않다가도 다른 것과 비교를 통해 명확해지기도 하기 때문이다.

일본어의 매뉴얼 경어와 한국어의 접객 경어는 서비스업에서 고객을 대상으로 사용하는 표현이라는 공통점 이외에도 문법적인 오류가 있음에도 불구하고 실제 현장에서 사용되고 있으며 어느 정도 인지와 용인을 얻고 있다는 점, 현대 사회의 발전과 변화에 기인한 표현이라는 점, 대인 커뮤니케이션의 중시가 반영된 표현이라는 점 등을 공통적인 성질로 들 수 있다. 한국어와 일본어는 서로 다른 언어이지만 커뮤니케이션, 인간, 사회를 관점으로 보면 이와 같은 공통점^{보편성}이 보인다.

한국어와 일본어가 공통적으로 가지고 있는 보편성에 대해 좀 더 확인해 두고 싶은 부분이 있다. 이 글의 처음에 제시한 매뉴얼 경어를 기억하고 있는 독자도 있을 것이다. 'お料理は**お揃いになり**ましたでしょうか。요리는 모두 나오셨나요?'이다.

사실 이 예문은 전형적인 사물 존대의 매뉴얼 경어이다. 높임을 받을 대상은 요리가 아니라 요리를 주문한 고객이다. 그렇다면 올바른 매뉴얼 경어는 'お料理は<u>揃い</u>ましたでしょうか。요리는 모두 나왔나요?'이다.

왜 이런 부적절한 경어표현을 사용하는 것일까? 이는 앞의 한국어 접객 경어의 사물 존대 설명과 동일하다. 요리는 사물이지만 고객의 소유물이다. 고객의 사물을 높여서 표현함으로써 고객을 높이고 있는 것이다. 또한 이 매뉴얼 경어는 고객 대응 장면에서 매뉴얼 경어가 갖는 유효성 컴플레인 방지 등, 커뮤니케이션 중시 눈앞의 고객에게 대응 의 측면에서도 한국어의 접객 경어와 동일한 설명이 가능하다. 이는 사물 존대가 한일 양국 언어에 공통적으로 나타나는 모습을 잘 보여 주는 하나의 예라고 생각한다.

일본어의 매뉴얼 경어와 한국어의 접객 경어의 앞으로의 사용에 대하여 생각해 보자. 일본어의 매뉴얼 경어는 그 사용이 서비스업이나 접객 장면만이 아니라 일상생활을 비롯한 다른 장면에서도 사용되고 있다는 보고가 있다. 예를 들면 관공서의 안내 멘트, 학회의 진행을 비롯해 학교에서 교사가 사용하는 경우가 있다고 한다. 한국어의 접객 경어는 서비스업 중에서도 고객을 직접 대하는 장면에서 주로 한정되어 사용되나 근래에는 정보 제공, 안내, 관공서의 설명 등에서도 들을 수 있다. 즉 사용 장면의 확장을 보여 주고 있는 것이다. 어느 정도 제한은 있겠지만 양 언어 모두 앞으로도 그 사용이 확장될 것임을 시사해 주고 있다고 할 수 있다.

시대에 따라 변화하는 일본 교육

모리시타 노리오(EK 종합학원 및 일본어학원 원장)

번역: 홍유선(번역 작가)

한 나라에서 글자를 읽고 쓸 줄 아는 사람의 비율을 식자율이라 한다. 문맹률의 반대말이라고 할 수 있다. 일본은 에도시대부터 식자율이 높았다고 한다. 식자율이 높았다면 교육이 잘 이루어졌다고 볼 수 있는데 여기에서는 에도시대부터 현대에 이르기까지 일본 교육의 흐름을 짚어보고자 한다.

에도시대의 교육

도쿠가와 이에야스가 세운 에도시대는 265년간 이어진다. 에도 후기에는 전란도 일어나지 않았고 사회가 안정되어 급격한 경제성장과 함께 상업문화가 발달했다. 사농공상이라는 신분제도, 남녀의 차, 빈부의 차는 있었으나 읽기와 쓰기를 학습할 수 있었다. 에도시대 인구의 약 7%를 차지했던 무사는 각 번藩, 신분이 높은 무사가 통치하는 영역에 설치된 번교藩校나 사숙私塾에서 교육을 받았다. 번교는 무사를 교육하는 곳으로 유교를 가르쳤다. 전체 300번藩 중 200여 개의 번藩에서 번교를 설치하여 한자, 유교경전, 서예, 기본적인 산수, 예절과 함께 무술과 전술 등을 가르쳤다. 요시다 쇼인과 같은 유식자는 사숙을 만들

요시다 쇼인의 쇼카손쥬쿠

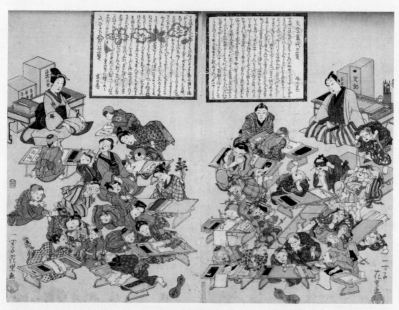

데라고야

어 수준 높은 교육을 실시했는데 그가 세운 쇼카손쥬쿠松下村塾는 에
도 말기부터 메이지기에 걸쳐서 활약한 인재를 많이 배출했다.

서민은 데라고야寺子屋에서 읽기, 쓰기, 주판을 배웠다. 데라고야는
전국적으로 1만 5,000군데가 넘었다. 도시에서는 주로 사무라이들이,
시골에서는 승려들이 스승이 되어 가르쳤다. 또 도시의 부유한 상인이
었던 유지가 데라고야를 재정적으로 지원했다. 메이지 초기 일본의 식
자율은 다른 나라에 비해 높았던 것은 이와 같은 배경이 있었기 때문
이다.

메이지시대의 교육

메이지시대1868~1912년에는 정부의 정책으로 교육기관이 제도화되
기 시작했다. 1872년 '학제'가 공포되었고 프랑스 학교제도를 모방한
'학제'는 전국을 8개 학구로 나누어 대학교, 중학교, 소학교를 각각의
학구에 설치했다. 이 시기에 후쿠자와 유키치福沢諭吉는《학문의 권유
学問のすすめ》를 발행했고 모든 국민은 교육을 받아야 한다는 필요성
을 주장했다. 다만, 지방에서는 아이들의 노동력이 꼭 필요했기 때문
에 강제력은 없어서 정부 시책이 취학으로 이어지지는 않았다. 그래서
1879년에 '학제'를 폐지하고 '교육령'을 공포했다. 이는 미국의 교육제
도를 모델로 했는데 지역 실정에 맞출 수 있는 자율성이 높은 시책이
었다. 그러나 교육제도가 정착하지 못하고 1880년, 1885년 두 번에 걸
쳐 새로운 '교육령'을 공포하여 국가가 강력하게 관여하는 교육제도로
전환했다. 1886년에는 '교육령'을 폐지하고 '학교령'을 공포했다. 이것
은 독일의 국가주의적 교육을 모방한 제도로 교육이란 국가의 발전,

쓰다 우메코

2024년 발행 예정인 5,000엔 권

번영을 위한 것이라는 사고방식이 짙었으며 교육은 지역 주도에서 국가 주도로 옮겨 갔다. 그러는 동안 1900년에는 4년간, 1907년에는 6년간을 의무교육으로 했다. 이렇게 하여 1875년 약 35%였던 전국의 취학율은 1905년에는 약 96%에 이르렀다. 이와 같은 시대적 배경 속에서 여성교육의 선구자라고 일컫는 쓰다 우메코津田梅子는 '죠시에이가쿠주쿠女子英学塾, 현재 쓰다주쿠대학'를 설립했다. 쓰다 우메코는 2024년 발행 예정인 5,000엔 지폐에 초상으로 사용될 것으로 결정되었는데 그 공적을 다시 한번 되돌아보게 된다.

새로운 교육의 출발

1945년 패전 이후 새로운 교육이 시작되었다. 지금까지 해 왔던 교육을 완전히 부정하고 새로운 헌법, 교육기본법, 학교 교육법 등을 제정했고, 6·3·3·4제를 도입했다. 소학교 6년, 중학교 3년인 9년의 의무교육은 현재까지 계속되고 있다. 전후의 부흥과 함께 '학습지도요령'도 이때부터 시작되었으며 여전히 개정을 거듭하고 있다. 종전 직후에는 물건이 귀하여 과거에 사용했던 교과서에 먹을 칠하고 다시 사용해 배우기도 했다.

한편 2차 세계대전이 끝나자 전 세계적으로 인구가 늘어나는 현상이 있었다. 일본에서도 1947년부터 1949년까지 1차 베이비 붐이 일어났다. 이 기간에 태어난 세대를 '단카이 세대団塊の世代'라고 한다.

1971년부터 1974년에는 2차 베이비 붐이 일어난다. 2차 베이비 붐 세대와 고도 경제성장에 따른 경제와 사회의 발전으로 대학시험이 점점 치열해졌다. 1950년에 고교 진학률은 52%, 대학과 단기대학 진학률은 10%였지만, 1975년에는 각각 92%, 38%로 상승했다. 이와 같은 사회적 배경으로 대학 수험을 위한 입시학원, 고등학교 수험을 위한 학원이 눈에 띄게 발전했다. 대학시험은 치열해져 '수험전쟁'이라고 부르게 되었다.

일본의 입시 준비는 유치원부터

지방은 학교 수가 적어서 선택의 여지가 없기 때문에 아이들은 대부분 집에서 가까운 유치원, 초등학교, 중학교에 다니지만, 수도권에서는 장래를 생각하여 학교를 정해서 수험을 준비하는 학생들이 적지 않다.

유명 사립·국립 유치원도 아이의 의지보다는 부모의 의지에 따라 선택된다. 입시 준비에는 많은 비용과 시간이 소요된다. 수험 내용은 행동 관찰, 지능, 민첩성, 지시 행동, 구두시험, 운동, 음악, 리듬, 면접으로 이루어진다.

시험에 합격하기 위해 부모와 아이가 함께 전문학원에 다니면서 입시를 준비한다. 그중에는 정·재계에서 활약하는 저명인사의 자식이 많아서 들어가기가 매우 힘든 유명 유치원도 있는데, 이를 보면 장래 국가를 짊어질 주요 인맥 만들기는 유치원에서 시작되고 있는지도 모른다.

초등학교도 일반적으로는 집에서 가까운 공립학교에 다니는 경우가 많다. 유치원과 마찬가지로 수도권에서는 사립·국립 초등학교를 목표로 수험 준비를 하는 아이들이 있다. 초등학교 입시 내용에는 유치원 입시 내용에 필기 시험, 이야기 기억하기, 그림 기억하기 등이 추가된다. 유치원 입시 정도는 아니지만 부모의 교육에 대한 자세와 경제력도 합격의 주요 요건이 된다.

다음은 중학교이다. 중학교도 공립학교에 다니는 학생들이 많지만 유치원, 초등학교 수험에 비하면 비교할 수 없을 정도로 중학교 수험자 수가 많다. 의무교육이 아니어서 고등학교에 진학할 때는 반드시 시험을 치러야 하기 때문에 중학교와 고등학교가 연계되는 '중고 일관교'에 진학하려고 하는 사람이 늘어나기 때문이다. 특히 대학계열에 속해 있는 부속 중학교는 인기가 높다. 어느 학교에 진학하느냐에 따라 향후 대학 진학이 정해지므로 일찍부터 준비하려는 것이다. 당연히 사립은 공립학교에 비해 학비 등이 비쌀 뿐만 아니라 교복, 가방, 양말까지 학교가 지정하기 때문에 학비 이외의 지출도 많다. 사립 중·고등학교의 경우 졸업할 때까지 약 600만 엔 이상 든다고 한다. 진학 이후의 비용 부담도 그렇지만 입학 전부터 학원비가 필요하다. 중학 입시에 필요한 학력을 갖추기 위해 보통 초등학교 4학년 정도부터 학원에 다니는 아이가 많다. 대형 학원에서 중학 수험을 준비하는 경우, 초등학교 4학년이 연간 약 50~70만 엔, 초등학교 5학년은 연간 70~80만 엔, 초등학교 6학년은 연간 약 120~160만 엔이라는 수업료 등이 필요하다. 즉, 수험비용으로 약 300만 엔이 든다. 거기에 교통비, 도시락비 등까지 더해지면 상당한 금액이 된다. 그야말로 부모가 교육에 대한 의식이 높아야 하고, 재력도 아주 중요하다고 할 수 있다.

고등학교 수험은 아이들 인생에 중요한 이벤트라고 할 수 있다. 진학하는 고등학교에 따라 졸업 후 방향이 결정된다고 해도 과언이 아니기 때문이다. 중고 일관교에 다니는 학생을 제외한 대부분의 학생은 입시를 치러야 한다. 고교 진학율은 문부과학성의 '학교기본조사'에 따르면 98.8%이다. 어느 부모나 '최소 고등학교는 졸업해야지'라고 절실하게 바란다. 특히 선택할 수 있는 학교가 많은 수도권에서는 유치원·초등학교·중학교 입시 이상으로 치열해진다. 지금까지 입시를 경험한 적이 없는 아이들도 '수험생'이라는 중압감을 견디면서 도전한다. 예전에는 학교에서 테스트 전문업자가 작성한 학력 테스트를 월 1회 정도로 실시하여 편차치를 산출하여 그 결과를 가지고 진로지도를 했다. 그러나 편차치만으로 학교를 결정하는 교육에 문제가 있다는 지적이 있어 업자 테스트는 학교 현장에서 자취를 감추었다. 결국 수도권에서는 입시학원에서 진로지도 편차치를 근거로 하여 수험학교를 선택를 하게 되었다.

유도리 교육과 탈유도리 교육

1980년 이후 일본 교육은 주입식 교육을 부정하고 '유도리 교육ゆと

り教育, 일본문부과학성이 지정한 정식 명칭은 아니지만 학습시간과 내용을 줄이고 여유 있는 학교를 지향한다는 뜻임'이 시작되었다. 유도리 교육이 시작되고 학교 교육에서 여러 가지가 사라졌다. 그중에서 가장 으뜸이 2002년에 개정된 학습지도요령 시행이다. 초·중학교에서는 학습 내용을 30% 정도 줄이고 수업 시간 수를 줄였다. 기왕에 원주율을 3.14라고 가르쳤던 것과는 달리 원주율을 3이라고 가르치게 되었다. 또 성적 평가방법이 상대평가에서 절대평가로 되었고 등수와 관계없이 누구나 좋은 성적을 받게 되었다. 문제는 부모의 의식에 따라 아이의 교육에 격차가 생겼다는 것이다. 학습량을 중요하게 생각하는 부모는 아이를 학원에 보냈고 현재 성적에 안도하는 부모는 아이의 현재 성적을 인정하는 경향이 있었다. 그 결과 아이들의 학력 차이가 눈에 띄게 커졌다. 결국 유도리 교육으로 아이들의 학력은 어떻게 되었을까? 2004년 OECD 국제학업성취도평가PISA에서 국제 수학, 이과 교육조사 결과가 명확하게 말해 준다. 다른 여러 나라와 비교하여 일본의 점수 저하가 당연히 문제로 드러났다. 문제를 개선하여 2008년에는 하락현상이 멈췄고, 2010년에는 상승했다. 그리고 2011년부터는 '유도리도 주입식도 아닌 살아가는 힘을 키워야 한다'는 '탈유도리 교육'을 주장하게 되었다.

대학입시

유·초·중·고등학교를 거치고 나서 치르는 시험이 대학입시이다. 언제부터인가 대학가는 '대학전입시대大学全入時代, 모집 정원보다 입시생 수가 더 적음'를 맞이하고 있다고 한다. 대학에서는 일반입시 이외의 시험으로 합격 여부를 결정하는 등 다양한 방법으로 우수한 학생을 확보하려고 모집 활동을 하고 있다. 학생은 기본적으로 일정만 겹치지 않으면 같은 대학, 같은 학부를 여러 차례 시험 볼 수 있다.

국·공립대학을 목표로 하는 학생은 대학의 독자적인 시험을 치르기 전에 전국 각지에서 실시하는 공통 시험을 친다. 1979년에 시작된 '대학 공통 1차 시험'은 1989년 11년 만에 막을 내렸다. 새로 생긴 '대학입시 센터 시험'은 사립대학입시에도 활용되어 약 30년에 걸쳐 실시되어 오다가 2020년에 끝났고 이어서 '대학입시 공통 테스트'라는 시험이 시작되었다. 사람이 사람을 키우는 교육의 모습에 '절대' 옳은 것은 없을 것이다. 시험제도도 '절대적으로 바람직한' 시스템은 없을지 모른다. 일본의 교육은 시험의 형태를 바꿔 가면서 우왕좌왕해 가며 연속적으로 시행착오를 겪으며 진행되고 있다.

일본에서 사용하는 호칭의 뉘앙스

박경애(건국대학교 강사)

2017년 한국에서 개봉되어 많은 인기를 누린 일본 애니메이션 〈너의 이름은〉에서 여고생 요츠하는 도쿄에 사는 남학생 타키와 몸이 바뀌는 이상한 현상을 겪는다. 타키가 된 요츠하에게 타키의 친구들은 '어떻게 통학 때 길을 헤맬 수 있냐'고 묻자 요츠하는 변명을 하면서 '나'를 뜻하는 '와타시わたし'로 입을 띄었다. '와타시'에 깜짝 놀라는 친구들의 반응을 보고 얼른 '와타쿠시わたくし'라고 했으나 여전한 반응에 '보쿠ぼく'에 이어 '오레おれ'라고 하자 그제야 친구들은 굳은 인상을 풀며 '그렇지' 하는 느낌으로 고개를 끄덕인다. 이 장면을 보면서 일본어 인칭 대명사가 갖고 있는 뉘앙스를 느낄 수 있었다.

한국어 1인칭에는 '나', 겸양어인 '저'가 있고 영어에는 'I'가 있을 뿐이지만, 일본어에는 '나'를 호칭하는 말이 다양하며 본인이 자신을 어떻게 호칭하는가에 따라 상대방에 주는 인상이 달라진다. 일본어에서 사용하는 호칭은 당사자의 성격과 태도, 생각까지 전달할 수 있다. 여기서는 일본어에서 사용되는 호칭에 관해서 살펴보기로 하자.

'나'를 지칭하는 1인칭

일본어에는 여성어가 있고 남성어가 있다. 이는 인칭에서도 해당하는데 한국어 '나', '저'에 해당하는 일본어 1인칭 대명사는 매우 많다. 단수만을 대상으로 했을 경우 '와타시わたし', '보쿠ぼく', '오레おれ', '아타시あたし', '우찌うち', '지분じぶん', '오이라おいら' 등이 있다.

일본어를 배우는 사람이나 배우지 않는 사람이나 누구든 한번쯤 들어봤음직한 '와타시'는 남녀 구분 없이 공적인 자리나 사적인 자리 어디서나 사용할 수 있다. 연배가 있는 사람이라면 '와타쿠시'라는 1인칭도 들어봤을 것이다. 예전의 상용 한자표에서는 한자 '私'를 '와타쿠시'로 읽도록 했으나 2010년에 '와타시'도 인정되어 지금은 일본인이 가장 많이 사용하는 1인칭이라고 할 수 있다. '와타시'를 사용하는 사람이 주는 이미지는 규범적이고 기본을 준수하며 자기주장이 강하지 않은 인상을 주는 한편 개성이 없는 것처럼 비칠 수도 있다. '와타시'는 '와시', '왓시'로 발음하기도 하고 '아타시'는 현재 여성들이 많이 사용한다. '아타시'는 예전 도쿄에서는 장인이나 상인들이 즐겨 사용했다고 하는데 현대에서는 만담가落語家, 라쿠고가 사용하기도 한다. 반면 '아타쿠시'라고 자신을 호칭했을 때는 거만한 여성의 이미지를 풍기지만 현실에서는 잘 사용되지 않고 창작의 세계에서 사용되고 있다.

남성이 공적인 자리가 아닌 가족이나 친구, 연인을 대하는 사적인 자리에서 자신을 지칭하는 1인칭으로 가장 많이 사용하는 것은 '오레'이다(우먼 마나비, 2019). 오레는 상남자, 남성다움, 실생활에 충실한 사람이라는 이미지가 있다. 그럼에도 자신을 지칭할 때 '보쿠'라고 지칭하는 사람에 대한 이미지를 조사한 앙케트 결과를 보면 '보쿠'는 응석꾸러기, 심약한 사람이라는 이미지가 강하다. 그러나 이는 현대의 '보쿠'에 대한 이미지이고 메이지시대에는 학생이나 대학생 등 인텔리들이 1인칭으로 '보쿠'를 가장 많이 사용했다고 한다.

NHK 오사카 방송국에서 2018년부터 99부작으로 방영된 〈만복 ﾏん ぷく〉이라는 드라마가 있다. 인스턴트 라면을 발명한 닛신식품 창업자인 안도 모모후쿠와 아내 마사코의 인생을 다룬 이야기로 〈만복〉의 주인공 다치바나 만페이는 발명가로 정직하고 성실한 사람이다. 평소에는 자신을 '보쿠'라고 지칭하지만 흥분하면 '오레'로 호칭한다. 이는 작가의 의도이지만 '보쿠'와 '오레'의 이미지를 잘 그려 내고 있다. 그런데 이런 뉘앙스는 시대가 변함에 따라 바뀌었다.

1960년대 전반까지 소년만화의 주인공 대부분이 자신을 '보쿠'로 칭했지만, 1960년대 후반에 나온 〈거인의 별〉, 〈내일의 죠〉와 같은 스포츠 애니메이션에서 주인공은 '오레'를 사용한다. 대체적으로 호칭의 뉘앙스는 만화나 문학작품의 내용에 영향을 받고 있는 것 같은데 그 이후 남성들은 1인칭으로 '오레'를 많이 사용하게 되었다. 또한 엘리트, 인텔리 이미지였던 '보쿠'는 1960년 중반에 나약한 이미지로 바뀌었다.

1979년부터 2011년까지 32년간 방영된 〈3학년 B반 긴파치 선생〉은 중학교를 무대로 한 드라마로 신학기가 되어 반장, 부반장 선거를 하려고 입후보자들이 연설을 하는 장면이 나온다. '미나미'라는 여학생은 '미나미는 아무것도 모르지만…'이라고 하면서 자신을 지칭할 때 자신의 이름을 넣어 어리광 부리는 듯한 이미지로 지지를 호소했고 입후보한 대부분의 남학생은 자신을 '오레'로 호칭한다. 그러나 그중 엄마의 성화에 눌려 늘 엄마가 하라는 대로 행동하는 남학생은 자신을

'보쿠'라고 칭한다. 주변 친구들에게도 마마보이로 놀림받는 학생이다. 이처럼 드라마에서 사용하는 1인칭 호칭을 통해서도 그 시대에 통용되는 뉘앙스를 감지할 수 있다.

1인칭인 '지분'의 경우는 '와타시'와 같이 공적·사적 장면에서 사용하며 남성과 여성이 모두 사용한다. 여성은 남성만큼 많이 사용하지는 않지만, 자신을 '지분'이라고 지칭하는 사람의 공통적인 성격은 내성적이다. 그러나 '지분'이라고 칭하는 말이 원래 군대 용어라서 그런지 조직사회에서 아랫사람이 상사에게 자신의 의견을 말할 때 자주 사용하고 있다. 예를 들면 선배를 어렵게 생각하는 스포츠계를 들 수 있는데 특히 스포츠 선수들의 인터뷰에서 자주 들을 수 있다.

'너'를 지칭하는 2인칭

일본어 2인칭 단수 대명사에는 '아나타ぁなた', '오마에ぉまぇ', '기미きみ' 등이 있다. '아나타'에는 상대방을 높이는 경어의 뜻이 포함되어 있기는 하지만 일본어에서는 경의의 대상이 되는 상대를 대명사로 부르지 않는다. 따라서 상대를 호칭할 때는 상대 이름에 '씨', '님'에 해당하는 '상'을 붙여 호칭한다. 실생활에서 '아나타'가 사용되는 경우는 아내가 남편을 부를 때, 부모가 자식에게 말을 할 때 '아나타' 혹은 '안타'를 사용할 수는 있으나 다른 사람에게 '아나타' 혹은 '안타'를 사용하여 호칭하는 것은 불쾌감을 줄 수 있으니 주의해야 한다.

'오마에'는 고대에는 경의가 포함되었던 단어였으나 시대가 흐름에 따라 그 의미가 퇴색되었고 '기사마貴様'도 그렇다. 따라서 '오마에'는 나이 어린 사람에게 사용해야 한다. 남녀 모두 사용할 수 있으나 거친 말투이므로 남성들이 더 많이 사용한다. 그러나 역시 친한 사이가 아닐 경우에는 사용하지 않는 것이 좋다. 일반적으로 상대방을 부를 때 '아나타', '안타', '오마에' 혹은 '오마에상'이라고 하면 본인이 윗사람이고 상대가 아래라는 뉘앙스를 주므로 주의가 필요하다.

'기미'에도 원래 경의가 포함되어 있었으나 현재 그 의미는 퇴색되었고 주로 남성이 동년배 혹은 자기보다 어린 사람에게 사용했다. 지금은 여성이 사용하기도 한다.

특이한 것으로 '지분'이나 '보쿠'와 같은 단어는 원래 1인칭을 칭했으나 현재는 2인칭을 칭하기도 하는데 2인칭으로 사용하는 '보쿠'를 몇 살까지 허용하는가를 문제 삼기도 한다. 일반적으로 7~8살까지로 보는 것 같다. 아이를 부를 때는 '보쿠'와 함께 '보야ぼうや'를 사용하기도 한다.

상さん, 군くん, 짱ちゃん, 애칭

일반적으로 상대방을 호칭할 때는 상대방 성이나 이름에 '상さん'을 붙여 다나카상, 미나상이라고 한다. '상'보다는 '짱'을 붙이는 것이 좀 더 친해졌다는 의미이고 상대방 이름에 '상'이나 '짱'을 붙이지 않고 이름만을 부를 때는 아주 친한 관계이다. 따라서 상대방은 친하다고 여기지 않는데 일방적으로 이름만으로 부르면 '요비스테'라고 해서 친한 척한다고 오해받을 수 있다. 호칭을 붙이지 않은 요비스테가 더 반가울 때는 연인 관계가 아닐까? 연인이 이름만을 부르면 그만큼 친밀해졌다고 느끼기 때문이다.

상대방 이름에 '상'이나 '군', '짱'을 붙이는 것은 상대방에 대한 경의

나 친근함의 표현이다. 학교에서 선생님은 학생을 호칭할 때 보통 성에다 '상'이나 '군'을 붙여 부른다. 예전에는 학교생활에서 큰 비중을 차지하고 있는 동아리 지도 선생님이나 담임 선생님이라면 동아리 학생들과 친하므로 성 혹은 이름만을 부르기도 하고 이름 대신 애칭으로 부르기도 했다. 이를테면 학생이 '히라미 미나코'라는 이름이라면 '히라미', '미나코', '미나'와 같이 부른다. 별명이 있을 때는 별명으로 부르기도 하는데 예를 들어 늘 웃는 모습이면 '니코니코_{싱글벙글} 니콜라스'에서 '니콜라스'라고 별명을 부르기도 했다. 그러나 최근에는 선생님이 학생에 따라 부르는 호칭이 다르면 반대로 역차별하는 인상을 줄수도 있어 '○○상'이라고 통일하여 부른다는 움직임도 있다.

대학교에서 사용하는 호칭은 중·고등학교 때와는 좀 다르다. 학생들이 교수님을 호칭할 때는 한국과 같이 '교수님'으로 호칭하는 것이 아니라 '센세'라고 부른다. '님'이라는 의미를 넣는다고 '센세상'이라고 하지 않아도 '센세'라는 호칭에 경칭의 의미가 이미 포함되어 있다. 대학교 교수님은 학생들을 호칭할 때 남녀 구분 없이 '○○상' 혹은 '○○군'이라고 붙여 부른다. 이는 사회인이 되어 사회생활을 할 때도 마찬가지인데 상사가 부하 직원을 부를 때는 '○○상' 혹은 '○○군'으로 호칭한다. 그런데 최근에 들려오는 이야기에 따르면 '○○군'으로 부르는 것은 이미 부르는 자신이 윗사람이고 상대를 아랫사람으로 규정해 버리게 되므로 '○○군'보다는 남녀 직원 모두에게 '○○상'이라고 부르자는 움직임도 있다고 한다.

'○○군'으로 호칭하는 것과 관련해서 일본 국회의 사례를 빼놓을 수가 없다. 일본 국회에서는 의원을 호칭할 때 남녀 의원 모두에게 '○○군'이라고 호칭한다. 일본 중의원, 참의원 규칙에 '상호 호칭을 붙여 부른다'고 정해져 있는데 발언자에게는 '군'을 붙이는 것이 관례이다. 1890년 제1회 제국의회에서 당시의 귀족원에 이토 히로부미가 의장이었을 때의 기록에 발언자를 지명할 때 이름에 '군'을 붙여 부르고 의원끼리도 '군'으로 부른다는 기록이 남아 있다고 하는데 이때부터 사용된 것으로 추측된다. 그런데 요즘 국회에서도 발언자를 '○○군'으로 지명하는 것에 대한 논의가 많은 것 같다. '○○상'으로 호칭하자는 의견이 많은 가운데 아키타현의 어느 시의회에서는 발언자를 지명할 때 '○○상'이라고 부르기로 결정했다고 한다. 이 역시 시대의 흐름을 반영하는 변화라고 할 수 있다.

또한 국회를 벗어나 일반적으로 현회의원이나 국회의원을 호칭할 때는 '○○센세'라고 한다. 센세先生를 사전에서 찾아보면 ① 학문이나 학술, 예술을 가르치는 사람, ② 교사, 의사, 국회의원중의원 등 학식이 있는 사람이나 지도적 입장에 있는 사람 등에 대한 경칭, ③ 친한 대상이나 놀리는 대상에게 멸시나 야유의 뜻으로 사용, ④ 본인보다 먼저 태어난 사람, 연장자로 설명하고 있다. 실제로 일본에서는 학교 교사, 대학교수, 의사, 변호사, 정치인을 '센세'라고 부르고 있다.

한국에서 처음 보는 사람에게 마땅한 호칭이 없을 때 '선생님'이라고 붙여서 부르거나 중국에서 '씨'의 의미로 사용하는 '先生xiān-sheng'과는 다른 양상이다.

가족이나 친척을 호칭할 때도 '상'이나 '짱'을 붙인다. '오토상오토짱, 토짱, 아버지', '오카상오카짱, 카짱, 어머니', '오니상니상, 누나·형' 등이 그 예이다. 그러나 자신보다 어린 사람, 즉 여동생이나 남동생에게는 '이모토상', '오토우토상'처럼 '상'이나 '짱'을 붙이지 않는다. 이를 잘 설명하고 있는 프로그램이 있는데 2021년 NHK에서 방송된 〈치코짱한테 혼난

다チコちゃんに叱られる〉이다. 2019년 7월에 방송된 '왜 이모토상, 오토우토상이라고 부르지 않을까?'라는 치코짱의 질문에 대한 답으로 일본에서 호칭은 그 집에서 가장 어린 사람을 기준으로 부르기 때문이라고 설명하고 있다. 자신보다 어린 여동생이나 남동생을 부를 때는 이름을 부르거나 이름에 '짱'을 붙여 부르면 된다.

상대방을 애칭으로 부르는 경우를 접할 때도 많은데 애칭을 만드는 방법에 어떤 정해진 법칙은 없는 것 같다. 예를 들어 '사치코さちこ'라는 이름이라면 '사치さちー', '삿칭さっちんー', '삿짱さっちゃん', '사치링さちりん'과 같이 부르는 경우가 있는데, 이런 애칭은 들으면 기분이 좋고 귀여움과 사랑스러움을 느낄 수 있다는 공통점이 있다. '사치さちー', '삿칭さっちんー'을 부를 때는 어미를 길게 끌면서 부를 때 애교가 느껴진다.

부부 호칭

한국에서도 배우자를 호칭할 때 다양한 표현으로 호칭하듯 일본에서도 배우자를 호칭하는 표현이 많다. 남들 앞에서 자신의 배우자를 어떻게 호칭하고 있는가를 살펴보자.

일본어를 배우는 초급 단계에서 남편은 '슈진主人'으로 배운다. 남편을 '슈진'이라고 하고 한자를 보면 '주인主人'이다. 한국인 학습자는 왜 남편을 '주인'이라고 할까 하고 한순간 의아하게 생각할지도 모르겠다. '슈진' 이외에도 '단나旦那', '데이슈亭主', '옷토夫' 등이 있는데 '슈진', '단나', '데이슈'와 같은 단어는 모두 상하관계나 주종관계를 나타내고 '그 집의 가장'이라는 이미지가 포함되어 있다. '데이슈'는 이미

시대 흐름에 맞지 않는 단어가 되어 호칭으로 자주 사용하지 않고 '엄한 가장亭主関白'을 의미하는 사자숙어로 들을 수 있지만, '슈진', '단나'는 여전히 많이 사용하고 있다. 그러나 일본인 여성의 속마음은 '슈진', '단나'라는 호칭을 별로 달가워하지 않는다고 한다. 그래서인지 여성의 사회 진출이 많아진 현대 일본 여성들이 남편을 다른 사람에게 호칭할 때 가장 많이 사용하는 단어는 '옷토夫'이다. '옷토'는 '남자男人, をひと'에서 유래된 말로 '처妻'에 대응하는 말이라고 할 수 있다. 30대를 중심으로 남편을 '슈진主人'이라고 부르는 사람은 줄고 '옷토夫'로 호칭하는 사람이 느는 경향이 있으나, 이야기를 나누는 상대가 자신보다 나이가 많거나 윗사람일 경우 혹은 예의를 차려야 하는 상황에서는 '슈진'이라고 한다.

남편이 자신의 아내를 다른 사람에게 호칭할 때는 '츠마妻', '가나이家内', '요메嫁', '옥상奥さん' 등이 있다. 일반적으로 '츠마'라고 호칭하는 사람이 가장 많다고 하는데 아내 입장에서 이렇게 불리는 것에 별다른 의견은 없다. 그러나 '가나이'는 한자에서 보듯 '집에 있는 사람'이라는 이미지이고 '요메'는 원래 아들의 처, 즉 며느리를 호칭하는 말인데 현재는 아내를 지칭하는 말로도 사용하기 때문에 여성의 입장에서는 '가나이'나 '요메'라는 호칭을 별로 달가워하지는 않는다. 한편 '옥상'은 상대방 아내를 높여서 부르는 호칭인데 자신의 아내를 호칭할 때도 사용한다. 자신의 아내를 '옥상'이라고 호칭하는 사람에게서 자상한 이미지를 받는다고 한다. 그래서 그런지 '옥상'으로 불리는 것에 거부 반응은 별로 없는 것 같다.

호칭에도 시대의 흐름이 있고 유행이 있기 때문에 앞으로 어떻게 변해 갈지 모른다. 요즘은 SNS 시대이다. 여성에게 인기가 많은 어느 유

튜버가 자신을 '와이 わい'라고 부른 것을 보고 여성들이 귀엽다고 하면서 '와이 わい'가 붐이 되기도 했다고 하는데, '와이 わい'는 '와시'에서 온 말로 남성들이 쓰는 말이었지만 지금은 인터넷이나 SNS에서 1인칭으로 자주 사용하고 있으며 여고생도 사용하고 있다고 한다. 그 이유에 대해 '와타시는 성격이나 취향에 맞지 않고 와이는 짧고 편리해서'라고 했다. 예전에는 사회적·문화적으로 만들어진 생물학적인 성별의 차이를 문제 삼지 않았지만 현재는 젠더에 대한 인식을 가지고 있다. 호칭 변화도 젠더와 관계가 있고 호칭에 대한 사회적 인식도 많이 바뀌고 있다. 이 시대에 흔히 사용하는 호칭이 앞으로 어떤 의미로 변해 갈지 기대된다.

사회생활로 들여다보는 일본

변화하는 일본의 의학

일본 현지 직장생활 체험기

일본에 사는 한국인 뉴커머와의 만남

일본인들의 일상에 살아 숨쉬는 데릴사위전통

일본의 다언어다문화 공생

변화하는 일본의 의학

최현림(경희대학교 의과대학 명예교수, 前 대한가정의학회 이사장)

일본과 근대의학의 만남

일본은 16세기 전국시대에 유럽과 활발히 교류했으나 17세기 에도시대에 들어오면서 지배층들이 가문과 정치적 이익을 지키고자 유럽과 교류를 끊었다. 전국시대에는 영국, 스페인, 포르투갈, 네덜란드 등 유럽의 여러 나라에서 온 사람들이 당시 유럽의 최신 의학과 과학 기술로 무장해 직접 일본으로 건너와 지식과 물자를 전해 주었다. 그러나 에도시대에는 쇼군 도쿠가와 이에야스1542~1616년와 후손들이 본격적으로 쇄국정책을 펼치면서도 나카사키長崎에 '데지마出島'라는 인공섬을 만들어 네덜란드의 동인도회사와 교류했다. 일본은 유럽 국가 중에서 유일하게 네덜란드와 교류했으나 일본인과 네덜란드인의 직접적인 접촉은 크게 제한했다. 18세기 말에 러시아가 쿠릴 열도를 따라 내려와 일본과 접촉하면서 데지마 이외에 홋카이도와 쿠릴 열도가 개방되었다. 그러다가 19세기 초 프랑스의 나폴레옹이 일으킨 전쟁에 일본이 휘말리면서 미국과 영국, 프랑스, 프로이센 등의 유럽 국가들이 일본과 접촉했다. 그 결과 유럽의 의학, 과학 등의 지식이 보편적으로 일본에 보급되기 시작했다.

지배층이 일으킨 인재와 지진, 냉해 등의 자연재해 사이에서 가장 많이 피해를 본 일본의 피지배층은 살아남거나 더 잘 살기 위해 개인이나 가족 단위로 노력했다. 그리고 일부 뜻있는 지식인들은 책과 의약품을 이용하여 사람들의 건강을 지켜 주려 했다. 네덜란드에서 전해진 서양학문을 '난학蘭学'이라고 부르는데, 난학의 핵심은 사람들의 병을 치료하는 '난의학'이었다. 일본에서는 해부학 책을 번역하여《해체신서解體新書》와 같은 책이 나오기는 했으나 난의학에는 한계가 있어서 일부 지식인들이 새로운 세계관을 얻는 데 그쳤다. 해부와 외과 수술로 활발하게 이어지지 않은 셈이다. 데지마에 거주하는 네덜란드인 의사가 외과 수술을 지휘했고 일부 일본인 통역관에게 기술을 전수하기도 했지만, 아직 체계적인 의학 수업이 마련되지는 않았다. 이처럼 유럽식 의학을 일본에 바로 적용하기란 그리 쉬운 일이 아니었다. 이는 그 이후에 유럽식 의학과 일본의 전통 의학인 '한방의학'을 융합하려는 움직임이 나타난 이유이다.

일본과 한의학

일본은 1868년 메이지 유신을 통해 동북아시아에서 가장 먼저 서양의학을 비롯해 서양 문물을 받아들인 나라가 되었다. 1869년에는 의사면허정책이 시행되고 1874년에는 한의사제가 폐지되고 서양의학만 인정되었다. 그러다가 한 세기가 지난 1970년대에 중국과의 교류로 일본에서 한의학이 전 국민적인 관심을 얻으면서 한의학 연구가 활발해졌다. 일본 국민들도 한약을 선호하면서 한방제제 산업이 활성화되었다. 현재는 일본의 의사들 중 70% 이상이 한방약을 같이 처방하고 있다. 1990년대 이후로 일본에서도 한방의학 교육을 실시하는 의

과대학이 크게 늘어나면서 전국 80개의 의과대학에서 한방교육을 실시하고 있다. 일본에서는 1989년부터 의사가 되고 난 후 일본의 한방의학회인 동양의학회로부터 일정 요건을 갖추면 한방전문의 인증을 받고, 이후에 1, 2차 필기시험과 면접시험을 통하여 한방의학 전문의 자격을 얻는다.

이에 비해 우리나라는 개화기를 거쳐 일제와 함께 들어온 서양의학이 단기간에 뿌리내렸고 해방 이후의 미군정시기를 거치면서 서양의학이 기본적인 의료로 자리 잡았다. 1951년 국민의료법 제정 때 여러 논란 끝에 한의사가 인정됨으로써 서양의학과 한의학의 이원체계로 발전했다. 현재 한의학은 의료 서비스 제공체계 내에서 인정되어 건강보험의 급여 범위에도 포함되고 있으며 한의사를 양성하는 한의과대학도 있다. 부산대학교 한의학전문대학원을 포함하여 11군데 한의과대학이 설립되어 있고 매년 750명 내외의 한의사를 배출하고 있다.

일본의 건강보험

근대국가에서 건강이 국민의 기본권으로 인정되면서 정부는 국민들의 건강권을 보장해 주어야 하는 책임을 지게 되었다. 이에 따라 일본은 1922년 건강보험법을 공포했고 1927년에는 독일을 모델로 한 노동자 대상의 공식적인 의료보험제도를 처음으로 시행했다. 독일은 세계 최초로 사회보험제도를 마련한 국가이다. 일본은 1938년에 후생성을 설치하면서 자영업자와 농업종사자를 대상으로 한 국민건강보험제도를 창설했고 1961년에는 전 국민 의료보험을 실시했다. 이후 1994년에 현재와 같은 체제의 보험제도를 발족시켰다. 그러나 경제발전과 보건의료의 발달, 평균 수명의 연장과 저출산 등으로 고령화 문제가 생기자 2006년에 고령자 의료제도를 창설하여 2008년도부터 시행하고 있다.

한국은 1977년에 500인 이상 사업장 가입자를 대상으로 의료보험이 시작되었고 저소득 계층을 대상으로 공공부조 형태의 의료급여제도가 도입되었다. 점진적으로 의료보험의 적용 대상을 확대하여 1988년 전국민 의료보험시대가 열렸다. 이후 1999년에는 '국민건강보험법'을 제정하여 2000년 7월부터 종래에 개별적으로 분리 운영되어 오던 직장조합이 공무원·교직원 및 지역가입자와 통합되면서 하나의 거대한 보험자 집단이 생겼다. 시작만 따지더라도 일본보다 50년 정도 늦게 시작되었지만 많은 부분을 일본의 시행착오를 지켜보면서 빠르게 벤치마킹하고 있는 것을 알 수 있다. 21세기 들어오면서 급속히 고령화 문제와 마주한 한국은 일본보다 조금 늦게 2008년 7월 노인장기요양보험법을 제정하여 시행해 오고 있다.

일본의 의학 교육

일본은 메이지 유신 이후 독일의 의학교육제도를 그대로 받아들였다. 임상의사의 양성을 위해 일본 전역에 3년제와 4년제의 의학전문학교를 세우고, 의학 교육자와 고급학문연구자의 양성을 위하여 예과 3년과 본과 5년의 도쿄대학 의학부를 도입했다. 2차 세계대전 이후에는 2년의 진학 과정 후 입시를 거쳐 4년제 의과대학에 입학하는 제도가 도입되었다. 1973년에 학교교육법 개정 이후 현재와 같은 6년제 교육과정이 시작되었고, 1991년에 개정된 대학설치기준에 따라 의예과

2년, 의학과 4년의 과정에서 기초와 임상의 통합적인 6년제 과정으로 개편한 의과대학이 전체 80개 의과대학 가운데 65개 대학에 이른다.

일본에는 의과대학이 80개 있으며, 42개는 국립대학, 8개는 공립대학, 30개는 사립대학이다. 일본의 의학교육은 1990년대 이후 크게 변화했는데 주요 내용으로는 일차진료를 볼 수 있는 의사 양성과 진료의 질 향상을 위한 임상교육의 강화라고 할 수 있다. 6년간 의학교육과정을 마친 학생은 졸업 후 정부에서 주관하는 의사국가시험에 응시해서 합격하면 의사면허를 받는다. 이 국가시험에 매년 8,500~9,500명 정도가 응시하며, 합격률은 90% 내외이다.

일본의 진료

일본의 의료제도는 한국과 비슷하다. 일본에는 클리닉, 진료소, 의원이라고 불리는 소규모 의료시설이 있고, 병원이라고 불리는 중대형 규모의 의료시설이 있다. 한국의 의료기관에서 진료받는 것과 비슷하다. 일본에서도 1961년에 전 국민 의료보험이 실시되었기 때문에 직장인 및 가족들은 '피용자보험', 75세 미만의 자영업자 및 가족들은 '국민건강보험', 75세 이상은 '후기고령자의료보험' 중 어느 하나에 반드시 가입해야 한다. 일본에서 진료를 받기 위해서는 한국에서와 같이 건강보험증을 제시하고, 문진표를 작성한 다음, 진찰 순서를 대기하고 있다가 진찰을 받으면 된다. 진찰을 마치면 수납처에서 계산한 다음 검사 지시서나 약 처방전을 받아 검사를 하거나 약국에서 약을 타가면 된다. 초진이냐 재진이냐 또는 진료받는 환자의 연령층에 따라 진료비의 본인 부담에 차이가 있다. 먼저 클리닉이나 진료소, 의원 등

1차 의료기관에서 전문과목을 택하여 진료를 보면 환자 본인의 부담 진료비가 다소 싸고, 거기서 소개장^{한국의 진료의뢰서}을 받아 큰 병원으로 가면 소개장 없이 곧바로 갔을 때보다 본인 부담 진료비가 싼데 한국과는 전문과목에 다소 차이가 있기 때문에 진료과목을 선택할 때 신경을 써야 한다. 어느 진료과를 찾아가야 할지 잘 모를 때는 한국의 가정의학과와 같은 종합진료과를 먼저 찾는 것도 좋다. 일본은 의료전달체계를 강화하기 위하여 수가정책에서 인센티브를 달리하고, 의료정보연계네트워크를 구축하여 의사가 각종 의료기관에서 일어나는 모든 진료기록을 열람할 수 있다.

일본에는 오랫동안 한국에서 시행하는 방식의 미국식 전문의 제도가 없었다. 1984년이 되어서야 일본의사회, 일본의학회, 학회인정의제협의회가 협의하여 13개 학회의 전문성을 인정하는 '인정의' 제도가 도입되었는데, 각 학회의 자율성이 크다 보니 인정의 과목이 70개나 늘어나는 등 여러 가지 문제점이 대두되어 일본의 후생노동성은 전문의 자격을 심사하는 기구를 신설하여 후생노동성에서 전문의를 표방할 수 있는 과를 승인했다. 2017년부터는 한국과 비슷한 신전문의 제도를 시행하고 있고 2년간의 초기 수련과 진료과별로 3~4년간 후기 수련을 받는다. 전문과목은 기본과목과 분과전문의로 구별하는데 기본과목은 '종합진료과 전문의'를 포함하여 19개 과목이 있고, 분과전문의 과목은 소화기병, 순환기, 호흡기 등 23개 과목이 있다.

한국은 1951년 9월 제정된 국민의료법에서 '전문과목 표방 허가제'를 채택함으로써 전문의제도가 시작되었는데, 일본에 비하면 미국의 영향을 받아 전문의 제도가 매우 일찍 도입이 된 셈이다. 26개 과목의 전문과목이 있고 내과, 소아청소년과, 외과 등 일부 전문과목에서 분화된 몇몇 분과전문의와 다른 전문과목이 연합하여 만들어진 세부전문의가 있다.

일본의 약국 풍경

일본은 1956년에 의약분업법을 공포했음에도 8개 예외조항을 두어 처방전이 거의 발행되지 않았다. 1972년에는 일본의사회가 '5년 후부터 처방전을 발행하겠다'라고 약속했으나 지켜지지 않았고, 90년대까지도 분업율은 10%에 미치지 않았다. 그러나 처방전 발행에 인센티브를 주고 독려하는 등의 정부 정책으로 꾸준히 분업률이 증가해 현재는 70%를 넘어섰다. 2000년 이전까지 일본 약국은 조제전문 약국과 드럭스토어형 약국으로 완전히 이원화되어 있어 드럭스토어형 약국에서는 의사의 처방 없이도 약사의 권유로 약을 쉽게 구입할 수 있었다. 우리나라에서 의약분업 이전의 약국과 같은 모습이다. 의약분업이 탄력을 받으면서 원외 처방전 수가 늘어났고, 많은 드럭스토어형 약국이 조제실을 설치해 조제 환경을 갖추고 있다. 드럭스토어형 약국과 조제전문 약국 사이에 벽이 사라지고 있는 것이다. 일본에서는 아직도 드럭스토어형 약국에서 화장품 진열대에서와 같이 약을 보고 골라 살 수 있으나 의사의 진료 후에 처방전을 받아 약을 지으면 건강보험의 혜택을 받아 본인 부담을 적게 내고 구입할 수 있다.

일본은 법인약국도 가능한데 몇몇 드럭스토어형 약국 체인을 보유한 기업들이 늘어나는 처방전 수용을 위해 조제실과 상담 시설을 설치해 전국적인 망을 갖추고 홍보에 나서고 있다. 고령화 등으로 재택의료에 대한 수요가 늘어나면서 의사의 처방전을 받아 약을 지은 후 환

드럭스토어형 약국

조제전문 약국

자의 집을 방문하여 약을 전달하면서 복용법을 설명해 주거나 환자가 차에 탄 채로 처방받는 '드라이브스루 약국'도 인기가 있다. 일본의 약국은 철저한 고객 지향형 서비스화, IT 기술을 기반으로 한 디지털 온라인화에 따라 진화하고 있다. 한국도 2000년 의약분업이 급속히 진행되었고 아직 제도적으로 허용되지는 않고 있지만 일본 약국의 변화와 같은 양상을 띠어 가고 있다.

일본 현지 직장생활 체험기

최수연 (피아노학원 원장)

최유리 (씨티은행 도쿄지점)

2013년 일본 안방극장을 뜨겁게 달구었던 이케이도 준池井戸潤의 기업 엔터테인먼트 소설 〈한자와 나오키〉 시리즈를 원작으로 한 드라마 〈한자와 나오키半沢直樹〉는 한국에서도 인기가 있었지만 일본에서는 엄청난 화제를 모아 영화로도 개봉한 작품이다. 은행 비즈니스 세계에 맞서는 통쾌한 이 드라마가 히트를 치자 사카이 마사토堺雅人가 출연한 〈리갈하이〉도 인기가 높았고 사카이 마사토는 일본 최고의 배우가 되는 계기가 되었다. 〈한자와 나오키〉의 은행 이야기는 은행장의 음모로 좌천 위기에 몰린 한자와半沢가 진실을 드라마틱하게 파헤쳐 나가는 이야기이다. 음모와 암투, 주가조작 사건을 모티브로 한 소설이자 드라마의 강렬한 대사는 지금도 회자되고 있다. '당한 만큼 두 배로 갚아 주마! やられたらやり返す! 倍返しだ!'와 '중요한 것은 감사와 보은이다大事なのは感謝と恩返しだ.' 이런 흥미로운 이야기를 알고 나도 멋지고 바르게 은행 일을 하겠다는 굳은 각오로 일본 은행에 입사했다.

한국과는 다른 일본의 입사 시험

일본 기업은 보통 3월 초부터 입사 원서를 접수한다. 노동법에 따르면 일본 기업은 6월 1일 전까지는 학생 면접을 진행할 수 없다. 따라서 많은 기업이 면접이 아닌 '선배와의 토크' 혹은 '선배와의 커피'라는 이름으로 해당 학생들과 같은 대학 출신 선배 사원들을 한 그룹으로 묶어 몇 달 동안 함께 시간을 보내도록 한다. 규칙상 학생들이 면접이나 평가를 받고 있다는 느낌을 받으면 안 되므로 선배 사원들은 빈손으로 가서 그 어떤 메모도 하면 안 된다. 선배 사원들은 하루에 약 4시간 동안 4명의 학생과 만난다. 선배 사원은 학생들과 만나고 나서 다음 단계로 올라갈 학생을 결정한다. 이렇게 몇 번의 과정을 통해 복수의 선배 사원들이 우수한 인재를 유치하려고 노력하는데, 우수한 학생들을 얼마나 많이 유치했느냐에 따라 인사평가와 상반기 보너스에도 영향을 받으므로 필사적이다. 필자 역시 1년 전 와세다 대학교의 선배 사원으로서 와세다 대학의 학생들_{특히 한국인, 중국인 유학생들}을 만나 봤다. 그런데 하루에 4시간 이상 4명과 아무런 메모도 하지 않고 쉬는 시간도 없이 계속해서 이야기를 나누는 것은 엄청난 체력이 필요할 정도로 고된 일이라고 느꼈다.

이런 과정을 거쳐 약 10명의 선배 사원에게 합격 평가를 받은 학생은 6월 1일 법이 풀리자마자_{일본어로는 '해금 解禁'이라 표현한다} 바로 '내정'을 받는다. 물론 내정을 받으려면 면접관 앞에서 이 회사에 반드시 들어오겠다는 확신을 보여야 할 때도 있다. 일본 은행들은 매년 이런 깐깐한 심사를 통해 약 200명의 신입사원을 채용하고 있다.

신입 사원 연수가 회사 생활의 힘

신입 사원 연수는 200명의 신입사원들을 각 반에 약 40명씩 배정하여 3주 동안 도쿄 외곽의 은행 연수원에서 숙박을 하며 실시된다.

1주차: 사회인으로서 마음가짐, 책임감, 시간 관리, 우선순위 결정하는 법 등을 배우며 보수적인 은행답게 매일 아침 정장, 헤어스타일, 손톱 등도 깐깐하게 검사하며 여자 사원들은 화장을 하고 오지 않으면 한소리를 듣는다.

2주차: 사회인으로서 지켜야 할 매너, 명함 교환방법, 인사, 존댓말, 비즈니스 경어 들을 아주 자세히 배우며 하루에도 몇 시간씩 역할 놀이를 통해 배운 것을 연습해야 한다. 물론 명함을 교환하는 연습에서는 손톱 길이, 고개를 숙여 인사하는 각도까지 꼼꼼히 체크를 받는다.

3주차: 지폐 세는 법, 수표 기입 방법, 법인영업의 기본 등 은행과 관련된 지식을 배운다.

마지막 연수일: 이름이 불리면 한 명씩 앞으로 나가 근무할 지역이 적힌 종이를 받는다. 이 과정에서 수도권에 남는 사람들은 안도의 한숨을 쉬고, 평생 들어본 적도 없는 오지로 가는 사람들은 오열하는 엄청나게 만감이 교차하는 장면이 펼쳐진다. 그리고 약 한 달 동안 같이 숙박하며 동고동락한 연수 동기들은 매우 끈끈한 우정을 유지하며 몇 년이 지나도 매우 친하게 지내기도 한다. 이렇게 단체가 하나가 되면서 엄청난 힘이 되고 그 힘이 회사 그리고 국가의 힘과 경쟁력으로 이어지는 것으로 보인다.

혹독한 신입 생활, 지나고 나면 생기는 감사의 마음

신입사원 200명은 일본 각지의 법인영업부로 배속되어 뿔뿔이 흩어진다. 필자의 경우 운이 좋게 쿄바시京橋라는 긴자銀座 바로 옆 동네로 배속되었다. 대기업과 상장기업이 많아서 부유하고 비즈니스가 대단히 활발한 곳이었다. 검정색 정장, 검은 가방, 가지런히 묶은 머리로 30명 앞에서 "앞으로도 잘 부탁드립니다!!" 우렁차게 인사한 후, 미리 지명된 사수와 함께 전화 응대법부터 배운다. 전화는 무조건 세 번 울리기 전에 받아야 한다. 사내의 내선전화는 적응이 쉬웠지만 외부 전화는 고객에 따라 이름과 말투, 속도가 너무나도 달라 알아듣기 힘들어서 외부 전화가 올 때마다 긴장되어 벌벌 떨었다. 하지만 이것도 한 달 후면 적응된다. 배속 초기에 선배에게 꾸지람을 들었던 것 중에 기억에 남는 에피소드가 있다. 선배가 프린트를 부탁했는데 스테이플러의 철심 각도가 안 맞는다고 화를 냈던 것이다. 그 순간 나는 '겨우 이런 것 가지고 화를 내나?' 했는데 3년이 지난 지금은 덕분에 아주 좋은 습관으로 몸에 배었다.

전화와 인쇄 이외 신입사원의 또 다른 업무 중 하나는 기록하는 일이다. 기록은 매우 중요한 업무이다. 매주 월요일마다 부서 회의가 있었는데 신입사원은 30명분의 자료를 인쇄해 흐트러짐 없이 각도를 맞춰 자료를 책상에 배열한다. 그리고 모든 사람이 회의실에 들어오면 맨 끝자리에 앉아 열심히 의사록을 작성한다. 의사록은 무조건 손으로 작성해야 한다. 처음에 필자는 일본어와 회의내용 둘 다 너무 어려워서 못 알아들은 적이 많아 임의로 상상해 의사록을 몇 번 작성했다가 크게 혼난 적이 있었다. 매우 고된 업무였지만 약 2년 동안 의사록 기록을 담당하면서 일본어가 아주 크게 향상된 것 같다.

이 밖에도 신입 사원들은 송년회 등을 포함해 매년 3회 정도 술자리에서 장기자랑을 해야 한다. 한국에서는 상상도 할 수 없는 일이지만 그래도 나는 신나게 장기자랑을 했다. 크리스마스 파티 때는 루돌프

분장을 하고 춤을 춘 적이 있고, 여름 상반기 결산 파티 때도 똑같이 이상한 복장을 하고 콩트를 한 기억이 있다. 이렇게 장기자랑에서 최선을 다하니 매번 회사 사람들로부터 "어려운 일본어 대사도 외우고 아주 열심히 하네!"라는 칭찬을 듣기도 했다. 물론 칭찬은 이때뿐이고, 회식이 끝나면 일상생활로 돌아와 외국인이라고 봐주는 것 없이 다시 일본인들과 똑같이 일해야 했다. 동료든 고객이든 나를 외국인이라고 봐주는 일은 결코 없다. 물론 처음에는 힘들었지만 돌이켜 생각해 보면 회사가 나를 다른 일본인 사원들과 똑같이 생각해 기회를 주었다고 생각하기 때문에 불만은 없다. 오히려 감사할 뿐이다.

주업무는 법인 영업부답게 기업들에게 융자를 해도 되는지 미리 심사하고 실행하는 일이다. 은행에서 융자를 받는 고객들은 매년 결산서를 제출하는데 약 100개사 넘는 곳의 결산서를 보며 분석하는 일을 해야 했다. 사실 결산서는 다 내용이 비슷비슷하므로 큰 어려움은 없었다. 오히려 일본의 대기업과 상장기업들의 결산서와 각종 사내 자료처럼 대외적으로 공개되지 않는 귀한 정보를 공유할 수 있어 아주 귀중한 경험이 되었다.

법인영업부는 은행 안에서도 매우 보수적인 곳이라 모든 행정 처리를 종이, 인감과 함께 한다. 예를 들어, 휴가를 쓰고 싶으면 인터넷으로 신청하는 것이 아니라 인터넷 신청한 화면을 따로 인쇄해서 본인 인감을 찍고, 그다음엔 상사, 마지막으로는 부장님 인감까지 받아야 비로소 최종 승인이라고 할 수 있다. 옆자리 선배에게 포스트잇으로 메모를 남길 때에도 '사토 선배, 아까 누구에게 부재중 전화가 왔어요._{메모에 내 인감 찍기}'. 이런 식으로 나의 존재를 밝히는 곳은 손 글씨가 아닌 인감이 모든 것을 대체한다. 은행 안에서 인감은 나의 분신과 마찬가지이며 분실할 경우 엄청난 비판과 함께 인사평가에도 기록이 될 만큼 중대한 사건이 된다.

공과 사가 분명하고 냉정한 연공서열의 세계

법인영업부는 입사 연도에 따라 서열이 정해지는 완전한 연공서열의 세계이다. 나이가 몇 살 많은 사람도, 입사연도가 1년이라도 늦다면 완전히 꼭두각시 후배가 되어 버린다. 오히려 나이가 어려도 선배에게 90도로 인사하며 선배의 온갖 부탁인쇄, 전화 받기, 심부름 등을 들어줘야 한다. 그야말로 완전히 군대 생활처럼 느껴지기도 한다. 일본계 기업들은 복리후생이 아주 잘 되어 있어서 여자 임직원의 기본 권리인 육아 휴직은 철저하게 지킨다. 약육강식이 적용되는 살벌한 법인영업부도 여자 사원들은 최소한의 배려와 친절 혜택을 보장받는다. 필자가 근무하는 은행도 '알람 제도'가 있다. 사원들이 직장에서 부적절한 대우를 당했을 때 몰래 신고하는 제도라고 보면 된다. 실제로 성추행 등으로 신고당한 남자 사원들은 머나먼 곳으로 전근을 하게 된다. 그래서 필자가 근무하는 은행의 남자 사원들은 알람이 울리는 것을 매우 두려워해 여자 사원들을 절대 함부로 대하지 못한다.

일본의 동료관계에서 한 가지 좋은 점은 공과 사가 매우 뚜렷하다는 것이다. 한국은 개인끼리 카카오톡을 서로 주고받으며 업무 연락은 물론, 회사 사람들끼리 주말에도 그룹 채팅을 할 때가 많지만 일본계 기업에서는 상상도 할 수 없다. 직장에서 사적인 통화도 하지 않는다. 공과 사를 딱 부러지게 구분하지 않는 것을 정이라고 생각하는 일이 많은 우리나라 사람들이 보면 살짝 매정하고 인간미 없다고 느껴질 수 있겠지만, 일본식에 익숙해지면 그 나름대로 편하다. 물론 신입 연수 시절에 일정 기간 동고동락했던 동기들은 가족과 같이 친한 사이이기 때문에 예외이다.

보수적이면서 상하관계가 엄격한 집단

나로서는 '한국인'이라 힘들기보다는 '일본인이 아니어서' 힘든 부분이 훨씬 더 많았다. 필자가 다니는 은행은 영어를 구사하는 사람도 주변에 그리 많지 않았기에 동료뿐만 아니라 고객, 제휴사 등과 연락은 100% 일본어로 진행된다. 외국인이라고 봐주겠거니 기대해서는 절대로 안 된다. 외국인이라 하더라도 신입사원은 배속 첫날부터 의사록 등 온갖 어려운 업무는 다 떠맡는다. 하지만 이 또한 몇 달간 꾸지람과 연속을 통해 단련된다. 한편 일본인이라고 더 우대하고 기회를 주는 것 또한 절대 없다. 실제로 필자의 친한 한국인, 중국인 선배들은 성과를 인정받아 어린 연차에 뉴욕, 런던 등으로 파견 나가는 일생 최대의 기회를 얻기도 했다. 2년 전 한일관계가 악화되었을 때는, 부장님은 필자를 따로 불러 혹시 요즘 양국관계 때문에 필자를 괴롭히는 사원 혹은 고객은 없는지 지속적으로 신경써 주기도 했다. 아주 보수적이고 상하 관계가 똑 부러지는 냉철한 집단이지만 인종차별 같은 문제는 전혀 없었다.

젊은 직장인들의 고뇌

모든 일본 기업의 직원들이 다 그렇다고 할 수는 없지만 은행의 젊은 사원들, 특히 젊은 남자 사원들은 어떻게 하면 빨리 승진할 수 있을지, 언제 결혼할 수 있을지를 가장 크게 고민하는 것 같다. 같이 입사한 200명의 동기 중에서 5년 후에도 이 회사에 남아 있는 사람들은 100명도 안 될지 모른다. 법인영업부에서 일하면서 우울증이나 권태기로 그만둬 버리는 사람도 있다. 약 2년간 법인영업부를 잘 견뎌낸 거의 80%이상의 사원들은 자신이 원하는 부서에 갈 수 있다. 일본의 젊은이들은 우리나라에 비해 결혼 시기가 상당히 이른데, 입사 후 2년도 안 지난 시점에서 결혼한 동기들이 많았다. 필자의 동기들뿐만 아니라 우리나라 나이로 만 30세가 되지 않은 남녀 사원들을 보면 대다수가 결혼반지를 끼고 있다. 한국에서처럼 돈 모으고 준비가 다 되었을 때 결혼하는 것과는 달리 일본은 먼저 혼인신고와 함께 같이 살림을 합치고 함께 돈을 2년 정도 열심히 저축하고 그 이후에 결혼식을 올리는 경우가 많다. 이른 시기에 결혼하는 이유는 배우자와 함께 돈을 저축하기 위해, 빨리 가정을 이루어 안정감을 찾고 승진에 집중하기 위해서이다. 일본계 기업에서는 결혼한 남자 사원이 심적으로 더욱 안정되고 책임감도 있을 것이라는 인식이 있다. 그렇기 때문에 일본계 기업에서 높은 자리에 올라가기 위해서는 이혼 경력이 있으면 불리하다. 이런 이유로 직장을 다니는 동안에는 이혼을 많이 하지 않는 것 같다.

첫 인사이동

입사 후 약 2년간 있었던 법인영업부를 졸업하고, 2020년 7월에 본부의 해외 결제업무를 담당하는 트랜잭션 뱅킹 은행이 기업을 대상으로 통합 자금 관리를 하는 서비스이며 주로 기업의 해외 결제 업무를 담당한다 부서로 이동되었다. 필자가 다니는 은행의 경우, 매년마다 '잡 포럼', 즉 80여 개의 각 부문/부서의 사람들이 대강당에 모여서 젊은 사원들을 자기네 부서로 유치하려는 설명회가 있다. 80여 개의 부서들 중 필자는 주로 해외파견을 잘 보내 준다고 적극적으로 홍보한 부서에 지망했다. 돌이켜보면 반은 맞고 반은 틀렸다는 생각이 든다. 결과적으로 이동한 트랜잭션 뱅킹부는 나의 지망 리스트 톱3에 없었기 때문에 처음 발령을 받았을 때 조금 당황하고 실망하기도 했지만, 약 1년간 일해 본 결과 업무상 영어와 한국어를 쓸 일도 매우 많고 일본 국내뿐만 아니라 아마존, 삼성 등 세계 대기업들의 해외송금과 결제 관련 업무를 혼자서 메인으로 담당했기에 책임감도 크지만 보람도 많이 느낄 수 있었다.

휴가 신청을 포함해 모든 것을 인쇄해 인감을 찍고 회부하던 법인영업부와는 달리, 본부는 완전히 종이 없는 사무실을 지향하는 분위기였으며 상사나 선배도 아랫사람에게 존댓말이 기본이다. 실제로 법인영업부 때 스트레스로 몇 달간 휴직했던 선배 사원들도 본부 이동 후에는 다른 사람이 되어 있을 정도로 안색이 매우 좋아 보였다. 본부의 이런 자유분방한 분위기뿐만 아니라 또 하나의 커다란 장점은 바로 사내식당이다. 사내식당에는 매일 8가지의 색다른 종류의 메뉴가 준비되어 있으며, 약 4,000원 안팎의 가격으로 양껏 먹을 수 있다. 카페와 라운지도 매우 잘 구비되어 있으며 본부 내의 모든 식비는 다음 달 월급에서 자동으로 차감되기 때문에 당장 수중에 돈이 없어도 굶을 일은 없다.

일본에서 첫 이직활동

　일본은 이직移職을 잘하지 않는 나라로 알려져 있다. 그 말은 맞기도 하고 틀리기도 하다. 현재 필자가 속한 트랜잭션 뱅킹 부서는 사실 일본계 은행보다 미국, 유럽과 같은 외국계 은행이 더 크게 발달되어 있기에 현재 부서에서 몇 년간 배운 뒤 언젠가 외국계 은행으로 전향하고 싶다는 생각은 늘 있었다. 트랙잭션 뱅킹 부서의 사람들은 어떠한 자격증을 취득하며 어떻게 경력 관리를 하는지 참고하려고 한국에서도 많이 쓰고 있는 링크드인이라는 미국계 이직 사이트에 가입하고 프로필을 등록했다. 그 후 이직 의사를 묻는 헤드헌터들의 연락이 쏟아져 왔고, 수많은 헤드헌터 중에 트랜잭션 뱅킹을 전문으로 하는 이탈리아인 헤드헌터와 이직 활동을 시작했다. 대여섯 군데의 미국, 유럽계의 대형은행과 거의 최종면접까지 갔다. 일과 면접을 병행하는 것은 시간적으로도 체력적으로도 매우 힘들기에 하나둘씩 선택지를 추려가며 정말 관심 있는 두세 곳에만 집중했다. 말단사원 면접관부터 시작하여 하나둘씩 윗사람이 나오는 일본계 은행과는 달리, 외국계 은행은 1차 면접부터 헤드가 나와 후보자를 필터링한 후 다음 단계에서 자기 부하들에게 보낸다. 이렇게 약 두 달 간의 이직활동을 끝으로 유럽계 은행의 한 곳으로 결정해서 새로 입사하게 되었다. 일본계가 아닌 처음으로 외국계 기업에 취업하는 것이기에 기업문화와 사풍도 많이 다를 거라고 예상되지만, 내부 구성원은 대다수가 일본인이라는 것에는 큰 차이가 없기에 3년간 일본계 은행에서 근무했던 경험은 새로운 곳에서도 충분히 발휘할 수 있으리라고 생각한다.

　일본에서 일본인과 동등하거나 더 뛰어나게 직장생활을 하려면 더 열심히 치열하게 하는 것은 기본이다. 그뿐만 아니라 열심히 치열하게 하는 것을 넘어 일을 제대로 바르게 즐기는 것이 중요하다. 치열한 경쟁 속에서의 살아남기 위해서 내가 직장의 주인이고 직장이 없으면 나도 없다는 공적인 마인드로 일하려고 한다.

일본에 사는 한국인
뉴커머와의 만남

사이구사 하쓰코 (하나소타마 도토리 블로거, 하나소타마닷컴 운영자)

번역: 정은순 (공부모임을 사랑하는 사람)

하나소타마와 뉴커머

　텔레비전에서 한국 드라마를 보면서 한국어를 배운 지 올해로 만 10년째이다. 열심히 배운 덕에 몇 년 전부터는 한국어로 된 책을 읽을 정도가 되어 어지간한 한국어는 듣고 말하고 쓰기에 지장이 없다. 한국어에 자신감이 생기자 한국어 선생님이 아닌 한국인들과 교류하고 싶은 마음이 생겼다. 그래서 가나가와현 요코하마시에서 '하나소타마'라는 서클을 운영하게 되었다.

　하나소타마는 말하자는 뜻의 일본어 '하나소 話そう'와 도쿄 서쪽에 있는 타마 多摩 지역 '다마'로 표기해야 옳으나, 하나소타마의 음과 맞추고 독자들의 혼동을 피하기 위해서 '타마'로 표기했다 의 '타마'를 붙여서 만든 이름이다. 한국과 일본을 잇는 문화 교류 행사와 한국 문학 독서회 등을 주최하고, 그 수익금을 공공 단체에 기부하는 활동을 한다. 주로 트위터를 통해서 한국어를 비롯한 한국의 문화, 역사, 사회 전반에 걸친 정보를 제공한다. 이런 활동에 동조하여 도움을 주고 싶다고 연락해 주신 분께서 일본에 거주하는 한국인 어머니를 소개해 주셨다. 한국어 실력도 높이고 한일 양국 간의 생활 차이도 서로 배우고 나누고 싶었기 때문에 정말 감사했다. 소개받은 한국인은 자녀들이 주로 중고등학교에 다니는 어머니

들로 뉴커머이다. 뉴커머 new comer 는 1980년대부터 일본에 공부나 비즈니스를 위해 온 한국인이다. 통상 재일교포라고 하는 올드 커머 old comer 와 구별해서 부르는 호칭이다.

하나소타마 회원들과 한국 어머니들의 첫 만남은 신오쿠보에 있는 '무한리필'이라는 고깃집에서였다. 한국어 선생님에게 한국 음식에 대해서 배우고 또 한국으로 여행도 다녀와서 어느 정도 한국 문화에 대해 알고 있다고 자부했다. 그런데 막상 한국인과 같이 한국 음식을 먹다 보니 그게 아니었다. 나름대로 한국을 어느 정도는 알고 있다고 자부하는 일본인이더라도 잘 모르는 한국식 식사법을 또 배울 수 있었다. 초면임에도 어색하지 않고 허물없이 오래 만나왔던 일본 엄마들처럼 이야기를 나누었다. 서로의 나이, 고향, 결혼하게 된 계기, 자녀 이야기, 좋아하는 드라마, 케이팝 가수 등 다양한 화제로 이야기는 끊일 줄 몰랐다.

뉴커머와의 즐거운 교제

그렇게 시간이 흐른 후, "한국에서는 바깥 음식에 인공조미료를 많이 넣는 편이라 외식을 자주 하면 건강에 좋지 않아요. 그러니 다음에는 꼭 저희 집으로 놀러 오세요" 하고 참석자 중 한 명인 경미 씨가 자신의 집으로 초대를 했다. 상대방의 호의를 받아들인다는 뜻을 가진 일본어 '고토바니 아마에테 言葉に甘えて'를 핑계 삼아 얼마 지나지 않아 우리 모두는 기쁜 마음으로 경미 씨 집으로 놀러가게 되었다. 그때가 2018년 5월 18일로 지금도 날짜를 기억하는 것은 절대 잊을 수 없는 추억이기 때문이다.

경미 씨 집에 도착하여 거실로 안내받아 들어가니 거실 한가운데에 놓인 상에 음식이 잔뜩 준비되어 있었다. 김밥, 파전, 도토리묵, 진미채 고추장무침 등 한국인들도 일상생활에서는 잘 사용하지 않는다는 단어인 '진수성찬'에 꼭 들어맞는 음식이었다. '상다리가 부러질 것 같다'는 표현이 어울리는 상차림이었다. 둘러앉아 밥을 먹으면서 이렇게 정성이 담긴 대접을 받는 것이 얼마 만인가 하는 생각이 들었다. 특히 도토리묵은 도토리를 갈아 가루로 만들어서 약한 불에서 타지 않게 천천히 저어 주어야 한다고 배웠다. 그만큼 시간과 정성과 품이 들었을 도토리묵을 먹으면서 다시 한번 손이 얼마나 많이 갔을까 하는 미안함과 고마움을 함께 느꼈다. 집으로 돌아올 때는 일부러 많이 만들었다며 경미 씨가 진미채 고추장무침을 모두에게 선물로 들려 주었다. 일본에서는 보통 육아가 끝나면 친구 집에 초대받거나 또 초대하는 일이 거의 없다. 그런데 친한 사이도 아닌 한국인이 서슴없이 모두를 초대해 준 것이 놀라워 그날의 환대를 잊을 수 없다.

　경미 씨는 한국으로 치면 종갓집에 해당하는 일본의 본가 장손에게 시집온 여성이다. 시어머니가 돌아가신 후 암으로 투병하시는 시아버지를 집으로 모셔와 돌아가시기까지 3년 넘게 지극정성으로 모셨다. 일본에서 딸은 할 수 있어도 며느리는 좀처럼 할 수 없다는 게 부모님 간병이다. 힘든 간병을 묵묵히 해내는 경미 씨를 지켜보면서, 한국인은 저렇게 따뜻하고 정이 깊은 국민성이 있구나 하고 감탄했다. 경미 씨는 일본 풍속에 익숙하지 않던 신혼 때 시어머니가 하나하나 친절하게 가르쳐 주시고 돌보아 주신 일을 잊을 수가 없어서 시아버지께 열심히 할 수 있었다고 했다. 자신이 처한 상황에 불만이나 하소연을 늘어놓지 않고 밝고 씩씩하게 사는 경미 씨를 보고 있으면 아주 오래전 일본 어머니들 모습이 떠오른다. 일본의 어머니들도 꼭 그랬다. 경미 씨는 따뜻한 마음의 소유자이기도 하다. 세 자녀를 키우면서도 늘 주위 사람을 돕고 있다. 아이들의 소풍이나 운동회가 있는 날에는 도시락을 가지고 오지 못하는 다른 아이들의 도시락까지 챙겨 주었다. 지금의 일본에서는 상상도 할 수 없는 일을 한국인 뉴커머 어머니를 통해서 보고 있다.

흥미로운 한국어 공부

신오쿠보에는 홍 선생님도 살고 계셔서 그 댁을 방문한 적도 있다. 홍 선생님의 남편 분은 한국인으로서는 드물게 일본 애니메이션 캐릭터 관련 일에 종사하고 계신다. 홍 선생님은 일본어 책을 한국어로 번역하는 일을 하신다. 한국의 역사나 문화에 관한 책을 읽다가 인터넷에서는 도저히 검색할 수 없는 것이나 실제로 한국에서는 일반적인 것인가 하는 의문이 들 때는 홍 선생님께 묻고 답을 얻는다. 얼마 전에는 입적하신 큰스님을 화장하면 옥같이 아름다운 사리가 나온다는 불가사의한 이야기를 듣고는 홍 선생님에게 여쭙기도 했다. 어떻게 사리가 만들어질 수 있는지, 드라마에 자주 등장하는 무당은 진짜로 죽은 사람의 영혼을 부를 수 있는지 등 평소에 궁금했던 것을 여쭤 보는데, 홍 선생님은 이해가 가도록 친절하게 설명을 해 준다.

일본의 아오모리현에도 '이타코'라는 무녀가 있다. 하지만 무녀를 찾는 일본인은 별로 없다. 한국어 '사주팔자'와 같은 표현도 일본에는 없다. 생년월일에 태어난 시간까지도 따지는 한국인에 비해, 자신이 태어난 시각까지 아는 일본인은 거의 없다. 결혼할 때 사주로 궁합을 보거나 집안의 풍수지리를 묻는 일은 일본에서도 있긴 있었다. 어렸을 때 어른들에게서 잃어버린 물건을 찾는 데 용하다는 무당 이야기를 들은 적도 있다. 하지만 50년도 더 전의 이야기이다. 일본에서는 중국에서 전래된 풍수지리설을 근거로 집의 현관 방향을 결정하는 것을 중요하게 생각한다. 요즘은 건축 의뢰를 받은 건축사무소에서 다 조사해 주므로 개인이 비싼 감정료를 내서 역학감정소를 찾아갈 필요는 없어졌다.

언젠가는 한국어 수업 발표를 위해 작성한 일본 문화에 관한 한국어 작문을 홍 선생님에게 첨삭받은 적도 있다. 친절하고 적절하게 설명해 주셔서 언젠가는 홍 선생님에게 한국어를 배우고 싶다는 생각을 했다. 가끔 홍 선생님의 블로그도 방문하는데 오래전에 가르쳤던 학생, 멀리 이사를 간 분과도 만남을 계속 이어가고 계셔서 참으로 많이 놀랐다.

열심히 배운 덕에 한국어를 조금 안다고 자부하고 있지만, 그래도 가끔 새로운 상황에 부닥치곤 한다. 한 예로 지금까지 받은 한국어 수업에서 한국어 문장은 '-어요'로 끝을 맺어야 한다고 배웠다. 그래서 한국어 대화를 할 때에는 꼭 '-했어요'나 '-랬어요'처럼 '-어요'로 끝을 맺었다. 그랬더니 항상 만나는 사람들 중에서는 가장 나이가 많아 '왕언니'로 불리는데 '-했어'가 아닌 '-했어요'로 문장을 맺는 것은 좀 어색하다는 얘기를 들었다. 지금까지는 전혀 몰랐던 새로운 발견이다. 마치 한국 드라마에서 어린아이들이 '-했어'를 '-했어요'로 지적받아 정정하는 것과 정반대가 되는 셈이다.

우리는 '이웃사촌'

한국인 뉴커머는 일본 문화에 호의적이고 한일 두 문화의 접목을 불편해하지도 않는다. 그래서 함께 만나 한국식 고스톱 규칙도 배우고 노래방에서 한일 노래도 서로 부른다. 일본에서 한국 음식을 배운 체험은 새로운 문화 충격이었다. 반면에 자녀를 일본 학교에 보내고 당황하며 겪는 뉴커머의 에피소드를 들으며 그들이 느끼는 문화 충격도 이해하게 되었다. 과거 일본에도 이웃과의 교제는 있었다. 그런데 점점 교제가 사라지면서 이제는 이웃과 멀어진 삭막한 분위기를 느낀다. 한국인 뉴커머를 통해서 한국말 '이웃사촌'을 실현해 가며 새로운 한국을 알아가고 있다. 언뜻언뜻 느끼는 가족애, 타인에 대한 배려와 애정, 그리고 말로 표현하기 어려운 속 깊은 인정 등은 어린 시절의 일본을 연상시킨다. 비슷하지만 또 다른 한국과 일본, 지금은 한국이 일본을 앞서간다는 느낌이 들곤 한다.

뉴커머와의 만남은 '하나소타마 도토리' 모임으로 발전했다. 두 달에 한 번 정도 모임을 가지면서 한일 주부들의 일상을 통해서 생활문화 교류를 확장해 가고 있다. 그러나 코로나19의 확산으로 현재는 일시 중지된 상태이다. '도토리'가 친선 모임이라면, '하나소타마닷컴'은 한국에 관한 배움터이다. 다방면에서 활약하는 한국인을 초대하여 하나의 주제에 대해 깊이 있게 배우고 있다. 그리고 모임을 통해 한국 고유의 정서와 한국인만이 갖고 있는 인정을 일본인에게 전파하고 있다. '하나소타마'는 서로 애정을 갖고 따뜻한 눈으로 상대의 나라를 바라보고 더 깊이 알고자 한다. '하나소타마'의 일본인과 일본에 사는 한국인 '뉴커머'의 즐거운 노력은 오늘도 진행 중이다.

일본인들의 일상에 살아 숨쉬는 데릴사위전통

심정욱 (교토산업대학교 경제학과 교수)

장수기업 수 세계 1위 일본

가장 최근에 발간된 기업존속전망 2021 Corporate Longevity Forecast, 2021에 따르면 코로나19의 영향 등으로 S&P 500 스탠더드 앤드 푸어스 500 종 평균 주가 지수에서 활동하고 있는 기업들의 평균수명이 점점 짧아지고 있다고 한다. 빠른 기술 변화와 '창조적 파괴'가 점점 많아지고 있는 것이 그 배경에 있고, 일상생활에서도 쉽게 체감하는 점이기도 하다.

S&P 500 기업들의 평균수명 추이

출처: 기업존속전망(Corporate Longevity Forecast), 2021.

하지만 이와는 반대로 장수기업들도 세계에 많이 존재한다. 장수기업이라고 하면 보통 100년 이상 된 기업을 생각하겠지만, 세계에는 200년 이상 된 기업도 많다. 가장 놀라운 사실은 전 세계 장수기업200년 이상의 절반 이상이 일본 기업이라는 것이다.

장수기업은 대부분 미상장 기업이기 때문에 조사에 따라 다소 숫자의 차이는 있지만, 닛케이BP일본경제신문 비지니스 출판사의 조사에 따르면 200년 이상 된 기업은 일본이 1위1,340개, 2위 미국239개, 3위 독일201개으로 집계된다. 비율로 환산해 보면 전 세계에서 200년 이상 된 기업의 65%를 일본이 보유하고 있는 것이다.

창업 200년 이상 된 기업 수와 비율

순위	나라명	기업 수(개)	비율(%)
1	일본	1,340	65.0
2	미국	239	11.6
3	독일	201	9.8
4	영국	83	4.0
5	러시아	41	2.0
6	오스트리아	31	1.5
7	네덜란드	19	0.9
8	폴란드	17	0.8
9	이탈리아	16	0.8
10	스웨덴	11	0.5

출처: 닛케이BP, 100년 기업의 생명력 연구.

일본 장수기업의 비결

산업적인 분포를 보면 200년 이상 된 기업의 68%는 음식업과 숙박업에 해당한다. 교토 등 오래된 일본 도시를 방문하면 200년 이상 된 료칸이나 음식점을 쉽게 발견할 수 있다.

여기에 소개하고자 하는 것은 이런 산업적인 특성이 아니라 오랫동안 기업 존속의 밑바탕이 되어 온 일본의 독특한 데릴사위 문화이다. 일본은 결혼을 통해서 새로운 아들을 맞이하는 데릴사위 문화가 보편화되어 있다. 중세시대 이전에는 절이나 귀족 같은 상류계층에서 활용되던 방식이었으나, 근세 이후에 기업의 가업승계에 이용되면서 널리 보편화된 것으로 보인다.

딸이 태어나면 세키항을 만든 오사카의 센바 상인들

이런 전통은 일본사회의 곳곳에서 엿볼 수 있다. 미츠이 재벌이 남긴 경영관련 문헌 안에는 '자식은 선택할 수 없지만, 데릴사위는 선택할 수 있다'라는 문구가 존재한다. 일본 오사카의 대표적인 상인인 센바 상인들은 딸이 태어나면 세키항赤飯, 고대에는 빨간색이 사악한 기운을 쫓아낸다는 의미에서 신사나 묘의 벽화에 붉은색이 사용되었지만, 현대에는 축제날이나 생일날 등에 팥밥을 지어서 먹는 풍습이 일반적이다을 만들어서 축하했다고 한다. 물론 그 의미는 딸이 태어나면 장차 사위를 맞이하게 되고, 그때 결혼을 통해서 우수한 새로운 아들을 맞이할 수 있기 때문이다.

통계로 보는 데릴사위 제도의 사회적 보편성

데릴사위 제도가 어느 정도 보편적인 현상인지 통계적으로 접근해
보자. 일본의 사법통계연보의 가사家事편에 실려 있는 양자養子의 숫
자를 보면, 미성년자 양자와 성인 양자20세 이상로 나누어서 매년 통계
를 작성하고 있다. 2000년도의 경우 80,790명의 양자가 법원에서 인정
을 받았고, 그중 미성년자 양자는 1,356명에 불과하고 성인 양자의 숫
자는 79,434명으로 나타난다. 대부분의 나라에서 양자라고 하면 어린
아이를 떠올리지만, 일본에서는 20세 이상 된 어른이 양자가 되는 경
우가 대부분이다. 이 현상은 2000년에 생긴 특별한 사건이 아니며
1955년 이후의 통계를 봐도 같은 현상이 이어지고 있어서 일본에서는
보편적이라고 볼 수 있다.

양자에 관한 통계

연도	총 양자 수(명)	미성인 양자(명)	성인 양자(명)	성인 양자 비율(%)
1955	101,963	26,983	74,980	73.54
1965	82,176	15,018	67,158	81.72
1975	86,844	6,771	80,073	92.20
1985	91,186	2,804	88,382	96.92
1990	82,007	2,240	79.767	97.27
1995	79,381	1,632	77,749	97.94
2000	80,790	1,356	79,434	98.32
2002	85,674	1,310	84,364	98.47
2004	83,505	1,330	82,175	98.41

출처: Adoptive Expectations Rising Sons in Japanese Family Firms, *Journal of
Financial Economics 108* (2013), 840-854.

데릴사위를 이용하는 대표적인 기업

데릴사위를 이용하는 대표적인 기업에는 어떤 기업이 있는가? 조사해 보면 많이 놀랄 것이다. 왜냐하면 우리가 흔히 알고 있는 일본의 유명 기업들이 데릴사위가 경영하는 경우가 적지 않기 때문이다. 그중 제일 대표 격은 스즈키 자동차가 될 것이다. 스즈키 자동차의 역대 사장의 이름을 보자. 창업자 스즈키 미치오鈴木 道雄, 1920.3~1957.2, 2대 스즈키 슌조鈴木 俊三, 1957.2~1973.5, 3대 스즈키 지츠치로鈴木 實治郞, 1973.5~1978.6, 4대 스즈키 오사무鈴木 修, 1978.6~ 2000.6이다. 이 중에서 제일 유명한 사람은 4대째 사장인 스즈키 오사무일 것이다. 스즈키 자동차를 세계적으로 유명한 기업으로 만든 장본인으로 매스컴에도 많이 나왔으며 90세가 넘은 최근까지 회장으로서 회사를 이끌었기 때문이다.

그럼 누가 데릴사위일까? 대부분의 사람들이 엄청난 업적을 남긴 스즈키 오사무로 예상하겠지만 사실은 2대부터 4대까지 모두 데릴사위이다. 창업자를 제외하고 모두 데릴사위가 회사를 이어받은 일본을 대표하는 데릴사위 경영기업인 것이다.

스즈키 자동차와 관련된 에피소드를 하나 더 이야기하면, 스즈키 오사무도 데릴사위를 맞이하여 후계자를 양성하고 있었다. 경제산업성에서 활동하고 있던 오노를 데릴사위로 맞이해 양성하면서 본인은 경영에서 물러났다. 하지만 불행하게도 오노가 췌장암으로 세상을 떠나서 회사의 구심점 역할을 하기 위해 회사로 다시 돌아와 최근까지 맹활약을 했다. 지금은 오사무의 친아들이 회사를 승계하여 경영하고 있고 취임사에서 본인이 스즈키 가문의 마지막 계승자가 될 것이라고 발

鈴木道雄(스즈키 미치오)　　　　鈴木俊三(스즈키 슌조)

鈴木實治郎(스즈키 지츠지로)　　　鈴木修(스즈키 오사무)

언한 것으로 보아서, 향후 스즈키 자동차는 전문경영자 체제로 전환될
것으로 예상된다.

데이터가 증명하는 데릴사위의 순기능

　마지막으로 데릴사위가 어떻게 기능하고 있는지 살펴보자. 물론 일
본 사회 전반에 걸쳐 광범위하게 이용되고 있다는 사실 자체가 데릴사

위의 순기능을 보여 주고 있다고 해석할 수 있지만, 좀 더 구체적으로 데이터에 입각한 연구가 있어서 이를 소개하고자 한다. 파이넌스 계통의 《금융경제학 저널 *Journal of Financial Economics*》에 게재된 논문으로 '입양 기대: 일본 가족기업에서 떠오르는 양자들 Adoptive Expectations: Rising Sons in Japanese Family Firms'이다.

이 논문에서는 1970년까지 일본 주식시장에 상장한 1,300개 이상의 기업을 대상으로 가족기업과 비가족기업으로 구분하여 50년에 걸쳐 업적비교를 했다. 결과는 평균적으로 가족기업이 비가족기업보다 업적이 높은 것으로 나타났다. 다음으로 가족기업을 창업자 경영, 혈통 경영, 데릴사위 경영, 주식소유 전문가 경영으로 나누어서 비가족기업과 비교했다. 그 결과 창업자 경영이 제일 높은 업적을 보이고, 그다음이 데릴사위 경영인 것으로 나타났다. 혈통 경영도 비가족기업보다는 높은 성과를 보이고 있었다. 앞의 논문에서는 이를 데릴사위 전통의 순기능 중 하나로 해석하고 있다. 즉, 아무리 친아들이라도 능력을 증명하지 못하면 언제든지 데릴사위가 들어와서 그 자리를 차지할 수 있다는 것이다.

우리 사회에 대한 시사

일본의 데릴사위 전통이 한국에 시사하는 점은 작지 않다고 생각한다. '기업은 사회공공의 그릇이다 企業は社会の公器である' 라는 말이 상징하듯 일본에는 지금 전 세계적으로 주목받고 있는 이슈인 '기업의 사회적 책임'이나 '지속 가능한 발전'을 실천하고 있는 기업들이 많다. 특히 이런 특징은 가족기업에서 많이 나타난다. 데릴사위 전통 또한

창업자의 가족보다는 기업을 우선시하고 기업을 잘 존속시키고 발전시키는 것이 사회에 기여하는 일이라는 기업철학을 밑바탕으로 한다. 일본도 한국보다는 약하지만 주자학의 영향으로 근대화 시기 이전에는 사농공상의 사회 제도를 가지고 있었고, 상인은 사회적으로 제일 천대받았던 계층이었다. 하지만 경영 철학이나 경영 이념은 근대화를 거치는 과정에서 상당한 발전을 이룩했다.

일본이 한국에 비해 상대적으로 데릴사위 전통과 같은 실용주의에 입각해서 근대화를 거칠 수 있었던 이유는 여러 가지가 있을 것이다. 마지막으로 언급해 두고 싶은 것은 실용적인 철학을 제시한 몇몇 위인들의 존재이다. 그중 으뜸은 시부사와 에이이치渋沢栄一이다. 시부사와는 일본 근대자본주의의 아버지로 불리는 사람으로 무려 600개 기업의 창업에 관여했다. 1916년에 저술한 《논어와 주판論語と算盤》은 그의 대표작으로 유명한데, 논어를 비지니스의 규범으로 삼을 것을 제창했다. 자칫하면 출세나 돈벌이에 몰두할 수 있는 자본주의의 폐해를 이해하고, 논어 사상을 상도덕의 기본으로 하고, 공공이나 타인을 우선시함으로써 보다 풍요로운 사회를 만들 수 있다고 생각했다. 보다 오래되었지만 교토에서 활동한 사상가인 이시다 바이간石田梅岩도 《도히몬도都鄙問答》1739년에서 경제와 도덕성의 양립을 제시했다. 이런 사상들은 전후 일본을 대표하는 경영자들의 경영 철학에 많은 영향을 주었으며 여기에서 살펴본 데릴사위 관습 같은 일본의 실용주의에 입각한 기업문화를 만드는 데 큰 역할을 했다. 일본에 어떤 경영 철학과 이념이 있는지 살펴보는 것은 앞으로 한국 재벌들이 나갈 방향성과 관련하여 많은 시사점을 줄 수 있다고 생각한다.

일본의 다언어다문화 공생

신은진(인천대학교 일어일문학과 조교수)

지금은 코로나19로 하늘길도 물길도 막혀 있지만 백신 접종이 확대되고 치료제도 나오면 머지않아 다시 예전처럼 일본 여행도 가고 민간교류도 활발해질 것이다. 그런데 이미 가 본 사람은 알겠지만 우리가 알던 '일본'이 많이 변하고 있다.

특히 관광지를 중심으로 빠르게 변하고 있지만, 거리 곳곳이 한글을 포함한 세계 각국 언어로 표기되어 있고, 호텔이나 여관 같은 숙박지는 물론이고 편의점, 음식점 같은 서비스업에서도 그곳에서 일하는 다양한 인종의 사람들과 만난다. 또한 그들끼리 사용하는, 우리에게는 비교적 낯선 언어도 종종 함께 듣는다. 우리가 기존에 알고 있던 '일본인'과 '일본어' 환경이 변화하고 있는 것이다.

현재의 일본은 예전에 우리가 학교에서 배우고 알던 그 일본이 아닐 수도 있다. 하지만 어쩌면 그곳은 우리가 '일본어'를 몰라도 잘하지 못해도 오히려 마음 편히 갈 수 있는 그런 곳이 될지도 모른다.

다언어 표기와 '쉬운 일본어'

다음 그림을 보자. 나고야名古屋를 대표 도시로 하는 기후岐阜시의

다언어 표지판

출처: 기후시 HP 무료 배포 이미지.

다언어표시 가이드라인에 따른 표지판이다. 첫 번째 그림은 일본어와 영어, 중국어간체자를 표시하는 간략 버전이고, 두 번째 그림은 일본어에 5개 언어인 영어, 중국어 간체자/번체자, 한국어, 타갈로그어, 포르투갈어를 더하고 하단에 '쉬운 일본어やさしい日本語'를 병기했다.

일본어는 기본 표시 언어라 가장 먼저 표기되고, 영어는 세계 공통어이므로 다음으로 표기되어 있다. 그 이후의 언어 표기 순서는 사용하는 주민 수에 비례한다. 즉, 현재 기후시에는 중국계 주민이 가장 많고 다음으로 한국조선계, 필리핀계, 브라질계 주민이 많다는 것을 알 수 있다. 두 번째 표지판의 아래 두 줄은 '쉬운 일본어'이다. 일본어 문법을 이해하지 못하는 사람은 히라가나를 읽어도 의미를 모를 수 있기 때문에 "쓰레기는 여기에 버리지 말아 주세요. 집에 가지고 돌아가 주세요"라고 두 줄에 걸쳐 일본어의 의미를 일본어로 설명해 놓은 것이다. 현재 '쉬운 일본어'는 외국인뿐만 아니라 문해력이 없는 아이들이나 지역 주민을 위한 생활 안내 대책으로도 사용 보급을 검토하고 있다고 한다. 이런 안내가 있다면 일본어를 몰라도, 잘 못해도 편안하게 일본을 여행할 수 있을 것이다.

일본의 다문화 커뮤니티

이렇게 일본어 이외의 다양한 언어로 표지판이나 생활 안내를 하는 것은, 일본에 그만큼 다양한 국적의 외국인이 살고 있기 때문이다. 일본에서는 1980년대 이후에 국내로 들어온 외국인들을 기존에 식민지나 전쟁 등의 이유로 비자발적으로 유입된 외국인들과 구분하여 '뉴커머'라고 부르는데, 이들은 자신들이 사용하는 언어권별로 모여 집성촌을 이루고 모국의 문화를 즐기고 보급하며 생활 방식을 계승하려는 경향을 보인다.

아마도 전 세계의 가장 오래된 다문화 커뮤니티는 각지의 차이나타운일 것이다. 일본에도 역시 곳곳에 역사가 오래된 차이나타운이 있고, 주민 수도 압도적으로 많아서 앞서 살펴본 것처럼 외국어 표기도 늘 중국어가 첫 번째를 차지하고 있다.

일본에 있는 다문화 커뮤니티 중 차이나타운 다음으로 대표적인 것은 역시 한국조선 커뮤니티라고 할 수 있다. 강제징용과 식민지, 전쟁

쓰루하시 코리아타운의 모습

을 거치며 성장한 아픈 역사가 숨어 있지만, 관서 지방의 대표 도시인 오사카大阪에는 코리아타운이 두 군데 있다. 많은 사람들이 일반적으로 떠올리는 곳은 쓰루하시鶴橋의 역사 깊은 코리아타운인데 '쓰루하시상점가鶴橋商店街'라고 부른다. 쓰루하시역에서 가깝고, 유명한 갈비집이 있으며, 한국에서 가져온 식자재, 화장품, 잡화 등을 팔고, 골목골목에 가게가 들어서 있어서 관광지로도 인기가 많다. 또한 역에서는 조금 떨어져 있지만 10분 정도 거리에 현재 오사카의 정식 코리아타운인 이쿠노生野가 있다. 관동 지방의 대표 도시 도쿄에는 최근 뉴스에도 자주 나오며 핫플레이스로 등극한 신오쿠보新大久保의 코리아타운이 있다.

한편, 앞서 말한 1990년대에 유입된 남미 언어문화권 사람들은 일본의 행정구역 단위인 '현県'마다 브라질 커뮤니티를 만들어 운영하고 있다. 이미 30년이 넘은 그들의 활동은 매우 다양해서 일반적인 동호회, 음식문화 알리기, 생활정보 교류뿐만 아니라 재일 브라질계 주민들을 위한 포르투갈어 신문, 잡지의 발행은 물론 자신들의 권익을 보

오이즈미마치 브라질타운의 모습

호하는 특정비영리활동법인NPO 활동 등도 활발히 하고 있다. 다만 2011년 동일본대지진으로 다수가 다시 남미로 귀국해 현재는 약 20만 정도가 일본에 남아 있는 것으로 추정된다. 통상 '브라질타운'으로 불리는 곳 중 가장 유명한 곳은 '일본 속의 브라질'이라고 하는 군마群馬현의 오이즈미마치大泉町이다. 이곳은 인구가 4만 명 정도인데 외국인 등록자 수가 6,000명이 넘고 특히 남미계, 브라질계 외국인이 전 인구의 10%를 넘는다. 사진에서 보는 것과 같이 주민을 위한 상점과 슈퍼마켓도 있고 여름에는 삼바 축제도 열린다.

'국제화'에서 '다언어다문화공생'으로

다양한 문화와 언어를 수용하고자 하는 움직임은 이제 세계 공통의 흐름이라고도 할 수 있지만, 일본은 오랫동안 '일본인'과 '일본어'를 단일하고 고유한 그 무엇으로 강조해 왔다. 역사적으로 보자면 사실 일본도 중국을 비롯한 아시아 전역과 접촉하고 교류하며 다양한 언어와 문화를 받아들여 왔고, 메이지부터 쇼와에 걸쳐서는 정책적으로 '일본인'을 세계 각지에 이민을 보내기도 했다. 하지만 단일민족 단일언어 단일국가라는 환상 속에서 오랫동안 아이누 민족을 비롯한 북방 민족, 오키나와 지역의 류큐 민족, 재일 한국인/조선인, 중국인들의 존재와 그들의 문화에는 눈을 감고 있었다.

하지만 1980년대 소위 거품경제 시대에 들어서면서 이란, 파키스탄, 방글라데시 등에서 대량으로 유입된 노동자가 일본 국내에 정착했고, 1990년에는 '출입국관리 및 난민인정법'이 개정되면서 브라질, 포르투갈 등 남미로부터 통칭 일계인日系人, 해당 국가의 국적 영주권을 취득한 일본인과 그 자손이 다수 유입되면서 일본 사회는 그들이 경제 활동을 중심으로 하는 각 지역과 지자체를 단위로 그때까지 전혀 경험하지 못했던 언어와 문화에 접촉하게 되었다. 특히 지역생활권 내에서는 '일본어'를 하지 못해 소통 문제가 생긴 것은 물론 기존의 주민과 뉴커머 사이에 일어나는 쓰레기 투기, 재활용 분리수거, 주거지 소음 등 생활 문화, 습관과 관련된 갈등이 사회문제로 대두되어 이즈음부터 지자체별로 주민센터 등을 중심으로 일본의 거주와 생활 습관을 알리는 다언어화가 모색되기 시작했다.

또한 1980년대부터 농촌 지역을 중심으로 '필리핀 신부フィリピンの花嫁 현상'이라고 하는 국제결혼을 통한 다문화 가정이 급격히 증가했다. 그러자 일본어가 통하지 않아 일어나는 커뮤니케이션 갈등과 생활 습관, 의식주 문화 충돌은 지역만의 문제를 넘어 개인과 가정의 생활 내부에도 깊숙이 침투했다. 특히, 국제결혼으로 생긴 다문화 가정 아이들이 일본 국내에서 학령인구가 되면서 그 상황은 더욱 심각해졌다. '외국과 연결되어 있는 아이들外国につながる子どもたち'이라 부르는 그들은 일본 사회에서 마찰과 갈등을 겪으며 학교 밖으로 밀려나거나 '이지메'의 대상이 되기도 했고, 다수가 의무교육에서 학습해야 하는 일본어도 제대로 익히지 못한 채 사회로 나가고 있기 때문이다. 국적은 일본이나 일본어를 제대로 사용하지 못해서 외국인 취급을 받고, 그렇다고 해서 한쪽 부모의 언어도 제대로 계승하지 못해 외국인조차도 아닌, 일본이라는 거주지에서 새롭게 언어와 문화 교육을 필요로 하는 사람들이 생겨난 것이다. 이는 소위 '귀국자녀帰国子女', 즉 양쪽 부모가 일본인이나 해외 생활이 길어서 일본 문화나 일본어를 제대로 배우지 못하고 일본으로 돌아온 사람들에게도 해당되는 일이다. 이에

일본 문부과학성은 교육과정에 새롭게 다양화 교육, 다문화 수용을 위한 체험 활동을 추가하고, 초등과정에서 다문화공생 교육, 다언어 소개 활동, 다문화 가정 학생에 대한 일본어 학습 지원을 적극적으로 시행하고 있다.

일본도 이민을 받을까?

한편, 알려진 것처럼 일본은 이민을 인정하지 않는 나라 중 하나여서 미국의 그린카드 같은 영주권도 존재하지 않는다. 앞서 설명한 국제결혼으로 일본에 들어온 외국인들은 '일본인의 배우자 등 日本人の配偶者等'이라는 거류 자격으로 거주권을 부여받고 있으나 정기적으로 출입국관리국에 가서 심사를 받고 비자를 갱신해야 일본에 체재할 수 있다. 심지어 우리가 아는 재일교포들도 1세대의 일부를 제외하고는 모두 일본 출입국관리국의 규정대로 몇 년에 한 번씩 비자를 갱신하며 거주하고 있다. 그래서 국적이 '일본'이 아닌 사람들이 일본에 단기로라도 거주하려면, 관광이나 친인척 방문이 아닌 이상 모두 '거주 외국인'임을 증명하는 '외국인등록'이 필요하다.

일본 외국인등록자 수는 2008년 이후 리먼 쇼크 Lehman Shock 로 인한 경제불황, 2011년 동일본대지진 등의 요인으로 일시적으로 감소했다가 2013년을 기점으로 다시 증가하고 있다. 현재 국적별로는 여전히 중국, 한국조선 포함이 1, 2위를 차지하고 있고, 그다음이 베트남, 말레이시아, 네팔, 인도 등으로 일본 국내 노동력의 유입 상황과 외국인등록자 수가 맞물려 있음을 알 수 있다.

한때 외국인이 마치 외인구단처럼 일본이 필요로 하는 노동 시장의

부족을 채워 주고 소비활성화를 돕고 나서 다시 자기 나라로 돌아가는 일시적 체류자로 인식되던 때도 있었지만, 외국인 거주자의 증가와 더불어 1995년 한신아와지대지진阪神淡路大地震, 2011년 동일본대지진을 겪으며 일본 국내에 체재하는 외국인도 함께 생활하는 지역 구성원과 주민으로 받아들여야 한다는 목소리가 높아졌다. 특히 재해 시에 지역 외국인 주민이 일본어 안내나 지시를 알아듣지 못해 피할 수 있는 인명 피해를 발생하게 했다는 반성에서 누구나 알아들을 수 있는 '쉬운 일본어やさしい日本語'를 개발하고 사용하자는 움직임도 생겨났다. 이런 배경 속에 일본도 '다언어다문화 공생'을 표방했는데, 2018년 일본 총무성이 지자체에 의뢰한 '다언어다문화 공생'을 위한 설문조사에 따르면 시급히 필요한 과제 1위가 다언어 대응이었고 2위가 교육과 일본어 학습 지원, 3위가 방재防災였다.

한편, 일본 정부는 다언어다문화 공생 정책을 추진하면서 2019년 4월부터 외국인 노동력을 보다 적극적으로 수용하기 위하여 새롭게 체류자격을 신설하고 영주권 부여를 검토하는 입관법 및 법무성 설치법의 일부를 개정하여 법률을 시행하고 있다. 법안에 '이민'이라고 명기되어 있지는 않지만 이는 외국인이 일본에서 영주권을 얻을 수 있는 길이 생긴다는 의미이기도 하다. 과연 일본이 새로운 다양화를 인정하는 길로 들어설 수 있을지 주목해 볼 필요가 있다.

학교생활로 들여다보는 일본

일본의 선진교육과 학교생활

일본의 고교야구와 고시엔

일본어학교의 이모저모

일본의 선진교육과 학교생활

김애희(前 거창고등학교 교사)

　역사적으로 우리나라와 일본은 바다를 사이에 두고 항상 대립하는 관계였다. 임진왜란을 비롯해 많은 침략의 아픔을 겪었고, 일본에 주권을 빼앗겨 35년 동안 일본의 속국으로 지내야 하기도 했다. 이런 역사적인 아픔 때문에 한국에서는 '일본에게는 가위바위보도 지면 안 된다'는 분위기가 팽배했다. 일본은 무조건 이겨야 하는 대상일 뿐 일본에게 무언가를 배운다는 것은 나라를 배신하는 일처럼 여겨지기도 했다. 이런 분위기가 강하다 보니 일본에게서 배울 만한 많은 것이 무시되어 왔다. 교육과정도 예외가 아니었다. 일본에 가기 전까지는 일본의 교육과정을 제대로 알지 못했다. 하지만 일본을 방문하면서 새롭게 알게 된 부분이 많았고, 이 중에서도 우리나라 교육에 적용하면 좋을 점이 있다는 생각에 이 글을 쓰게 되었다. 일본의 교육과정을 체험하면서 배운 부분이 우리나라 교육과정을 좀 더 발전시키는 데 작게나마 도움이 되길 바라며 글을 시작해 본다.

　일본과 한국은 교육의 기간학제는 동일하다. 입시제도는 유사한 면이 있지만 다른 면도 있는데, 실력이 더 나은 학생을 선별한다는 점은 동일하지만 그 학생을 선별하는 방법에는 차이가 있다. 여기서는 교사 교류 프로그램을 통해 필자가 경험한 우리나라와 일본 교육의 다른 점을 살펴보고자 한다. 내가 근무하던 거창고등학교는 유네스코 협동학교였기 때문에 여러 해 전에 유네스코 일본위원회 주관, 문부성 초청으로 한국의 고등학교 교사 60명과 함께 일본을 방문한 적이 있었다. 일본 교육의 전반적인 상황은 물론 특수교육, 국제이해교육 분야에서 우리나라보다 앞서 있다고 평가받는 일본교육과정을 알아보기 위해 교류 프로그램에 참여했다. 그 결과는 상당히 유익했고 예상을 넘어서는 다양한 체험을 할 수 있었다. 여러 학교 중에서도 특히 한국에 적용하면 좋을 것 같은 교육과정을 보여 준 인상적인 학교 세 곳의 이야기를 해 보겠다.

명문 고등학교에서 중요시하는 동아리 활동

일본에서는 고등학교 학생들이 동아리 활동을 열심히 하는 것으로 잘 알려져 있다. 동아리 활동의 종류도 학생들의 취향에 맞게 다양한데, 특히 눈여겨 볼 곳 중 하나가 도쿄 명문공립 미타고등학교이다. 미타고등학교는 1923년에 개교한 명문고로 도쿄에서 외국인의 입학을 허용하고 있는 4개 학교 중 한 곳이다. 국제이해교육, 다문화교육, 커리어교육이 잘 시행되고 있고, 학교 주변에는 세계 여러 나라의 대사관저가 있어 주로 왕족들과 관청의 고급 관리들의 자녀들이 다니는 학교로 유명하다. 우리나라의 국제학교와 비슷한 성격이라고 할 수 있겠다.

정규수업은 전달식 수업이 주를 이루고 있었고, 명문대학 입시를 위해 치열하게 시험공부를 하는 것은 우리나라의 고교생들과 비슷해 보였다. 우리나라의 교육현장과 가장 크게 달랐던 점은 80%의 학생들이 36개의 다양한 동아리 활동에 참여하고 있다는 것이었다. 특히 희망

자의 신청에 따라 새로운 강좌를 개발해서 시행하고 있는 것이 매우 인상적이었다. 학생들이 진정으로 원하는 것에 귀를 기울여 주고, 이를 경험해 볼 수 있도록 해 준다는 점에서 살아 있는 교육을 하고 있다는 생각이 들었다. '동아리 활동: 36개 부서, 동호회에서 청춘을 발산해 보자. 部活─36部活、同好会で青春を見出そう。'라는 슬로건이 인상적이었다. 동아리 활동은 운동부, 문화부, 동호회 등으로 다양하게 조직되어 있었다.

● 운동부

수영부, 여자 농구부, 남자 농구부, 축구부, 아메리카 풋볼부, 검도부, 궁도부, 육상경기부, 탁구부, 연식테니스부, 남자 배구부, 여자 배구부, 배드민턴부, 야외도보 운동부, 댄스부, 소프트테니스부, 연식야구부

● 문화부

방송부, 신문부, 생물부, 다도부茶道部, 미술부, 만화연구부, 취주악부, 관악부, 합창부, 포크송부, 홈메이드부, 화학부, 사진부, 물리부

● 동호회(同好会)

지학동호회 地学同好会, 원예동호회, 자원봉사활동 동호회, 연극동호회, 영어동호회

부서의 종류는 우리나라 고등학교 교육의 동아리와 거의 유사했다. 학생들 개인이 수업이 끝난 후 자율적으로 각 부서의 동아리 활동에

다양한 동아리 활동 모습

참여할 수 있게 시스템이 잘 갖춰 있었고, 학생들은 단순한 시간 때우기가 아닌 부서활동에 적극적으로 참여하여 활동하며 행복해하는 모습이 무척 인상적이었다. 입시에 시달리는 학생들이 다양한 부서에서 즐겁게 동아리 활동을 하고 있는 모습을 보면서 깨달은 점이 있었다. 우리 교육이 나아가야 할 방향도 아이들의 점수만 높여 주는 게 아니라 스스로 점수를 높일 수 있는 동력을 만들어 주는 게 아닐까 하는 것이다.

동아리 활동과 더불어 굉장히 인상적이었던 점은 정규수업 시간 중에 운동을 많이 시킨다는 점이었다. 이런 부분도 우리나라 교육이 꼭 관심을 두어야 할 점이라는 생각이 들었다. 체육시간에 6명의 체육교사가 한 반35명을 담당해서 탁구, 테니스, 유도, 궁도, 배구, 농구 등을 나누어 지도하는 모습이 특히 눈길을 끌었다. 한 학생도 쉬지 않고 모든 학생이 골고루 운동하도록 지도하고 있었는데, 그냥 공놀이만 하다 시간을 보내는 것이 아니라 모든 학생들이 양질의 체육 수업을 받을 수 있다는 점이 참 인상적이었다. 소수의 학생들이 땀을 흘리며 6명의 체육교사에게 운동을 배우는 모습과 더불어 고등학교의 실내 수영장에서 전교생이 1주일에 한 시간씩 수영을 하는 것도 교육의 인프라 구축이라는 점에서 우리 교육에 꼭 도입되었으면 좋겠다는 생각이 들었다. 인문계 고등학교에서 38년간 입시지도를 치열하게 지도해 본 경험이 있는데, 체육활동과 동아리 활동을 적극적으로 즐겁게 하는 학생들의 학과성적이 대체로 더 좋았던 것을 생각해 보면 미타고등학교의 교육과정은 우리에게 큰 가르침을 준다.

미타고등학교는 대학입시 성적이 좋은 학교로 글로벌 인재육성을 목표로 엘리트를 길러 일본 사회에 봉사하는 졸업생을 배출하기 위해 많은 노력을 하고 있는 학교이다. 재정적인 면은 국가가 특별 지원을 하며, 이를 통해 국제이해교육, 다문화교육, 커리어교육 등 다양한 교육을 진행할 수 있는 것이다. 이런 교육이 가능하기 위해서는 국가적으로는 물론 사회 전반의 확고한 가치관이 수반되어야 한다고 생각한다. 교육이 단순한 성적 위주의 출세 지향적이어서는 안 된다. 개인의 자아실현을 위한 과정이라는 인식이 투철하지 않는 교육은 한쪽으로 기울고 피해는 학생들에게 돌아간다. 이런 면에서 볼 때 일본의 교육은 많은 고민을 통한 결과를 토대로 발전적인 미래를 위해 현명한 투자를 실천하고 있다는 생각이 들었다.

공부는 치열하게 하되 동아리 활동과 운동도 열심히 할 수 있도록 최선을 다해 지원하고, 스스로 공부할 이유를 찾게 하는 교육을 통해

학생들이 공부의 노예가 되지 않고 즐거워하는 모습을 보면서, 우리나라 학생들 또한 머지않은 미래에 이런 모습으로 학교를 다닐 수 있기를 기원해 보았다.

지적 장애아를 교육하는 사랑과 열정의 교사

한국뿐 아니라 일본에도 장애를 가진 학생들을 위한 장애학교가 있다. 언어표현과 행동 등에 매우 신경을 쓰며 교육하고 있었는데, 그중 가장 인상에 남은 한 학교를 소개한다. 아키타현립 텐노미도리 양호학교는 지적 장애아들을 전문적으로 교육하는 학교이다. 아키타현의 특별지원 지적장애학교知的障害學校인데도 '장애'라는 말을 사용하지 않고 양호학교라고 순화해서 부르는 점이 인상적이었다. 텐노미도리 양호학교를 방문했을 당시 필자는 학교의 시설과 교사들의 교육 방법에 특히 관심을 갖고 살펴보았다. 자연채광을 이용해서 교실 벽 양쪽 면은 밝은 햇빛이 들어왔고, 바닥은 온돌처럼 따뜻했다. 전체 학생 수는 103명으로 초중고 학생들이 함께 생활하고 있었다. 우리가 방문한 날 수업은 특별한 놀이 시간으로 초등학생 정도의 아동과 중고등학생 또래의 아이들이 함께 교실에서 활동하고 있었다. 한국에서 교사들이 방문한다고 교실의 벽과 칠판에 한글로 '어서 오십시오', '환영합니다'와 같은 인사말을 일본말 ようこそ과 함께 장식해 놓았고, 한국의 지도를 그려 놓고 방문자에게 설명했으며, 손으로 직접 빚어 만든 도자기 접시를 우리 선생님들에게 선물로 주면서 환영했다. 한국 선생님들과 같이 손잡고 같이 게임도 하고, 선물도 주고받으면서 즐거운 하루를 보냈다. 낯선 사람들과 어울리면 간혹 정신적으로 혼란이 와서 어려움을

현립 특별지원학교(県立特別支援学校)

겪는 학생들이 있었는데, 그곳 선생님들은 침착하고도 친절하게 그 아이들과 교실 한쪽에 가만히 같이 있어 주는 모습이 참 좋게 다가왔다.

아이들의 환경에 적합하게 설계된 건물도 눈여겨볼 만했다. 지적장애아들이기 때문에 아이가 수업 중 갑자기 문제나 발작 증세를 일으킬 경우, 학교 건물은 사진에서 보듯이 1층 정중앙의 복도 쪽 유리창 부분이 그대로 땅으로 내려가서 그 위로 구급차가 들어올 수 있도록 설계되어 있었다. 장애 학생들에 대한 배려는 개별적이면서도 구체적으로 이루어졌고, 담당 교사들의 학생을 향한 진심 어린 사랑과 열정을 느낄 수 있었다.

모든 사회는 장애인을 구성원으로 가지고 있으며, 이들도 분명 비장애인과 똑같이 사랑받고 행복하게 살아야 한다는 점을 알고 있다. 하지만 이를 제대로 실천하는 사회는 많지 않다. 국가와 국민들이 이론이 아닌 현실 문제로 접근하고 대안을 찾아서 필요한 투자를 할 때 건강한 사회가 될 수 있다. 이런 문제를 인식하고 해결하는 데 앞서 있는 나라들이 선진국이라고 한다면 일본은 앞서가는 나라임을 부인할 수 없겠다. 장애인을 세심하게 배려해서 지은 학교 건물과 사랑으로 학생들을 가르치는 교사들을 보면서 앞서가는 일본의 모습을 확인했다.

은둔형 외톨이 학생을 위한 학교

어느 사회에나 학교에 잘 적응하지 못하는 학생들이 있다. 이들의 상황에 맞춰 학습자의 선호도에 따라 통학하거나, 집에서 교육을 하거나, 통학과 집을 같이 활용해 수업을 따라가는 다양한 학습 형태를 자율적으로 이용하는 학교가 있다. 이 학교가 아키타현에 있는 아키타현립 메이토쿠칸 고등학교이다. 한국에서는 상상도 못하는 학교가 일본에는 실제로 존재하는 것이다.

이 학교는 일하면서 공부하고자 하는 학생을 위한 정시제 과정을 무려 70여 년 전에 도입했다. 현재 1부는 오전, 2부는 오후, 3부는 야간으로 운영하고 있는 단위제 학교로 통신제 과정도 운영하고 있었다. 이는 전국에서 유일하게 등교 거부하는 학생들을 위한 과정이었다. 현재 92명이 이용하고 있고, 1:1 인터넷 학습도 지원하고 있었다. 학습자의 선호에 따라 '통학, 집, 통학+집' 중에서 학습 형태를 자율로 결정할 수 있도록 허용했다. 예를 들어 공부하는 방법의 선택에서 과정의 종류를 보면 다음과 같이 다양했다. 코스는 주 1일제, 주 2일~주 5일제, 자택학습제, 개인지도제, 가정교사제로 이루어져 있다. 이 과정 중에서 학생은 학부형과 의논 후 자율적으로 선택해서 공부하도록 되어 있다. 이 학교교육의 바탕은 일단 두 가지였다. 하나는 공부 방법의 선택이

학생 자율로 이루어진다는 점이었다. 일반 학교에 적응하지 못해서 소외된 아이들이 스스로 선택해서 작은 일 하나라도 책임감 있게 해 보도록 하려는 목표를 갖고 학교가 운영되고 있는 것이다. 다른 하나는 이 학교에서 근무하고 있는 교사들의 무한한 열정이었다. 한 선생님의 에피소드를 듣고 놀라움을 금치 못했는데, 1주일이나 보름 정도 컴퓨터로도 연락을 끊고 지내서 전혀 응답이 없는 한 학생과 관련된 이야기였다. 그 학생에게 계속해서 좋아할 만한 게임을 메일로 보내 주었더니 1주일 만에 비로소 접속해서 선생님과 게임을 열심히 하게 되었다고 한다. 게임을 함께 하면서 의사소통이 이루어졌고, 그 틈 사이에 공부 과제를 던지는 방법으로 수업을 진행했다는 것이다. 이곳에 근무하는 선생님들은 일반 중고교에서 근무평가가 가장 좋은 교사들이었다. 교사들은 은둔형 외톨이히키코모리를 한 달에 한 번이라도 밖으로 이끌어 내기 위해 온라인을 활용해 다양한 흥미로운 프로그램게임, 만화을 개발해 적용하면서, 학생 한 명 한 명에게 조금이라도 더 가까이 다가가려고 다양한 노력을 기울였다. 선생님들 책상 위에는 교재연구용 자료가 일반 학교보다 훨씬 더 많이 쌓여 있었다. 일본은 우리나라보다 먼저 은둔형 외톨이들이 나타나기 시작했고, 이들의 사회 부적응 문제점을 미리 내다보고 이들을 위한 교육에 많은 관심을 가지고 노력하고 있었다.

7층에서 보니 건물 주위의 창 밑에 그물이 예쁘게 쳐져 있었다. 자살 방지용이라고 했다. 은둔형 외톨이를 한 명이라도 더 사회에 잘 적응시켜서 이들이 일반인들과 같이 살 수 있도록 피나게 노력하는 선생님들의 모습과 이를 적극적으로 뒷받침해 주는 교육 시스템을 보면서 우리나라 교육은 이런 마음이 병든 학생들을 품기 위해 어떤 노력을 하고 있는지 돌아보았다. 우리 사회도 이제 은둔형 외톨이가 큰 사회 문제인데, 문제의 심각성을 제대로 인지하고 이들을 위한 교육의 중요성을 인식해 맞춤형 교육시스템을 하루빨리 개발했으면 좋겠다는 생각이 들었다.

일본이 잘하고 있기에 단순히 따라하자는 것이 아니다. 컴퓨터나 정보 위주의 서비스 산업이 중심인 우리 사회에서, 다양하게 공부하면서 자신의 미래를 준비해야 하는 학생들이 심각한 게임중독에 빠져 배움의 기회를 잃어버리는 경우도 이제 일상이 되어가고 있다. 이런 문제를 해결하기 위해서는 교육을 책임지는 국가는 물론 뒷받침해야 하는 학부모, 당사자인 학생들이 함께 힘을 모아 지속적으로 필요한 투자를 해야 한다. 일본은 우리보다 앞서 은둔형 외톨이 문제가 발생했고, 이를 외면하기보다는 극복하기 위해서 다양한 노력을 기울여 가시적인 성과를 내고 있다. 우리도 엄연한 사회구성원인 은둔형 외톨이들을 외면만 할 것이 아니라, 그들 마음에 깃든 병이 무엇인지를 들여다보고 그 병을 낫게 하기 위해 어떤 교육을 실시해야 할지 고민할 때가 되었다. 지금도 조금 늦은 감이 있기는 해도 아예 손을 놓고 있는 것보다는 지금이라도 시작하는 것이 낫지 않을까?

교육의 주체는 누구인가

교육의 주체는 학생인가, 교사인가, 아니면 학교인가? 정답이 없는 문제이므로 앞으로 세상이 많이 변해도 계속해서 고민해 봐야 한다. 이 문제는 단순한 방법으로는 정답을 찾을 수 없기 때문에 정부, 지자체, 교사, 학생들이 함께 고민하면서 노력해야만 길을 찾을 수 있을 것이다.

일단 정부나 지자체는 확고한 교육철학의 바탕 위에 학생들에게 필요하면서도 이들이 편리하게 이용할 수 있는 우수한 교육 시설과 함께 양질의 교사들을 양성하는 일에 최선을 다해야 한다. 그리고 교사들은 학생들에게 지식을 전달하는 기본 임무를 갖고 있지만 이를 행하는 바탕에 사랑과 열정이 함께여야 한다. 그래서 학생들이 교육을 통해서 미래의 인생관을 확립하는 데 큰 도움을 주어야 한다. 학생들도 적극적으로 배우려는 자세, 그리고 공부를 왜 해야 하는가를 고민하는 목표 의식을 확고하게 가져야 한다. 이 바탕 위에 각자 목표를 달성하기 위해서 최선을 다하는 노력과 열정이 아름다운 땀의 결실로 이어져야 한다.

이런 일들이 하나로 모이면 우수한 학교가 생기고 오랜 전통을 만들면서 우리 사회에 필요한 인재들을 길러나갈 것이다. 당연한 이야기이지만 이때 학생들에게는 학교 선택권이 주어져야 하고, 특별한 교육이 필요한 학생에게는 합당한 환경과 우수한 교사진이 주어져야 한다.

이번에 돌아본 세 학교를 중심으로 생각해 보면, 일본의 교육은 탄탄한 기반 위에 애정과 열정을 가진 교사들, 그리고 지식교육을 받으면서 미래의 삶을 위한 목표를 생각하고 심신의 성장에 도움이 되는 배움에 열의를 가진 학생들이 조화를 이루고 있었다.

특히 사회 부적응자나 장애아들을 위한 특수교육에 많은 관심을 갖고 투자를 아끼지 않는 선진교육의 모습이 돋보였다. 대학입시 위주로만 돌아가는 우리나라 교육이 관심을 갖고 지켜보면서 필요하면 배워야 할 부분이 아닌가 싶었다. 이제는 우리도 공부에 흥미가 없고 다른 분야에 재능이 있는 아이들을 공부라는 하나의 방향으로 억지로 끌고 가는 교육이 아니라 자신의 재능을 갈고 닦아 오래 갈 수 있는 힘을 길러 주는 교육을 해야 할 때라고 생각한다.

일본의 고교야구와 고시엔

김정옥(일본 고등학교 교사)

일본의 고교야구의 역사와 고시엔

일본에서는 봄여름 고교야구시합인 고시엔甲子園이 열리는데 지방 예선은 지방 미디어에서 방영하고, 전국대회는 NHK 방송에서 매일 생중계를 한다. 이때는 온 국민이 관심을 보인다.

'일본에서 왜 고교야구는 인기가 있을까?' 필자가 근무하는 학교 선생님에게 물어보았다. 그들의 답변은 어릴 때부터 방송에서 보아 왔고 야구를 하는 소년이라면 최종 목표가 고시엔이라고 했다. 그 지역 대표로 참가하기에 선수 자신들은 지역 대표라는 자긍심이 강하며, 지역 주민은 출신 학교와 관계없이 지역 공동체 의식으로 응원을 한다. 지역을 떠나 사는 사람들도 고향에 돌아온 기분과 함께 흥분된 마음으로 응원하며 그 순간만은 멀리 있어도 하나가 되는 기분을 느낀다고 한다.

이번에 인터뷰한 교사와 감독들 중에는 고교 3년간 땀을 흘리며 고시엔에 출전했던 경험을 살려 영어·사회·체육 교사로 근무하고 있거나, 프로선수로 뛰다가 은퇴하고 모교에 돌아와 야구를 지도하는 감독도 있다. 그중 M 교사는 대학 재수 시절 공부가 마음대로 안 되고 힘들었을 때 여름 고시엔 시합 결승전을 보았는데, 17회 연장전까지 가게

된 시합을 보고 번뜩 정신이 들었다고 한다. 포기하고 쉬운 길을 선택하려 했던 자기를 일깨워 준 고시엔 시합은 나이가 든 지금도 어려움에 부딪쳤을 때 마음의 주춧돌로 삼고 있고, 그때의 감동을 학생들과 함께 공감하고 싶어 야구부 부장으로 지도하고 있다. 학생들에게도 '왜 고시엔에 가고 싶은가'를 물어보았다. 초등학교 때부터 야구를 하며 TV에서 고교야구는 매일 보다시피 했고 주위의 어른들도 '고시엔! 고시엔!'이라는 말을 많이 해서 당연히 야구를 한다면 고시엔에 가야 하는 것으로 알고 컸다고 한다. 이 부분은 어른들에게 물어도 같은 대답이었다. 그리고 다른 동아리 활동^{부카츠}들은 전국대회가 있어 여름에 열리는 전국종합체육대회를 목표로 하지만, 야구는 전국대회라는 이름보다 '고시엔'이라고 한다. '고시엔은 여름의 풍물시^{夏の風物詩}'라고 할 정도로 여름의 뜨거운 태양과 젊은 청년들의 열기로 일본 열도를 열광시킨다.

한국에서 일본 고교야구를 말할 때 고시엔이라고 하면 여름 대회를 말하는 경우가 많다. 봄 대회는 마이니치 신문사가 주최하며, 여름 대회는 아사히 신문사가 주최한다. 이렇게 인기 많은 고교야구를 왜 수도권인 도쿄에서 개최하지 않고 간사이 지역에서 개최할까? 고교야구가 처음 시작된 곳이 오사카이고, 고시엔 구장을 만든 것이 한신전철의 고바야시 이치조^{小林一三} 사장이다. '불모지에 철도를 깔아 놓으면 그 선로에 자연스럽게 사람들이 모이며 주택지와 오락시설을 건설하게 된다'는 기업 이념으로 고시엔을 건설했다. 또 다른 설에 따르면 대학야구가 메이지신궁대회^{明治神宮大会}라고 해서 도쿄에서 개최되므로 고교야구는 간사이에서 열리지 않나 하는 것이다. 그러나 고시엔 구장이 생긴 역사를 보면 전자의 역사가 맞는 것 같다.

나가노현 예선 개막식

　지방 예선에서 우승한 학교만 고시엔에 출전할 수 있다. 여름방학 때, 즉 8월 초부터 선수권대회가 열리는데 약 20일 일정으로 전국에서 고시엔 구장이 있는 효고현에 모여 시합을 한다. 오키나와, 홋카이도에서 오는 학교는 며칠을 고시엔 구장 근처에서 숙박을 해야 하기에 경비도 많이 든다. 학교 관계자들이나 부모들도 응원을 하러 가므로 부담이 많다.

　필자의 경험을 이야기하면 시합 전날 응원단 학생 버스 12대, 학부모 버스 7대가 밤 11시쯤 출발해 고시엔 구장 가까운 고속도로 휴게실에서 아침 7시가 올 때까지 기다린다. 이는 숙박비를 절약하기 위해서 버스에서 잠을 자고 휴게실 화장실에서 세수를 한 후 첫 시합에 맞추어 야구장으로 가기 위해서이다. 그리고 시합 시간 약 2시간 좀 넘게 응원하고 마치면 바로 버스로 돌아온다. 버스 주차장도 멀어 8월 태양의 열기를 받으며 야구장까지 걸어가는데, 도중에 가게에서 기념품으로 수건이나 키 홀더 정도만 구입한다. 8월의 간사이 지역은 습기가 많은 곳이라 스탠드에 앉아 있는 것만으로도 힘든데 메가폰을 들고 응원가를 부른다. 밴드부와 치어리더 여학생들은 쓰러지기도 한다. 왕복

벤치에서 응원하는 모습

14시간이 걸리고 시합만 보고 오지만 일반 학생들은 고교 3년 동안 한 번은 가 보고 싶어 하는 곳이 고시엔이다.

학생들이나 학부모뿐만 아니라 지역 주민들도 관광버스회사에서 모집하는 응원단에 자기경비로 먼 곳까지 응원을 와 주기 때문에 한 학교가 고시엔에 출전하는 것은 지역경제에도 많은 도움을 준다고 할 수 있다. 또 고시엔까지 가려면 학교 측에서도 경비 부담이 많아서 지역 주민이나 졸업생까지 동원하여 기부금을 모으기도 한다. 이런 부분에서도 일본 지역 공동체의 특성을 알 수 있다.

고교야구의 평등화

일본 고교야구는 룰도 철저하게 평등화되어 있다.

첫째, 1년 중에 12월 1일부터 3월 8일까지 연습^{친선}경기는 안 된다. 왜냐하면 일본 열도는 위아래로 긴 모양이어서 홋카이도는 11월부터 눈이 오기 시작하지만 남부지방이나 오키나와에는 눈이 안 오는 지역도 있기 때문에 실력 차이가 생기는 것을 막기 위함이다.

둘째, 3학년은 여름대회가 끝나고 나면 동아리 활동을 은퇴하고 진학을 준비한다. 3학년 중에 프로로 가고 싶은 학생을 대상으로 '드래프트 회의ドラフト会議'를 열어 선발한다. 드래프트 회의의 정식 명칭은 '신입선수 선발회의'로, 일본야구기구가 신입 선수 선발을 위해 개최하는 회의이다. 이는 야구를 하는 고교생이 프로로 가는 관문이기도 하다. 10월까지 프로로 가고 싶은 학생들은 희망서를 제출한다. 이때 학생이 프로야구 구단을 선택하는 것은 아니고 다만 희망을 할 뿐이다. 그러면 세 번으로 나누어 구단이 선수들을 뽑는데, 프로 12구단 측이 희망하는 선수들의 이름을 적어 낸다. 11월에 드래프트 회의를 열었을 때, 단독지명일 경우는 별다른 문제가 없지만 한 선수를 여러 구단이 지명하면 감독들이 봉투를 뽑아 당첨된 구단으로 결정한다. 계약금은 구단에 따라 다르지만 약 1억 엔과 추가 연봉 등이 포함된다. 지명된 구단이 마음에 안 들면 어떻게 하나 하는 점도 있지만 거의 지명된 구단에 가는 것이 일본인지도 모르겠다. 요즘 미국 프로팀 엔젤스에서 활약하며 '쇼타임'으로 유명한 오타니 쇼헤이大谷翔平 선수도 이런 과정을 거쳤다.

마지막으로 중학교에서 고등학교로 진학할 때 야구부에 들어가고 싶다면 어떻게 할까. 이것도 고교야구연맹이 룰을 만들어 놓았다. 중학생을 돈으로 스카우트를 하는 행위를 제한하기 위함이다. 현금을 주지 않고 고등학교 들어가는 추천 특차로 수업료가 면제되는 특별장학생으로 데려간다. 각 학교 5명으로 제한되어 있다. 그러나 이것은 표면상이라는 말도 있다. 일본에는 '야구 유학'이라는 말이 있다. 예를 들면 대도시의 야구 지망 중학생이 지방 고등학교에 진학하는 것인데,

야구를 하고는 싶으나 성적과 입학 조건이 맞지 않아 지방으로 가는 경우이다. 대도시에서는 성적과 야구 실력이 어중간해도 지방 학교에서는 어느 정도 상위권에 들어갈 수도 있기 때문이다. 이것이 지방 어느 한 학교에 치중될 경우, 그 지방 학생들이 선수로 뛰는 게 아니고 야구의 승리만 목적으로 한다고 해서 문제로 삼고 있지만 아직 뚜렷한 대책은 없다.

또 다른 특징

첫째, 고교야구부원은 학교에 소속된 학생이지만 학생 지도 문제가 생겼을 때 고교야구연맹에서 처분하도록 되어 있다. '예의로 시작해 예의로 끝난다 礼に始まり、礼に終わる'라는 야구부의 기본정신을 보면 알 수 있듯이 스포츠 선수로서의 마음가짐을 말하고 있다.

둘째, 야구 방망이는 처음에는 목제를 사용했으나 1974년부터 금속 방망이로 바꾸었다. 목제 방망이는 멀리 날아가지 않기 때문에 타자가 불리하다는 이유 등으로 금속으로 바꾸었다는 설이 있다.

셋째, 고시엔에 출전한 학생들은 고시엔 구장의 흙을 작은 주머니에 넣어 가져가 기념품으로 한다. 언제 다시 올지 모르는 고시엔, 3학년 학생들은 마지막으로 지니고 싶은 추억이기 때문이다. 요즘은 키홀더에 흙을 넣어 판매도 한다. 학교에 따라서는 흙을 가져와 학교 운동장에 뿌려 사용하기도 하고, 부원 전체가 나누어 개인이 보관하기도 한다. 매년 이렇게 가져가니 1년에 덤프트럭 10대분의 모래를 보충한다고 한다. 2021년에는 코로나19 감염의 우려로 개인이 가져가는 것은 금지하고 학교 단위로 나누어 주어 각 학교에서 야구부 학생들에게 전

고시엔 구장의 흙을 넣고 있는 모습

달하도록 했다.

넷째, 고시엔의 시작과 끝남을 알리는 사이렌이다. 7초간 울리는 사이렌은 가슴을 섬뜩하게 한다. 일본이 전쟁 때 공습경보로 사용한 소리이다. 옛날부터 방재 공습경보로 피난을 알리기 위해 사용했던 소리를 지금도 사용하는 것은 많은 사람에게 더 멀리 정보를 전달하기 위함이라고 한다. 그러나 필자는 매번 그 소리에 공포를 느낀다.

마지막으로 고시엔 출전이 결정되면 학교 건물에 축하 플래카드와 함께 아사히 신문사 마크 _{욱일기와 비슷하다}가 한 달 동안 걸려 있는데 일본인은 어떨지 모르겠지만 필자는 학교에 들어갈 때마다 마음에 걸린다.

야구 뒷이야기

고교야구에서 인기를 얻은 선수들에게는 닉네임이 붙는다.

- 오 사다하루, 피로 물든 볼 王貞治 血染のボール

  왼쪽 중간 손가락 손톱이 부러져 볼에 피가 묻은 상태로 준결승과 결승을 완투했다고 붙여진 이름이다.
- 마쓰자카 다이스케, 헤이세이 괴물 松坂大輔 平成の怪物

  연호인 헤이세이를 따서 이렇게 부른다. 선수권대회에서 사상 2번째 노히트 노런을 달성해 봄, 여름 연승을 했다.
- 사이토 유우키, 손수건 왕자 斎藤祐樹 ハンカチ王子

  이 선수는 시합 중에 투수로서 그다지 볼 수 없는 행동을 했다. 일반적으로 투수가 땀이 나면 손으로 닦거나 유니폼으로 닦는데 뒷주머니에서 손수건을 꺼내어 닦았다.
- 다나카 마사히로, 북쪽의 괴물 田中将大 北の怪物

  북쪽 홋카이도 출신으로 전국 제패를 2번이나 했다.

이 중 사이토 선수와 다나카 선수가 결승전에서 혈전을 다툰 스토리는 고교야구 역사에 남을 정도로 유명하다. 2006년 여름 고시엔 결승전에서 두 선수가 투수로 만났다. 결승전 첫날 15회 연장까지 갔지만 승부가 나지 않아 결국 다음날 다시 시합을 했다. 결승 둘째 날 9회까지 간 시합은 결국 사이토 선수의 승리로 끝났다. 이틀 동안 일본 국내는 고교야구로 흥분의 시간을 보냈다. 이틀 동안 던진 볼은 첫날 사이토 178구, 다나카 165구, 둘째 날 사이토 118구, 다나카 84구였다. 사이토 선수는 7시합을 혼자서 완투했다. 투수의 부담이 어떠했는지 숫자로 보아도 확연하게 알 수 있다. 그래서 고교야구연맹에서 투수의 장애 예방을 위해 2019년 '투구 제한'을 도입했다. 투수 한 사람당 1주일에 총 투구 수를 500구 이내 2020년부터로 정한 것이다. 예를 들어

'U18 아시아 야구선수권대회'의 구수 제한 룰을 보면 '한 시합에 최대 105구까지 그리고 4일간 휴식'이라고 되어 있다. 그것에 비해 1주일에 시합이 두 번 있으면 하루에 250구를 던질 수 있다는 해석도 가능해서 아직도 문제가 되고 있다.

일본 고등학교 교육현장의 고시엔

일본의 동아리 활동은 어느 나라에서도 볼 수 없는 특징이 있고 수많은 스토리를 만들어 낸다. 중학교에서 고등학교로 가기 위한 입시제도에도 일반적으로 운동부 추천, 성적 추천으로 나누어진다. 중학교 때 동아리 활동으로 우수한 실적이 있는 학생은 교장의 추천으로 일반 시험 없이 서류전형과 면접만으로 합격할 수 있다. 물론 내신성적도 보기 때문에 동아리 활동만 잘한다고 되는 것은 아니다. 일본 학교는 진학 중심의 학교라도 6교시까지 수업을 하고 오후 4시경부터 8시경까지 동아리 활동을 한다. 토요일과 일요일에도 연습이 있다. 그렇다고 이 학생들이 모두 프로를 꿈꾸거나 운동 실력으로 대학에 진학하는 것은 아니다. 필자가 근무하는 학교의 경우, 대학 진학을 운동 추천 특차로 들어가는 것은 3학년 약 440명 중 20명도 안 된다. 야구부만 한 해에 3~4%이니까 3년간의 활동을 지켜보는 필자로서는 가끔 의문을 가진다. 한국적 사고를 하는 필자로서는 대학 진학과 연관이 없다면 적당히 운동하면 되지 뭘 저렇게 열심히 할까 생각한 것이다. 그러나 시간이 지나면서 여기 학생들이나 학부모들의 생각을 이해하게 되었다. 일본에서 흔히 사용하는 문무양립文武両立이라는 말이 있다. 스포츠와 학업을 함께 하여 다양한 환경에 적응하는 인재를 육성하고 학생의 자립심을 키우는 것이 목적이다. 어떻게 보면 공부하기 싫은 학생은 집에서 '공부해라'라는 말을 듣기보다 운동을 하며 정신건강을 키우는 것이 청소년기를 고민 없이 넘기는 방법 중 하나가 아닐까. 진학 중심의 학교도 8월 경기가 끝나면 아이들은 수험생으로 돌아간다. 그때부터 수험 준비를 하면 늦지 않을까 생각하지만 1월의 수능시험에 맞추어 공부하는 분위기로 변하는 모습 또한 하나의 일본 문화인지도 모르겠다.

2021년 고시엔

2021년은 코로나19로 고시엔 시합도 처음부터 순조롭지는 않았다. 수많은 화제 중 몇 가지 적어 본다.

올림픽도 있고 해서 국가에서 스포츠 관련의 전국고교대회를 중지하라고 할 수 없는 현실이었기에 고시엔 시합이 개최되었다. 그렇지만 한 학교에서 한 명의 선수라도 코로나19에 감염이 되면 시합에 기권해야 하기에 이번 대회 중에 두 학교가 기권을 하는 일도 있었다. 또 시합 시작부터 폭우가 내리면서 시합은 연장과 연장을 이어가며 선수들의 피로가 겹쳐졌다.

필자가 근무하는 학교가 우연히 이 글을 쓰고 있는 중에 여름 고시엔에 37번째 출전하게 되었다. 이번에도 첫 시합은 학생들을 인솔해서 갔다 왔다. 일반 학생들과 밴드부, 합주부를 동원해서 갔는데 밴드부 음악은 연주가 인정되고, 응원은 손뼉과 메가폰 치기만 가능하고 목소리를 내어 응원하는 것은 안 된다고 했다. 첫 시합은 비가 와서 연장되었고, 두 번째 시합도 비가 와서 연장 중에 상대 학교에서 감염자가 나와 기권하는 바람에 시합 없이 세 번째 시합으로 올라갔다. 그러다 보니 하루 연습시간이 2시간으로 제한되어 있고, 객지에서 생활이 길어지다 보니 학생들이 몹시 피곤했던 대회였다.

고시엔에 울려퍼지는 교가

2021년 봄부터 화제가 된 고등학교가 있는데 '교토국제중고등학교'이다. 1947년 재일한국인 민족학교로 시작하여 2003년부터 현재의 학교 이름으로 바꾸어 중고등학교 6년 과정이며, 한국과 일본의 정규학교로 인정받아 일본인 학생도 입학이 가능해졌다. 올봄에 이 학교의 야구부가 선발전 대회로 고시엔에 출전하게 되었다. 그리고 여름 선수권대회로 다시 고시엔에 출전해 '베스트 4'까지 올라갔다. 출전도 화제가 되었지만 더 많이 화제가 된 것은 이 학교의 교가이다. 고시엔 시합에서 승리한 팀은 매 시합에서 마지막에 학교기가 올라가고 교가가 흘러나온다. 그런데 교토국제중고등학교의 교가는 가사가 한국말로 되어 있어서 그 교가를 들은 일본인들의 비판적인 댓글이 인터넷에 많이 올라왔다. 특히 교가의 가사 내용이 정치적 느낌이 있다고 비판했다. 예를 들면 '동해'라는 부분이 일본 측에서 보면 '일본해'인데 무슨 소리냐는 말이다. 사실 현재의 야구부 부원은 전부 일본 학생들이라고 한다. 그렇지만 한국말로 된 교가를 부르는 모습이 TV에 나오니 일본 국내가 시끄러워진 것이다. 그 후 교토국제교 교감은 인터뷰에서 시대에 맞는 변화가 필요할 것 같다는 발언을 했다. 어쩌면 한국말로 된 교가가 바뀔지도 모르겠다.

몸으로 학습하는 정신

  마지막으로 필자가 고교야구를 보며 매번 감동하는 장면이 있다. 야구경기가 끝나고 승자도 패자도 서로에게 응원을 보내는 모습이다. 패자가 먼저 우리 몫까지 잘 싸워 달라고 밴드부와 야구부원들이 큰소리로 반대 벤치를 향해 응원을 보낸다. 그러고 나면 승자의 벤치에서 열심히 너희들의 몫까지 싸우고 오겠다고 소리 높여 응답하는 모습은 눈물 없이는 볼 수 없다. 이런 스포츠정신으로 신사다운 스포츠맨을 키우는 것이 교육현장에서만 볼 수 있는 감동이지 않을까 싶다. 뜨거운 여름 햇빛 아래서 치르는 두 달 간의 싸움은 학생들의 정신과 육체를 키워 준다. 그 경험은 사회인이 되어 험난한 길을 맞이했을 때 이겨 낼 수 있는 밑거름이 될 것이라고 굳게 믿는다.

일본어학교의 이모저모

오히라 요시카즈(나라(奈良)국제일본어학교 교장)

번역: 김영복(전남대학교 박사과정)

    필자는 일본에 있는 일본어학교에서 18년 정도 일을 해 오고 있지만, '일본어학교란 어떤 학교인가?'라고 생각해 보면 '외국인 학생에게 일본어를 가르치고, 외국인 학생이 일본어를 배우는 곳'이라고 간단히 한마디로 표현할 수 없다. 일본어학교에 오는 학생은 대체로 아시아 국가의 학생이 많으나 각자 입장과 걸어온 길이 다르며, 일본어학교에서 체류 기간이 2년으로 한정되어 있지만 소중한 기간임에는 틀림없다.

    그런 일본어학교를 어디까지 제대로 표현할 수 있을지는 모르겠지만, 일본어학교 현장에서 보아 온 외국 유학생들의 모습을 말해 보려고 한다.

    이 글을 읽는 분들이 자칫 잘못 받아들인다면 곤란한 점이 있다는 것을 미리 말해 둔다. 여기서 언급한 내용은 일본어학교나 그곳의 외국인 유학생들 모두에게 적용되는 것이 아님을 밝히니 이 점 양해하길 바란다. 일본어학교는 일본 국내에 상당히 많이 있으며, 학생의 국적, 학교의 교육방침, 학생의 졸업 후 진로 등 다양하다. 한편, 일본 유학생 환경은 내가 일본어학교에 몸담아 온 18년 동안에도 많이 변해 왔으며, 앞으로도 계속 변할 것으로 생각된다. 일본어학교 유학생의 무엇이 그렇게 변했는가? 그것부터 거론하고 싶다.

일본어학교를 찾아오는 유학생

내가 일본의 일본어학교에서 근무를 시작한 것은 2003년이었다. 일본어학교의 학급 인원은 어학 공부이기 때문에 한 학급당 20명 이하로 제한하고 있다. 처음 근무했던 학교는 분명 3~4개 반 정도로 모두 중국인이었다.

그 당시에는 전국적으로 보았을 때 일본에 온 유학생은 중국, 한국, 대만 등 극동아시아 출신 학생이 압도적으로 많았다. 학교에 따라서는 특별히 구미 歐美 국가기관과의 관계로 유럽에서 온 유학생을 상당수 받아들이거나, 전통적으로 구미에서 온 유학생을 어느 정도 받아들이는 일본어학교도 있었다. 하지만 1990년대부터 중국인 신규 유학생이 삽시간에 늘어난 것은 사실이다.

지금도 중국인 유학생 수가 많지만 신규 유학생 수는 줄어들어 예전 같지 않다. 그 대신 2010년대 후반부터 동남아시아와 남아시아 출신 유학생이 급격히 늘었다. 그중 베트남 유학생 수가 급격히 늘었다. 소문에 따르면 베트남 유학생뿐인 일본어학교도 있을 정도이다. 2000년대 초에는 상상할 수 없는 일이었지만, 정부의 '유학생 30만 명 계획' 덕분에 순식간에 유학생 수가 늘어나 2019년에는 유학생 30만 명이라는 목표를 달성했다. 유학생 출신 국가 중 남아시아 국가인 네팔, 스리랑카 등은 신규 유학생 숫자가 늘어나 우위를 차지하게 되었다. 네팔, 스리랑카의 신규 유학생들이 늘고 있는 원인은 일본 정부의 '유학생 30만 명 계획'이라는 정책도 있었고, 동남아시아의 개발도상국들이 그전에 중국이 그랬듯이 경제적 여유가 생겨 일본 유학이 쉬워진 경우도 있고, 동남아시아 국가에서는 젊은 층 인구가 늘어나는 반면에 일본에는 오히려 젊은 층 인구가 줄어드는 등 복합적인 요인이 형성되었기 때문이다.

외국인을 바라보는 일본인의 시각

지난 십 수 년 사이에 바뀐 것은 유학생의 출신국 국적만이 아니다. 일본 내 일상에서 보는 풍경이 그 사이에 크게 달라진 것처럼 보인다. 중국과 한국 등에서 온 유학생은 겉모습만으로는 일본인과 그다지 구별되지 않는 경우가 많다. 그러나 요즘은 거리를 오가는 사람들의 풍경을 봐도 시각적으로 달라지고 있다. 최근에는 일본인도 혼혈이 많아지고 있으므로, 국적으로 말할 수는 없지만 확실히 극동아시아 출신이 아닌 사람을 거리, 전철, 쇼핑센터에서 많이 볼 수 있다. 그것이 요즈음 현실이다.

일률적으로 말할 수는 없지만, 일반적으로 일본인 대다수가 외국인 유학생을 보는 시각이 바뀌고 있는 것 같다. 어떻게 달라졌느냐 하면, 간단히 말해서 '익숙해졌다'고 할 수 있겠다. 관계성에 따라 상대방을 대하는 태도나 말투가 바뀌는 것은 어느 나라나 비슷할 것이다. 그러나 일본인은 대체로 관계성의 판별을 신중히 하고, 관계성이 정해질 때까지 명확한 표현을 자제하는 경향이 있으므로 외국인으로서는 그런 일본인의 태도를 답답하게 느끼는 일도 많을 것이다. 일본인들은 특히 낯선 사람에게 감정을 드러내는 경우가 적고, 잘 모르는 상대에게는 자신의 흐트러진 감정을 보이기 싫어하므로 되도록 관계를 갖지 않거나 거리를 유지하려는 경향이 있다. 그래서 외국인에게는 일본이라는 나라가 대체로 동화하기 어려운 사회가 아닐까 생각된다. 이런 일본인의 특성을 일본 문화라고 부를 수 있을지 모르지만, 외국인 유학생들은 일본 문화가 거창하게 내세우는 일본 전통문화와 전통행사만이 아니라 일상생활 속에도 면면히 흐르고 있음을 알아야만 일본 유학 생활을 성공적으로 보낼 수 있다.

과거에는 일정한 거리를 두고 외국인을 바라보던 시각에서 이제는 친근한 존재로 받아들이려는 것처럼 느껴진다. 실례로 유학생들이 아르바이트생으로 일하는 현장에서 그런 사례를 쉽게 접할 수 있다.

외국인 유학생 아르바이트에게 바란다

특히 유학생들의 아르바이트 사정을 살펴보면, 외국인 유학생에 대한 일본인의 인식이 달라졌다는 생각이 든다. 일본의 청년 근로자 감소 때문인지, 과거에는 외국인을 아르바이트로 쓸 엄두도 못 내던 업체가 유학생 아르바이트를 고용하면서 외국인 유학생과 접촉하는 일이 늘었다. 그리고 그때까지 미지의 존재였던 외국인 유학생에 관해서 점점 좋은 점과 새로운 점을 알게 되었을 것이다. 고용주의 입장으로도 다소 언어의 불편은 있을지라도 대체로 성실하게 열심히 일하는 외국인 유학생을 편리한 존재로 인식한다고 할 수 있다. 예전에는 일본어가 아직 서투른 일본어학교 유학생은 고객과 말을 주고받아야 하는 점포 아르바이트 일을 하기 어렵다고 생각했다. 그러나 수요가 증가한 편의점 등에서 외국인 유학생 아르바이트생을 고용하기 시작하면서, 외국인 유학생 아르바이트생이 편의점 계산대에서 일하는 모습을 흔히 볼 수 있다.

'유학' 비자로 일본에서 공부하는 유학생은 학교에 재적하고 있는 한 체류자격^{학업} 외 활동으로 주당 28시간 이내의 아르바이트가 인정되며, 여름방학 등 장기 휴가 동안에는 일반 취업자와 마찬가지로 하루 8시간 주 5일, 합계 주당 40시간 노동이 가능하다. 아르바이트는 유학생들에게 일본 생활의 적응과 경제생활에 큰 보탬이 된다.

그러나 아르바이트는 단기 체재 비자로는 할 수 없는 귀중한 체험이기도 하며, '일본의 노동 현장'과 '일본인의 노동문화'를 배우는 기회라 믿고, 유학 생활 중 유일한 '현장에서의 배움'이라고 생각해 주길 교육자로서 바라는 바이다.

유학생의 아르바이트 사정은 앞으로도 변화가 있을 것으로 생각하지만, 시대에 따른 일본의 고용 사정의 변화와 함께 지역의 산업구조에 따른 차이에도 좌우된다. 아르바이트를 고용하는 직장 중에서도 외국인 유학생이 비교적 고용되기 쉬운 업종과 그렇지 않은 업종이 있다.

도시 지역에는 아르바이트를 고용하는 점포도 많지만, 고객에게 직접 대응하는 일은 일본어 능력이 부족한 유학생에게는 어려운 일이다. 그러나 편의점이나 패스트푸드점은 일본어를 웬만큼 할 줄 안다면 외국인 유학생을 아르바이트로 고용하기도 한다. 일반 음식점에서도 어느 정도 일본어를 구사할 수 있으면 주방에서 일하는 유학생도 비교적 많은 것 같지만, 개인이 경영하는 가게는 점주가 하기 나름이므로 고용될지 안 될지는 확실하지 않다. 그러나 레스토랑의 홀에서 하는 일이나 판매점의 점원인 경우, 유학생이라도 상당한 일본어 능력을 갖춘 사람이 아니면 꽤 어려운 것이 현실인 것 같다.

도시에서 조금 떨어진 지역에는 각종 공장이나 물류센터 등 넓은 토지가 필요한 업종이 있기도 하고, 그중에는 아직 일본어가 서투른 외국인 유학생이라도 소중히 여겨 고용해 주는 곳이 많다. 이처럼 지역과 업주에 따라서 아르바이트를 할 수 있는 환경은 각기 다르다고 할 수 있다.

어쨌든 일단 아르바이트를 시작하면 쉽게 그만두지 않겠다는 각오가 필요하다. 터무니없이 불합리한 취급을 받는 경우가 아니라면, 일이 마음에 들지 않는다고 해서 쉽게 그만두어서는 안 된다. 아르바이트 현장이 일본의 직장이고, 학교에서 배울 수 없는 일본 사회의 측면을 배울 수 있으며, 크든 작든 일본에서 인간관계의 일면을 체험할 수 있기 때문이다.

아르바이트뿐만 아니라 전문학교나 대학에 진학한 유학생들이 그 후에 일본에서 취업하는 경우도 늘고 있다. 그 요인에는 일본인 청년 근로자 감소라는 고용 사정의 변화도 있겠지만, 유학생 선배들이 일본의 근로환경에 적응하려고 꾸준히 노력해 온 결과가 나타나고 있음이 틀림없다. 만약 이 글을 읽는 독자 중에 지금부터 일본 유학을 생각하고 있는 분이 있다면, 일본어나 일본 문화의 습득은 학교생활뿐만이 아니라 아르바이트를 포함한 일상생활 모든 곳에서 가능하다는 점을 기억해 두기를 바란다.

그렇지만 일본 특유의 전통문화를 접하기 위해서는 특별한 기회가 필요하므로, 일본어학교에서는 외국인 유학생들이 일본의 전통문화를 체험할 수 있도록 학교 행사 일정을 마련하는 경우가 많다. 어떻게 하는지는 학교마다 차이가 있지만 다도와 서예 등의 체험, 기모노와 유카타 등의 옷 입기 체험, 각 지역의 축제 참여 등을 예로 들 수 있다.

그런가 하면 계절별 행사인 정월의 떡메 치기, 입춘 전날 콩 뿌리기, 칠석날 장식 등을 학교생활 일정에 도입하기도 한다. 홈스테이 등은 유학생 수에 비해 호스트 가정이 충분치 않아 기회를 얻지 못하는 경우도 많으므로 유학 중에 홈스테이 기회가 생기면 꼭 체험해 보길 바란다.

일본어학교는 외국인 유학생들에게 일본 유학 생활의 첫 단계가 되는 경우가 많기 때문에, 각 학교에서는 유학생들이 일본 생활에 익숙해지고 일본 문화에 친숙해질 수 있도록 적절한 방안을 연구·실천하고 있다.

일본어학교 유학생들에게 바라는 마음

일본어학교에서 생활할 때는 일본어 학습뿐만이 아니라 일본어를 통하여 서로 다른 문화를 이해하고 서로 존중해 주는 배려의 자세를 터득하는 일도 매우 중요하다. 일본어학교는 다양한 국가의 학생들이 모인 곳이므로 타국의 문화에도 관심과 배려를 베풀면서 생활하면 성공적인 유학 생활을 할 것으로 기대된다. 함께하는 삶의 지혜와 서로 배려하는 마음가짐으로 교유交遊한다면, 일본 유학 생활이 아름다운 추억으로 남을 것이다.

이 글을 읽는 독자 대부분이 한국 사람이라고 생각한다. 내가 근무하고 있는 일본어학교에는 한국 학생이 아주 많지는 않지만, 한국 유학생을 받아들였을 때 느낀 점과 다른 학교에서 들은 한국 유학생들의 이야기를 토대로 일본어학교에서 배우는 한국 유학생들에게 도움이 되었으면 하는 마음으로 몇 가지 당부하고 싶다.

우선 조금이라도 일본어를 배운 한국인이라면 모두 느꼈으리라 여겨지지만, 일본어와 한국어의 문장 구조는 매우 유사하다. 따라서 일본어 초급 수준에서 배우는 글의 구조는 한국인에게 다른 외국어에 비해 비교적 이해하기 쉬울 것으로 생각된다.

또한, 요즘 젊은 한국인들은 한글에서 그다지 한자를 쓰지 않을 수 있지만, 현대어에서도 사용하는 단어는 한자어가 많고 일본어와 공통되는 점이 많다. 예를 들어 신문新聞, 회사会社, 공항空港, 자동차自動車 등 중국어는 다른 한자어 报纸, 公司, 机场, 汽车로 표기하는 데 비해 한국어와 일본어는 같은 한자어로 같은 뜻을 나타내는 단어가 많다.

한국어와 일본어의 문장 구조나 단어의 유사점은 일본어를 배우는 한국인 학생이 잘 이용하면 매우 유리하다고 생각하지만, 한국인에게 일본어는 매우 배우기 쉬워서 한국인이 타국의 학생에 비해 일본어 학습 능력이 높다고 자만하는 것은 금물이다.

일본인도 한국인도 외국어로 첫손에 꼽히는 언어는 대개 영어이지만, 실은 세계 언어의 종류 중에서는 영어처럼 S주어, V동사, O목적어 라고 하는 순서의 문장 구조를 기본으로 하는 언어보다, 일본어나 한국어와 같이 SOV라고 하는 문장 구조를 기본으로 하는 언어가 더 많다. 음성 체계에서도 일본어에 더욱 가까운 체계를 가지는 언어도 있다.

그러니 혹시라도 한국어를 모국어로 삼고 있다는 이유로 일본어 학습에 유리하다는 등의 우월감을 갖지 않도록 유의하길 바란다. 오히려 다른 문화를 뿌리로 하는 다른 나라에서 온 유학생들과 일본어와 일본 문화를 배운다는 공통 목적을 가진 공간 속에서 다양한 문화, 다양한 사고와 인식의 방식이 있음을 느끼면서 앞으로 더욱 발전해 나갈 다문화 사회에 적응할 수 있는 소양을 기르기를 바란다.

일본어학교를 찾는 유학생은 모두 고졸 이상이지만 학력은 다양하고, 일본어학교 졸업 후의 진로도 대학과 대학원 진학 그리고 취업하는 경우 등 다양하다. 국적도 일본어학교에 따라서는 일부 나라에 편중된 학교가 있는가 하면 국제 색깔이 다양한 학교도 있다. 대체로 아시아 국가에서 온 학생이 많지만 그중에는 서양에서 온 유학생을 많이 받아들이는 학교도 있다.

　다양한 문화를 받아들인 결과 오늘날의 일본이 있듯이, 외국인 유학생들이 일본어와 일본 문화를 배우면서 한 사람 한 사람이 저마다의 문화를 만들어 갔으면 한다. 그 출발점이 일본어학교가 되었으면 하는 것이 나의 간절한 소망이다.

커피와 차를 통해
음미하는 일본

커피무한

일본 커피문화의 변천과 변모하는 커피점

세계의 차(茶)문화 트렌드가 만들어지는 곳, 도쿄

커피무한

김나영 (코페아신드롬 대표)

우리나라에서 일본의 커피라고 하면 장인정신으로 무장한 오래된 커피점이 많고 커피문화 수준이 높다는 이미지가 있다. 그리고 산미가 강한 커피보다는 다크 로스팅의 진하면서 묵직한 커피를 떠올리는 사람도 많다. 그런데 우리나라에서는 일본의 커피에 대한 좋은 이미지와 함께 잘 알려지지 않은 부분에 대한 오해가 공존한다. 그렇기 때문에 일본의 커피를 제대로 이해하고 알아가기 위해서 올바르고 명확한 맛의 기준을 이해할 필요가 있다. 일본의 커피문화는 크게 '로스팅에 의한 커피 맛'과 '커피점이라는 공간이 부여하는 부가가치'를 이해해야 그 본질을 알 수 있다.

커피의 다양성

일본의 커피를 한마디로 표현하자면 '다양성'이라고 할 수 있다. '일본 커피가 다양하다'는 것을 의아하게 생각할 수도 있을 것이다. 왜냐하면 앞서 설명했듯이 일반적으로 일본의 커피는 쓴맛이 강한 다크 로스팅 커피가 대부분을 차지한다고 생각하는 사람들이 많기 때문이다. 그러나 일본의 커피는 우리가 생각하는 것 이상으로 깊고 다양하다.

도쿄 미나미센주에 위치한 '카페 바흐'의 창업자 다구치 마모루 마스터의 저서《커피대전》은 로스팅의 관점에서 일본 커피의 다양성을 잘 보여 준다.

《커피대전》에서는 각각의 커피를 특성에 따라 약배전부터 강배전까지 분류했다. 그리고 각각의 로스팅 레벨에 따라 커피가 가진 잠재력과 가능성을 이해함과 동시에 커피 맛을 광범위하고 다양하게 이끌어 낼 수 있다는 것을 이 책을 통해 알 수 있다.

1908년 독일의 메리타 벤츠 여사가 고안한 메리타 필터가 보급된 이후로 일본에서는 다양한 추출도구가 개발되었다. 이와 함께 보다 섬세한 추출 기술과 로스팅 기술을 추구하며 커피연구가 활발히 진행되면서 일본의 커피문화는 발전을 거듭했다.

실제로 일본에는 100년 이상의 역사를 지닌 카페부터 자가배전 커피 전문점, 핸드드립 전문점, 원두 판매 전문점, 에스프레소 바, 블루보틀과 같은 서드웨이브 커피전문점 등 다양한 형태의 커피점이 있다. 일본에서 오랜 전통을 이어가는 자가배전 커피전문점들은 약배전에서 강배전까지 폭넓은 로스팅 기법을 바탕으로 볶은 커피를 핸드드립과 융드립, 사이폰 등의 다양한 추출도구로 내린 후에 고객에게 제공한다.

일본의 커피업계에 스페셜티 커피가 도입된 이후로 한층 더 다양한 스타일의 카페가 생겨났고 더욱 폭넓은 커피의 세계가 펼쳐졌다. 이렇게 다양한 커피점이 주도하는 로스팅 기법과 다양한 추출기구로 내린 커피는 일본의 전통과 새로운 스타일이 일상생활과 밀접하게 어우러지면서 독자적인 커피문화를 형성하고 있다.

일본식 로스팅과 커피맛

일본의 커피점에서 일반적으로 만드는 커피를 로스팅의 관점에서 분류해 본다면 약배전, 중배전, 중강배전, 강배전의 4가지 타입으로 나눌 수 있다. 그리고 각각의 로스팅 타입에 따라 다양한 커피 맛의 기준이 존재한다.

약배전은 첫 번째 클랙에서 두 번째 클랙 전에 배출한 것으로 과실과 같이 신선하면서도 좋은 산미를 중심으로 꽃향기, 슈거, 벌꿀, 넛츠류 등 다채로운 향미가 주요 요소가 된다. 스페셜티 커피 영역과 일맥상통하는 부분이다.

중배전은 두 번째 클랙 부근에서 만들어진 것으로 은은하면서도 양질의 쓴맛과 과실의 산미와 단맛이 조화롭게 어우러져 밸런스가 좋은 로스팅 레벨이다. 일반적으로 로스터가 단맛을 추구할 경우에 많이 사용하는 로스팅 레벨이라고 할 수 있다.

중강배전은 두 번째 클랙이 시작되고 일정 시간이 경과한 후에 배출한 커피로 절도 있는 쓴맛과 함께 은은하지만 밝은 산미가 어우러지며 중후한 맛을 느낄 수 있다.

강배전 커피는 일본에서 숙련된 기술을 연마한 커피인들이 주로 만든다. 강배전의 경우 일반 사람들에게 '쓰다'라는 부정적인 인식을 심어 줄 수 있기 때문에 매우 조심스럽게 접근할 필요가 있다.

그런데도 강배전 커피는 일본 사람들의 일상생활에 매우 친숙한 커피라고 할 수 있다. 왜냐하면 일본의 커피인들은 강배전 커피의 쓴맛 안에 있는 단맛을 추구하며 단순한 음료의 경계를 넘어 예술적 미학으로 승화시켰기 때문이다. 오랜 세월에 걸쳐 일본 커피인들의 섬세한 감각으로 만들어 낸 강배전 커피에서 느낄 수 있는 양질의 쓴맛은 일본 사람들이 오랜 세월 동안 경험을 통해 학습하게 된 결과라고 할 수 있다.

잘 볶아진 강배전 커피에는 스페셜티 커피의 카카오를 바로 볶아 만든 빈투바 초콜릿과 같은 양질의 쓴맛이 존재한다. 그러면서도 매우 은은하게 과실 같은 밝고 신선한 산미 요소는 물론이며 원두가 가진 명확한 허브와 꽃향기, 스파이스의 향미가 복합적으로 어우러진다. 일본의 커피인들이 강배전 커피의 맛을 정하는 기준은 우리가 생각하는 것보다 굉장히 섬세하다.

우리가 흔히 강배전이라고 부르는 커피에서 느낄 수 있는 역겨운 쓴맛이나 탄 것 같은 꼬릿한 향미는 아주 미세하게 섞여 있더라도 오버로스팅으로 간주되기 때문이다. 하지만 커피를 볶는 커피 로스터가 약배전부터 강배전까지 로스팅의 폭을 최대한 활용한다면 커피가 가지고 있는 잠재력과 가능성을 소비자에게 더욱 더 다양하고 폭넓게 제시할 수 있다.

차문화로 알 수 있는 커피점의 역할

일본에서 오래된 커피점의 운영방식과 경영철학을 관찰해 보면 유럽 카페문화의 영향을 받았지만 일본인들의 일상생활에 깊숙이 스며들어 있는 고유의 차문화가 절묘하게 어우러져 있다.

일본에 커피가 유입된 이후로 커피 소비가 늘어나면서 일본의 차문화에는 커피라는 새로운 카테고리가 생겨났고, 이후 독특한 커피문화로 거듭났다. 후쿠오카의 커피 거장으로 '커피 비미'의 창업자였던 고

모리미츠 무네오 마스터는 커피를 내리는 일련의 작업을 '다도'에 비유했다.

커피점의 입구를 들어선 고객이 바 카운터에 앉아 마스터와 간단한 대화를 주고받으며 커피를 주문한다. 이때 마스터는 노련한 움직임으로 커피 내리는 작업을 시작한다. 원두를 병에서 꺼내서 계량한 후 분쇄기에 넣고 커피를 분쇄하면 카운터 너머에서는 비로소 커피가루의 색감을 눈으로 확인할 수 있다. 그와 동시에 앞에서 은은하게 퍼지는 커피 향을 느끼는 순간 마음이 고요하고 편안해지기 시작한다. 공간을 한가득 채우는 커피 향을 느끼며 추출도구에서 서버로 음악처럼 리듬감 있게 물이 떨어지는 소리를 귀담아들으며 한 잔의 커피가 완성되는 과정을 바 카운터에 앉아서 체험할 수도 있다. 이렇게 커피를 내리면서 오감으로 느끼는 일련의 과정은 사람들의 심신에 편안함과 건강함을 안겨 준다. 이렇게 커피점의 오너와 고객이 상호간에 커피를 만들거나 마시는 행위를 통해 오감을 자극하고 감성으로 느끼며 발전하는 예술적인 요소가 내포되어 있다. 그것은 시각, 청각, 후각, 미각, 촉각 등 감각기관을 통해 단순히 커피 맛과 향을 느끼는 것에 그치지 않고 마시는 사람들에게 감동을 전해 주는 일기일회의 종합예술로 거듭나기 때문이다.

그러므로 커피라는 액체를 담는 커피 잔과 스푼, 접시, 인테리어 소품, 음악, 카페 공간 등 '커피'를 둘러싸고 있는 모든 주위 환경과 함께 사소하고도 작은 소품이라고 할지라도 모든 것에는 마시는 사람을 위한 커피인의 정성과 배려의 마음이 깃들어 있다.

커피와 안식을 위한 공간

일본인의 일상생활에서 흔히 찾아볼 수 있는 것이 손님을 위한 배려와 정성이 깃들어 있는 접대를 뜻하는 '오모테나시'이다. 커피점의 오모테나시에서도 '상대방을 위한 진심'을 느낄 수 있다. 이것은 오랜 세월에 걸쳐 내려온 일본의 차문화와 관계가 깊으며 커피점 오너의 가치관과 경영철학에 따라 특징이 있다. 일본의 대표적인 카페들이 공간과 인테리어를 어떻게 활용했는지 살펴보면 흥미롭다.

일본 커피점의 오너들이 수십 년에 걸쳐 커피점을 운영하는 동안 추구해 온 것은 '쉼터의 기능'이다. 바쁜 일상에서 잠시 벗어나 카페 공간에 앉아 있는 순간만큼은 모든 것을 잠시 내려놓고 커피 한 잔을 마주하며 안식의 시간을 보낼 수 있는 '오아시스'와 같은 공간. 일본의 커피인들이 커피점 운영에서 궁극의 목표로 삼는 것이 힐링 공간의 제공이다.

그렇기 때문에 유럽의 앤틱 소품과 전문가가 만든 소품들을 절묘하게 활용해서 일상과 차별화된 이국적 분위기를 느낄 수 있도록 연출하는 인테리어를 선보이는 오래된 커피점이 많다. 커피점마다 공간 인테리어는 방문객의 손길이 닿는 작은 물건이라고 할지라도 섬세한 배려가 깃들어 있다.

'카페 바흐'의 다구치 마모루 마스터는 저서 《카페를 100년간 이어가기 위해》에서, 다구치 마스터의 처가에서 운영했던 식당 '시모후사야'가 본격적인 커피전문점 '카페 바흐'로 전환하려던 시기의 일화를 소개한다. 동네 사람들이 여유로운 공간에서 한가하게 보낼 수 있도록 목공예가에게 편하게 앉을 수 있는 의자를 주문했다. 팔걸이를 설치하고 등받이에 좋은 가죽을 사용한 의자였다. '카페 바흐'는 깔끔하지만

강배전 융드립   카페 바흐의 다구치 마모루 씨와 함께

격조 있는 실내에 바 카운터와 테이블로 구획이 나뉘어져 있다. 카페에 홀로 방문하면 바 카운터로 안내를 받는다. 바 카운터에는 로스팅 레벨로 구분되어 있는 20종류 이상의 원두들이 가지런히 벽면을 가득 채우고 있다. 바 카운터는 스탭과 고객이 커피에 집중할 수 있는 최적의 환경이 조성되어 있다.

후쿠오카의 '커피 비미'는 1층 입구에서 계단을 통해 2층으로 올라가면 아담하고 정갈한 차실이 있다. 차실은 융드립 커피를 내리는 모습을 한눈에 보며 커피를 마실 수 있는 바 카운터와 테이블석으로 구성되어 있다. 차실의 도로면 벽은 창문으로 되어 있어 낮에는 커튼 사이로 밝은 햇살이 따뜻하게 비치고 저녁이 되면 전구의 불빛으로 아늑함이 전해진다. 나무를 많이 사용한 차실의 단아한 인테리어는 커피를 마시는 사람의 마음을 차분하게 만들며 커피 맛에 집중할 수 있도록 해 준다.

도쿄 신주쿠의 '자가배전커피 본'의 인테리어는 오랜 세월의 흔적이 고스란히 남아 있는 앤틱함이 시선을 끈다. 무엇보다 화제가 된 것은,

마스터의 취미로 수집한 1,500개 이상의 유럽 명품 커피 잔에 정성껏 내린 핸드드립 커피를 담아 커피를 주문한 고객들에게 제공하고 있다는 점이다. 고급 커피 잔에 커피를 제공받을 경우 시각적 영향으로 커피 맛도 더욱 특별해진다. 그와 동시에 기품 있는 커피 잔으로 오모테나시를 받는다면 마시는 사람 역시 더욱 소중하고 고귀한 존재라는 것을 깨닫게 된다.

마지막으로 기후현의 '타이무 커피점'은 100년 이상 된 앤틱 창틀을 모티브로 건축 계획을 세운 후 프로방스 콘셉트로 카페를 건축했다. 일본식 건축물이 아직도 남아 있는 기후현의 조용하고 작은 마을에 이국적이면서도 예쁜 카페 건물이 주위 환경과 절묘하게 어우러져 있다.

카페 내부는 흰색과 목재를 적절하게 사용해서 둥그스름하게 마무리했기 때문에 따뜻하고 아늑하다. 이마이 토시오 마스터가 오래전부터 세계 커피 산지들을 시찰하면서 커피를 만드는 진귀한 도구와 소품 등의 골동품이 곳곳에 진열되어 있어 마치 작은 박물관을 연상시킨다. 약배전부터 강배전까지 폭넓게 로스팅된 20종류 이상의 원두를 융드립으로 제공하고 예멘에서만 맛볼 수 있는 키시르 커피도 제공하고 있어, 지역사회에 커피문화를 알리기 위해 노력하는 이마이 토시오 마스터의 커피 열정도 함께 느낄 수 있다.

커피점의 절제된 서비스

일본의 커피점은 '쉼터'의 기능을 제공하기 위해 절제된 서비스를 추구하기도 한다. 고객의 시간을 방해하지 않기 위해 '고객과의 거리감'을 유지하는 것이 무엇보다 중시되는 이유이다.

고객들은 마스터나 스태프와 만나서 담소를 즐기기 위해, 지인과 만나기 위해, 혹은 커피를 맛보며 조용히 독서와 음악을 들으며 업무에서 쌓인 피로를 풀기 위해 커피점을 찾는다. 일본 커피점의 오너들은 서로 다른 목적으로 방문하는 다양한 고객들이 각자가 원하는 방식으로 편안하게 머물기를 바라는 마음에서 한 사람 한 사람에게 섬세한 방식으로 대응한다.

한편, 일본에서 예부터 전해 내려오는 차문화로 중요한 밀담은 차실에서 행해졌다. 물이 뜨겁게 데워질 때까지 누구도 차실에는 들어오지 않았기 때문에 차실에서 차를 우려내면서 줄곧 그 안에 있는 사람들만 대화를 나눌 수 있었다. '카페 바흐'의 다구치 마모루 마스터는 일본의 차문화를 '카페 바흐' 경영에 도입했고, 초창기 때부터 바 카운터에 앉은 고객들과 대면한 상태에서 줄곧 커피를 내리면서 그들과 담소를 나누며 긴밀하게 소통했다. 카운터에 앉아 있는 고객들의 표정과 반응을 살피며 손님들이 지루해서 그냥 돌아가는 일이 없도록 했다. 고객들이 카페에 머물고 있는 동안 즐겁게 마스터와 이야기를 나눌 수 있도록 밝고 편안한 분위기를 만들었다. 일본의 차문화에 기반을 둔 '카페 바흐'의 정중하면서도 일관성 있는 접객 방식은 오픈 초기부터 현재에 이르기까지 변함없이 이어지고 있다.

평생 단 한 번의 만남이라는 생각으로 내리는 커피

일본의 수많은 커피점의 운영에서 고객을 위한 배려와 진심이 담긴 서비스를 공통적으로 볼 수 있는 가운데 기후현에 있는 '타이무 커피점'의 커피훈에 주목해 본다.

연신기묘 緣尋機妙

좋은 인연이 보다 좋은 인연을 찾으니 그 발전하는 모습이 기묘하다.

일기일회 一期一会

평생에 단 한 번 만남

여정잔심 余情残心

만남을 가진 후 마음 한 편에 아쉬움이 남아 있다.

'타이무 커피점'의 이마이 토시오 마스터는 방문객들에게 일기일회의 커피를 만들기 위해 혼신의 힘을 다한다. '할 수 있는 한 최선을 다하고 하늘의 명을 기다린다'는 경영 이념으로 지금 할 수 있는 모든 것을 노력하여 최선을 다해 고객을 맞이한다. 방문한 고객이 편안하게 커피를 즐길 수 있는 공간을 조성하기 위해 43년 동안 커피연구를 거듭했다.

사람관계도 마찬가지이다. 고객이 찾아오면 진심을 담아 '어서오세요'와 '감사합니다'라고 인사를 하도록 스태프들을 지도한다.

"우리들은 계절을 불문하고 카페 안에서 편하게 지내지만, 이곳을 방문하는 고객들은 모두 먼 곳도 감수하고 추울 때나 더울 때나 커피 한 잔을 맛보기 위해 교통비와 시간과 노력을 투자해서 힘들게 찾아오는 분들이에요. 그런 분들에게 커피를 만들어 제공하고 대가를 받기 위해서 우리 커피인들은 기대치 이상의 커피, 장소, 안식의 시간을 제공할 수 있도록 더욱 많은 노력을 하지 않으면 안 됩니다."

이마이 마스터는 비록 단 하루의 인연일지라도 고객을 보낸 후에 단 한 점의 후회가 남는 일이 없도록 진심을 다해 고객을 맞이한다.

커피점 경영에서 맛있는 커피를 제공하는 것은 필수불가결이면서도 당연한 요소이다. 맛이라는 것은 만든 사람의 마음에서 우러나오는 인격체와도 같다. 마음을 담는다는 것은 커피의 성분을 최대한 끌어내어 복합적이면서도 깊은 커피 맛을 연출해 줄 수 있는 가장 핵심적인 요소이다. 이 요소가 빠져 버린다면 단순히 기계로 추출한 커피와 무엇이 다르겠는가?

다카가코히 사레도코히

커피점 오너들에게 커피점이라는 공간, 인테리어, 소품들은 결국에는 커피를 위한 부수적인 요소일 뿐이다. 이들에게 가장 중요하면서 절대적인 기본 조건은 맛있는 커피를 내놓는다는 것이다. 그렇기 때문에 마음이 담긴 한 잔의 커피에는 커피점 마스터의 진심이 그대로 반영된다. 커피를 만드는 과정과 제공된 커피를 마시는 과정은 커피점의 주인장과 고객이 서로의 마음을 교감할 수 있는 일종의 예법으로 작용한다. 굳이 말하지 않아도 커피를 통해 마음을 나누며 소통한다. 이 덕분에 커피점이라는 공간이 단순히 음료 제공만으로 그치지 않고 문화를 제시하는 공간으로서 기능을 발휘할 수 있는 것이다. 그런 의미에서 일본 커피점의 마스터들은 바쁜 와중에 어려운 발걸음으로 찾아준 방문객들이 바쁜 일상을 잠시 잊고 커피를 마시며 안식을 취할 수 있는 '마음의 여유를 갖는 것'을 무엇보다 소중하게 생각한다.

일본의 커피인들이 자주 언급하는 '다카가코히 사레도코히たかがコーヒーされどコーヒー'라는 말이 있다. '기껏해야 커피이지만 그래도 커피'라는 단조로운 말이지만 깊은 의미가 담겨 있다. 커피는 마시는 사

람에 따라 대수롭지 않게 느껴질 수 있는 음료에 불과하지만 다른 어떤 것과도 바꿀 수 없는 소중한 것이라는 뜻으로 커피인이 커피를 대하는 자세와 마음가짐을 느낄 수 있다. 어쩌면 커피는 다양한 종류의 음료 중 하나일 수도 있다. 하지만 일본의 커피인들은 마셔 줄 사람을 위해 커피 한 잔일지라도 혼신의 힘을 다 바쳐 납득할 수 있는 커피를 만든다. 그렇기 때문에 커피인에게 한 잔의 커피는 만든 사람의 마음과 정신이 담겨 있는 일기일회의 예술작품과도 같다. '커피무한無限'이라고나 할까? 나아가 커피를 만드는 사람과 마시는 사람이 커피를 매개체로 긴밀하게 소통하며 상호간에 발전하는 관계가 될 수 있다. 그리고 그것은 일본 각 지역의 커피점들이 보여 준 것처럼 지역사회의 독자적인 커피문화 발전으로 이어진다.

일본 커피문화의 변천과 변모하는 커피점

문희진(아이치가쿠인대학 교양부 교수)

일본의 '차茶'라고 하면 찻잔에 담긴 연두색 녹차가 제일 먼저 생각날 것이다. 일본의 교토에 관광을 가 본 적이 있는 독자라면 전통복 차림에 찻잔을 두 손으로 공손히 받치고 와서 손님에게 차를 권하는 모습이 떠오를지도 모른다. 그런 이미지의 연장선상에서 일본의 전통문화 중에서 가장 인상적인 것이 일본의 차문화가 아닐까 생각한다.

그런데 여기 흥미로운 조사 결과가 있다. 오늘날 일본인의 기호음료에 관한 조사에 따르면 일본인은 녹차보다 커피를 훨씬 더 많이 마신다고 한다. 최근 통계를 보면 일본의 커피 소비량은 약 47만 톤인 데 반해 녹차 소비량은 약 8만 5,000톤에 불과한 것으로 나타나고 있다(전일본커피협회 〈일본의 기호음료 소비 추이〉). 이처럼 커피는 일본에서 일상생활이 되었다. 그렇다면 커피는 언제 어디서 어떤 경로를 거쳐서 일본에 보급되고 전파된 것일까?

커피의 전래와 보급과정

처음으로 커피가 일본에 들어온 시기는 에도시대 초라고 전해진다. 당시 일본은 쇄국정책을 펼치고 있는 시기였기 때문에 외국인의 자유로운 출입국을 제한했다. 예외적으로 네덜란드 동인도회사와의 무역만이 에도 막부의 허락을 받았다. 이에 따라 네덜란드인은 특히 나가사키의 히라도나 데지마에 주재하고 있었다. 이 네덜란드 무역상들이 가지고 온 커피가 처음으로 일본 땅에 들어온 후 점차 일본 전역으로 전파된 것으로 보인다.

그 당시 이곳에 출입해 네덜란드 상인들과 접촉할 수 있었던 일본인은 관리, 통역관, 유녀들로 한정되어 있었다. 이들 한정된 부류의 사람들 덕분에 일본인에게 커피라는 기호식품이 처음으로 소개되었다. 하지만 '쓰고 탄 맛이 나는 차'라는 평가를 받은 커피는 당시의 일본인들에게는 별로 환영받지 못했다고 한다. 이 때문에 19세기 초에 일본에 온 독일인 의사 지볼트가 일본인이 커피를 마시는 습관이 없는 것을 보고 일반인들에게 널리 보급할 요량으로 커피를 몸에 좋다는 '양약'이라고 선전한 적도 있을 정도이다.

하지만 19세기 중반부터 일본의 근대화의 물결과 함께 서양 문화가 유입된 것을 계기로 본격적인 커피문화가 도래·보급되었다고 할 수 있다. 1853년 미국의 페리 제독의 흑선이 내항하고 1858년에는 미일수호통상조약에 따라 나가사키, 요코하마, 하코다테 등의 항구에서 해외 무역이 개시된다. 그와 동시에 외국인 거류지가 생기고 서양의 요리문화가 유입되어 새로운 문화가 형성되는 계기로 작용한다. 그런 사회적인 변화에 호응해서 일본인들이 커피를 마시는 기회가 많아지면서 커피문화도 일본 사회에 자연스럽게 퍼져 나갔을 것이다.

최초의 본격적인 커피하우스 '가히사칸'

1888년 4월 13일에 외무성 관리였던 테이에이케이鄭永慶는 도쿄 우에노에 일본 최초의 본격적인 커피하우스 '가히사칸可否茶館'을 개관했다. 그 이전에도 요코하마 거류지 내에 일본 사람들의 여가 선용을 위한 휴식공간으로 커피하우스가 개설되어 있었다. 예를 들면 1864년에는 빅토리아 커피하우스와 카페 듀쟈퐁, 아이리에 카페 등이, 1870년에는 카페 듀코메루스가 문을 열었다.

또 당시에는 상류사회층을 위한 서양관西洋館, 즉 현재의 주상복합 시설과 비슷한 기능을 가진 '로쿠메이칸鹿鳴館'1883~1940년이 이미 존재하고 있었다. 따라서 테이에이케이는 서민을 위한 사교장으로서 가히사칸이 많은 지식인들이 모여 토론하고 새로운 지식을 나누는 장소

가히사칸

출처: https://lucyk.exblog.jp/18595057/

가 되길 원했다. 하지만 서민들의 경우 여가와 여유로움을 동시에 충족시킬 수 없었던 시대적인 배경, 사회적 환경과 가히사칸 자체의 경영자금의 부족 등으로 가히사칸은 영업 개시 4년 만에 문을 닫고 말았다. 비록 짧은 기간의 개관이었지만 이 기간 동안 일본의 커피문화의 보급자 역할과 서민을 위한 생활문화의 선구적인 역할을 수행했다고 할 수 있다. 그는 가히사칸의 폐관 후에 개설되는, 일반 서민이 이용할 수 있는 '깃사텐喫茶店'의 토대를 만들었다는 것 자체만으로도 일본의 커피문화의 형성과 보급의 역사에 남을 인물로 평가된다. 그리고 이 가히사칸이 오픈된 날인 4월 13일은 커피를 좋아하는 사람들이 그날의 역사적인 의미를 부여하고 테이에이케이가 서민들의 여가문화를 창출하기 위해 고군분투한 뜻을 기려 '커피의 날 또는 깃사텐의 날'이라고도 부른다. 여기서 커피를 '가히可否'라고 표기한 것은 특별한 의미가 있는 것이 아니며 커피를 소리 나는 대로 표기한 것일 뿐이다. 그 후에는 가히珈琲라는 한문으로 대체해서 표기하고 커피라 읽는 것이 일상적인 용어로 정착되어 오늘날에 이르게 된다.

이후 일본에서는 서양의 카페문화를 일본화한 카페와 '깃사텐'이 등장하기 시작했다. 이에 관해 이야기해 보자.

카페와 깃사텐의 등장

일본에서 커피를 제공하는 사교장으로 먼저 등장하는 쪽은 깃사텐喫茶店이 아니라 카페였는데 카페와 깃사텐의 가장 큰 차이점은 주류 판매의 여부이다. 도쿄미술학교 출신인 마츠야마 쇼조松山省三가 파리의 명물카페와 같이 문예인들이 모여 서로 의견을 교환할 수 있는 장소를 만들기 위해 1911년 도쿄의 긴자銀座에 '카페 프란탄'을 개업했다. 기존의 카페와 달리 여자 종업원이 있고 경양식과 주류 등을 제공했다는 점이 특이했다. 이 카페의 회원으로 군인이면서 소설가이기도 한 모리 오가이森鷗外를 비롯하여 다니자키 준이치로谷崎純一郎, 기타하라 하쿠슈北原白秋 등 당대의 저명한 작가 소설가들이 가입하고 있었다. 카페의 벽에는 문필가들의 기발하고 개성적인 문장과 낙서로 가득 차 있었고 그것이 카페의 격조를 한층 돋우어 주는 역할을 하는 명물이었다고 전해진다.

그리고 같은 해에 긴자에 세이요켄精養軒의 '카페 라이온', 그 다음 해에 미즈노 료水野龍가 주제하는 '카페 파우리스타'도 등장했다. 전자는 양식을 메인으로 커피와 술을 제공했고 후자는 서민적인 카페를 지향하는 한편 비교적 싼 가격에 커피를 마실 수 있게 했다는 특징이 있다. 특히 카페 파우리스타가 5전錢의 저렴한 커피를 제공할 수 있었던

카페 파우리스타

출처: https://www.paulista.co.jp/paulista/

건 일본 1세대 브라질 이민자라는 이력을 가진 미즈노의 노력과 깊게 연관되어 있다. 당시 황국식민회사 사장이었던 그는 노예해방에 의한 농원의 노동력 부족으로 허덕이던 브라질에 일본인의 이민을 추진하는 사업으로 지대한 공을 세웠다고 한다. 그에 대한 보답으로 미즈노가 브라질 정부에서 대량의 원두를 무료로 제공받아 저렴한 가격으로 커피를 공급할 수 있었던 것이다.

카페와 깃사텐의 변모 과정

1923년 관동대지진 이후 1925년경에는 일본 정부가 추진하는 경제 재건의 움직임에 부응해서 내수진작을 독려하는 데 힘입어 카페와 깃사텐이 급증했다. 그런 사회의 변화와 함께 일본의 카페 형태는 종래의 일반적인 카페의 모습에서 새로운 모습과 독특한 스타일로 변모해 갔다. 종래의 손님을 상대로 여성이 대화를 나누고 술을 제공하는 카페 스타일에서, 서서히 바BAR나 카바레와 같은 화류계의 요소를 가미한 형태의 술집으로 변화한 카페가 등장했다. 이로 인해 그 당시 일본 정부가 미풍양식을 해치고 공공질서를 해한다는 이유로 1929년에 단속령까지 내리게 되었다. 그 결과 이런 카페들은 현저히 줄어들고 기존 형태의 카페와는 다른 새로운 모습의 깃사텐이라는 이름의 휴식공간이 등장했다.

이후에 등장하는 휴식공간은 주로 커피와 경양식을 제공하는 공간이라는 특징으로 깃사텐喫茶店 또는 준깃사純喫茶라고 명명되어 그 세를 불리는 곳이 급격히 늘어났다. 그런 사회적인 변화에 편승하여 깃사텐이나 준깃사 등이 급속히 증가하면서 1935년에만 도쿄에 1만 점

포가 넘었다. 당시에 한결 고조된 깃사문화喫茶文化에 힘입어 1937년
에는 원두의 수입량이 급증하나 1938년에 전시체제로 들어가면서 커
피가 기호품일종의 사치품으로 지정되어 수입규제가 발생했다. 하지만
2차 세계대전이 종결되면서부터 일본 사회에 또 다시 커피열풍이 일
어나고 그에 발맞춰 커피문화가 다양하고 역동적인 형태로 그 모습
을 드러냈다.

깃사텐과 커피문화의 다양화

앞에서 설명한 바와 같이 전후의 일본 사회에서 다시 커피문화가 활
발해지고 1950년에 커피의 원두 수입이 재개되면서부터 서민들이 커
피를 마시기 위해 깃사텐을 찾는 수요가 현격히 늘어났다. 이와 때를
같이해서 현 시점에서 일본에서 가장 유명한 두 회사, UCC우에시마
커피 우에시마 타다오上島忠雄가 창업함와 키커피회사시바타 분지柴田文次가 창업
함가 커피사업에 뛰어들면서 커피문화와 커피산업에 큰 변화를 일으
켰다.

전후 혼란이 안정됨에 따라 종래의 전형적인 깃사텐의 이미지를 벗
어난 깃사텐, 즉 오너의 취향이 강하게 반영된 개성적인 깃사텐이 우
후죽순처럼 생겨났다. 특히 여러 장르의 음악을 들을 수 있는 깃사텐
이 생겨났고 1950년대부터 1960년대에는 이 음악깃사가 전성기를 맞
이했다. 또한 1960년대에 접어들면서 개인이 경영하고 오너의 취향에
맞추어 내부를 장식하고 커피맛을 특화시킨 개성적인 깃사텐도 늘어
났다.

그런 한편으로 1960년에 모리나가森永 제과가 인스턴트 커피를 국

내에서 생산하기 시작하면서 일반 대중에게 한층 더 간편하게 커피를 제공하고, 1969년에는 UCC사가 세계에서 처음으로 캔커피를 개발하여 출하를 시작함과 동시에 대량의 제조판매가 가능해짐으로써 대량생산 대량소비의 시대가 도래했다. 그 결과 일본에서 커피는 한층 더 싸고 손쉽게 구입할 수 있고 때와 장소에 구애받지 않고 마실 수 있는 기호음료로서 지위를 확보해 갔다.

또한 1960년대부터 전성기를 구가한 음악깃사의 뒤를 이어 1970년 대에는 만화를 읽을 수 있는 망가깃사漫画喫茶가 등장했다. 즉 망가깃사는 '자마가진ザ·マガジン'이라는 회사가 나고야名古屋에 1호점을 탄생시킨 것을 시작으로 일본 전역에 전파되었다. 현재 이 망가깃사는 '만키쯔漫喫'라 불리고 오늘날 한국의 만화카페 같은 곳이다.

이 시기는 일본의 전후경제의 부흥기가 끝나 갈 무렵에 해당하는데 '탈 샐러리맨脫サラ'을 외치며 회사를 그만두고 깃사텐을 개업하는 사람들이 생겨났다. 이런 개업 붐으로 1981년에는 일본 내의 깃사텐 수가 15만 4,000점포를 넘었는데전일본 커피협회, 이때는 일본의 깃사텐 '황금기'라 불리며 2차 커피붐이 일어난 시기이기도 하다. 그러나 1990년 대에 버블경제의 붕괴로 취업이 빙하기에 접어들었고 이는 커피산업에도 막대한 영향을 미쳤다. 그 여파가 일본 경제의 전반에 걸쳐 악영향을 끼치는 한편 깃사텐의 운영 면에 지대한 타격을 가하면서 2차 커피붐은 서서히 감소 추세로 전환되었다. 하지만 이 황금기와 감속기의 연속이 역설적으로 일본의 커피문화를 한층 확고하게 하는 계기가 되었다. 즉 이 시기에 일본의 기호음료의 대중화가 이루어졌고 이는 독특한 커피문화를 발전시키는 계기로 작용했다고 할 수 있다.

현재 일본의 커피문화

1990년 이후의 일본의 커피문화의 다양성은 1970년부터 1980년대에 이루어진 각종 카페와 깃사텐의 유형을 유지하는 한편 종래의 유형과는 변형된 깃사텐, 즉 고급화를 지향하는 커피전문점과 그런 고급화와는 동떨어진 박리다매의 체인점 등의 형태로 재편되는 과정에서 나타난다.

여기서 고급화를 지향하는 선구적인 커피깃사를 몇 군데 소개하면 1966년에 다키자와 지로滝沢次郎가 도쿄에 개관한 '당와시츠 타키자와談話室滝沢'를 들 수 있다. 이 깃사텐은 청결하고 안락한 분위기의 고급스러운 깃사의 대명사가 되었는데 동시에 커피 한 잔에 무려 1,000엔이나 했다고 한다. 그리고 커피전문점으로는 1948년에 세키구치 이치로関口一郎가 '카페 도란부르カフェ·ド·ランブル'라는 점포를 내어 '커피밖에 없는 가게'라는 슬로건을 특화하는 마케팅 전략을 구사했다. 또한 1970년 마나베 구니오真鍋国雄는 도쿄 진보초에 '고히칸珈琲館'을 내고 '커피 전문점은 커피가 생명이다'라는 캐치프레이즈로 커피의 맛을 강조하고 중시하는 관점에서 사이폰을 통한 커피의 추출방식을 도입했다고 전해진다.

그 외에 커피깃사의 변모 과정을 살펴보면 이전과는 다른 형태와 특징은 먼저 개인사업의 깃사텐으로 출점하고 그곳이 어느 정도 인기가 생기면 점포를 늘리는 방식으로 체인점들이 등장한다는 점이다. 그런 형태의 대표적인 커피점은 1968년에 나고야에서 가토타로加藤太郎가 창업한 '고메다 커피점コメダ珈琲店'과 토리바 히로미치鳥羽博道에 의해 1971년 '카페 코로라도カフェコロラド'에서 1980년에 '도토르 커피점ドートルコーヒー店'으로 개명한 체인점 등이다. 여기에서 두 커피점 상호명의 유래에 약간 부연 설명을 하면 '고메다'는 가토의 가업이 쌀가게고메야였으며 '고메야의 타로'로 불렸던 것에서 따왔으며, '도토르'는 토리바가 브라질에서 커피에 관한 공부를 할 때 살았던 상파울로 주소 '도토르 핀트…'에서 따온 것이라 전해진다.

편의점세븐일레븐에서 시작한 세븐카페는 일반적인 커피점에서 제공하는 본격적인 커피 맛과 거의 대등한 맛의 커피를 편의점 내에서 셀프로 제공하는 형태이다. 이 세븐카페와 일반 커피점의 차이는 한 잔씩 드립하는 자동머신이 구비된 곳에서 커피를 구입하지만 커피를 즐기는 장소 제공이라는 부가가치를 도외시한 채 싼 가격의 드립커피를 본격적으로 제공한다는 점이다.

다른 한편으로 일본 커피문화의 또 하나의 특이한 점은 일본 전역에서도 각 지방마다 그 지역의 특성에 맞는 깃사텐을 창출하고 소비시키는 커피문화가 전개되고 있다는 점이다. 예를 들면 나고야의 '고메다コメダ', 고베의 '니시무라にしむら', 교토의 '오가와小川', 가루이자와의 '마루야마丸山', 교토의 '이노다イノダ' 커피점 등이 있다.

지방에서 시작하여 전국 커피체인점으로 도약한 '고메다 커피점'을 부연 설명하면 아이치현의 나고야필자가 거주하는 지역를 거점으로 1968년에 깃사텐으로 시작하여 1970년에 프랜차이즈로 전개하여 2018년에는 800점포를 달성했다. 그리고 이 지역에서 처음으로 시작된 깃사텐에서 아침식사를 간편하게 해결하는 '모닝서비스'라는 특별한 아침식사의 형태가 있다. 이 모닝서비스는 오전 중에 깃사텐에서 커피를 주문하면 간단한 아침식사까지 덤으로 딸려 나오는 방식이다. 모닝서비스의 주요 고객은 여러 가지 가사일에 분주한 가정주부, 한가한 은

나고야 호시가오카의 고메다 커피점(コメダ珈琲店)

퇴 노인, 바쁜 일상의 샐러리맨들로, 그들을 위한 간편한 식사를 제공한다. 모닝메뉴는 토스트, 쨈과 버터, 샐러드, 삶은 달걀이나 밥, 국미소시루, 여러 종류의 반찬을 선택할 수 있고 가격은 커피 한 잔 값에 포함되어 있다. 그리고 재미있는 사실은 각 지역에 따라 메뉴에 특색이 있고 가격에 걸맞지 않은 초호화판의 메뉴 경쟁도 일어나는 한편 단골손님들의 경우 자리가 거의 지정석에 가깝다는 점이다. 아마도 처음 찾아온 손님은 당황할 수도 있을 것이다.

마지막으로 일본인들에게 커피는 일본 전통문화인 '다도문화茶道文化'의 미학이 커피문화에도 연결되어 있다고 생각된다. 즉 차 한 잔을 대접하더라도 정성을 다하는 과정을 중시하는 다도문화가 일본의 핸드드립의 과정을 통한 커피추출의 과정에도 계승되고 있다고 해도 과언이 아니라는 것이다.

그런 점에서 다도에 입문할 때 반드시 회자되는 '평생에서 단 한 번의 만남一期一会'을 접객하는 주인과 접대받는 손님의 단 한 번의 의미 있는 만남으로 가정하고 그 순간을 정성으로 대접한다는 다도문화의 정신과 일맥상통한다고 할 수 있다.

세계의 차茶문화 트렌드가 만들어지는 곳, 도쿄

이윤미 (티컨설턴트, 홍차전문점 티랩 대표)

    기원전에 발견된 차茶 음료가 지금도 전통의 모습과 새로운 다양성이 교차하는 모습으로 이어지는 도쿄, 차茶에 '최첨단'이라는 단어와 '제3의 물결'이라는 단어가 붙어 세계적인 차문화 트렌드를 만들어 가는 도시, 영국의 애프터눈티가 가장 다양한 모습으로 상품화되어 팔리고 있는 도쿄, 전 세계 차茶 브랜드를 모두 만날 수 있는 도쿄를 돌아본다.

일본의 차

    차茶는 녹차나무, 즉 *Camellia sinensis*의 싹, 잎, 줄기로 만들어진 것으로 차나무의 품종과 그 제다법의 차이에 따라 다양한 향미가 나는 녹차, 백차, 황차, 청차우롱차, 홍차, 흑차보이차 등이 있다. 차의 시작은 기원전 고대 중국으로 거슬러 올라가는데, 신농神農이라는 전설 속의 왕이 약초를 찾아 헤매다 해독에 이용한 것이 차였다고 한다. 8세기경 당나라의 육우가 지은 《다경茶經》은 차에 관한 이론이 기록된 세계에서 가장 오래된 다서이다.

    일본에 차가 전해진 것은 9세기경으로 헤이안시대에 견당사로 갔다가 돌아온 사이쵸가 차씨를 가지고 와서 히에이잔比叡山에 심었다고 하고, 에이츄는 차를 만들고 우려서 사가천황에게 마시게 했다는 기록이 있다. 12세기경 가마쿠라鎌倉시대에는 에이사이선사가 송나라에서 차 씨를 가져와 교토의 토가노오산 고산지의 묘에에게 전해주어 다원을 열었던 것이 우지차의 시작이라고 할 수 있다. 에이사이는 《끽다양생기喫茶養生記》를 저술하여 차 마시는 법을 보급했고, 미나모토 사네토모에 헌정했기 때문에 무가사회에도 차 마시는 법이 알려진 것이다.

또한 시즈오카靜岡는 메이지시대에 실직한 막부의 신하들에 의해 개척되어 현재 일본차 생산량의 반 이상을 차지하는 일본 최대의 차산지이다. 일본은 1858년의 미일통상조약 이후 요코하마横浜항을 개항하고 메이지시대 초기까지 생사와 차를 대표적인 수출품목으로 삼았다. 최근 통계에 따르면 2015년 일본 차의 수출은 4,000톤 이상으로 약 100억 엔대에 이른다. 일본 차는 수출역사로 보아도 세계 곳곳에 퍼져 있고 일본의 차문화와 함께 온 세계의 관심을 끌고 있다.

일본 차의 종류에는 센차煎茶라고 불리는 일반적인 녹차, 고급 녹차인 옥로, 녹차를 한 번 더 볶아 만든 호지차, 홍차, 다도용 가루녹차인 말차가 있다. 여기에 녹차나 호지차에 현미를 넣은 차, 녹차나 현미녹차에 말차가 들어간 차도 있다.

일본의 차산지는 생산량 1위인 시즈오카현을 비롯하여 우지차로 잘 알려진 교토, 이세차가 생산되는 미에현, 야메차로 유명한 후쿠오카현, 우레시노차가 나는 사가현, 그리고 전국 2위의 생산량을 자랑하는 가고시마현을 들 수 있다. 이외에도 일본의 최북단 차산지라고 할 수 있는 니가타현, 이바라기현, 사야마차로 알려진 사이타마현,

시가현, 오카야마현, 시마네현, 야마구치현, 고치현 그리고 일본에서 햇녹차가 가장 빨리 생산되는 오키나와현 등이 주요한 차 생산지이다.

1908년에는 시즈오카현의 스기야마 히코사부로가 차 우량품종인 '야부기타'를 육성·보급했다. 야부기타는 현재 일본에서 가장 많이 재배되고 있는 차나무 품종으로 장점이 많기 때문에 각지에 퍼져 2008년 기준으로 전체 일본 차의 75%를 점하고 있다.

최근 일본 차의 경향으로는 품종의 다양화와 산지의 특징을 살린 오리지널 일본 차를 표방한다. 즉 '포스트 야부기타'를 선언하고 싱글 오리진을 신조류로 하여 다양한 품종이 상품화되고 있다. 일본 차의 품종을 살펴보면 2000년에 등록된 꽃향과 과일향이 나는 코슌, 꽃향이 풍부한 카나야미도리, 상쾌한 향과 깔끔한 맛의 녹차로 생산되는 사야마가오리 등을 들 수 있다. 홍차용 품종은 인도계와 교잡된 베니히카리, 베니후우키 등이 있는데 이 중 베니후우키는 녹차로 만들면 알레

다양한 일본 녹차 상품

르기에 좋은 성분이 많아 녹차로도 홍차로도 상품화되고 있다. 이런 다양한 품종과 산지를 강조하는 일본 차의 붐을 일컬어 '제3의 물결'이라고 한다.

또 하나의 새로운 경향은 전통다구와 함께 새로운 도구를 이용한 인퓨징에 주목하여 일본 차를 드립하여 마시는 것이다. 핸드드립은 주로 커피를 추출하는 데 쓰는 방법이지만, 차에서는 전통다관을 갖고 있지 않은 현대인을 위한 새로운 착안이다. 도쿄사료라는 브랜드는 일본 차를 지역과 품종별로 상품화하고 그것을 핸드드립해서 마실 수 있는 도구와 블렌딩 키트를 팔고 있다. 최근에 일본 차 전문점이 많이 생겨나는 것도 일본 차가 새로운 도약을 맞았다고 할 수 있다.

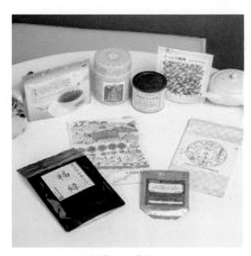

다양한 일본 홍차 상품

일본 차를 세계화하고 미래화하는 대표주자들

● 다케다 리에(武田利絵)

일본 차를 알리는 가장 중심에는 전통 다도 체험을 하는 차젠茶禅이라는 곳의 다케다 리에가 있다. 히가시긴자의 가부키자 바로 옆의 차젠에서는 일본 전통 다도 교육을 하고 일본어와 영어로 일본 전통 다도 체험이 가능해서 외국인도 많이 찾는다. 전통을 유지하고 국내외에 알리는 일은 어떤 새로운 트렌드를 이끌어 가는 것보다 일본 차를 미래화하는 데 기여한다. 2021년 2월에는 아사쿠사浅草에 말차와 와가시 만들기 체험카페를 열었다.

● 스테판 단톤(Stephane Danton)

프랑스인으로 일본 차 블렌딩 티숍인 '오차라카おちゃらか'의 주인이다. 소믈리에로 일본에 와서 활동하다가 일본 차에 반하여 일본 차를 세계에 알리는 일을 한다. 일본의 녹차, 홍차, 호우지차에 프랑스인 특유의 감각을 담아 새로운 맛과 향이 나는 플레이버 블렌딩티를 만들어 판매하고 있다.

● 야시로 마유미(八代真弓)

'맛있는 과자와 차'를 표방하는 차 전문점 '마얀치'의 주인이다. 마얀치는 과자와 케이크를 가르치는 스튜디오이고 주 2일은 차 전문점으로 오픈한다. 마얀치의 애프터눈티는 맛있는 과자와 케이크를 맛볼 수 있고, 야시로 마유미 선생이 직접 고른 차들이 현재 일본의 차 트렌드를 알 수 있게 해 준다. 도쿄에 갈 때는 마얀치가 차 전문점으로 오픈하는 요일에 맞추어 가면 근사한 애프터눈티를 만날 수 있다.

● 카오리(Kaori)

요코하마 모토마치의 '카오리스' 카페의 사장이다. 스타벅스에서 근무한 경험을 살려 커피의 에스프레소를 티에 응용하여 차를 에스프레소처럼 추출한다. 카오리스에서는 티프레소로 만든 티라테와 아이스티, 그리고 차이를 맛볼 수 있다. 전통적으로 차는 우린다고 생각하는데, 커피처럼 기계를 이용하여 추출할 수 있는 방법에 착안했다. 이것 또한 차의 미래화와 세계화를 위한 길이라고 할 수 있다.

세계의 홍차는 모두 도쿄에 있다

차는 기원전 중국에서 시작되어 온 세계로 퍼져 나갔지만 현대인들이 가장 쉽게 만나는 차는 홍차라고 할 수 있다. 17세기 초부터 중국을 통해 차를 접하기 시작했던 유럽인들은 19세기 초까지 중국에서 차를 수입해 마셨다. 그러던 중에 영국은 1823년에 인도와 버마의 국경지역인 아삼Assam주에서 열대산 아삼종 차나무를 발견했고, 아삼땅에 심어 재배에 성공했다. 그리고 중국에서 제다기술자를 데려다 자신들의 기호에 맞게 차나무잎의 산화반응이 강하게 일어나고 향이 좋은 홍차를 만들어 냈다. 홍차 제조의 시작은 17세기 초 중국의 무이산武夷山에서 시작되었으나 현재 세계적으로 마시고 있는 홍차는 영국식 홍차인 것이다.

1839년 최초로 아삼홍차가 런던 티옥션에 경매된 이후 인도 전역이 홍차 산지가 되었고, 1860년대 후반에는 커피 산지였던 스리랑카도 홍차 산지로 바뀌었다. 뒤이어 1880년대 후반에는 인도와 스리랑카에서 홍차가 대량생산되는 것에 자극을 받아 중국도 기문 홍차를 대량생산하기 시작했다. 현재 홍차는 전 세계 차 생산량의 약 70% 정도를 차지한다.

녹차를 중심으로 한 일본 차는 일본뿐만 아니라 외국에도 수출되는 경쟁력 있는 품목이다. 메이지시대를 연 중요한 인물 중 하나로 당시 내무경이었던 오쿠보 도시미치大久保利通는 미국과 유럽을 시찰하던 중 사람들이 홍차를 즐겨 마시는 모습을 보고 일본 홍차 개발을 지시했다. 시즈오카시 마리코에 다원을 개척하고 있었던 타다모토키치를 발탁하여 인도와 중국에서 홍차 기술을 배워 오게 했다. 타다모토키치는 인도에서 가져온 종자 중에 추위에 잘 견디는 품종을 육성하여 일본 최초의 홍차 품종인 '베니호마레'를 탄생시켰다. 지금도 시즈오카 마리코 홍차는 일본 홍차의 상징으로 유명하다. 일본 홍차의 생산량은 1954년에 7,210톤이나 되었으나 인도, 스리랑카 등에서 대량생산되는 홍차에 경쟁력을 잃어 수출도 저조해지고 생산량도 소규모로 바뀌었다. 1971년 일본은 홍차의 수입 자유화를 통해 전 세계 홍차가 일본 내에 들어오게 되었다.

일본에서는 영국을 비롯한 세계의 티브랜드와 일본의 티브랜드들이 다양한 산지의 홍차를 상품화하고 있다. 특히 도쿄는 전 세계의 홍차와 차류를 갖춘 티브랜드를 만날 수 있는 곳이고, 세계 차산지의 유명 다원에서 가장 최근에 생산된 차가 시즌별로 상품화되어 신선하고 맛있는 차들을 만날 수 있는 곳이다.

도쿄에서 세계의 홍차를 만나려면 우선 긴자銀座의 미쓰코시 백화점에서 영국의 유명 티브랜드인 포트넘 앤 메이슨의 유서 깊은 블렌딩 홍차를 만나고, 맞은편 골목의 스즈란도오리에 있는 프랑스 브랜드 마리아쥬프레르 긴자점을 들를 것을 추천한다. 마리아쥬프레르에서는 시즌에 맞추어 도착한 오리지널 홍차와 중국 차, 허브차, 블렌딩티 등 전 세계 35개국의 최고의 다원에서 생산한 400여 종의 차를 만날 수 있다. 특히 원하는 산지의 차를 시향하고 골라서 살 수 있다.

쇼핑과 카페 그리고 과자와 케이크의 거리로 유명한 지유가오카自由が丘는 루피시아 본점을 들르기 위해서라도 꼭 가보길 권한다. 세계의 차를 표방하는 루피시아는 차 교과서와 같은 곳이다. 다양한 산지의 홍차와 전 세계의 차 200여 종이 준비되어 있다. '차브랜드를 벤치마킹하려면 루피시아로 하라'고 하고 싶다. 그 정도로 루피시아의 차는 산지와 종류에 따라 차의 특징이 잘 살아 있고 신선한 차로 상품화되어 있다.

이 밖에도 영국의 대표적인 브랜드인 트와이닝즈, 립톤 등과 프랑스 브랜드인 벳쥬만 앤 바통, 니나스, 포숑, 오스트리아 브랜드인 데머스 티하우스, 싱가폴 브랜드인 TWG TEA, 일본 브랜드인 카렐차페크, TEA POND, TEA SALON Gclef, 마더리프 등이 있다. 대형슈퍼마켓의 차 코너에도 전차나 말차 등을 비롯하여 포숑의 애플티나 마리아쥬프레르의 마르코폴로 등 유명 브랜드의 상품들이 함께 진열되어 있어 손쉽게 구입할 수 있다.

도쿄에는 영국을 비롯한 유럽과 세계의 유명 티브랜드가 모두 상륙해 있다고 해도 과언이 아니다. 또한 일본의 티브랜드도 세계의 어느 유명 브랜드 못지않게 다양한 차를 패킹하여 상품화하고 있다. 도쿄는 전 세계 차 브랜드가 모두 어깨를 나란히 하고 소비자들에게 맛있는 차를 전해 주는 곳이다.

일본 차 맛있게 우리기

차가 맛있다는 것은 차의 성분이 제대로 추출되었다는 뜻이다. 차를 맛있게 우리려면 차가 우러나는 원리와 차의 종류에 따른 특성을 알아야 한다. 차가 우러나는 원리는 끓인 물 속의 산소가 차엽에 붙어서 저절로 우러나는 것이다. 여기서 끓인 물이란 비등 직전의 물이다. 비등 직전의 물을 체크하기 어렵다면 요즘 많이 사용하는 전기주전자를 이용하여 버튼을 누르고 물이 부르르 끓고 멈춘 때가 바로 97℃ 비등 직전의 물이다. 이 물을 차의 종류에 따라 우리기 알맞은 온도로 식혀서 우리면 좋다.

전차와 같은 보통의 녹차인 경우는 2g 정도의 차에 약 200ml의 끓인 물을 85℃ 정도로 식힌 물을 넣어 2~3분 정도 우리면 좋다. 2~3회 정도 우려도 차가 잘 우러난다.

옥로나 가부세차 같은 고급 녹차는 끓인 물을 70℃로 정도로 식혀서 우리면 좋다. 일반적으로 녹차를 우릴 때는 전통다구를 이용하지만 계량을 할 수 있는 내열 유리컵을 이용하여 끓인 물의 양을 맞추고 티 스트레이너와 같은 거름망을 이용해 걸러서 티팟이나 유리저그에 담아서 따라 마셔도 좋다.

일본 홍차나 호지차는 끓인 물을 바로 부어 우리는 것이 성분이나 맛의 추출에서 탁월하다. 차의 양과 끓인 물의 비율은 1:100이 좋다. 즉 차엽 2g에 끓인물 200ml을 넣어 3분 1회 혹은 2분 3회 우린다. 특히 홍차는 붉은색으로 우러나고 다관에 찻물이 들어 자칫 비위생적으로 보이기 쉬우므로 위생적으로 세척할 수 있는 본차이나 혹은 유리용기를 이용하는 것이 좋다.

그리고 다도용 가루차인 말차는 차완 혹은 다완이라는 사발 모양의 다기와 대나무로 된 차선이라는 도구를 이용하여 거품을 내서 마신다. 말차의 1회 분량은 1~1.5g 정도이다. 녹차, 홍차 등은 물에 우려서 마시는 것이고 말차는 차를 통째로 먹기 때문에 성분의 강한 정도가 다르므로 1회분의 양을 지키는 것이 중요하다. 끓인 물의 양은 60~70ml 정도로 온도는 90℃ 정도가 적당하다. 차선으로 말차를 거품 내는 것을 격불한다고 표현한다. 말차를 넣고 끓인 물을 붓고 차선으로 처음에는 바닥에 있는 말차를 개듯이 한두 번 섞는다. 그리고 다완 가운데에서 차선을 수직으로 세운 후 바닥에서 1cm 정도 띄운 후 수평으로 30~40번 빠른 속도로 왔다갔다 움직이면 고운 거품이 나는 말차가 완성된다.

현대에는 간편한 티백제품을 많이 이용한다. 티백을 우릴 때는 티백차 1개 양이 2g 정도이므로 머그잔의 8부인 약 200ml의 끓인 물로 우리면 좋다. 온도는 차의 종류에 따라 조금씩 달리한다. 끓인 물을 붓고 티백을 넣은 후 2~3분 후에 티백을 꺼낸다. 티백이 우러나는 동안에는 티백을 흔들지 않는다. 티백을 흔들면 끓인 물 속의 산소가 차엽에 붙어 저절로 우러나는 것을 방해하므로 잡맛이나 아린 맛이 난다. 누구나 차에 대한 몇 가지 핵심만 알아 두면 차의 종류에 따라 맛과 향을 충분히 즐길 수 있다.

일본의 맛과
음식문화

벤토, 일본 서민의 음식문화

일본의 3대 국민 음식

라멘, 소바, 우동을 먹으며 배우는 일본 문화

외국인이 즐겨 찾는 일본의 음식문화

벤토, 일본 서민의 음식문화

황정란(NPO법인 한일문화교류회 나고야 대표)

세계에서 주목받는 와쇼쿠와 벤토

2013년, '와쇼쿠和食, 일본인 전통 음식문화'가 유네스코 세계무형문화유산에 등록되어 눈길을 끌었다. 실제로 해외의 일식 레스토랑 수를 조사해 보니 2013년에는 약 5만 5,000점이었으나, 2019년에는 약 15만 6,000점으로 2.8배 증가했다(외무성·농림수산성 조사).

그런데 '초밥', '튀김'이라는 일본 요리는 현재 고급 요리로 여겨지지만 이 음식들은 원래 에도시대 서민들이 포장마차에서 서서 먹는 패스트푸드였다. 이처럼 현재의 일식은 서민의 음식문화가 발전한 것인데, 일본 음식문화의 특징 중 하나로 '벤토도시락'를 들 수 있다. 벤토弁当는 그 기원이 나라시대710~794년까지 거슬러 올라간다고 하는데, 현대 일본에서도 슈퍼마켓, 백화점주로 지하층에서 판매, 편의점, 도시락 전문점 등 곳곳에서 볼 수 있다. 게다가 최근에는 손수 만드는 벤토의 인기가 높아져 텔레비전 요리 프로그램, 서적, 인터넷 등에서는 손쉽게 만들 수 있는 벤토 조리법에 대한 정보가 넘치고 있다.

또한 파리, 뉴욕, 아시아 주요 도시에서도 벤토 전문점이 적지 않다. 'BENTO'는 영어와 프랑스어 사전에도 실려 있고 일본어 그대로 통하는 말이 되었다. 여담이지만 애플의 매킨토시 컴퓨터에는 2013년까지

도시락에서 이름을 딴 'BENTO'라는 데이터베이스 소프트웨어가 있었다. 여기서는 이처럼 일본 생활에서 빠질 수 없는 '벤토' 역사와 식문화를 소개한다.

가부키와 마쿠노우치 벤토

가부키歌舞伎는 에도시대 중기 겐로쿠1688~1704년 무렵부터 서민들 사이에서 선풍적 인기를 끌어온 연극으로 도시락의 발달에 일조했다. 에도 사람들은 무대의 배우와 일체가 되어 연극에 열광했다. 가부키 흥행은 아침 6시부터 저녁 5시까지 이어져 구경하는 데 하루가 걸렸기 때문에 연극과 연극 사이의 휴식시간인 '막간幕間'에 나온 것이 '마쿠노우치幕の內'라는 도시락이었다.

에도시대의 풍속을 기록한 《모리사다만고守貞謾稿》의 '마쿠노우치 벤토'에 대한 기록을 보면, 그 내용물은 주먹밥 10개, 곤약, 부친 두부, 박고지, 토란, 어묵, 계란말이였다. 현대에도 그 전통의 맥을 이어 백

에도시대의 마쿠노우치 벤토를 재현한 것　　현재 편의점 등에서 판매되는 마쿠노우치 벤토
출처: 일반사단법인 Plenus 米食문화연구소.

화점, 편의점 등에서 '마쿠노우치 벤토'가 판매되는데, 백미를 주식으로 계란말이, 어묵, 조림 등의 반찬 구성이 유지되고 있다.

가부키와 관련 있는 도시락이 하나 더 있다. 유부초밥과 김밥을 담은 '스케로쿠助六 초밥'이다. '스케로쿠'는 가부키의 상연 목록인 '스케로쿠유엔에도자쿠라助六由緣江戸桜'에 등장하는 주인공 이름이다. '유부'와 '김밥'으로 스케로쿠의 연인의 이름인 '아게마키揚巻'를 표현하고 있다고 한다. 이 도시락은 오늘날에도 저렴한 가격의 초밥 도시락의 대표로 판매되고 있다.

스케로쿠 초밥

에키벤

일본 전국의 주요 철도역에는 그 지역 특산품을 사용한 '에키벤駅弁'을 판매하고 있다. 승객들에게는 열차 안에서 바깥 경치를 보면서 그 지역의 독특한 맛이 담긴 에키벤을 먹는 것이 큰 즐거움이다. 각 지역의 에키벤을 맛보기 위해 열차 여행을 한다는 사람들도 많다. 최근에는 백화점 등에서 전국의 에키벤을 모아 판매하는 이벤트도 많아서 굳이 해당 지역에 가지 않더라도 에키벤을 즐길 수 있다.

에키벤은 메이지 18년1885년, 우에노 - 우츠노미야 간의 우츠노미야 역에서 판매된 것이 최초라고 한다. 당시는 검은깨를 뿌린 매실장아찌가 들어간 주먹밥 2개와 단무지 두 쪽을 대나무 잎으로 싼 것이었다. 그 이후 메이지 22년1888년에 도쿄 - 고베의 도카이도 본선이 개통된 것을 기념으로 히메지역에서 마쿠노우치 벤토가 판매되었고, 현재와 같이 상자에 들어 있는 에키벤의 형태가 되었다.

오늘날 유명한 에키벤

에키벤명	판매 역
오징어밥 (이카메시)	홋카이도, 모리역
에치젠게밥 (에치젠 가니메시)	후쿠이현, 후쿠이역
도게의 솥밥 (도게노 가마메시)	군마현, 요코가와역
송어 초밥 (마스노 스시)	도야마현, 도야마역
하마나코 장어 도시락 (하마나코 우나기 벤토)	시즈오카현, 하마마츠역
마츠자카 소고기 도시락 (마츠자카 규 벤토)	미에현, 마츠자카역
은어 도시락 (아유야산다이)	구마모토현, 야츠시로역

도게노 가마메시

송어 초밥

에키벤은 선명한 포장지 디자인이나 정성이 담긴 용기 모습으로 인기를 끄는 사례가 많다.

쇼카도 벤토

'쇼카도 松花堂'는 가운데 십자형의 칸막이가 있고, 뚜껑이 있는 용기를 사용한 도시락이다. 쇼카도 벤토는 가이세키 요리 懐石料理를 계승하여 쇼와 8년1933년에 유명한 요정料亭 '깃쵸吉兆'를 창업한 유키 테이이치湯木貞一, 1901~1997년가 고안한 새로운 양식이다. 유키는 맛은 물론 치수그릇에 어울리고, 먹는 사람의 입에 맞는, 분량보기도 좋고 먹는 사람에게도 적당한 양, 색채아름다움를 중시하며, 도시락 연구를 거듭하면서 검은 칠기의 용기, 십자로 나누어진 칸막이 안에 더 작은 그릇을 넣은 현재의 양식으로 완성되었다. 쇼카도 벤토는 도시락이라는 간편함을 지니면서도 아름답고 내용이 알찬 가이세키 요리이며, 요리사의 센스와 기량을 엿볼 수 있는 '오모테나시'의 도시락이라고 할 수 있다.

쇼카도 벤토와 용기

출처: 교토깃쵸(京都吉兆).

수제 도시락-자신의 맛을 담은 취미

일본 회사원들은 점심을 위해 수제 도시락을 지참하는 경우가 상당히 많고 현재도 증가하는 추세이다. 1965년 요미우리신문 조사에서는 지참률이 25.9%, 1988년 아사히신문 조사에서는 39%, 2017년 신세이은행 조사에서는 약간 감소하여 34%였다.

이처럼 일본에서는 도시락을 매일 직접 만드는 것을 선호하는 사람들이 많아서 서점에도 도시락과 관련된 책이 많이 진열되어 있다. 인터넷상에도 도시락 조리법을 소개하는 사이트가 많은데, 보기에도 예쁘고 맛있게 보이는 도시락 사진을 서로 경쟁하듯 올리고 있다. 즐기면서 궁리하여 만드는 자기 나름의 취미라고 할 수 있다. 그런 가운데 새롭게 등장한 것이 '캐릭터 도시락캬라벤'이다.

● 캐릭터 도시락

'캬라벤'이란 도시락을 캔버스로 간주하여 아이들이 좋아할 만한 캐

캬라벤의 원조인 문어 모양 비엔나 소세지

캐릭터 도시락

릭터를 그린 도시락을 말한다. '캬라벤'은 1996년 홋카이도신문의 '이 것이 추천 유치원 도시락'이라는 칼럼에 실린 것이 처음이라고 한다. 그 이전 쇼와시대부터 빨간 비엔나 소시지를 문어의 발처럼 가늘게 자른 '문어 모양 비엔나 소세지'라는 것이 있었으나 캬라벤으로 인식되지는 않았다.

2000년에 캬라벤 레시피 책《캐릭터가 가득한 맛있는 도시락》이 출판되어 붐이 일어났다. 현재는 예술이라고 할 만한 수준의 캬라벤이 블로그 등에 많이 올라오고 있다.

● 도시락 남자(弁当男子)

마지막으로 '수제 도시락'과 관련하여 '도시락 남자'를 소개한다. '도시락 남자'란 자신이 만든 도시락을 직장이나 학교로 가지고 가는 이들을 일컫는다. 이런 남성이 꾸준히 증가하고 있어서 눈길을 끈다. 2008년 리먼 쇼크 이후의 불황의 골이 깊어지면서 처음엔 독신 남자들도 절약하기 위해 도시락을 만들어 가져가는 일시적인 현상으로 여

겨졌다. 그러나 십여 년이 지난 지금도 남성들이 요리하거나 직접 도
시락을 만드는 사례가 늘고 있다.

한국도 마찬가지이지만 일본에서는 요리나 도시락 만드는 일은 여
성들의 몫이라는 인식이 지배적이었다. 하지만 요리하는 남성이나 '도
시락 남자'가 많아지는 현상은 남녀의 역할에 대한 전통적 고정관념을
바꾸고 있음을 실감하게 해 준다.

일본의 3대 국민 음식

우오즈미 야스코(한국방송통신대학교 일본학과 객원교수)

번역: 신재관(前 CEO, 일본어 강사)

한국에 온 지 벌써 10년이 지났다. 한국에서 10년 정도 살다 보니 식습관은 거의 한국인과 비슷해졌다. 라면을 먹을 때는 김치를 꺼내고 상추에 삼겹살, 고추나 마늘을 얹어 쌈으로 먹어야 먹은 것 같고 비가 오면 막걸리에 파전이 간절히 생각난다.

그런데 식습관은 거의 한국이 되었다 해도 여전히 '그래도 나는 역시 일본인이긴 하네'라는 생각이 들 정도로 그리운 일본 음식들이 있다. 바로 어린 시절 도시락 속에 들어 있던 우메보시梅干し, 할머니의 집에 가면 매일 아침 식탁에 나왔던 갈은 무가 들어간 낫또納豆, 그리고 돌아가신 어머니가 자주 만들어 주신 특제 카레라이스이다.

이것은 나에게 고향을 생각나게 해 주는 음식이기도 하다. 아니, 나 말고도 일본 사람이라면 누구나 고향을 떠올릴 것이다. 쌀밥이 주식인 일본 음식문화 속에서 소박하면서도 삶이 녹아 있는 음식이기 때문이다. 여기에서는 일본인들에게 일본을 떠올리게 하는 대표적인 3대 음식인 우메보시, 낫또 그리고 카레라이스에 대해 이야기하고자 한다.

낫또

한국에서도 찾는 사람들이 계속 늘어나는 일본 음식이 낫또 納豆이다. 콩을 잘 삶은 후 낫또 종균을 첨가해서 만든 발효 식품으로, 오랫동안 국민의 건강 유지에 일익을 담당해 온 식품이다. 낫또에는 5대 영양소가 모두 포함되어 일본에서는 건강식품으로도 유명하다. 그러나 발효 식품 특유의 강한 냄새와 끈끈한 식감 때문에 호불호가 나뉘기도 한다. 낫또의 호불호를 조사한 한 연구 결과에서 동일본 지역에서 지지가 높은데 그중 낫또의 생산지로 유명한 이바라키현에서는 80%의 사람들이 '낫또가 좋다'라고 대답했다고 한다. 한편 간사이 지방에서는 의견이 반반으로 나뉜다. 흔히 '간사이 지방에는 낫또를 싫어하는 사람이 많다'고 알려져 있는데 조사 결과에서도 확인할 수 있다. 한국에서도 간사이 지역과 같이 호불호가 나뉘는 것 같다. 낫또를 한 번도 먹어 본 적이 없는 사람은 있어도 한 번만 먹어 본 사람은 적은 듯하다. 낫또 이야기를 좀 더 해보려고 한다.

낫또는 일본에서 언제부터 먹었을까? 낫또의 기원에 관해서는 여러 가지 설이 있지만 야요이시대 弥生時代부터 존재하고 있었다는 설이 있다. 당시 사람들은 딱딱한 콩을 부드럽게 하기 위해 삶아 먹었다. 또한 야요이시대의 주거 형태는 볏짚을 많이 사용했다. 이 삶은 콩에 볏짚에 묻어 있는 낫또 균이 자연 발효하여 낫또가 탄생했다고 한다. 또 다른 설로는 헤이안시대 794~1185년의 무장인 하치만 타로요시이에 八幡太郎義家가 전투 중에 농민들에게 말 사료로 콩을 내도록 명령했다. 농민들은 서둘러 콩을 삶아 잘 식지도 않은 상태로 가마니에 넣어 내었던 것이다. 삶은 콩이 며칠이 지나면 특유의 냄새를 풍기며 발효되어 낫또가 됐다는 설이다. 어쨌든 삶은 콩과 볏짚의 만남이 낫또 탄생의 계기가 된 것으로 보인다.

낫또의 종류는 크게 네 가지이다. 실처럼 늘어나는 낫또糸引き納豆, 콩을 잘게 쪼갠 낫또ひきわり納豆, 끈적끈적하고 걸쭉한 낫또五斗納豆, 발효 낫또를 소금물에 절여 만든 절낫또寺納豆로 분류된다. 일반적으로 우리가 먹는 낫또가 '실처럼 늘어나는 낫또'이다. '콩을 잘게 쪼갠 낫또'는 콩을 갈아서 껍질을 벗긴 후 낫또 종균으로 발효시킨 것이다. 콩을 쪼갠 식감이 부드럽고 소화도 잘 되기 때문에 어르신이나 유아 식품으로 인기가 높다. 또한 초밥 집에서 낫또말이納豆巻き에 사용되는 경우도 많다. 그리고 '끈적끈적하고 걸쭉한 낫또'는 낫또의 가공식품으로 잘게 쪼갠 낫또에 쌀누룩과 소금을 넣어 발효하고 숙성시킨 것으로 야마가타현 요네자와 지방에서 오래전부터 만들어 왔다. 마지막으로 '절 낫또'는 삶은 콩을 누룩으로 발효하고 건조하면서 숙성시키는 발효식품으로, 끈기가 있어 실처럼 늘어나는 낫또와는 달리 소금물에 담갔다가 건조를 해서 짠 맛이다. 선종의 전래와 함께 대륙으로부터 전해졌고, 사찰에서 만드는 경우가 많아 '사찰 낫또'라는 별칭으로 불리기도 한다. 겉모양이 검고 실처럼 타래가 없는 것이 특징이다.

낫또 먹는 방법

방법 1 낫또는 아침보다 저녁에 먹는 편이 낫다. 낫또에 들어 있는 나토 키나제는 혈전을 녹이는 힘이 있다. 이 키나제가 작동하기 시작하는 것은 식후 약 4~8시간 정도로 알려져 있고, 수면 중 더욱 활발하게 활동한다고 한다.

방법 2 　낫또를 냉장고에서 꺼내 후 30분 정도 실온 상태에 놓아 둘 것. 낫또를 상온에서 놓아 두면, 낫또 균이 증식하여 장기의 환경을 정돈하는 데 보다 효과적이기 때문이다.

방법 3 　낫또는 20회 이상 섞어 준다. 낫또를 섞어 끈끈한 실타래를 만들어 주면 '폴리 글루타민산'이라는 물질이 많아진다. 폴리 글루타민산은 위벽을 보호하고 장에서 노폐물의 배출을 촉진시키는 역할을 한다. 낫또를 섞는 순서도 매우 중요하다. 양념이나 간장, 겨자 등을 먼저 넣어 버리면 폴리 글루타민산이 수분과 흡착해 끈적임이 약해진다. 먼저 낫또를 섞고 난 후에 넣는 것이 실타래를 늘릴 수 있다.

평범한 낫또 먹는 법에 지루함을 느끼는 사람, 혹은 낫또에 선뜻 손이 가지 않는 사람이 입이 마르도록 칭찬하는 낫또 요리가 있다. 바로 '낫또 파스타'이다. 여기서 낫또 파스타의 레시피를 공개한다. 버터의 풍미와 낫또가 잘 어우러지는 일품요리로 낫또에서 새로운 맛을 느끼고 싶은 사람이라면 낫또 파스타를 꼭 만들어 보면 좋겠다.

(재료/1인분) 파스타 100g, 낫또 1팩, 낫또 부속 양념, 겨자, 달걀 노른자(1개), 버터(큰 수저 반 스푼), 시오콘부(한 줌), 파스타 삶은 물(큰 수저 한 스푼), 가늘게 자른 김밥 김(한 줌), 잘게 썬 파(큰 수저 한 스푼)

※ 기호에 따라 가늘게 썬 양파 작은 것 반, 양송이 버섯 1/4팩 정도 따로 데쳐서 마지막에 올려도 좋음.

※ 시오콘부는 인터넷으로 구매 가능함. (가늘게 썬 다시마에 양념가루가 뿌려져 있음)

낫또 파스타

1. 끓인 물에 소금을 한 줌 넣고 파스타를 삶는다. 삶은 시간은 파스타 봉지의 조리법을 따른다.
2. 파스타를 삶는 동안 낫또, 첨부 양념, 겨자, 파스타 삶은 물을 잘 섞어 둔다.
3. 삶은 파스타를 건져 낸다. 뜨거운 파스타면에 버터와 시오콘부, 2에서 준비한 낫또, 달걀 노른자를 넣고 섞는다.
4. 마지막으로 그릇에 3을 넣고 그 위에 다진 파, 김을 올리면 완성이다. 간장으로 간을 조절하면 좋다.

우메보시

우메보시는 매실 장아찌로 옛날부터 '약'처럼 귀한 대접을 받았다. 실제로 일본에서 가장 오래된 의학서 《의심방医心方》에 따르면, 우메보시는 만병통치약으로 기재되어 있다. 지금처럼 식탁에 올라온 것은 에도시대부터이다. 우메보시는 신맛이 아주 강해 일본에서는 '신맛'의 대명사로 통한다. 우메보시를 한번 먹어 본 사람은 매실을 보기만 해도 침이 나올 정도이다. 그러나 우메보시는 일본인에게는 익숙한 신맛이어도 외국인 유학생들에게는 적응하기 힘든 맛을 지닌 음식이다. 그러다 보니 유학생들 사이에서는 자극적인 맛의 우메보시가 게임 벌칙으로 먹는 음식으로 통한다. 맛 이야기는 여기까지 하고, 우메보시에는 놀라운 역사가 숨어 있다. 자, 우메보시의 비밀을 알아보자.

매화나무는 기존의 설에 따르면 중국 호북성, 사천성의 고원이 원산지이고 대략 1,500년 전에 일본에 온 것으로 알려져 있다. 당시 익은 매실을 훈제한 '우바이 鳥梅'는 약으로 사용되었다. 매실을 우메보시로 먹게 된 시기는 에도시대 중기인 것으로 알려져 있다. 문헌에 따르면, 천황의 질병을 치료하기 위해 매실과 다시마가 들어간 차를 마셨는데 질병이 치유되었다고 한다. 이 때문에 매실은 약효가 높다고 전해진 듯하다. 지금도 민간요법으로 감기나 숙취에 뜨거운 차에 매실 장아찌를 넣어 마시면 좋다고 여기고 있다. 그뿐만 아니라 매일 아침 우메보시를 한 조각 먹으면 변비나 설사에 효과가 있고, 위장이 건강해져 피부 미용에도 효과가 있다고 알려져 있다. 우메보시의 강한 신맛은 주로 구연산이며 대장기능 활성화, 식욕 증진, 살균 작용에 효과가 있다고 알려졌다. 일본인은 현대 의학으로 입증되기 전부터 이미 우메보시의 효과를 경험으로 알고 있었던 것이다.

일본인은 도시락에 흰쌀밥을 채워 놓고 그 한가운데에 우메보시 한 개를 올려놓은 것을 '히노마루 도시락'이라고 한다. 일본 국기 일장기의 디자인과 닮았다고 해서 나온 이름이다. 러일전쟁 당시에 군인 식량으로 사용한 것이 히노마루 도시락의 시초로, 2차 세계대전 중의 대표적인 음식으로 알려졌다. 1939년부터는 국민 총동원의 일환으로 매월

우메보시

1일에 전쟁터의 노고를 회상하며 히노마루 도시락으로 검소하게 생활하는 것이 권장되었다. 특히 초중학교 학생들은 점심으로 히노마루 도시락을 싸갔다. 식량이 계속 부족하자 가난한 집 아이의 도시락은 밥에 야채 부스러기 등을 섞어 넣어 양 늘리기를 했다. 한편 흰쌀밥과 질 좋은 우메보시 도시락을 가져올 수 있는 학생들은 잘사는 집의 아이들뿐이었다. 1940년부터 1944년 무렵에 걸쳐 더욱 식량 사정이 악화되어 죽, 미음, 수제비 등 대용식밖에 먹을 수 없게 되자 히노마루 도시락도 사치스러운 음식으로 지목받으면서 학교에 히노마루 도시락을 가져온 아이가 처벌을 받는 일도 있었다.

　당시 도시락은 네모진 알루미늄이 주류였다. 도시락을 먹고 난 후에는 컵 대신 도시락 뚜껑으로 차를 마시는 것이 당연한 일이었다. 그런데 도시락통은 알루미늄으로 만들어졌기에 매실의 구연산으로 도시락통에 구멍이 나는 일이 흔했다는 일화도 있다.

매실 장아찌의 영양

영양학적 입장에서 보면 쌀과 우메보시로만 이루어진 우메보시 도시락은 영양이 불균형한 식사처럼 생각될 수 있다. 그러나 고고학자 히구치 키요유키는 저서 《매실 장아찌와 일본도 祥傳社新書》에서 "양이 많은 쌀밥과 한 조각 매실 장아찌가 뱃속에 들어가면 매실 장아찌 조각이 99%의 쌀의 산성을 중화시키고, 쌀의 칼로리는 대부분 흡수되어 제 역할을 다한다"라고 했다. 그러니 우메보시 도시락은 영양이 부족해질 수밖에 없던 전쟁 시기에 나름대로 영양을 보충하는 역할을 했다고 할 수 있다.

매실의 항균 작용

예부터 매실 장아찌는 항균 작용이 있다고 알려져서 여름철 식중독 대책으로 특히 도시락이나 주먹밥에 매실을 넣는 사람도 많다. 이런 사실을 알아보기 위해 도쿄도 위생국은 식중독균 O157과 살모넬라균을 다른 그릇 배양접시에 배양하고 그 위에 매실 장아찌를 올려 두고 변화를 관찰했다. 그 결과 두 균에 대해 항균성은 인정됐지만, 우메보시와 접하고 있는 부분뿐이었다고 한다. 또한 요즘 만들어지는 우메보시는 소금의 양을 줄이는 편이기에 유기산의 함량도 감소한다. 요즘 냉장 보관이 필요한 우메보시가 많은 이유이다. '매실에는 살균 효과가 있다'라는 과신은 금물인 듯하다.

카레라이스

일본에 처음으로 '카레'라는 요리의 이름을 소개한 것은 후쿠자와 유키치가 출간한 《증정화영통어 增訂華英通語》1860년에서 'Curry'를 '콜리'로 표기한 것이 시작으로 여겨진다. 또한 일본에서 처음으로 카레라이스와 만났다고 알려진 인물은 일본 최초의 물리학자 야마가와 겐지로 山川健次郎이다. 야마가와 겐지로는 미국 유학길에 배 위에서 처음 카레라이스와 처음 만났다. 하지만 야마가와 겐지로는 처음 보는 카레라이스에 거부감을 느끼고 '먹을 생각이 없었다'고 전해진다. 야마가와 겐지로는 카레는 남겨 두고 밥만 먹은 듯하다. 원래의 카레가 어떤 맛이었는지 알 수 없지만, 일본인에게는 선뜻 익숙해지기 어려운 음식이었던 것 같다. 그런 카레가 현재는 일본의 가장 좋아하는 메뉴 중 하나가 되었다.

본래 카레는 18세기 인도에서 영국으로 전해졌다고 전해진다. 19세기에는 영국풍의 카레 가루가 만들어졌다. 영국의 카레는 향신료를 섞지 않았고 밀가루로 걸쭉함이 있다는 점에서 인도의 카레와는 달랐다. 이런 영국풍 카레 가루가 일본에 전해진 것은 메이지시대이다. 1872년에 간행된 게이가쿠도 슈진 敬学堂 主人의 《서양요리지남 西洋料理指南》에는 카레의 주요 재료로 파와 개구리가 사용되었다고 적혀 있다. 그러나 개구리 고기가 들어간 카레는 대중적으로 보급되지 않았고, 다이쇼시대에는 파가 양파로 바뀌었으며 홋카이도를 중심으로 감자와 당근이 들어간 카레가 개발되었다. 일본산 카레 가루가 등장한 것과 함께 다이쇼시대 무렵에 현재 카레라이스의 원형이 완성된 것으로 전해진다.

일본에서 예부터 가정에서 요리와 취사는 어머니가 담당하고 있었기에 어린 시절에 경험한 가정 요리를 엄마의 맛이라 한다. 'goo 랭킹 사이트'의 '엄마의 맛 하면 떠오르는 요리'라는 설문 조사에서 1위는 일본식 소고기 감자조림 니쿠자가, 2위는 된장국, 3위는 계란말이, 이어서 4위는 카레라이스가 뽑혔다. 그런데 대부분의 가정에서 먹는 카레라이스는 시중에 판매되는 제품인데 어떻게 해서 '엄마의 맛을 떠올리는 요리'에 들어가는지 고개를 갸우뚱하는 사람도 많을 것이다. 그러나 시중에 판매되는 카레가 '루'Roux, 밀가루, 소금, 버터 등을 넣고 볶은 수분 건조 양념으로, 일본에서는 '루–' 라고 장음으로 발음한다라고 해도 그 종류도 다양한 데다가 단맛, 보통 매운맛, 아주 매운맛처럼 맵기의 종류도 어떤 '루'를 사용하느냐에 따라 달라진다. 또한 각 가정에서 만드는 카레의 맛은 돼지고기, 쇠고기, 닭고기, 생선조개류, 야채 등 건더기의 변화가 많아서 음식점에서 가정과 같은 맛을 만나는 일은 거의 없다고 할 수 있다. 일본인 중에는 자신의 집에서 만든 카레 외에는 먹지 못하는 사람도 있을 정도로 각 가정에 따라 카레 맛이 다르다.

일반적으로 '카레' 하면 카레라이스로 밥 위에 카레를 부은 음식을 말한다. 카레라이스 위에 돈가스를 올리면 '카츠카레', 카레에 우동을 넣으면 '카레 우동', 빵 안에 카레를 넣고 튀긴 것을 '카레 빵'이라 한다. 그 외에도 카레에 지역 특산물을 넣어 만든 '가리비 카레'아오모리현, '에조 사슴 카레'홋카이도, '고등어 카레'치바현, '굴 카레'히로시마현 등의 지역을 대표하는 특유의 카레 종류가 많다. 그리고 카레의 수분을 줄여 국물 없는 카레를 '드라이 카레'라 하는데 레스토랑 등에서도 인기가 많다. 한편, 카레 국물을 넉넉하게 잡은 카레를 '스프 카레'라고 한다. 이것은 1970년에 홋카이도 삿포로시에서 탄생하여 2000년에 스프 카레

붐이 일어 일본 전국으로 퍼졌다. 카레라이스와 큰 차이점은 육수 모양의 카레와 밥을 따로 먹는다는 점이다. 스프 카레는 숟가락으로 밥을 떠서 카레에 담아 먹는 것 같다. 또한 홋카이도산 야채를 튀김 옷 없이 튀겨 쌓아 올려놓은 세련된 카레로 젊은이들 사이에서 인기를 끌었다.

레시피 '우오즈미 야스코의 카레라이스'

조리시간 약 30분! 시판 카레 재료로 만드는 카레 중 가장 간단하고 맛있다는 우리 집 카레를 소개한다.

(재료/3~4인분) 시판하는 카레 루(고형 카레)(1/2상자(6접시 분)), 물 600ml, 양파 큰 것 1개(300ℊ), 당근 1/2개, 얇게 썬 돼지고기(냉동 대패 삼겹살) 300ℊ, 버터 10ℊ, 굴 소스(작은 스푼 2), 설탕(작은 스푼 1/2), 마늘 1개, 소금, 후추(약간)

1. 양파를 얇게 썰어 내열 용기에 넣고 랩을 씌우지 않은 상태로 전자레인지에서 약 3분간 가열한다.
2. 돼지고기, 당근을 적당한 크기로 자른다.
3. 팬에 기름 1 큰술을 넣어 1의 양파를 넣고 중불에서 10분 정도 볶는다. 양파는 완전히 갈색이 될 때까지 볶는 것이 맛의 포인트이다. 약간 눌러 붙어도 괜찮다.
4. 3에 돼지고기를 넣고 소금 후추를 넣고 볶는다.
5. 4에 당근을 넣고 볶는다. 버섯, 감자 등을 넣어도 좋다.

카레라이스

6. 물 600ml을 넣고 마늘 간 것을 넣고 센 불에 김이 나기 시작하면 고형 카레를 넣어서 섞으면서 녹인다. 보글보글 기포가 나오면 약한 불로 한다.

7. 버터 10g, 굴 소스 2 작은 술, 설탕 1/2 작은 술을 넣고 섞어 가며 1~2분 끓인다.

8. 불을 끄고 밥 위에 올리면 완성이다.

앞에서 소개한 우메보시, 낫또 그리고 카레라이스는 모두 일본 식탁에 흔히 나오는 음식들이다. 이국땅에서 문득 그리워지는 고향의 음식은 특별하거나 고급스러운 요리가 아니라 평소 일상적으로 먹어 왔던 음식이라고 할 수 있다. 누구에게나 고향의 맛을 떠올리는 음식이 있을 것이다. 이번 주말에는 그리운 고향의 가족들을 생각하면서 고향 음식을 먹어 보는 것은 어떨까?

라멘, 소바, 우동을 먹으며
배우는 일본 문화

정찬희(백석문화대학교 글로벌외국어학부 교수)

일본의 드라마나 영화에서 라멘, 소바, 우동 등 면 요리가 등장하는 장면을 본 적이 있을 것이다. TV 드라마 〈고독한 미식가〉에서 주인공 이노가시라 고로가 업무를 마치고 오직 자신만을 위한 시간으로서 라멘을 먹는 장면부터, 우동을 소재로 한 소설 《우동 한 그릇》에 이르기까지 일본의 면 요리는 다양한 일본 문화 콘텐츠에 등장한다. 이처럼 일본 고유의 면 요리는 단순한 음식이 아니라 그 이상의 문화적 가치를 지니고 있다. 오랜 기간에 걸쳐 일본인들이 축적해 온 문화와 가치를 담고 있는 것이 일본의 면 요리이기 때문이다. 한마디로 면 요리는 일본인의 '소울 푸드'인 셈이다. 면 요리를 통해 일본 문화를 탐험해 보자.

라멘의 유래

일본의 라멘은 중국의 수타 탕면인 '라멘拉面, 납면'에서 유래된 음식이다. 라멘의 어원인 중국어 '라멘拉面'은 원래 손으로 쳐서 만든 수타면을 뜻했다. 이런 수타면을 국물에 말아 내놓는 중화요리 '탕면'이 일본에서 현지화되어 점차 독자적인 형태로 변화한 것이 오늘날 우리가 알고 있는 일본 라멘의 원형이라고 할 수 있다.

한마디로 일본 라멘은 일본식 중화요리인 셈이다. 메이지시대 초기에는 '난징에서 온 소바'라는 의미로서 '난킨소바'라고 불렸으며, 메이지 중기 무렵에는 '시나소바', 2차 대전 후에는 '츄카소바 중화소바'라고 불렸다. 현재는 일반적으로 라멘이라고 부른다. 츄카소바 대신 라멘이라는 명칭이 일본에서 보편적으로 사용된 것은 인스턴트 라멘 브랜드가 등장하면서부터라는 설이 일반적이다. 닛신 식품이 1958년에 일본 최초의 인스턴트 라멘을 출시하고, 1971년에는 최초의 컵라멘을 출시하면서 라멘이라는 명칭이 정착된 것으로 보인다.

앞에서도 설명했으나 일본 라멘은 중화요리 라멘에서 시작되었다. 오늘날 일본 라멘과 가장 가까운 탕면 계열 라멘으로는 '란저우 라멘 兰州拉面'이 있다. 란저우 라멘은 일반적으로 쇠고기의 살코기 부위를 넣기 때문에 현재의 일본 라멘에 비해 기름기가 현저히 적고 일반적인 국수처럼 담백한 맛이다. 반면, 오늘날의 일본 라멘은 현지화 과정을 거치면서 원래의 중국 면 요리 라멘과는 분명히 다른 독자적인 정체성을 지니고 있다. 실제로 현재의 일본 라멘은 돼지뼈 육수를 활용한 돈코츠 라멘, 일본식 된장을 활용한 미소 라멘 등 고유의 일본 음식 형태로 종류도 다양해졌다. 라멘이 일본 요리라는 정체성을 갖게 된 것이 언제부터인지는 아직 정확히 알 수 없으나 19세기 후반에서 20세기 전반에 걸쳐 점차 일본 요리로서 자리 잡았다는 주장이 가장 설득력 있다.

지역마다 다른 라멘의 특색

오늘날 라멘은 일본에서 대중적으로 가장 많이 먹는 음식 중 하나로 자리 잡았다. 중국의 라멘이 일본 특유의 라멘으로서 정착하기까지 종류가 다양해졌다. 지역마다 다른 라멘은 일본의 라멘이 얼마나 다양한지를 잘 보여 준다. 지역별로 사용하는 라멘의 식재료도 가지각색이어서 지역을 대표하는 라멘이 있다. 일본에서 라멘으로 유명한 3대 고장이라고 하면 규슈 지역의 하카타博多, 홋카이도의 삿포로札幌, 도호쿠 지방의 기타가타喜多方를 꼽는다.

우선 하카타 라멘은 후쿠오카 지역의 옛 이름인 하카타에서 유래한 라멘으로서 오늘날 돈코츠 라멘의 원조로 알려져 있다. 돈코츠 라멘은 돼지뼈 육수를 우려 만든 라멘으로 깊은 맛을 낸다. 그리고 삿포로 라멘은 추운 지방인 홋카이도를 대표하는 라멘으로 일반적으로 미소 라멘으로 유명하다. 현재 흔히 먹는 미소 라멘은 홋카이도 삿포로에서 처음 나왔다는 설이 일반적이다. 전반적으로 추운 지방의 특색을 반영한 음식답게 삿포로의 미소 라멘은 다른 지역의 라멘에 비해 짠맛이 덜해 외국인도 부담 없이 먹을 수 있다. 끝으로 도호쿠 지방의 기타가타 라멘은 간장을 활용하여 우려낸 국물 베이스의 쇼유 라멘이다. 후쿠시마현 기타가타시의 대표적인 명물인 기타가타 라멘은 돼지뼈 육수와 멸치 육수를 섞은 국물을 기반으로 달달한 간장 국물 맛으로 유명하다. 기타가타 라멘은 돈코츠 라멘이 본격적으로 유행하기에 앞서 일본 라멘의 주류로서 자리매김하고 있던 츄카소바의 원형을 보여 주고 있다.

일본인들이 생각하는 일본 라멘의 정체성

일반적으로 일본인들은 라멘을 '일본화된 중화요리'로 생각한다. 마치 한국인들이 한국화된 중화요리를 대표하는 짜장면에 대해 갖는 생각과 비슷하다. 일본 국민이 라멘을 바라보는 시각은 일본 매체에 자주 나오는 라멘 관련 표현을 통해서도 알 수 있다. 라멘에 대한 내용을 다룰 때 '이제는 일본요리'라는 표현을 사용한다. 라멘이 일본 음식임을 굳이 강조하는 것은 역설적으로 라멘이 일본 고유의 음식이 아니라는 인식이 은연중에 자리 잡고 있어서일지도 모른다.

어쨌든 이제 라멘은 일본에서뿐만 아니라 세계에서도 일본의 면 요리를 대표하고 있다. 처음에는 중국식 요리법을 기반으로 했으나 여기에 일본 고유의 문화적 색채가 짙은 재료와 조리법을 적용하면서 라멘은 점차 일본의 음식문화가 되었다. 요즘에는 찍어서 먹는 면 요리 '츠케멘'처럼 대단히 실험적인 형태의 라멘도 등장하고 있다.

관동 지방의 대표 면 요리, 소바

일본은 지역에 따라 대표적인 면 요리가 있기도 하다. 예를 들어 도쿄를 중심으로 한 관동 지방을 대표하는 면 요리는 메밀국수인 '소바'이다.

일본은 조몬시대부터 메밀을 재배해 온 것으로 알려져 있다. 당시에는 메밀가루를 일종의 익반죽 형태로 익혀 먹는 '소바가키'라는 방법을 많이 활용했다고 한다. 소바가키는 메밀 본연의 풍미를 잘 간직하고 있는 음식으로서 오늘날에도 찾아볼 수 있는 일본의 메밀요리라고 한다. 소바가키가 어떠한 방식으로 오늘날의 소바 형태가 되었는지는 아직 정확하게 알려진 것이 없다. 다만 1958년에 간행된 모토야마 데키슈의 《음식사전》에 따르면 소바 제면법은 에도시대 초기에 조선에서 건너온 원진元珍 스님에게 처음으로 전수받았다는 설이 알려져 있다. 이것이 오늘날의 소바로 발전한 것이 아닐까 한다.

소바의 문화적 가치

엄밀히 말하면 일본어 소바そば는 '메밀국수'가 아니라 '메밀'이라는 뜻이다. 다만 메밀가루로 만든 면을 습관적으로 '소바멘'이라고 부르다가 자연스럽게 '소바'로 굳어져 오늘날까지 사용되는 것이다.

소바도 일본 면 요리의 대표 주자로 알려져 있다. 예부터 메밀이 많이 생산되는 신슈 지방과 관동 지방에는 메밀을 활용한 대표적인 요리법은 문화로 대접받는다. 소바 조리법은 에도시대에 완성되어 수백 년이 넘는 기간 동안에도 크게 변하지 않고 내려온 전통이다. 이처럼 유서 깊은 전통을 지닌 소바는 라멘이나 우동처럼 다양한 조리법으로 발전한 요리는 아니지만 수백 년에 걸쳐 쌓인 문화적 자산이라고 할 수 있다.

'소바'라는 표현이 어떻게 사용되는지를 보면 소바의 위상이 어느 정도인지 알 수 있다. 오늘날에 소바는 단순히 메밀이나 메밀국수만 가리키는 것이 아니라 모든 국수 요리를 대표하는 고유명사로 사용되고 있다. 이처럼 소바는 일본의 면 요리를 종합적으로 가리키는 표현이 되었다.

소바의 종류와 특색

소바의 종류는 크게 두 가지이다. 하나는 우리나라에도 널리 알려진 냉메밀이다. 냉메밀은 차가운 메밀면을 간장 베이스의 장국에 찍어 즐기는 음식으로서 '자루소바ざるそば' 혹은 '모리소바盛りそば'라고도 부른다. 이때 고추냉이를 곁들여 메밀 특유의 향을 높이기도 한다. 물론 냉메밀에는 육수에 면을 찍어 먹는 방식 이외에도 물냉면처럼 육수에 면을 말아먹는 메밀국수도 있다. 또 하나는 온메밀이다. 따뜻한 국물에 메밀 면이 들어 있는 형태의 소바이다. 주로 '가케소바かけそば'라고 한다. 추운 겨울에 일본인들이 즐겨 먹는 음식으로 매년 12월 31일 신년을 기다리며 먹는 '토시코시소바年越しそば'가 온메밀에 해당한다. 가케소바의 일종으로 오리 육수와 고기 경단을 사용한 오리면이 보편화되기도 했다.

일본의 면 요리를 대표하는 '소바'라는 표현으로 생기는 오해

앞서 소개한 것처럼 '소바'라는 명칭이 일본 내에서는 다양한 형태의 국수를 대표하는 명사로도 활용되다 보니 '소바'라는 간판만 보고 들어갔다가 메밀국수가 아닌 다른 국수 요리와 마주하는 웃지 못할 해프닝도 있다. 오늘날에는 '라멘'이라고 불리는 일본식 중화요리 역시 예전에는 '츄카소바中華そば'라고 불렀다. 오키나와의 볶음면을 뜻하는 '야키소바焼きそば'도 메밀국수인 소바와는 관계가 없다. 사실 이들 음식은 대부분 메밀가루가 전혀 들어가지 않고 100% 밀가루로 만든 면을 사용하며 돼지뼈 육수와 가츠오부시 국물로 맛을 내기 때문에 소바

보다는 라멘이라고 봐야 하는 음식이다.

이처럼 일본 현지에 가서 메밀국수를 생각하고 소바를 주문했을 때 메밀가루가 전혀 들어가 있지 않은 국수와 만날 수도 있다. 이런 곤란한 상황을 방지하기 위해 일본에서는 암묵적인 규칙이 생겼다. 메밀국수를 파는 식당은 소바를 히라가나로 'そば소바'가 아닌 한자 '蕎麦'라고 표기하기로 한 것이다.

관서 지방의 대표 면 요리, 우동

소바가 도쿄를 중심으로 한 관동 지방을 대표하는 면 요리라면, 우동은 오사카를 중심으로 한 관서 지방을 대표하는 면 요리이다. 약 1,200년 전에 승려 구카이774~835년가 중국에서 제조법을 배워 온 것이 우동이 되었다는 설이 일반적이다. 오늘날 일본 우동의 원조로 인정받는 사누키 우동 역시 승려 구카이의 고향인 사누키현재 가가와현에서 유래되었다고 알려져 있다. 우동이라는 명칭도 중국에서 전래되는 과정에서 탄생한 것으로 보인다. 중국에서 다양한 밀가루 요리를 지칭하는 훈툰餛飩이 일본어 '우동'이 되었다는 것이다.

우동에 깃든 지역 색채

우동은 관서 지방을 대표하는 면 요리지만 도쿄를 중심으로 하는 관동 지방에서도 특유의 우동이 발달했다. 관동 지방의 우동은 관서 지방의 우동과는 확실히 다르다. 보통 우리는 '우동' 하면 맑은 국물에 두툼한 면이 들어 있는 요리를 떠올릴 것이다. 이것은 관서 지방의 우동이다. 관서 지방에서는 소금과 다시마를 주로 사용해 맑은 우동 국물을 우려낸다. 관서 지방은 우동 국물을 내는 비법에 대단한 자부심을 가진 것으로 알려져 있다. 실제로 관서 지방에서는 국물을 낼 때 재료를 아끼지 않고 사용하는 문화가 정착되어 있다. 일본에서는 관서 지방 사람들은 '짠돌이와 짠순이' 이미지로 통하지만, 이런 편견과 달리 관서 지방 사람들은 국물을 우릴 때만큼은 돈에 연연하지 않고 무조건 최고급 재료를 사용하는 경우가 많다고 한다.

반면, 관동 지방의 우동은 대체로 간장을 베이스로 한 국물을 주로 활용하고 있다. 그렇기 때문에 관동 지방의 우동 국물은 색이 대체로 진하다. 그리고 주로 다시마를 사용해 국물을 내는 관서 지방과 달리 관동 지방에서는 주요 면 요리인 소바 국물을 낼 때와 마찬가지로 등 푸른 생선 가다랭이를 말려 가공한 '가쓰오부시'를 주로 사용한다.

관동 지방의 소바 vs. 관서 지방의 우동

일본 문화를 조금이라도 공부해 보거나 접해 본 사람이라면, 같은 일본이라도 관동 지방과 관서 지방은 문화 차이가 꽤 크다는 것을 알 것이다. 문화뿐만 아니라 정서도 조금은 다르다. 관동 지방 사람들은 자신의 속마음을 잘 드러내지 않으면서 타인에게 폐를 끼치지 않으려는 성향이 강한 반면, 관서 지방 사람들은 직설적이고 비교적 자신의 감정에 솔직한 모습을 보인다고 한다. 이외에도 패션, 에스컬레이터에서 서 있는 방향 등 두 지역 간의 차이는 우리가 생각하는 것 이상으로 크다.

이와 같은 차이가 나타난 데는 여러 요인이 있을 수 있겠지만, 가장 큰 요인은 두 지역의 식재료의 차이가 아닐까 한다. 식재료가 다르면 경작하는 작물도 달라지고, 결과적으로 음식문화에서 큰 차이가 나타날 것이다. 일반적으로 인간의 생활을 결정하는 3대 요소는 '의식주'이다. 이렇게 보면 음식문화의 차이는 인류가 쌓아 온 문화 전반을 결정짓는 요소라고도 할 수 있다. 식재료와 작물의 차이는 음식문화를 비롯한 전반적인 정서까지 영향을 준다.

메밀이 많이 생산되는 관동 지방과 밀이 많이 생산되는 관서 지방은 자연스럽게 발달하는 요리도 다르다. 관서 지방에서 특히 발달한 우동 문화와 관동 지방에서 특히 발달한 소바 문화도 결국에는 식생과 작물의 차이에서 나온 것이다. 어쩌면 소바와 우동은 단순히 관동 지방과 관서 지방의 요리 문화 차이로 그치는 것이 아니라 두 지역의 전반적인 문화 차이를 함축적으로 나타내는 중요한 상징일지도 모른다. 소바와 우동을 두 지역의 문화나 정서의 차이를 이해하기 위한 매개체로 볼 필요가 있다.

면 요리는 일본 문화를 이해하는 초석

지금까지 일본의 대표적인 면 요리에 해당하는 라멘, 소바, 우동을 소개해 보았다. 단순히 각각의 면 요리가 어떤 특징을 지니고 있느냐를 소개하기보다는 면 요리마다 깃든 일본의 문화적 의미를 음미해 보려고 했다. 일본을 대표하는 면 요리는 단순히 일본인들이 생존과 생활을 위해 먹고 마시는 음식이 아니라 그 이상의 의미를 지니고 있다. 수백 년 혹은 수천 년에 걸쳐 축적해 온 문화적 자산이 면 요리마다 함축적으로 들어 있는 것이다. 이들 대표 면 요리를 진정으로 이해하는 것은 일본 문화 전반을 이해하기 위한 첫 단추일 수 있다. 독자 여러분도 이제부터는 일본의 면 요리를 맛볼 때 일본 문화의 특성을 생각해 볼 수 있으면 좋겠다.

외국인이 즐겨 찾는
일본의 음식문화

황성자(前 파고다외국어학원 일본어 강사)

해외 관광객의 최대 관심사인 일본의 음식문화

현장에서 일본어를 가르치는 교사들은 학생들에게 일본 문화에 관해 소개해 달라는 질문을 자주 받는다. 어떤 것을 중점적으로 소개하면 좋을까 늘 고민이다. 최근에는 일본 만화, 애니메이션, 게임 등에 열광하는 덕후おたく들이 전 세계적으로 널리 존재하고 있지만, 일본에 관심을 갖고 방문하는 대다수의 해외 관광객들의 관심을 끄는 가장 기본적인 매력은 어디에 있는 것일까?

2015년에 일본 관광청이 해외 관광객들을 대상으로 방일訪日 목적을 조사한 바에 따르면(권태일·이수진, 2017), 쇼핑, 자연관광, 온천 입욕 등의 다양한 목적 가운데서도 일본 식도락을 즐기려는 음식 관광에 대한 욕구가 압도적으로 높은 것으로 드러났다. 반면 같은 해 한국을 찾는 관광객들을 대상으로 이루어진 같은 설문조사에서는 쇼핑에 대한 욕구가 가장 높은 것으로 알려지면서 재방문율이 높은 일본과 차이를 보였다.

이와 같이 일본과 한국을 방문하는 관광객들의 목적과 재방문율이 차이 나는 점을 고려해 보면, 일본의 음식문화는 외국인들에게 매우 관심 있는 분야로서 관광객을 유치하는 중요한 매개체가 되고 있음을 알 수 있다. 일본의 음식문화라고 하면 음식의 종류를 포함하여 음식을 먹는 방법이나 식기, 식사 예절 등 그 범위가 매우 다양하다. 여기서는 그중에서도 일본을 방문하는 외국인들이 즐겨 찾는 일본 음식의 종류와 그 특징을 소개하고 어떤 부분이 외국인 관광객들을 유치하는 데 중요한 영향력을 미치는지 살펴봄으로써 한국의 음식문화가 나아가야 할 방향도 함께 가늠해 보려고 한다.

대표적인 일본 음식은 역시 스시!

일본하면 떠오르는 대표적인 음식은 스시すし일 것이다. 일본인들은 사면이 바다로 둘러싸인 자연환경 속에서 손쉽게 구할 수 있는 생선요리를 즐기는 편이지만, 날생선을 잘 먹지 못하는 외국인들에게도 밥과 함께 먹는 스시나 롤 형태의 초밥이라면 거부감 없이 즐기는 경우가 많다. 스시는 원래 19세기 초에 에도^{현재 도쿄}에서 시작된 대중음식으로서, 식초す와 밥めし이 합성된 말인데, 소금이나 식초 등으로 간을 한 밥에 어패류를 얹어 만든 음식이다. 처음에는 냉장기술이 발달하지 않아 생선을 보존하기 위해 만들었고 포장마차에서 염가에 팔리던 음식이지만, 점차 고급화되어 비싼 초밥 전문점이 생겨나면서 일반 가정에서 만들어 먹거나 배달을 시켜 먹기도 하고 회전초밥점이나 전문 초밥점 등에서 다양한 형태로 즐기게 되었다.

한편 캘리포니아롤은 생선, 야채, 과일 등 다양한 재료를 이용하여 서구인들 입맛에 맞게 변형된 퓨전 스시로서, 외국에서 일본 음식을 널리 알리는 데 중요한 역할을 했다. 그 기원은 1963년 미국 로스앤젤레스의 리틀도쿄에 개점한 도쿄회관에서 초밥장인 마시타 이치로真下

전통적인 스시

퓨전스시 캘리포니아롤

一郎가 고안했다고 알려져 있는데, 캐나다 밴쿠버의 유명한 일본요리
점 토조스Tojo's의 토조 히데카즈東條英員가 1974년에 고안한 'Tojo
Roll'이 원조라는 설도 있다. 무엇보다도 날생선이나 해조류에 거부감
을 느끼는 서구인들을 위해 김을 보이지 않게 밥의 안쪽에 말아넣고
아보카도, 시금치, 타라바가니, 계란 등을 넣고 마요네즈와 여러 가지
소스를 뿌려서 먹는 것이 특징이다.

스키야키와 샤브샤브

일본에서는 주로 메이지시대 이후부터 고기를 먹기 시작했는데, 대
표적인 고기 요리의 종류로는 직접 불에 구워서 먹는 야키니쿠やきに
く와 함께, 전골이나 냄비 요리의 형태로 먹는 스키야키すきやき와 샤
브샤브しゃぶしゃぶ가 있다.

먼저, 일본의 쇠고기 음식을 대표하는 스키야키는 철로 된 냄비에
각종 야채를 넣고 끓이다가 쇠고기와 함께 살짝 익혀 먹는 음식인데,

일반 가정에서 흔히 만들어 먹는 음식으로서 무엇보다 날달걀을 풀어서 익힌 재료들을 찍어 먹는 것이 그 특징이다. 필자 역시 일본에 거주할 당시 스키야키를 많이 먹어보았지만 사실 외국인들에게는 날달걀을 먹는 문화는 익숙하지 않거나 거부감을 줄 수도 있다.

그에 비해 샤브샤브는 스키야키처럼 각종 야채와 얇게 썬 고기를 끓는 물에 익혀 먹는 방식이지만, 날달걀이 아닌 간장이나 입맛에 맞는 다양한 소스와 함께 즐길 수 있으며, 해외에서도 샤브샤브는 이미 널리 알려져 있기 때문에 외국인도 거부감 없이 접할 수 있다는 장점이 있다. 특히 각종 재료를 물에 끓여서 익혀 먹는 조리 방식은 위생적이고 위에 부담을 주지 않는 건강한 음식이라는 인상을 줄 뿐만 아니라, 직접 재료를 넣으면서 만들어 먹기 때문에 체험하는 즐거움을 준다는 점에서 외국인이 즐겨 먹는 일본 음식이라고 할 수 있다.

면 요리를 대표하는 우동, 소바, 라멘

생선이나 고기요리 외에도 일본을 대표하는 음식 가운데 면 요리를 빼놓을 수 없을 것이다. 우동, 소바, 라멘 등과 같이 가볍고 간편하게 즐길 수 있는 면 요리는 외국인들에게도 인기 있는 일본 음식으로 유명하다. 우동의 종류로는 고명에 따라 유부를 얹은 기쓰네きつね 우동, 튀김 부스러기를 얹은 다누키たぬき 우동, 날달걀을 넣은 쓰키미つきみ 우동 등이 있으며, 그 외에도 면과 야채를 볶아서 먹는 야키やき 우동 등이 있다. 우리에게도 냉모밀 또는 판모밀로 잘 알려진 소바는 판소쿠리에 면을 따로 담고, 고추냉이나 갈은 무, 파 등을 국물에 넣어서 면을 담가 먹는 자루ざる 소바뿐만 아니라, 국물에 담긴 소바 위에 새

우튀김이나 다른 고명을 얹어 먹는 형태도 있다. 일반적으로 우동은 따뜻하게 먹고 소바는 차게 먹는 음식으로 알려져 있지만, 반대로 여름에 차게 먹는 히야시ひやし 우동이나, 따뜻하게 먹는 가케소바かけそば 등도 있다.

특히 메밀가루로 만들어 먹는 소바와 관련하여 재미있는 풍습이 있는데, 이사를 했을 때 이웃 혹은 집주인에게 소바의 면과 같이 가늘고 길게 신세를 지겠다는 의미로 힛코시소바ひっこしそば를 나누어 먹거나, 12월 31일 밤おおみそか에 가족들이 다 같이 모여 한 해의 마지막 밤에 장수를 기원하면서 토시코시소바としこしそば를 먹는다. 이런 풍습은 외국인들에게 다소 생소하지만 이웃이나 가족과 정을 나누는 일본 문화의 따뜻한 측면을 느끼게 해 준다. 한편 일본에서 이런 면 요리를 먹을 때는 맛있다는 의미로 '후루룩' 소리를 내면서 먹는 것이 예의로 알려져 있다.

라멘의 종류로는 인스턴트 라멘과 생면으로 끓이는 라멘이 있는데, 국물 맛을 내는 재료에 따라 소금이 들어간 시오しお 라멘, 간장으로 맛을 낸 쇼유しょうゆ 라멘, 된장을 기본으로 하는 미소みそ 라멘, 그리고 돼지 뼈로 우려낸 돈코츠とんこつ 라멘 등으로 구분되기도 하지만 지역별로 유명한 라멘도 있다. 예를 들어 삿포로 라멘, 하카타 라멘, 기타카타 라멘 등은 일본 지역을 대표하는 3대 라멘으로 손꼽히는데, 이와 같이 일본 음식에는 그 지역의 이미지를 상징하는 독특한 음식들이 있다.

지역을 대표하는 일본 음식 에키벤

해외 관광객들 사이에서 일본의 길거리 음식으로 잘 알려진 타코야

키たこやき나 오코노미야키おこのみやき 등은 주로 오사카 지방의 음식으로 소개되지만 오사카에서만 맛볼 수 있는 것은 아니다. 그럼에도 불구하고 오사카를 관광하는 외국인들에게는 반드시 맛보아야 할 먹거리로 인식된다는 점에서, 음식이 지역 관광의 홍보에 기여한다는 점을 부인할 수 없다. 특히 일본이 '지역 주도형 관광정책'을 통해 관광을 활성화해 왔다(조아라, 2018)는 점을 고려할 때, 특정 지역의 대표 음식과 먹거리를 양성하고 활성화하는 것은 매우 중요한 관광 홍보 전략의 방안이 될 수 있음을 시사한다.

무엇보다도 일본의 지역이나 관광과 관련이 깊은 음식으로는 대표적으로 에키벤えきべん을 꼽을 수 있다. 에키벤이란 말 그대로 각 지역의 역えき에서 파는 도시락べんとう을 뜻하는데, 최북단 홋카이도의 왓카나이역에서부터 최남단의 가고시마의 야마카와역에 이르기까지, 각 지역의 특산물로 구성된 도시락을 맛볼 수 있어 열차 여행에 큰 즐거움을 주기도 한다. 필자 역시 일본의 후쿠오카나 간사이 지방을 여행할 때, 신칸센을 타고 이동하면서 그 지역의 유명한 에키벤을 맛보면서 즐겁게 여행한 경험이 있다. 이와 같이 관광객들에게 에키벤은 먹는 시간을 절약해 줄 뿐만 아니라, 쾌적한 열차 안에서 그 지역만의 특색 있는 도시락을 즐길 수 있는 열차 여행의 진수를 느끼게 해 준다는 점에서 지역 관광을 활성화하는 관광상품의 일종이라 해도 과언이 아닐 것이다. 실제로 일본 내에서도 에키벤을 맛보기 위해 열차 여행을 즐기는 덕후들과 전문적인 저널리스트가 별도로 존재할 뿐만 아니라 에키벤의 날4월10일이 지정되어 있고, 에키벤 여행을 테마로 하는 방송 프로그램이 편성될 정도로 에키벤은 오랜 역사와 함께 일본 지역의 고유한 특징을 자랑하는 음식이라고 할 수 있다.

에키벤은 각 지역별로 유명한 특산품으로 만든 도시락뿐만 아니라 계절 한정과 같은 기간 제한 상품까지 더해져 현재 2,500개 이상의 종류가 있으며, 가격도 500엔에서 1만 엔을 넘는 것까지 다양하게 구성되어 있다. 예를 들어, 도야마의 마스노 스시ますのすし, 군마의 다루마だるま 벤토, 요코하마의 슈마이シューマイ 벤토 등과 같이 각 지역의 특산물을 이용할 뿐만 아니라 도시락의 포장도 대나무나 도기와 같이 특색 있는 재질의 용기를 사용하여 관광객들의 관심과 눈길을 끌기도 한다. 최근에는 대형 백화점에서 다양한 에키벤들을 한자리에 모아서 소개하는 에키벤 대회를 개최하는 등 에키벤의 활성화에도 힘을 쏟고 있다.

그 외의 유명한 일본 음식들

앞에서 소개한 음식들 외에도 외국인들에게 잘 알려진 일본 음식의 종류로는 돈카츠とんかつ, 튀김류인 덴푸라てんぷら, 그리고 밥 위에 소고기, 닭고기, 튀김 등 다양한 재료를 얹어 먹는 돈부리どんぶり 등과 같은 다양한 음식이 있다. 무엇보다 일본에서 손님을 융숭하게 대접할 때 제공하는 가이세키かいせき 요리는 일본의 전통적인 문화에 관심 있는 외국인들에게 매우 깊은 인상을 남기는 것으로 보인다. 격식을 차린 정식 요리 가이세키와 같이 특히 외형적으로 화려하고 시각적인 아름다움을 추구하는 일본 음식의 특징은 일본의 화과자를 비롯한 빵이나 과자류 등의 디저트 종류에서도 찾아볼 수 있다. 예를 들어, 삿포로의 시로이 고이비토白い恋人, 도쿄 바나나東京バナ奈, 후쿠오카의 히요코ひよこ, 나가사키의 카스테라カステラ 등은 관광객들의 쇼핑 목록

전통적인 가이세키 요리

에서도 상위권을 차지할 정도로 매우 인기 있는 오미야게お土産, 선물
용 상품으로 유명하다. 이런 일본의 화과자를 비롯한 디저트 상품 역
시 에키벤과 마찬가지로 지역 이미지와 결합된 대표적인 관광 상품이
라 할 수 있다.

　이처럼 특정 지역을 대표하는 음식 이미지의 형성이 다른 관광지와
구분되는 차별성과 정체성을 부여한다(김민정, 2015)는 점을 고려할
때, 일본의 음식문화는 외국인들에게 일본의 다양한 지역을 방문하
도록 관심과 흥미를 불러일으키는 견인차 역할을 한다고 평가할 수
있다.

　이상에서 살펴본 바와 같이 해외에도 널리 알려진 스시, 일본 지역
관광을 활성화시키는 에키벤과 같은 일본의 음식문화는 자국민뿐 아
니라 외국인 관광객들이 일본에 관심을 가지고 찾아오도록 만드는 중

요한 매개체의 역할을 하고 있다. 무엇보다도 일본은 지역의 대표적인 음식들을 세계화에 맞게 꾸준히 발전시키면서 일본의 이미지를 음식과 결부하여 관광의 목적으로 자리 잡게 만들어 왔다는 점에서 음식문화와 관광을 동시에 부흥시키는 일에 성공적이라고 할 수 있을 것이다. 이런 일본 음식과 지역 관광의 연관성을 볼 때, 한국의 음식 역시 지역을 대표하는 음식들을 개발하여 대중화·세계화시키는 연구와 노력이 필요하다. 이를테면 캘리포니아롤과 같이 한 나라의 음식이 다른 문화권에서 적응하는 과정에서 '현지화된 퓨전 음식'이 오히려 일본의 전통적인 스시를 세계적으로 알리는 역할을 한 것처럼, 한식의 현지화를 다각도로 고려하여 개발할 필요가 있다.

특히 현대인들은 건강에 대한 관심이 높기 때문에 샤브샤브와 같이 건강식이면서 직접 요리과정을 체험하며 즐길 수 있는 음식, 예를 들어 한식의 구절판이나 비빔밥과 같이 건강에 이롭고 전통적인 음식을 현대적인 감각으로 손쉽게 접할 수 있도록 연구하고 널리 홍보할 필요가 있다. 이미 건강식품으로 유명한 김치에 대한 외국인들의 관심은 상당하기 때문에 김치 만드는 과정을 체험하는 음식 문화 코스, 사찰 음식 체험 코스 등은 어느 정도 관광 상품으로 알려져 있는 듯하다. 이를 보다 접근하기 쉽도록 SNS를 이용한 인터넷상의 홍보를 활성화하고, 각 지역의 관광과 결합된 다양한 관광 상품으로 발전시킨다면 외국인들이 더욱 친근하게 다가갈 수 있을 것이다. 이와 같이 일본의 음식문화를 깊이 있게 이해하고 분석함으로써, 한국의 음식문화를 어떻게 세계적으로 알리고 관광과 결부시킬 수 있을 것인지 관심을 가지고 정책적인 지원과 더불어 지역 음식문화를 개발하는 데 힘을 기울인다면 일본 문화에 대한 연구가 매우 유익할 것으로 보인다.

스토리가 있는 일본의 문학

재창조되는 일본의 고전문학 텍스트
 - 영화 〈너의 이름은〉을 중심으로

한정미(도쿄대학 Visiting Professor)

일본 문화의 특징을 단적으로 표현한다면 '다양성'을 들 수 있을 것이다. 그런데 그 다양성은 무엇보다 변화하는 시대에 새롭게 창출된 문화와 예부터 이어져 내려오는 전통문화의 공존에서 기인한다고 할 수 있다. 그중에서도 게임, 애니메이션, 캐릭터, 에듀테인먼트 소프트웨어와 같은 첨단 문화산업의 원천자료는 바로 전통문화이다. 그리고 그런 문화 원형의 커다란 두 축이 바로 고전문학과 전통 공연예술에 있음은 주목할 만하다.

신카이 마코토 감독의 〈너의 이름은〉은 2016년도에 개봉되어 250.3억 엔이라고 하는 일본 영화흥행 수입을 기록했는데, 이는 2020년 극장판 〈귀멸의 칼날: 무한열차편〉이 정상에 오르기 전까지 일본 영화 흥행수입에서 애니메이션 영화 〈센과 치히로의 행방불명〉에 이어 역대 2위였다.

그런데 이 작품 역시 현대의 애니메이션임에도 불구하고 여자 주인공 '미쓰하'라는 이름에서부터 남녀의 몸이 뒤바뀌는 플롯까지 일본 고전문학이 원천이 되고 있다. 이에 여기서는 〈너의 이름은〉에서 엿볼 수 있는 고전문학의 영향을 살펴봄으로써 일본의 전통문화가 고정되어 있는 것이 아니라 애니메이션이라는 현대 문화콘텐츠 산업의 원천 소재로 어떻게 재창조되고 있는지 주목해 보고자 한다.

〈너의 이름은〉의 줄거리

이토모리라고 하는 호수가 있는 산골 마을에 사는 미야미즈 미쓰하는 고등학생이다. 집은 미야미즈 신사神社인데, 어머니가 돌아가신 후에 아버지가 집을 나가고 할머니 히토하와 여동생 요쓰하 이렇게 3명이 살고 있었다. 아버지는 마을 면장이 되었으며, 미쓰하는 카페도 없는 시골 마을에서 무녀로 미야미즈 신사의 일을 감당해야 한다고 하는 부담에서 도심을 동경하여 '내세에는 도쿄의 미남으로 태어나게 해 주세요'라며 소원한다. 그러자 도쿄에 있는 고등학생 다치바나 다키와 부정기적으로 몸이 뒤바뀌게 된다. 그러나 어느 날부터인가 몸이 뒤바뀌지 않게 되어 다키는 마쓰하를 찾아 나선다. 그러던 중 3년 전 혜성의 일부가 운석이 되어 떨어진 이토모리에 미쓰하가 살고 있었고 그 마을이 없어졌는데 그때 미쓰하가 이미 죽었다는 사실을 알게 된다. 그대로 도쿄에 돌아갈 수 없다고 생각한 다키는 미야미즈 신사의 신체神体가 있는 장소에 간다. 그리고 미쓰하와 몸이 뒤바뀌기를 바라며 마침 그곳에 놓인 구치카미자케 술을 마시는데, 이는 미쓰하가 신사 제례에서 빚어 봉납한 것이었다. 그러자 운석이 떨어진 3년 전으로 타임슬립되어 해질 무렵 미쓰하를 만난다. 다키는 미쓰하와 이토모리 마을 사람들을 지키고자 피해를 입지 않은 장소인 이토모리 고등학교에 마을 사람들을 대피시키고자 계획한다. 그 결과 마을 주민의 대부분을 구하는데, 시간이 경과하자 몸이 바뀌었을 때의 기억이 희미해져만 간다. 다키는 고등학교를 졸업하고 대학에 입학, 취업활동을 거쳐 도쿄에서 일을 하기 시작했지만 늘 누군가를 찾고 있는 듯한 느낌을 떨쳐버릴 수 없다. 그러던 어느 날 전철을 타고 있던 다키는 건너편 전철 안에 있는 미쓰하를 발견한다. 운명을 느낀 두 사람은 전철에서 내려 상대방을 찾으며 계단에서 '너의 이름은'을 부르며 서로를 확인한다.

《고지키》의 재창조

〈너의 이름은〉에서 고전문학 텍스트가 원천이 되는 것은 여자 주인공 '미쓰하'라는 이름에서 살펴볼 수 있다. 이는 일본 신화에 등장하는 물의 여신 '미즈하노메'에서 유래했다고 신카이 감독도 말한 바 있다. 이 미즈하노메는 일본 최고最古의 문학 텍스트이자 역사 텍스트인 《고지키古事記》에서 불의 신을 낳고 음부에 화상을 입어 괴로워하던 일본 최초의 여신 이자나미가 본 소변에서 태어난 신으로 나오며 《니혼쇼키日本書紀》에서는 이자나미가 죽기 직전에 낳았다고 전한다.

다음으로 《고지키》가 원천 소재가 되는 것은 '무스비'라는 말인데, 작품 안에서 미쓰하의 할머니 히토하가 무스비에 대하여 다음과 같이 언급하는 장면이 나온다.

"실을 잇는 것도 무스비, 사람을 잇는 것도 무스비, 시간이 흐르는 것도 무스비, 모두 같은 말을 사용해. 그것은 신의 이름이자 신의 힘이야. 우리들이 만드는 끈목도 신의 일, 시간의 흐름 그 자체를 나타내는 것이지."

원래 동사 '무스부'라는 말에는 '실 상태의 것을 묶다'라는 의미 외에도 연결하다, 매듭을 짓다, 만들다, 결속하다, 끝내다와 같은 다양한 의미가 있는데, '사람과 관계를 맺다', '교분을 맺다'와 같은 인연이나 마음을 잇는 의미로도 사용된다.

그러나 '신의 이름이자 신의 힘'이란 말에서 무스비라는 말의 기원은 일본 신화에 나오는 '무스히·무스비産靈'임을 알 수 있는데, 무스히는 예부터 신도神道에서 매우 중요한 관념으로 생각되었다. 왜냐하면 '무스'에는 '낳다', '히'에는 '신령神靈의 신비한 작용'이라는 의미가 있어서 무스히란 '결합됨으로써 신령의 힘이 탄생되는' 것이라고 해석되기 때문이다.

《고지키》에는 "천지가 형성된 천지개벽 때에 아메노미 나카누시노 카미, 다카미 무스히노 카미, 가무무스히노 카미라는 세 기둥의 신이 등장했다"라고 기록되어 있다. 이 중 2개 기둥의 신의 이름에 무스히가 보이는 것에서도 '천지만물이 생성되는 영묘한 힘을 가진 신령'이라 여겼으며 무스히가 얼마나 중요한 관념이었는지 알 수 있다.

참고로 일본에서는 자신의 아들을 무스코, 딸을 무스메라고 하는데, 이 말도 '무스히'에서 파생된 말이다. 무스코는 남자의 미칭인 '히코彦'가, 무스메는 여자의 미칭인 '히메姬'가 결합한 약칭이다.

마지막으로 《고지키》가 원천 소재가 되는 것은 저승의 음식인 '요모쓰헤구이'이다. 다키는 구치카미자케미인주, 쌀과 같은 곡물 등을 입에 넣고 씹은 뒤 도로 뱉어서 모은 것을 발효시켜 만드는 술를 마심으로써 죽은 미쓰하를 만날 수 있었는데, 이는 일본 신화에서 볼 수 있는 이 요모쓰헤구이의 역할 때문이다. 《고지키》에는 이자나미가 불의 신을 낳다가 음부가 불에 타 죽자, 남신 이자나기가 아내인 이자나미를 지상으로 데려오기 위해 황천국요미노쿠니을 방문하는 장면이 나온다. 그곳에서 이자나기는 '이미 황천국의 음식을 먹었기 때문에 함께 이승에 갈 수 없다'는 이자나미의 말을 듣는데 요모쓰헤구이란 이 황천국의 음식을 말한다.

〈센과 치히로의 행방불명〉에서도 하쿠라고 하는 소년이 주인공 치히로에게 '여기 음식을 3일만 먹으면 인간 냄새가 사라진다'라는 말을 하는 장면도 이 요모쓰헤구이가 도입된 예인데, 다키가 구치카미자케를 마시는 것은 이승의 세계에서 저승의 세계로 소속 공간이 이동하는데 앞서 필요한 일종의 의식이라고도 할 수 있다.

한번 요모쓰헤구이를 먹으면 이승으로 돌아올 수 없는 법이나, 다키가 요모쓰헤구이인 구치카미자케를 마셨지만 그 후 몸이 바뀌기 때문에 다시 다키의 몸으로 깨어나는 것은 사후의 미쓰하라고 할 수 있다. 시간적·공간적 경계에 해당되는 강 언저리에서 두 사람은 시공을 초월하여 몸이 바뀐다. 그리하여 기억을 잃은 미쓰하가 시간을 초월하여 소생하고 과거를 변경해 버리는 전개로 이어지는 것이다.

《만요슈》, 《일본영이기》의 재창조

이야기의 앞부분에서 미쓰하가 일본 최초의 노래집 《만요슈万葉集》에 대한 수업을 듣는 장면이 나오는데, 이 장면에서 등장한 《만요슈》의 노래는 '거기 뉘시요 다소가레 하고 나에게 묻지 마소서. 9월 이슬에 젖어가며 사랑하는 님을 기다리는 나를'(10권, 2240번)이라는 뜻의 작자 미상의 노래이다. 선생님은 '다소가레도키 たそがれ時 = 黃昏時'라고 칠판에 쓰는데, 다소가레는 예부터 다소카레 誰そ彼라고 하여 이는 '누구십니까? 당신은'이라고 묻는 경우와 '일몰 직후'를 의미한다. 또한 대구를 이루는 표현으로 '가와타레도키 彼は誰時'라는 해질녘 전을 나타내는 말이 있다.

작품에서 미쓰하와 다키는 몸이 바뀌어 '나는 누구인가?', '너는 누구인가?'라는 말을 하며 마지막 장면에서도 '너의 이름은'을 부른다는 점에서 이 《만요슈》의 노래가 전체 스토리의 복선이 되고 있음을 알 수 있다.

이어서 학생 한 명이 이토모리 마을에서는 다소가레를 가타와레라고 말한다는 발언이 나오는데, 가와타레였던 것이 가타와레로 바뀌었을 가능성이 있다. 일본에서는 예부터 해질 무렵을 '오마가토키'라고 하여 요괴나 유령 등 정체를 알 수 없는 것을 만나는 시간逢魔時, 불길한 시간大禍時을 나타내는 말로 표기하는 것에서도 알 수 있듯이 요괴나 귀신 등이 출몰하는 시간대로 여겼기 때문이다. 또한 황혼은 이승과 저승의 경계의 시간으로 생각했다.

영화에서도 생과 사, 현실과 꿈, 그리고 미쓰하와 다키, 각각 이들을 순간적으로 연결하는 끈의 역할을 하고 있는 것이 해질녘이라고 할 수 있다. 다키는 숲의 신령이 깃든 분지에서 운석이 떨어져 사고로 죽은 미쓰하를 만나면서 꿈을 현실로 인식하여 해가 지기 전에 미쓰하에 대한 생각을 전하려고 하지만 그 순간 밤이 찾아와 미쓰하는 저승 세계로 돌아가버린다.

또한 다키가 미쓰하를 만나기 위해 강을 건너 저승에 발을 내딛는 장면이 나오는데, 이는 《고지키》에서 이자나기가 죽은 이자나미를 만나고 싶은 일념으로 황천국에 가는 장면과 같다.

무엇보다도 강을 사이에 두고 이승과 저승의 경계를 이루는 것은 일본 최초의 설화집인 《일본영이기日本霊異記》 상권 제30화에서 히로쿠니広国라는 남자가 두 사람의 사자使者에게 이끌려 저승으로 불려가는 장면에서도 엿볼 수 있다. 그 장면이란 히로쿠니가 명계로 향하는 도중에 큰 강이 있고 거기에 걸쳐 있는 다리를 건너자 명계가 나오는 대목인데, 이 세상과 명계의 경계를 큰 강으로 여기고 있음을 알 수 있으며 이는 차안^{현세}과 피안^{저 세상}을 나누는 경계에 강이 있다고 하는 '삼도천三途川'과 중첩된다.

《도리카에바야 모노가타리》의 재창조

영화에서 미쓰하와 다키는 부정기적으로 몸이 뒤바뀌는데, 남녀가 몸이 바뀌는 플롯은 오바야시 노부히코 감독의 영화 〈전학생〉1982년에서도 볼 수 있으며 거슬러 올라가면 헤이안시대794~1185년에 만들어진 작자 미상의 《도리카에바야 모노가타리とりかへばや物語》에 이르게 된다. 신카이 감독도 이 《도리카에바야 모노가타리》에서 남녀 몸의 뒤바꿈을 모티브로 삼았다고 언급했다. 이 작품명의 의미는 '바뀌었으면 좋겠구나'란 의미로 너무 다르게 태어난 남매를 보며 부모가 반대의 성별로 길러 남자는 궁녀로 동궁東宮에 출사하고 여자는 훌륭한 남자로 결혼하는데 마지막에 두 사람은 몸이 바뀌어 행복하게 산다는 내용이다.

우선 《도리카에바야 모노가타리》가 원천이 되는 것은 엇갈림 장면인데, 우지宇治에서 두 남매가 우연히 만나는 대목에서이다. 헤이안시대의 문학 작품에는 남자가 여자를 엿보는 장면이 많이 등장하는데, 《도리카에바야 모노가타리》에서도 우지에서 남자內侍가 여자中納言를 엿본다. 그러나 남자는 여자의 모습으로 돌아온 관리 추나곤中納言, 태정관의 차관인 다이나곤大納言 다음의 관직인 줄 모르고 '아, 얼마나 아름다운 여성인가? 게다가 추나곤과 어쩐지 닮았네. 그가 여성의 모습이라면

이와 같은 사람임이 틀림없어'하고 생각한다. 동시에 추나곤도 '예전에 남장한 자신과 많이 닮았네. 게다가 이전에 본 나인 내시內侍, 율령제의 후궁의 하나인 나이시노쓰카사內侍司에 근무한 여관女官의 모습이 있는 것 같아'라고 생각하는 것이었다. 두 사람은 서로의 모습이 바뀌어 있었기 때문에 전혀 알아차리지 못했다.

〈너의 이름은〉에서도 2013년에 혜성이 떨어지기 전날 미쓰하가 혼자서 도쿄로 향하는 길에 전철에서 수험생 다키를 만나는 장면이 나온다. 미쓰하는 제쳐두고 다키는 이 시점에서 몸이 뒤바뀌는 경험을 한적이 없어서 당연히 미쓰하를 알아차리지 못한다. 그래서 미쓰하를 갑자기 자기에게 말을 거는 이상한 낯선 여자로 취급한다. 그러나 헤어질 무렵에 '이 이상한 여자 아이는 혹시 내가 알아야 할 여자인지 모른다'라고 말하며 설명할 수 없는 충동으로 미쓰하의 이름을 물으며 끈목을 받는다.

즉 서로 알아차려야 할 만남에서 알아차리지 못하는《도리카에바야 모노가타리》와 알아차리지 않아야 할 만남에서 알아차리는 〈너의 이름은〉은 반대의 경우라고 할 수 있으나, 두 사람에게 얽힌 운명을 독자와 관객에게 제시하며 이야기의 중심을 담당하고 있다는 점에서 공통점이라고 할 수 있다.

한편, 요시노吉野 지역에서 남자와 여자의 감동의 재회가《도리카에바야 모노가타리》에서 몸의 뒤바뀜의 소멸이라면, 미야미즈 신사의 시공을 초월한 신체의 만남은 〈너의 이름은〉에서 몸의 뒤바뀜의 소멸이라고 할 수 있다.

《도리카에바야 모노가타리》에서 요시노라는 지역은 '속세와 떨어진' 지역이며 '세상의 상식이 통하지 않는' 장소로 묘사되어 있는데,

〈너의 이름은〉에서는 신체가 이승을 벗어난 경계로서의 장소라는 점과 통한다.

기적과 같은 두 남녀의 만남, 그리고 본래의 성性으로 다시 돌아간다고 하는 장면을 연출할 때 두 작품 모두 비일상적인 이계異界를 무대로 사용하고 있음을 알 수 있다. 그리고 그 장소에 있는 것 자체가 다시 뒤바뀔 수 있는 요소가 되어 이야기의 중요한 장면을 이루고 있는 것이다.

한마디로 〈너의 이름은〉은 일본 최고의 문학 텍스트이자 역사 텍스트인 《고지키》에서부터 헤이안시대의 문학 텍스트인 《도리카에바야모노가타리》에 이르기까지 다양한 고전문학 텍스트가 원천이 되어 재창조된 작품이라고 할 수 있다. 이와 같이 일본에서는 신화, 전설에서 고전, 근현대 작품에 이르기까지 수많은 문학 텍스트들이 오늘날의 다양한 디지털 문화산업에 원용되고 재창조되고 있다. 그럼으로써 고전문학 텍스트는 더 이상 전통문화로 고정되어 있는 것이 아니라 새로운 현대문화로 변모하는데, 이는 서사적 요소를 포함하여 스토리가 담보되어 있다고 하는 고전문학 텍스트의 이점 때문으로 앞으로도 다양한 장르에서 변모가 예상된다.

일본의 문학상
- 신인 작가들의 꿈과 희망

야마기시 아키코(포항대학교 교양일본어 교수)

문학상 하면 가장 먼저 떠오르는 것이 노벨 문학상이다. 일본에는 노벨 문학상 수상자가 두 명 있다. 가와바타 야스나리川端康成와 오에 겐자부로大江健三郎이다.

가와바타 야스나리는 1899년 오사카에서 태어났다. 도쿄대학을 졸업하고 소설가로서 독자적인 미적 세계를 구축해서 1968년 10월 노벨 문학상을 수상했다. 가와바타는 다이쇼시대부터 쇼와시대 전전과 전후에 걸쳐 활약한 근현대 일본 문학의 정점에 선 작가이다. 노벨문학상을 수상한 이유는 일본인 마음의 정수를 뛰어난 감수성으로 표현하는 이야기의 정교함이 세계인에게 깊은 감명을 주었다는 것이었다. 《설국雪国》,《이즈의 무희伊豆の踊り子》등의 작품으로 알려진 가와바타의 일본적 표현이 세계적으로 높이 평가받은 것이다. 소설가 미시마 유키오三島由紀男는 가와바타를 '영원한 여행자'라 불렀고, 가와바타의 문학에도 그 태도가 반영되어 있다고 했다. 그해까지 그는 7차례에 걸쳐 매년 노벨상 후보에 올랐다는 사실을 뒤늦게 알았다고 한다. 가와바타는 1972년 72세 나이에 자살로 최후를 맞이했지만, 그의 작품은 아직도 많은 사람에게 감명을 주고 있다.

오에 겐자부로는 1935년 에히메현에서 태어났다. 오에 역시 도쿄대

학 출신이다. 학생 작가로 데뷔해 대학에 재학 중이던 1958년 단편《사육飼育》으로 당시 최연소인 23세 나이로 아쿠타가와 류노스케상芥川竜之介賞을 수상하며 신예작가로 각광을 받았다. 그리고 1994년 일본 문학사상 두 번째 노벨 문학상 수상자가 되었다. 이 밖에 오에는 1967년《만엔 원년의 풋볼万延元年のフットボール》로 다니자키 준이치로상谷崎純一郎賞, 1984년 단편《하마에 물리다河馬に嚙まれる》로 가와바타 야스나리 문학상을 수상하는 등 일본 내에서 수많은 문학상을 받았다.

　일본에 있는 수많은 문학상 중에서 최고봉이라는 아쿠타가와상과 나오키상은 일본인이라면 누구나 한 번쯤 들어봤을 문학상이다. 이들 상은 1년에 2회 수상작을 선발한다. 1945년 2차 세계대전 때 일시 중단됐다가 1949년 부활한 이후 매년 계속되고 있다. 1938년에 가와바타 야스나리가 '일본 문학 진흥회'(이사장 기쿠치 칸菊地寬)의 이사로 취임해 아쿠타가와상 선발과 심사에 힘썼다. 오에 겐자부로도 나오키상 선발과 심사에 임하고 있다. 그럼 여기서 나오키상과 아쿠타가와상에 대해 좀 더 자세히 살펴보기로 하자.

일본 문학상의 최고봉, 나오키상과 아쿠타가와상

　1923년타이쇼 12년 1월, 기쿠치 칸은 젊은 작가를 위한 잡지《분게이슌주》文藝春秋를 창간했다. 1934년, 기쿠치는《분게이슌주》4월호 나오키 산주고直木三十五 추도호에 그해 2월에 사망한 소설가이자 무성 영화의 각본가인 나오키 산주고와 1927년에 타계한 소설가 아쿠타가와 류노스케芥川竜之介의 이름을 딴 신인 문학상의 구상을 밝혔다.

　'아쿠타가와 류노스케' 하면 떠오르는 대표작《라쇼몬羅生門》은 중

학교 국어 교과서에 실릴 정도로 유명하고 동화《거미줄蜘蛛の糸》도 TV를 통해 많은 사람에게 널리 알려져 있다. 나오키 산주고는 와세다 대학 영문과를 중퇴한 후, 1923년《분게이슌주》의 창간에 참여했다. 독설로 화제를 불러일으키며《남국태평기南国太平記 1930~1931》의 성공으로 유행 작가가 되었다. 기쿠치가 1924년에《분게이슌주》를 창간한 이래 아쿠타가와도 나오키도《분게이슌주》발전에 크게 기여했다. 1935년 1월 '아쿠타가와상, 나오키상 선언'이 발표되어 정식으로 상이 설립되었다.

아쿠타가와상과 나오키상은 지금은 저널리즘에서 크게 다루는 상이지만 설립 당초에는 이목을 끌지 못했다. 1955년에 엔도 슈사쿠遠藤 周作의 아쿠타가와상 시상식에는 신문 관계자와 분게이슌주사 직원이 10명 정도 모이는 극히 소규모로 진행되었다고 한다.

이 상이 세간에 널리 알려지게 된 것은 1956년 이시하라 신타로石原 慎太郎의《태양의 계절太陽の季節》의 수상이었다. 작품의 자극적인 내용이나 작가가 학생이었던 점 등에서 큰 화제를 불러왔고, 수상작이 베스트셀러가 됐을 뿐 아니라 태양족太陽族이라는 신조어가 생겨났으며, 이시하라의 머리 모양을 본뜬 신타로 컷慎太郎カット이 유행하는 등 신타로 붐으로 불리는 사회 현상을 일으켰다. 이후 아쿠타가와상과 나오키상은 저널리즘에서 크게 다루는 상이 되었다. 1958년 상반기에 오에 겐자부로가 23세에 아쿠타가와상을 수상했을 무렵에는 신문사뿐만 아니라 TV와 라디오 방송사에서도 취재가 쇄도했으며, 신작의 게재권掲載権을 놓고 잡지사들이 경쟁할 정도였다. 오늘날에도 화제성이 높아 수상작은 베스트셀러가 된다.

상은 1월과 7월 연 2회 발표된다. 상반기 수상작은 그해 12월부터 이듬해 5월까지 발표된 작품 중에서 후보를 선정해서 7월 중순 선발회와 발표가 이루어진다. 하반기는 6월부터 11월까지가 대상이며 이듬해 1월 중순에 선발회와 발표가 있다. 시상식은 데이코쿠帝国 호텔에서 열리고 있다.

아쿠타가와상은 단편·중편 작품에 주어지는 상이며, 나오키상의 경우는 장편이나 단편집으로 되어 있다. 단편은 400자 원고지 100매 정도, 중편은 400자 원고지 200매 정도이고, 장편과 단편집은 400자 원고지 300매 정도의 분량이다.

그러면 아쿠타가와상과 나오키상의 가장 큰 차이점은 무엇일까? 아쿠타가와상은 순수문학, 즉 예술성과 형식을 중요시하는 소설로 주로 글의 아름다움과 표현 방법의 다채로움에 비중을 둔다. 나오키상은 대중소설, 즉 오락성과 상업성을 중시하는 소설로 읽으면서 즐겁다고 느끼는 엔터테인먼트 작품이다. 아쿠타가와상은 순수문학 신인에게 주어지는 문학상이며, 나오키상은 무명, 신인, 중견 작가의 대중소설 작품에 주어지는 문학상이지만, 최근에는 문단에서 오래 활동한 베테랑 작가가 수상하는 경우도 많다.

● 나오키상 수상작품 매출 부수 랭킹 TOP 3 (단행본)

1위 아사다 지로浅田次郎 《철도원 폿포야》鉄道員ぽっぽや, 1997년 약 155만 부

2위 아오시마 유키오青島幸男 《인간만사 새옹이 병오》人間万事塞翁が丙午にんげんばんじさいおうがひのえうま, 1981년 약 117만 부

3위 히가시노 게이고東野圭吾 《용의자 X의 헌신》容疑者Xの献身, 2005년 약 66만 부

● 아쿠타가와상 수상작품 매출 부수 랭킹 TOP 3 (단행본)

1위 마타요시 나오키 又吉直樹 《불꽃》 火花, 2015년 약 253만 부

2위 무라카미 류 村上龍 《한없이 투명에 가까운 블루》 限りなく透明に近いブルー, 1976년 약 131만 6,000부

3위 와타야 리사 綿矢りさ 《발로 차 주고 싶은 등짝》 蹴りたい背中, 2003년 약 127만 부

아쿠타가와상과 나오키상은 수상자에게 회중시계가와 부상 100만 엔이 주어지지만, 어디까지나 100만 엔은 부상이다. 설립 당시의 부상은 500엔이었다. 그러면 왜 회중시계일까? 아쿠타가와상과 나오키상의 창설 당시 신인 작가 또는 아쿠타가와상을 목표로 하는 사람 중에 가난한 청년이 많았다. 기쿠치 칸은 상을 탄

은 회중시계

사람이 돈이 궁해지면 비싼 돈으로 바꿀 수 있는 은 회중시계로 정했다고 한다. 회중시계는 전쟁 중에 벼루나 항아리로 바뀌기도 했으나 전쟁 후에는 다시 회중시계로 돌아왔다고 한다. 설립자인 기쿠치 칸의 세심한 배려는 현재도 계승되고 있다.

문학상 상금 랭킹

문학상 중에는 고액의 상금을 받을 수 있는 경우도 적지 않다. 특히 여기서는 상금 500만 엔 이상의 문학상부터 살펴보기로 하자.

● '이 미스터리가 대단해!' 대상(このミステリーがすごい!大賞)

2002년에 다카라지마사宝島社, NEC, 메모리 텍 3사가 창설한 노벨스·콘테스트이다. 약칭은 '고노미스대상'이다. '이 라이트 노벨이 대단해! 대상', '일본 러브스토리 대상', '이 만화가 대단해! 대상'과 함께 다카라지마사 4대 대상이다. 상금은 1,200만 엔이다.

● 상금 500만 엔 문학상

▶ 에도가와 란포상江戸川乱歩賞, 통칭: 란포상, 영칭: Edogawa Rampo Award

1954년 에도가와 란포의 기부를 기금으로 삼아 일본 추리작가 협회구 일본 탐정 작가 클럽에서 탐정 소설을 장려하기 위해서 제정된 문학상이다. 당초에는 상금이 1,000만 엔이었다가 지금은 상금이 500만 엔이다.

▶ 일본 미스터리 문학 대상 신인상日本ミステリー文学大賞新人賞

신인 작가 발굴 목적으로 고분문화재단光文文化財団이 주최하는 일본 미스터리 문학대상 신인상은 상으로 시에라자드상, 부상으로 500만 엔을 받는다. 광의의 미스터리 소설로, 일본어로 쓴 자작 미발표 작품을 대상으로 삼으며 수상작은 코분샤光文社에서 간행된다.

▶ 마쓰모토 세이초상松本清張賞

일본문학진흥회가 주최하는 마쓰모토 세이초상은 장편 엔터테인먼트 소설을 대상으로 한 문학상이다. 장르는 불문이지만 일본어로 쓴 자작 미발표 작품에 한한다. 본상으로 시계, 부상으로 500만 엔이 증정되며, 수상작은 분게이슌주에서 간행된다.

▶ 일본 공포소설 대상 日本ホラー小説大賞

광의의 공포소설을 대상으로 한 문학상으로, 프로와 아마추어를 불문하고 미발표 작품에 한해 응모가 가능하다. 수상자에게는 상금 500만 엔이 수여되며 수상작은 가도카와 KADOKAWA 에서 출판된다.

또, 이 밖에 상금 300만 엔의 문학상으로는 쇼가쿠칸 논픽션 대상 小学館ノンフィクション大賞, 일본 판타지 노벨 대상 日本ファンタジーノベル大賞, 소설 현대 장편 신인상 小説現代長編新人賞, 가이코 다카시 논픽션상 開高健ノンフィクション賞, 노벨 대상 ノベル大賞, 전격 소설 대상 電撃小説大賞이 있다.

수상자에게 고액 상금이 증정되는 문학상은 미스터리나 추리소설 등의 장르가 많지만, 장르 불문도 있으므로 소설가 데뷔를 생각하는 사람은 꼭 한번 도전해 보는 것이 좋다.

독특한 문학상

● 책방 대상(本屋大賞) – 전국의 서점 종사자들이 팔고 싶은 책

책방 대상은 2004년 NPO법인 서점대상실행위원회에 의해 창설된 비교적 새로운 문학상이다. '전국의 서점 종사자들이 뽑은 가장 팔고 싶은 책'이라는 이름대로 신간을 취급하는 서점, 직원들만의 투표를 통해 수상작이 결정된다. 대상은 과거 1년 동안 간행된 일본 소설로 장르는 불문한다. 역사는 짧으나 권위가 있는 문학상만큼이나 주목받는 새로운 정통 문학상이다.

● 트위터 문학상(Twitter文学賞) – 트윗으로 투표

트위터 문학상은 2011년 창립된 트위터 문학상 사무국에서 운영하는 문학상이다. 일본 독자적인 상으로, 일반의 트위터 유저가 그 해의 신간 소설 중에서 가장 재미있었다고 생각하는 작품을 트윗해서 투표하는 것으로 수상작이 정해진다. 국내 신작소설과 해외 초역소설 등 2개 부문이 있으며 에세이, 논픽션, e북 등은 제외된다.

● 호시 신이치상(星新一賞) – AI(인공지능) 참가도 가능

호시 신이치상은 쇼트의 신이자 SF 작가로 활약한 호시 신이치의 이름을 따서 2013년에 니혼게이자이신문사 日本経済新聞社 가 창설한 문학상으로 대상은 공모된 쇼트나 단편소설이다. 일반 부문, 학생 부문, 주니어 부문 총 3개로 나뉜다. 이 상의 특징은 인공지능, 이른바 AI에 의한 작품도 응모가 가능하다는 것이다. 아직 AI 작품이 상을 받은 적은 없지만 앞으로 AI 작품이 그랑프리를 수상하는 날이 올지도 모른다.

● 인터넷소설대상(ネット小説大賞) – 소설가의 등용문

인터넷소설대상은 통칭 로콘으로도 부르는데 2012년 창립된 문학상이다. 일본 최대의 소설 투고 사이트 '소설가가 되자'에 투고된 소설 중에서 수상작을 선택한다. 프로나 아마추어, 연령, 장르를 막론하고 완결되지 않은 작품도 응모가 가능해서 누구나 쉽게 응모할 수 있는 문학상이다.

- 운동화 대상(スニーカー大賞) – 10대를 위한 상

가도카와 서점이 1996년에 창설한 일본의 신인 문학상 중 하나이다. 10대를 대상으로 하는 엔터테인먼트성이 넘치는 작품을 요구하고 있어 판타지, 러브코미디, 청춘, 미스터리 등 장르 불문하고 응모할 수 있다.

대상은 상금 200만 엔으로 고액이지만 매년 대상이 꼭 나오는 것은 아니다. 대상이 나오지 않는 해도 있기에 대상을 차지한 작품은 재미가 넘치는 작품이라고 할 수 있다. 널리 알려진 수상작으로서 2012년도의 타카노 고로쿠高野 小鹿작《그녀들의 밥이 맛없는 100가지 이유》彼女たちの飯がまずい100の理由나, 2001년도 하세 토시지長谷 敏司작《아르카디아》アルカディア 등이 있다.

- 일본 타이틀만 대상(日本タイトルだけ大賞) – 타이틀에 자신이 있는 사람 모두 나와!

아름다우면서 재미가 뛰어난 제목의 책에 주는 상으로 2009년 창설되었다. 대상은 일본 국내에서 출판된 서적으로서 심사의 기준은 '제목'뿐이며 내용의 우열은 전혀 관계없다고 하니 정말 독특하다고 할 수 있겠다. 과거의 수상작으로는《상냥하게 코끼리에게 밟히고 싶다》やさしく象にふまれたい,《하마터면 열심히 살 뻔했다》あやうく一生懸命生きるところだった 등이 있다.

문학상은 작가에게 꿈과 목표

일본의 문학계 안에는 셀 수 없을 정도로 많은 상이 있고, 또 각 지방에서도 각각의 특색에 맞는 상이 존재한다. 여기서 소개한 문학상 외에도 라이트 노벨, 역사물, 시나 단가, 논픽션, 시대소설, 아동문학, 그림책 등 장르별로 수많은 문학상이 있다. 대부분의 상은 응모 자격을 따지지 않기 때문에 지금부터 소설가를 목표로 하더라도 실력에 따라 신인도 상을 수상할 수 있다. 일본은 10대인 고등학생 때부터 소설가를 목표로 하는 사람이 많고, 고령화 시대에 맞게 60대부터 글쓰기를 시작하는 사람도 적지 않다고 한다.

여러분이 만일 독자로서 일본의 어떤 소설을 선택할지 고민하고 있다면, 일본의 문학상에 초점을 맞추어 선택해 보는 것은 어떨까. 부디 일본의 좋은 작품들과 만날 수 있기를 바란다.

일상생활 속 번역문체
어떻게 생각하나요?

오경순 (가톨릭대학교 겸임교수, 일한번역 전문가)

한국어인가 일본어인가? 정체불명의 모호한 말들

어느 나라 언어든 어느 정도는 외국말이 들어와 섞이지 않을 수 없다. 오랜 세월 동안 이웃 나라와 교류하면서 문화를 주고받다 보면 언어도 자연스레 영향을 받아 서로 섞이기 마련이다. 우리의 경우도 예외는 아니어서 몇십 년간 몸에 밴 일본말 버릇과 글 버릇이 번역문뿐 아니라 일상생활의 말과 글에서 부자연스러운 흔적으로 남아 있는 것은 어찌 보면 당연한 일인지도 모른다.

그러나 문제가 되는 것은 다음의 예처럼 우리말 어법에 맞지 않거나 생경하고 어색한 일본식 번역투 혹은 번역문체의 오용과 남용이다.

"중대본 인력사무소·함바집 관리 다소 미흡" (아시아경제, 2020.6.14.)

'함바'는 함지박이 연상돼 그런지 언뜻 우리말로 생각하기 쉽다. 그러나 밥을 뜻하는 '한飯'과 장소를 뜻하는 '바場'가 합쳐진 일본어 '한바飯場, はんば'에서 온 말이다. 일본어 '한바飯場'는 광산이나 공사판에 딸린 밥도 먹고 잠도 자는 임시 숙소 겸 식당을 뜻하는 말이다. '함바'는 '현장 식당'으로 바꿔 쓰면 누구나 이해하기 쉽다.

또한, 흔히 쓰고 듣는 '재테크' 역시 '재무 테크놀로지財務technology'를 줄여 쓴 일본식 용어인 '재테크財テク'에서 온 말이라는 사실을 아는 사람은 그리 많지 않다.

언어란 생각과 행동을 반영하는 도구이다. 누구에게나 모국어는 세상에서 가장 아름다운 언어이다. 우리 고유의 아름답고 쉬운 말을 제쳐두고 정체불명의 번역투 혹은 번역문체를 무턱대고 받아들이는 것은 결코 바람직하지 않다.

번역투 혹은 번역문체 무엇이 문제인가?

일상 대화에서 자주 사용해 어법을 크게 벗어나지 않지만 글로 표현할 때 어색하고 의미가 쉽게 전달되지 않는 문장이 있다. 번역투翻譯套, translationese란 우리말에 남아 있는 부자연스러운 외국어의 흔적을 말한다. 다시 말해서 어떤 글에서 원문이 아닌 번역문이란 흔적이 일정하게 반복해서 나타나는 경우 그런 특성을 번역투라고 한다.

번역투가 문제가 되는 이유는 본래 우리말이 아니거나 우리말 언어체계에 어긋나거나 우리말답지 않은 표현을 쓰는 탓에 가독성을 저해하기 때문이다.

일상 언어생활과 미디어 속에서 많이 듣고 접하는 번역투 혹은 번역문체 몇 가지 사례의 문제점을 살펴보고 그 대안을 제시해 본다.

일본어 번역투 '~에 대하여'
교과서에서 제일 먼저 없앤 이유

"오늘은 한글날 '~에 대하여' '~으로 인하여' 같은 일본어 투 표현 없앤 다." (중앙일보, 2016.10.9.)

일본어 번역투 '~에 대하여'를 교과서에서 가장 먼저 없앨 정도로 왜 문제가 되는지 보자.

'-에 대하여'는 일본어 '-に対して', '-について', '-に関して'를 직역한 번역투 표현이다. '-に対して', '-について', '-に関して' 등의 표현은 일본어에서 매우 폭넓게 나타나며, 국어에도 유입되어 동일한 형태·의미·기능으로 쓰이고 있다.

우리말 '대하다'는 '가족처럼 따뜻이 대하다', '친구처럼 대하다'처럼 '어떤 태도로 상대하다'의 의미로 주로 쓴다. 반면 일본어「-に対して」는 '대상이나 상대로 삼다'의 뜻으로 쓰는 말이다.

예를 들어 '次の質問に対して答えなさい。'는 '다음 질문에 대해 답하시오.' 보다는 '다음 질문에 답하시오.'가 군더더기 없는 번역이다. 즉, 일한 번역 과정에서 '-에', '-에게'라고 격조사를 써야 할 곳에 '-에 대해서'를 남용하는 경향이 있다.

번역문뿐 아니라 다음의 우리말 예문에서도 목적어 형태로 바꾸어 주거나 불필요한 경우에는 삭제하거나 자주 쓰지 않도록 노력할 필요가 있다.

"인생이란 **무엇인가에 대해** 정의하기는 어려운 일이며, 굳이 **인생에 대**

<u>해</u> 정의할 필요도 없다. 자신의 방식에 따라 나름대로 **인생에 대한** 정의
를 내리기 때문이다."

↳¹ 인생이란 **무엇인가를** 정의하기는 어려운 일이며, 굳이 **인생을** 정의
할 필요도 없다. 자신의 방식에 따라 나름대로 **인생을** 정의하기 때문
이다.

굳이 안 써도 그만인 어려운 일본말 '개호'

"노인이 노인임을 거부하는 시대… 실버푸드, 괜찮을까?"

일본은 기존의 '개호음식'이라는 명칭이 노인들에게 거부감을 일으킨다
는 점을 파악하고 2014년 스마일케어식이라는 새로운 용어를 선정했다.

(쿠키뉴스, 2019.2.16.)

국어사전에도 '개호介護'를 검색하면 '곁에서 돌보아 줌'의 뜻으로
나오긴 한다.

그러나 '개호'는 일본식 한자어 '介護가이고'를 우리말로 그대로 옮긴
번역투에 가까운 표현이라 볼 수 있다. '개호'와 뜻이 같은 우리말에는
'간병, 간호, 돌봄, 병구완' 등이 있다. '개호음식'과 '환자를 개호하다'
라는 말은 아무래도 낯설다. 다음의 일한 번역 예처럼 '간병, 간호, 돌
봄, 병구완'으로 번역하면 누구나 쉽게 이해할 수 있다.

---

1 이 글에서 '↳'는 글쓴이의 대안 예시, '≠'는 직역의 번역투 표현 혹은 비문(非文)을
나타낸다. 대안 예시는 말 그대로 하나의 방안으로, 이것만이 유일하고 완벽한 모범
답안이라는 뜻은 아니다. 우리말 어법에 맞는 자연스럽고 편안한 표현을 제시하기
위함이다.

妻による夫の介護と夫による妻の介護には、どんな特徴があるか。

⇒ **아내에 의한 남편의 개호**와 **남편에 의한 아내의 개호**에는 어떤 특징
이 있을까?

⇨ **아내가 하는 남편 간병**과 **남편이 하는 아내 간병**에는 어떤 특징이 있
을까?

길에 어깨가 없다니!

"국문명: 길어깨, 영문명: shoulder of road, 한자명: 路肩" _(산림청)

원래 '노견_{路肩}'이란 일본에서 영어 'road shoulder'를 직역하여 쓴
말이다. 노견_{路肩}은 '길_路＋어깨_肩'의 합성어로 한자의 뜻을 그대로

일본과 한국의 갓길 표지

가져다 만든 말이다. 우리는 노견이란 말을 일본에서 들여와 쓰다가 '길어깨'라는 희한한 말로 다시 번역하여 쓰기도 했다.

다행히 오랜 기간 '길어깨'의 문제점이 제기되면서 지금은 '갓길'이라는 순우리말을 만들어 쓰고 있다. 일본 한자어 노견을 대체할 수 있는 말로는 갓길 외에도 길섶, 길턱 등이 있다.

'와쇼쿠의 진격', '진격의 거인' 대체 진격의 종착역은 어디인가

"'와쇼쿠'의 진격… 홍대 앞을 통째로 일본풍으로 바꾸다."
한국인 입맛 장악한 '와쇼쿠' (조선일보, 2018.11.19.)

'와쇼쿠의 진격'은 일본어 '和食の進擊'를 그대로 직역한 번역투 표현이다. 한자어 '和食'의 일본어 발음이 '와쇼쿠'인데 일본어를 모르면 알 수도 없는 말이다. 《표준국어대사전》에 화식和食은 '일본의 전통 방식으로 만든 음식이나 식사'로 나온다. 일식 혹은 일본 요리로 이해하고 쓰면 되는 말이다. 게다가 어려운 한자 '진격進擊'은 적을 치기 위해 앞으로 나아가며 공격한다는 뜻인데 '와쇼쿠의 진격'은 우리말 어법에도 맞지 않는 말이다.

'진격의 거인'도 일본 만화책 제목인 《進擊の巨人》을 글자 그대로 직역한 번역투 표현이다. '進擊の巨人'을 우리말로 제대로 번역하면 '진격하는 거인' 혹은 '거인의 진격'이 맞다.

눈치껏 알아서 기라는 비겁한 말 '손타쿠'

"'한국과 단교' 日 우익 혐한 집회…강제징용 판결에 고개 든 '손타쿠'"

(중앙일보, 2018.11.12.)

한자어 '忖度'를 일본어로 읽은 말이 '손타쿠'이다. 일본어 사전에는 ① 촌탁忖度, ② (남의 마음을) 헤아림, ③ 추찰推察함으로 나와 있다. 사전풀이로만 봐서는 좋지 않은 의미인지 알 수 없다. 그러나 일본에서는 '윗사람이 구체적으로 지시를 내리지는 않았으나 눈치껏 알아서 윗사람이 원하는 대로 행동하는 것'을 뜻하는 말이다. 좋은 의미는 아닌 듯한데 상황에 따라서는 딱히 나쁜 의미라고 볼 수 없는 알쏭달쏭한 말이다.

그러나 우리는 '촌탁'이나 '추찰' 같은 어려운 한자를 거의 쓸 일도 없고 잘 쓰지도 않는다. 일본어로도 뜻이 명확하지 않은 '손타쿠'를 신문 기사에 읽고 이해하는 독자가 과연 얼마나 될지 궁금하다. '촌탁忖度'을 우리말로 옮기면 '알아서 긴다' 정도일 테다.

국적 불명의 말 '플러스 알파', '마이너스 알파'

"원 플러스 원 **플러스 알파**"
"**마이너스 알파** 효과 부르는 묻지 마 투표"

'플러스 알파plus alpha'란 원래의 수량에 조금 더 추가하는 것 혹은 추가한 수량을 의미한다. 그런데 영어 사전을 찾아봐도 'plus alpha'라는 말은 없다. 영어로 제대로 말하면 'plus something' 혹은 'plus extra'

가 맞는 말이다.

'플러스 알파'는 일본에서 만들어져 우리나라로 수입되어 일본과 우리나라에서만 통용되는 일본식 외래어^{和製外来語}로 일본식 변조 영어라고도 한다. 게다가 '플러스 알파' 외에도 '마이너스 알파'까지 등장했다. '마이너스 알파'는 '플러스 알파'와 반대로 원래 수량에서 조금 빼는 것을 뜻하는 말이다. '알파'는 미지수를 나타내는 그리스어 'X'를 '<i>α</i> alpha'로 잘못 읽은 것에서 생겨났다고 한다.

'플러스 알파'에 해당하는 우리말로는 '덤'이 있다. 덤으로 고쳐 써도 뜻이 잘 통하는 경우라면 우리말로 바꿔 쓰는 것이 낫다.

말과 글은 쉽고 간결하고 명확하게

언어생활은 원활한 의사소통과 정확한 의미 전달이 목적이다. 의사소통과 의미 전달이 되지 않는 말과 글은 좋은 말, 좋은 글이라 할 수 없다. 쉽게 쓰지 못해 어렵게들 쓴다지만 어려운 말과 글도 누구나가 이해하기 쉽게 쓰고 전달할 줄 아는 것이야말로 능력이며 실력이다.

번역의 경우도 마찬가지이다. 원문이 아무리 까다롭고 난해하더라도 독자가 이해하기 쉽고 읽기 편하게 옮길 수 있는 언어구사 능력이 바로 번역 능력이며 번역가의 가장 으뜸가는 자질이다. 번역투는 한국어의 정상적인 발달과 다양한 표현 기회를 저해하고 한국어 어문구조를 왜곡·훼손시킨다. 그러므로 번역투는 우리말 어법에 맞는 이해하기 쉬운 용어나 표현으로 다듬고 바로잡아야 할 대상이다.

마쓰야마로 떠나는 문학여행
- 문학과 예술 그리고 자연의 도시 마쓰야마

장영순(에히메대학 한국어 강사)

마쓰야마를 아세요?

최근 한국에서는 일본을 찾는 여행자 사이에서 지방의 소도시 여행이 인기라고 한다. 아마도 도쿄나 오사카 같은 대도시보다 일본다운 정취를 더욱 느낄 수 있기 때문일 것이다. 시코쿠의 마쓰야마도 그런 지방의 소도시 중 하나이다. 시코쿠에는 에히메, 가가와, 도쿠시마, 고치 등 네 개의 현이 있다. 마쓰야마는 에히메현의 현청 소재지로, 인구가 약 51만 명 정도 되는 시코쿠 제1의 도시이다. 일본에서 가장 오래된 도고 온천이 있으며, 일본을 대표하는 귤 산지이기도 하다. 그리고 북서쪽으로는 세토 내해가, 남동쪽으로는 시코쿠산맥이 위치하고 있어, 신선한 해산물과 육류, 채소 등 산해진미가 풍부하고 산과 바다를 즐기면서 휴식과 힐링을 즐길 수 있는 곳이다.

또한 마쓰야마는 관광자원과 문화자원이 다채롭다. 특히 일본의 전통시를 근대적으로 혁신한 시인 마사오카 시키正岡子規의 출신지이며, '일본의 셰익스피어'로 불리는 나쓰메 소세키夏目漱石가 젊은 시절 영어교사로 부임해서 시키와 교류를 한 문학도시이기도 하다. 지금도 '온천과 문학의 도시', '하이쿠 도시'라는 캐치프레이즈를 내걸고 문학도시로서 위상을 구축하기 위해 노력하고 있다. 그래서인지 거리를 걷다 보면 소세키의 소설 《도련님》의 주인공이 되거나 시키의 하이쿠 세계에 들어와 있는 듯한 느낌이 들기도 한다. 그럼 슬슬 마쓰야마로 문학여행을 떠나 보자.

나쓰메 소세키의 《도련님》

나쓰메 소세키의 《도련님 坊っちゃん》은 1906년 4월 《호토토기스》에 발표된 소설이다. "앞뒤 가리지 않고 막무가내로 행동하는 성격 때문에 어릴 때부터 손해만 봤다"로 시작되는 첫 구절은 잘 알려져 있다. 주인공 도련님은 도쿄 토박이로 솔직하고 곧은 성격 탓에 사람들과 충돌하는 일이 많았다. 이 소설은 그런 도련님이 도쿄의 물리학교를 졸업하고 수학교사로 시코쿠의 어느 중학교에 부임하는 데서 시작된다.

도련님은 부임한 중학교에서도 동료 교사나 학생들과 자주 부딪힌다. 가게에서 튀김메밀국수를 네 그릇이나 주문해서 먹거나 온천의 탕 안에서 수영한 것이 학생에게 알려져 교실에서 놀림을 당하기도 한다. 그리고 첫 숙직날 밤에는 이불 속에서 수십 마리의 메뚜기가 나와 놀라는데… 이 역시 기숙사 학생들의 장난이었다. 그러던 어느 날, 빨간 셔츠교감가 동료 마른호박영어교사, 고가의 약혼녀인 마돈나를 자신이 차지하려고 마른호박을 다른 곳으로 좌천시킨 사실을 알게 된다. 불의를 보면 참지 못하는 곧은 성격의 도련님은 동료 고슴도치수학교사, 홋타와 의기투합해서 빨간 셔츠가 기생놀이하는 현장을 덮쳐 주먹과 계란 공세로 응징한 후 중학교를 사직하고 도쿄로 돌아간다. 이렇게 소설 《도련님》은 도쿄에서 시골 학교로 부임한 젊은 수학교사 도련님이 학교에서 비열하고 장난기 많은 학생들이나 정의롭지 못한 몇 명의 교사들에게 대항하는 과정을 위트 있게 그린 청춘소설이자 풍자소설이다.

《도련님》은 나쓰메 소세키의 다른 작품에 비해 대중적인 소설로, 소세키의 작품 중에서도 가장 많이 읽힌 작품 중 하나이다. 지금까지 《도련님》을 원작으로 수많은 영화와 드라마, 애니메이션이 제작되었고 한국어를 비롯한 다양한 외국어로도 번역되어 있다. 소설에 마쓰야마나 에히메라는 지명이 등장하지는 않지만, 마쓰야마는 《도련님》의 무대가 된 곳이고 젊은 날의 나쓰메 소세키가 영어교사로 1년간 지낸 지방도시이기도 하기 때문에 지금도 마쓰야마를 걸으면 도처에서 《도련님》의 이야기를 만날 수 있다.

온천과 문학의 도시 마쓰야마

마쓰야마 시내에 들어오면 가장 먼저 눈에 띄는 것이 노면전차이다. 그중에는 증기기관차 모양을 한 봇짱 열차도 운행되고 있다. 소설에서 '성냥갑 같은 기차'로 소개되어 있는 이 열차는 1887년부터 1950년대까지 실제로 달렸던 열차를 2001년에 관광용으로 복원한 것이다.

소설에서 갓 부임한 도련님이 '다른 곳은 어딜 보나 도쿄의 발뒤꿈치에도 못 미치지만 온천만큼은 훌륭하다'라고 칭찬을 아끼지 않던 곳은 일본에서 가장 오래된 도고 온천이다. 3층 목조건물인 도고 온천의 본관이 지어진 것은 1894년이기 때문에 작가 나쓰메 소세키가 온천을 이용했을 때는 도고 온천이 지어진 지 얼마 안 되었을 때였다.

현재 마쓰야마의 대표적인 관광지인 도고 온천 주변에는 100여 개의 호텔과 기념품 상점들이 처마를 맞대고 즐비해 있어서 휴일에는 늘 관광객으로 붐빈다. 그곳에 묵는 사람들은 유카타에 게타를 신고 목에는 수건을 두른 채 도고 온천역 앞에 있는 봇짱 시계탑을 구경하거나 봇짱 열차 앞에서 사진을 찍기도 한다. 그리고 소설 속의 도련님처럼 온천을 한 후에는 '우동'이나 '봇짱 단고' 등을 먹거나, '도고 맥주'를 마시며 일상의 피로와 긴장을 푼다. 116년 전에 쓰여진 소설인데 지금 읽어 보아도 소설 속에 묘사된 마쓰야마 모습과 지금의 마쓰야마 모습이 크게 다르지 않게 느껴지는 것이 그저 신기할 따름이다.

그 밖에도 봇짱 단고나 마돈나 단고와 같은 유명한 과자가 있고, 봇짱 스터디움이나 봇짱 극장처럼 소설 이름을 붙인 시설도 많이 있어, 마쓰야마는 '봇짱 마을'이라고 해도 과언이 아닐 정도이다. 그리고 소설 《도련님》을 주제로 한 크고 작은 문화행사들도 열리고 있다. 2004년 4월에는 뮤지컬 〈도련님!〉이, 그리고 2015년에는 뮤지컬 〈52days 구다부쓰암愚陀仏庵, 두 명의 문필가〉가 이 지역의 연극공연장인 봇짱 극장에서 상연되었다. 2018년에는 〈도고 온천 아트 2018〉의 기획전 중 하나로 '도련님전'이 열렸다. 마쓰야마에서는 2014년을 시작으로 지금도 예술제가 이어지고 있는데, 2018년에는 20여 명의 아티스트들이 참가한 대규모의 예술제가 열렸다. 당시 도고 온천과 주변의 호텔가, 그리고 상점가에 예술작품이 설치되고 다양한 이벤트가 개최되었는데, 지금도 기억에 선명한 것은 영화감독 겸 사진작가인 니나가와 미카蜷川実花의 작품이다. 유구한 역사를 느끼게 하는 도고 온천의 본관에 원색의 화려한 띠 장식을 설치한 이 작품은 도고 온천을 단번에 매력적인 모던 아트로 변신시켰다. 그리고 도고 온천 안과 상점가 아케이드의 여기 저기에 걸려 있던 우메 가요梅佳代의 '봇짱들' 사진도 매우 색다른 느낌이었다. 주로 '남자' 시리즈를 찍는 사진가로 유명한 우메 가요는 마쓰야마시의 남자 중학생들을 '도련님들'로 내세워 그들의

니나가와 미카의 모던 아트와 콜라보한 도고 온천

생기 있는 표정을 담아냈다.

　이 '도련님전'은 도고 온천에서뿐만 아니라 에히메현립미술관에서도 열렸다. 예술제에 참가한 20명의 아티스트들 중에서 네 명이 기획한 특별한 전시회였는데 그중 사진가 아사다 마사시 浅田政志는 《도련님》과 작가 소세키의 세계를 개성 있고 유머러스한 사진으로 표현하고 있었다. 아사다는 '사진과 문장', '소세키가 살던 시대와 현대', '픽션 세계와 현실'이라는 주제로 독특하고 재미있는 사진들을 전시했다. 사진들 중에서 가장 인상적이었던 것은 나쓰메 소세키가 당시 근무했던 마쓰야마 히가시고등학교 당시 에히메현 진조중학교 교무실에서 쉬고 있는 교사들의 일상을 찍은 대형 사진이었다. 카메라에 시선을 맞추고 있는 몇몇 교사들의 얼굴을 보며 누가 수학교사이고 누가 미술교사일까 상상하면서 어느새 《도련님》의 작품 속에 들어와 있는 나 자신을 발견하기도 했다. 116년 전의 메이지시대이고 픽션인 《도련님》의 세계를 이렇게 현실 속에서 생생하게 체험하다니 마쓰야마는 참으로 신기한 곳이다.

이렇게 마쓰야마를 배경으로 하는 소설 《도련님》은 봇짱 열차나 도고 온천과 함께 지금도 마쓰야마에 살고 있는 사람들이나 이곳을 방문하는 관광객들에게 사랑을 받고 있으며, 때때로 현대 예술을 통해 새로운 모습으로 등장하기도 한다. 그래서 앞으로 또 어떤 새로운 이미지의 도련님을 만나게 될지 기대된다.

소세키와 마쓰야마

이처럼 마쓰야마라는 지방도시는 나쓰메 소세키의 《도련님》과 밀접하게 관련되어 있다. 그런데 때로는 마쓰야마 사람들이 왜 이렇게까지 도련님을 좋아하는지 이해가 되지 않을 때도 있다. 소설에서 도쿄 토박이 도련님은 이곳을 도쿄랑 비교해서 '촌구석'으로 표현하고 있고 이곳에 사는 사람들도 '촌놈'이라고 깔보기도 한다.

《도련님》의 이런 내용을 읽으면 마쓰야마 사람들이 그다지 기분이 좋지 않을 것 같기도 하다. 실제로 마쓰야마 출신 군인이면서 전쟁문학으로 유명한 작가이기도 한 미즈노 히로노리水野廣德는 소세키를 만나면 때려 주겠다고 말하기도 했다.

하지만 실제로 나쓰메 소세키와 마쓰야마의 관계를 생각하면, 그에게 마쓰야마가 그저 외딴 시골이 아니었음을 알 수 있다. 나쓰메 소세키가 마쓰야마에 오게 된 계기는 정규직을 찾고 있던 소세키에게 친구 간토라오菅虎雄가 중학교 교사 자리를 알선해 준 것으로 알려져 있다.

처음에는 마쓰야마라는 말을 듣고 시골이라서 별로 마음에 내키지 않았지만 동급생인 마사오카 시키의 고향이기도 해서 그 제안을 받아들인다. 그리고 1895년 소세키는 에히메현 진조중학교 영어교사로 부임한다. 하지만 다음해에 구마모토의 제5고등학교 현재 구마모토대학 로 옮겨가기 때문에 마쓰야마에서 체류한 기간은 1년 남짓밖에 되지 않는다. 이 기간 중 특히 1895년 8월 하순부터 50여 일간 소세키는 마사오카 시키와 마쓰야마에서 공동생활을 한다. 마사오카 시키는 청일전쟁 때 종군기자로 중국에 가는데 귀국하는 뱃길에서 객혈을 하는 바람에 요양차 마쓰야마로 귀향을 한다. 도착 이틀 후부터 시키는 에히메현 진조중학교에서 영어교사를 하고 있던 나쓰메 소세키의 하숙집 구다부쓰 암 에서 지낸다. 이곳에서 마쓰야마의 하이쿠 작가들이 요양 중인 시키를 중심으로 모여 매일 저녁 하이쿠회를 열었다는 것은 잘 알려져 있는 일화이다.

이때 소세키에게 마사오카 시키는 하이쿠의 스승이었고, 마쓰야마에서 보낸 1년간은 소세키가 본격적으로 하이쿠에 전념했던 시기이기도 했다.

마사오카 시키와 공동생활을 했을 때, 나쓰메 소세키는 시키, 다카하마 교시高浜許子 등과 함께 도고 온천과 이시테지石手寺 방면으로 산책을 나가 하이쿠를 지었다. 그 산책길에서 주고받은 하이쿠 담론과 문학론은 소설가가 되는 소세키에게 적지 않은 영향을 주었다. 마사오카 시키는 1902년에 죽지만, 애초에 나쓰메 소세키에게 소설을 써 보지 않겠냐고 권유한 것은 시키에게 《호토토기스》를 이어받은 다카하마 교시였다. 그렇게 탄생한 것이 데뷔작 《나는 고양이로소이다》1905년이다. 그리고 《도련님》에 나오는 마쓰야마 사투리의 첨삭을 도와준 것도 다카하마 교시였다. 그 역시 마쓰야마 출신이었다. 이와 같이 보면, 나쓰메 소세키에게 마쓰야마는 젊은 시절 문학가로서의 기반을 닦은 곳이자 친구들과 시간을 함께한 소중한 장소였음을 알 수 있다.

하이쿠의 도시 마쓰야마

또한 마쓰야마는 하이쿠 도시로도 유명하다. '하이쿠의 성지' 혹은 '하이쿠의 고향'으로 일컬을 정도이다. 마쓰야마는 '근대 하이쿠의 아버지'라 불리는 마사오카 시키가 태어나고 자란 곳이며, 시키의 하이쿠를 계승한 다카하마 교시와 가와히가시 헤키고토 河東碧梧桐 의 출신지이기도 하다. 그리고 현재까지 발간되고 있는 하이쿠 잡지《호토토기스》도 원래 마쓰야마에서 탄생했다. 시키의 친구인 야나기하라 교쿠도 柳原極堂 가 두견새라는 의미를 가진 시키의 호를 따서 1897년에 창간한 것이다. 그 외에 근세 하이카이 작가 구리타 초도 栗田樗堂 와 다네다 산토카 種田山頭火 와 같은 근대 자유율 작가가 활동한 곳이기도 하다. 이렇게 하이쿠, 하이카이와 같은 일본 전통시 작가들이 활발하게 창작활동을 했던 만큼 마쓰야마 시내 곳곳에는 유명한 하이쿠를 돌에 새긴 하이쿠 석비가 산재해 있어, 그 석비의 시구를 통해 과거 문인들의 감정과 말을 되새기며 향유할 수 있다. 마쓰야마에 소재하는 다수의 하이쿠 석비 중 수적으로 우세한 사람은 역시 마사오카 시키이다.

마사오카 시키 1867~1902년 는 마쓰야마시 하급무사 집안 출신이다. 1883년에 에히메현 진조중학교를 자퇴하고 도쿄로 상경하여 도쿄제국대학 철학과에 입학한다. 도중에 국문과로 전과했다가 1892년에 자퇴하고 일본신문사에 취직한다. 시키는 신문사의 편집업무를 하면서 하이쿠를 짓거나 하이쿠에 관한 많은 글을 발표한다. 그렇지만 안타깝게도 35세의 젊은 나이에 폐결핵으로 생을 마쳤다. 시키는 짧은 생애 동안 수천 편의 하이쿠와 수필, 수채화를 남겼다. 도고 온천과 함께 마쓰야마의 또 다른 대표 관광지인 마쓰야마성松山城에 올라가다 보면 그의 하이쿠를 새긴 석비를 만날 수 있다.

"마쓰야마여, 가을 하늘보다 높은 천수각이로다松山や秋より高き天主閣"

마쓰야마성은 400여 년 전에 성주 가토 요시아키라加藤嘉明가 축성했다. 천수각160미터 꼭대기층에 올라가면 마쓰야마 시내뿐만 아니라 멀리 세토 내해 바다까지 내려다보인다. 마쓰야마에는 이 성보다 더 높은 건물이 없다. 성 위에서는 시내 전체를 조망할 수 있고 반대로 시내 어디에서나 마쓰야마성이 올려다 보인다. 더욱이 마사오카 시키가 살았던 시기에 높은 건물이 없었다는 것을 생각하면 천수각이 가을 하늘보다 높다고 표현한 이 시구는 당시 마쓰야마성의 존재가 어떤 것이었는지를 잘 보여 준다.

마쓰야마성 천수각에서 내려다본 풍경

마사오카 시키의 하이쿠 석비

이처럼 마쓰야마는 다른 어느 지역보다 하이쿠가 활발하다. 그것은 앞에서 살펴본 대로 많은 하이쿠 작가를 낳은 마쓰야마의 풍부한 문화적 토양과 관련이 있기도 하지만, 서구화가 밀려오던 격동의 시대에 마사오카 시키가 이루어낸 하이쿠 혁신이 중요한 토대가 되었다고도 할 수 있다. 마사오카 시키는 전통시 하이카이에서 문학성이 높은 홋쿠 5·7·5만을 독립시켜 하이쿠라 명명하고 지금과 같은 짧은 형태로 정착할 수 있도록 힘썼다. 즉 전통시가를 새로운 형태의 하이쿠로 혁신하여 새로운 전통으로 이어나간 사람이 바로 마사오카 시키였다. 그의 공적이 있었기에 오늘날과 같은 하이쿠가 있다고 해도 과언이 아니다.

마사오카 시키가 나쓰메 소세키의 하숙집에 머물렀던 시기가 그 하이쿠 혁신의 바탕이 된 '사생론모든 사물을 있는 그대로 사실적인 태도로 접하고 표현하는 법'이 형성되는 초기였고, 이후 같이 하이쿠 혁신을 꾀하는 동료들의 네트워크가 이곳에서 형성되었다는 점에서 이 하숙집 구다부쓰암은 근대 하이쿠의 발생지라고도 할 수 있다. 지금도 마쓰야마에서는 이와 같은 하이쿠의 전통을 이어가기 위해 시내 곳곳에 하이쿠 석비를 세우거나 이벤트를 여는 등 꾸준한 노력을 기울이고 있다. 그래서 마쓰야마에 오면 그들이 남긴 수많은 작품을 통해 자연의 아름다움과 삶의 단면을 느끼고, 그들의 숨결이 느껴지는 100년 전 마쓰야마의 시공간을 체험할 수 있다.

문학과 예술 그리고 자연의 도시 마쓰야마

이렇게 마쓰야마 시내 도처에는 지금도 문학이나 하이쿠가 살아 숨쉬고 있다. 그것은 단지 마쓰야마가 나쓰메 소세키와 마사오카 시키의 연고지이기 때문만은 아니다. 마쓰야마는 예부터 바다를 건너 찾아오는 해상 교통에 열려 있던 곳이다. 특히 중앙과 그 외 지역의 문인과 학자가 자주 찾던 문화 교류의 거점이기도 했기 때문에 《만요슈万葉集》를 비롯해 기행문, 군기와 가부키, 하이카이, 렌가와 소설 등 다양한 문학이 꽃을 피운 곳이기도 하다. 나쓰메 소세키가 마치 《도련님》의 주인공처럼 배를 타고 마쓰야마에 오고, 마사오카 시키가 마쓰야마에서 도쿄로 나가 활약을 하고, 그리고 두 사람이 마쓰야마에서 하이쿠를 통해 교류를 한 것도 그 한 예라 할 수 있다.

마쓰야마 사람들은 이런 문화적인 토양에서 '문학 도시' 혹은 '하이쿠 도시'라는 이미지를 형성시키고 발전시켜 왔다. 문화자원을 지역 정체성과 관광자원으로 활용해 온 것이다.

한국 여행자들이 비행기로 마쓰야마를 방문할 때, 날씨가 좋으면 푸른 바다에 크고 작은 섬들이 떠 있는 세토 내해와 그 너머로 시코쿠산맥이 우뚝 솟아 있는 광경을 볼 수 있을 것이다. 그리고 마쓰야마에 왔을 때 이국의 지방 도시인데도 어딘지 정겹게 느껴진다면 그것은 아마도 이렇게 과거에서 현재로 이어지고 있는 자연과 문학의 향기를 도시 곳곳에서 느낄 수 있기 때문일 것이다.

열일곱 자에 인생을 담다:
하이쿠

얼굴 좀 펴게나
올빼미여,
이건 봄비가 아닌가

어느 해 3월, 봄비가 촉촉이 내리던 날. 봄을 맞은 광화문 교보 사옥 글판에 새로운 글귀가 걸렸다. 길을 지나던 사람들의 시선이 글판에 머문다. 순간, 무덤덤하던 마음에 새털같이 가벼운 한 줄기 바람이 불어온다. 글판의 글귀는 일본의 하이쿠 시인 고바야시 잇사의 시를 발췌·인용한 것이었다. 단숨에 읽히지만 긴 여운을 남기는 세계에서 가장 짧은 시, 하이쿠.

전 세계인이 즐기는 하이쿠

하이쿠俳句는 일본 문화를 이해하기 위한 자료로 자주 거론된다. 이어령 전 문화부 장관은 하이쿠를 '일본의 전통문화 중에서 가장 국제성을 띤 문화'라고 평가했고, 특히 미국, 유럽, 남미 등 서구권에서의 하이쿠의 인기는 매우 높다. 천황의 아들에게 영어를 가르치던 영국인

R. H. 블라이스가 하이쿠에 매혹되어 출판한 번역서는 서구권 시인들의 필독서가 되었고, 하이쿠의 간결함과 문학적 함축성으로부터 깊은 영감을 받은 20세기 이후의 서구 문학가들의 수도 적지 않다. 미국의 초등학교 교과서에 하이쿠가 실리고, 《뉴욕타임즈》는 계절을 주제로 한 하이쿠를 공모해 매일 한 편씩 신문에 소개하기도 했다. 그리고 버락 오바마 미국 전 대통령은 미일 정상회담 국빈 만찬에서 'Spring green and friendship/ United States and Japan/ Nagoyakani 봄의 초록과 우정 / 미국과 일본 / 화합으로' 라고 영어와 일본어를 섞어 하이쿠를 읊기도 했다. 자작 하이쿠를 선보이는 유명인들, 하이쿠 시인俳人, 하이진을 자처하는 사람들도 많다. 문학적 은유와 상징을 통해 삶 속의 깨달음, 자연과 계절에 대한 느낌, 인간 존재의 의미 등을 절제된 언어로 함축해 표현하는 '한 줄 시'를 가리켜 'Haiku'라고 부르고 있는 것이다. 전 세계 곳곳에서 저마다의 모국어로 5·7·5의 열일곱 자로 함축되는 하이쿠를 즐기고 있다.

그러나 신기하게도 일본과 가장 가까이 위치한 우리나라 대다수의 국민들은 하이쿠를 잘 모른다. 오랜 기간 일본 문화에 쇄국주의적 정책을 고수해 왔기 때문일 것이다. 1965년 한일국교정상화 이후에도 우리 정부는 일본 대중문화의 유입을 지속적으로 막아 왔고, 일본 대중문화의 단계적 유입이 허용되기 시작한 것이 1998년으로 일본문화에 대한 전면적인 개방의 역사는 30년이 채 되지 않는다.

꽃 진 자리에 잎 피었다 / 너에게 쓰고 / 잎 진 자리에 새가 앉았다 / 너에게 쓴다 (천양희)
대추가 저절로 붉어질 리는 없다 / 저 안에 태풍 몇 개 / 천둥 몇 개, 벼락

몇 개 (장석주)
- '광화문 글판'의 글귀

착하게 살았는데 / 우리가 왜 이곳에 (《지옥철》)
고민하게 돼 / 우리 둘 사이 (《축의금》)
나는 했는데/ 너는 몰랐네 (《밀당》)
- 하상욱 시

앞서 인용한 짧은 시들이 대중들에게 많은 사랑을 받고 있음을 볼때, 우리나라 사람들 역시 하이쿠에 매력을 느낄 여지가 매우 많아 보인다.

일본 국내에서도 하이쿠를 보급하고 하이쿠 독자층을 확보하고자 '하이쿠 왕국이 간다 俳句王国がゆく '와 같은 문예 프로그램을 제작·방영한다. 하이쿠 응모작을 선정해 누구나 접할 수 있도록 전철에 게시하기도 하고, 각종 단체가 주관하는 하이쿠 짓기 대회도 수시로 열린다. 하이쿠의 보급과 대중화를 위한 이와 같은 국가 차원의 노력은 달리 생각하면, 일본 내에서 하이쿠 독자층은 그만큼 한정적이고 소수 그룹에 지나지 않는다고도 볼 수 있다. 사실 하이쿠는 극도로 압축된 표현 형식 탓에 그 의미를 파악하기가 쉽지 않다. 이런 연유로 하이쿠는 선문답의 문학, 애매모호한 문학으로 취급되기도 한다. 그러면 이처럼 일본인에게도 어렵고 난해한 하이쿠에 일본인뿐만 아니라 전 세계 많은 사람들이 매료되고 빠져드는 까닭은 무엇일까?

하이쿠란

하이쿠는 형태상으로 보면 5.7.5.7.7의 31자 운율의 정형시인 와카 和歌의 첫 구発句 5.7.5만 떼어 낸 것을 가리킨다. 정형시로서는 가능한 피해야 하겠지만, 유명 작품들 중에 17자보다 글자 수가 많거나 17자보다 글자 수가 모자란 경우도 꽤 있다.

하이쿠의 역사는 무로마치시대 1336~1573년로 거슬러 올라간다. 일본에서 가장 오래된 시가인 와카和歌는 헤이안시대 794~1185년에 전성기를 맞으며 우아한 궁정 문화의 틀 속에서 귀족들에게 향유되었으나, 무사에 의한 막부가 들어서면서 귀족과 더불어 쇠락의 길을 걷는다. 무로마치 말기 이후, 세속적인 소재를 익살스럽고 해학적으로 노래한 하이카이렌가 俳諧連歌가 유행한다· 5·7·5 부분과 7·7 부분을 분리하여 여러 사람이 이어 부르는 렌가連歌와 마찬가지로, 하이카이렌가 역시 5·7·5의 앞 구홋쿠, 発句와 7·7의 이어지는 구렌구, 連句가 있다. 하이쿠俳句라는 명칭은 하이카이렌가의 앞 구, 즉 '하이카이노 홋쿠俳諧の 発句'에서 온 것이다.

에도시대 1603~1867년에 가장 인기 있던 장르는 와카나 렌가보다 단연 하이카이였고, 하이카이의 주 소비층은 조닌町人, 상인과 장인이었다. 서민들의 말놀이로 유희성과 대중성이 강했던 초기 하이카이에서는 문학성을 기대하기 어려웠으나, 하이카이의 세속성은 마쓰오 바쇼의 등장으로 문학적 성숙을 이루며 그 위상이 바뀌게 된다.

하이쿠의 감상 포인트: 키레지와 키고

5·7·5 운율의 단 열일곱 자로 풍부한 심상을 구현해 낼 수 있는 데는 키레지끊는 말, 切れ字와 키고계절어, 季語의 힘이 크다. 키레지를 넣는 이유는 시의 흐름을 끊고 시상을 전환하기 위함이다. 하이쿠는 일반적으로 두 개 또는 그 이상의 시상을 함축하는데, 5·7·5의 짧은 형식 속에서 이를 구현하기 위해 키레지를 넣어 흐름을 끊는다. 키레지 이후의 침묵을 통해 긴 여운을 불러일으키고, 이를 통해 시는 보다 입체적으로 다가오는 것이다. 예를 들어 보자.

古池ふるいけや
오래된 연못
蛙飛かえるとび込こむ
개구리 뛰어드는
水みずの音おと
물보라 소리

마쓰오 바쇼의 작품으로 하이쿠에 대해 언급할 때 가장 많이 꼽히는 작품이다. 앞의 하이쿠에서 키레지는 첫 줄의 'や'로, 첫 줄은 오래된 연못의 고즈넉함을 바라보고 있는 공간감을 나타내고 있다. 이와 같은 고즈넉함은 개구리 한 마리가 연못에 뛰어들며 깨지고, 마치 카메라의 앵글이 연못을 풀샷으로 잡고 있다가 개구리가 뛰어드는 순간 줌인 하여 들어가는 느낌이다. 다시 말해, 키레지를 통하여 심상의 변화가 자연스럽고 효과적인 방법으로 이루어진 것이다.

5·7·5 17자의 짧은 운문 형식이 풍성한 심상을 구현해 낼 수 있게

하는 또 하나의 비밀은 바로 키고이다. 계절만큼 살아 있는 것들의 유한함을 깨닫게 하는 것도 없기 때문이다. 키고는 봄, 여름, 가을, 겨울 중 하나를 상징하는 단어를 넣어 계절감을 담는 것을 가리킨다. 키레지가 'かな', 'けり', 'もがな', 'し', 'ぞ', 'か', 'よ', 'せ', 'や', 'れ', 'つ', 'ぬ', 'へ', 'ず', 'いかに', 'じ', 'け', 'ら'처럼 정형화되어 있다면, 키고의 경우에는 계절의 흐름을 나타낼 수 있는 거의 모든 단어가 키고로 취급된다. 그뿐만 아니라 제한된 형식 탓에 수식어를 붙이는 것이 쉽지는 않지만, '寒い風 추운 바람'처럼 수식어가 붙은 표현도 가능하다. '春風 하루카제, 봄바람'처럼 계절을 직접적으로 언급하기도 하고, 특정 계절을 연상하게 하는 단어를 사용하기도 한다. 일반적으로 특정 계절에만 볼 수 있거나, 특히 두드러지는 기상 현상, 동식물, 곤충, 기념일 주로 전통적이거나 대중적인 등을 사용하는 경우가 많다. 앞의 하이쿠에서 키고는 개구리 蛙이며, 대표적인 키고로는 다음과 같은 것을 들 수 있다.

봄을 상징하는 키고: 꽃花, 벚꽃桜, 눈 녹은 물
여름을 상징하는 키고: 비雨, 장마, つゆ 혹은 五月雨, 매미 蝉
가을을 상징하는 키고: 단풍紅葉, 찬바람
겨울을 상징하는 키고: 눈雪, 정월正月

현대에 들어서는 크리스마스, 발렌타인 등을 키고로 사용하기도 한다.

유명 하이진俳人의 작품으로 하이쿠 음미하기

● 마쓰오 바쇼(松尾芭蕉, 1644~1694년)

'하이쿠의 성인俳聖'으로 불릴 만큼 하이쿠를 문학적으로 완성시킨 최고의 하이쿠 시인이다. 봉건 영주의 시종으로 일하다가 1666년 주군이 죽자 무사의 지위를 버리고 시에 전념하기 시작했다. 삼십 대 후반에 이미 하이카이 지도자로 명성을 얻으며 경제적으로 안정된 길을 걸었지만, 물질적으로 풍요로워지고 화려해지는 당시 에도의 흐름과 대조적으로 검소하고 소박한 삶을 지향하며 1680년37세부터 4년 여간 에도의 후쿠가와 소재의 오두막바쇼안, 芭蕉庵에서 은둔생활을 했고, 1684년 41세부터 약 10년간 일본 동북지방을 여행하며 오사카에서 객사할 때까지 수많은 하이쿠 작품을 썼다. 특히, 156일 동안 일본 동북지방 2,400km를 도보로 여행하며 쓴《오쿠노 호소미치奥の細道》는 바쇼의 삶과 시가 담긴 일본 최고의 기행문이자 일본 사람들이 가장 아끼는 문학작품으로 꼽히고 있다.

春雨や蜂の巣つたふ屋根の漏り
はるさめやはちのすつたふやねのもり

봄비 내려
벌집 타고 흐르네
지붕은 새고

*비 새는 빈곤한 삶이지만 시정은 풍요롭고 운치가 있다.

마쓰오 바쇼

秋深き隣は何をする人ぞ

あきふかきとなりはなにをするひとぞ

가을 깊은데

이웃은 무얼 하는

사람일까

*바쇼가 병상에서 일어나 직접 쓴 마지막 작품이다. 《설국》의 작가 가와바타 야스나리가 자살 직전 친구에게 쓴 편지에 이 하이쿠가 적혀 있었다.

旅に病んで夢は枯野をかけ廻る

たびにやんでゆめはかれのをかけめぐる

방랑에 병들어

꿈은 시든 들판을

헤매인다

*바쇼는 제자에게 이 하이쿠를 받아쓰게 하고 사흘 뒤 숨을 거두었다.

● **고바야시 잇사**(小林一茶, 1763~1828년)

스승도 제자도 갖지 않은 잇사는 잇사풍一茶調이라고 불리는 독자적인 시풍을 가진 시인이다. 쉽고 친근하며 일상적인 용어를 자유자재로 구사하여 쓴 그의 하이카이는 누구의 작품과도 닮지 않았다. 평생을 불운하고 기구하게 살았으나, 유머러스하고 천진한 표현과 약하고 서툰 것에 마음이 기우는 시심으로 노래했다. 바쇼가 스스로 가난을 선택했다고 한다면, 잇사는 자신의 의지와 상관없이 가난한 삶을 살았다. 잇사는 시를 쓰면서 삶의 고통과 정면으로 마주할 용기와 힘을 얻었다. 그의 시에는 고통과 가난이 반영되어 있긴 하지만, 그렇다고 마냥 우울하고 슬프기만 한 것은 아니다. 그의 시에는 곳곳에 해학과 재치가 넘쳐나고, 서툴고 약한 것에 대한 따뜻한 시선이 느껴진다. 일본

을 포함해 전 세계 교과서와 동화책에 가장 많이 실리는 하이쿠 작품
이 바로 그의 시이다.

世の中は地獄の上の花見かな
よのなかはじごくのうえのはなみかな

이 세상은
지옥 위에서 하는
꽃구경이어라

* 쉰세 살에 얻은 첫 아이를 한 달 만에 잃고, 둘째 아이도 천연두로 1년밖에 살지 못한다. 셋째 아이는 태어나 몇 달을 넘기지 못했고, 넷째 아이를 낳다가 아내가 세상을 떠났으며 그 아이도 곧 숨을 거둔다. 지옥과도 같은 삶이지만 올해도 변함없이 꽃은 피어난다.

やれ打つな蠅が手をすり足をする
やれうつなはえがてをすりあしをする

죽이지 마라
파리가 손으로 빌고
발로도 빈다

痩せ蛙まけるな一茶これに有り
やせかわずまけるないっさこれにあり

여윈 개구리
지지 마라 잇사가
여기에 있다

고바야시 잇사

* 미국 시인 블라이드는 "잇사는 세계에서 가장 위대한 파리의 시인, 개구리의 시인이다"라고 했다. 약자에 대한 애정 어린 시선이 느껴지는 작품이다.

● 마사오카 시키(正岡子規, 1867~1902년)

　마사오카 시키는 젊은 나이에 각혈을 시작해 폐결핵으로 평생을 고
생했으나, 생에 대한 절박함은 오히려 하이쿠와 단카를 비롯하여 수
필, 소설, 신체시, 한시에 이르기까지 다방면에 걸쳐 일본 근대문학을
혁신시키는 원동력이 되었다. 34세에 요절한 시키는 야구로도 유명했
는데, 야구에 몰두했던 그는 야구를 키고로 넣어 하이쿠를 짓기도 했
다. 나쓰메 소세키와는 도쿄대 동창으로 평생의 절친이었고, 소세키
의 하이쿠 선생이 바로 시키이다.

行く我にとどまる汝に二つ秋
ゆくわれにとどまるなれにふたつあき

떠나는 내게
머무는 그대에게
가을이 두 개

*요양차 방문한 고향에서 나쓰메 소세키를 만난 후 헤어지며 노래한 시. 2년 후 시키가 창간한
하이쿠 잡지 〈호토토기스(ホトトギス)〉에 연재한 소세키의 처녀작이 바로 《나는 고양이로소이
다》이다.

まり投げて見たき広場や春の草
まりなげてみたきひろばやはるのくさ

공을 던지니
눈에 먼저 띄는 건
광장과 봄의 풀

*야구의 시즌은 봄이다.

かき食へば鐘が鳴るなり法隆寺

かきくへばかねがなるなりほうりゅうじ

감을 먹으면

종이 울린다

호류지

*일본인들이 '하이쿠' 하면 제일 먼저 떠올리는 시가 바쇼의 '오래된 연못 개구리 뛰어드는 물소리'이고, 두 번째가 시키의 이 하이쿠라고 한다. 그곳에 가지 않아도 간 것 같은 기분이 든다고.

내가 짓는 하이쿠

유명 하이진의 하이쿠를 음미하다 보니, 필자 역시 한 수 지어 보고 싶은 생각이 든다.

なくしちゃった思い切り吸う生空気

なくしちゃったおもいきりすうなまくうき

잃어버렸다

마음껏 들이마실

날 것의 공기

梅雨つらいマスクは蒸し器息したい

つゆつらいマスクはむしきいきしたい

장마 괴롭다

마스크 안은 찜통

숨 쉬고 싶다

楽しいなマスクかけても友だちと
たのしいなマスクかけてもともだちと

마냥 즐겁다
마스크를 썼어도
친구와 함께

짓고 보니 모두 코로나19 시대와 관련된 것들뿐이다. 시상으로 떠오르는 것이 코로나19라니, 갑갑하다는 생각이 들면서도 이렇게라도 그 갑갑함을 풀어 놓으니 마음이 조금 후련해지는 기분도 든다.

열일곱 자 안에 풍부한 서정성을 함축하여 강렬한 여운과 여백을 선사하는 하이쿠. 촘촘히 짜인 일상을 바쁘게 살아가는 현대인에게 하이쿠는 휴식과도 같은 공간을 내어 준다. 열일곱 자가 끝나는 그곳에 머물며 고요하게 나를 바라볼 수 있는 마음속 공간 말이다. 이것이 바로 한 줄 시 하이쿠가 시대를 넘고 국경을 초월하여 많은 사람의 사랑을 받는 이유가 아닐까.

과거와 현재를 통해 본
일본의 미래

스시의 역사

김지연(희파문화재단 대표)

민물생선 절임에서 스시로

원래 스시는 동남아시아에서 소금에 절인 민물생선을 밥 속에 넣어 자연 발효시킨 나레즈시馴れずし의 모양이었다. 나레즈시는 현재에도 동남아시아와 대만 등에 남아 있다. 일본 시가현의 후나즈시, 한국의 가자미식해와 갈치식해가 대표적이다. 나레즈시는 오늘날 우리에게 익숙한 스시와는 다른 점이 있다. 밥을 발효용으로 사용하기 때문에 발효가 끝나면 밥은 버리고 생선만 먹는 것이다. 나레즈시는 동남아시아에서 중국으로 전해져 북부에서는 '지鮨'로, 남부에서는 '자鮓'로 각각 발전되었다. '지'와 '자'는 민물고기의 저장식을 뜻하는 중국의 오래된 한자이다. '지'는 생선을 소금에 절인 생선젓갈을 의미하고, '자'는 좁쌀, 쌀 등의 곡물을 볶거나 찐 것 또는 겨 안에 민물생선을 넣고 유산 발효시킨 생선절임을 말한다. 이렇게 '지'와 '자'는 완전히 다른 음식으로 송나라 때까지 사람들에게 사랑받았으나 13세기 원나라에 정복되면서 사라지고 말았다. 그 후 다시 벼농사와 함께 일본으로 전해진 '지'와 '자'는 다시 혼합되어 지금의 형태로 발전되었다.

스시는 우리나라의 '이두' 같은 조어법인 '아테지当て字'로서, 교토에서 조정에 헌상하는 것을 고려하여 사용하게 되었다고 한다. 현재 일본에서 '스시'에 대한 표기가 鮨·鮓·寿司, 이 세 가지인 이유이기도 하다. 그렇기 때문에 밥 위에 얇게 썬 생선을 얹은 것을 '간사이즈시関 西鮓'라고 하여 '鮓'를 사용하는 반면 현재의 일반적인 스시인 에도마 에의 '니기리즈시'는 한자 '鮨'를 주로 사용하는데, 이는 간사이 지방의 스시와 대비시키려고 일부러 사용했을 수도 있다. 에도시대에 고안되 어 에도에서 만들어진 '에도마에 니기리즈시'를 파는 가게가 많은 지 역에서는 간판에 '鮨'를 사용하고, '간사이즈시'가 많은 지역에서는 간 판에 '鮓'를 많이 사용한다. 스시라는 명칭에 대한 어원은 '酸すっぱ いから寿司(すし)' 맛이 시니까 '스시', 즉 'すっぱい신맛'을 의미하는 '酸すし' 또는 '寿司'가 통설이다.

식생활의 변화

무로마치시대부터 아즈치 모모야마 시대까지 일본의 식생활은 조 리법도 달라지고 1일 2식이 1일 3식으로 바뀌기도 했다. 이처럼 일본 의 식생활에 많은 변화가 있었다. 현재 관서 지방 스시에서 주를 이루 는 오시즈시도 이 시기에 시작되었다. 1657년에 대화재가 일어나 에 도의 3분의 2가 불에 탔다. 복구 작업을 위해 전국 각지에서 기술자들 이 모여들어 자연스럽게 음식장사가 번성하면서 식생활이 변화하기 시작했다. 그리하여 1680년에는 에도에 하코즈시, 사바즈시, 고케라 즈시와 같은 간사이즈시가 전해졌다. 1681년부터 1684년 사이에 아사 쿠사에 음식점이 생기기 시작했다. 다만 우동이나 메밀의 야간 노점상 은 화재예방을 위해 1686년에 금지되었다가 이듬해부터 영업이 시작 되었다. 거의 매일 정해진 장소에 나오는 노점을 도코미세, 오사카에서는 다시미세라고 불렀으며 아침까지 영업했다. 이들 점포는 해체와 조립이 쉽도록 만들어져 공적인 행사가 있을 때는 모두 철거해야 했다. 1772년에는 도쿄 전역에서 스시, 메밀, 오뎅, 덴뿌라, 술을 파는 노점상들이 다수 출현하고 1779년에는 김으로 만 스시도 등장하면서 1804년경에 이르러서는 도시 상인들 사이에서 외식이 관습으로 자리 잡았다. 1810년에 니기리즈시를 처음 생각한 하나야 요헤이花屋与兵衛가 '하나야'라는 스시 전문점을 개업했다. 하나야 요헤이는 처음에는 간사이즈시와 같은 누름초밥을 만들었으나 직원의 아이디어에서 영감을 얻어 와사비를 사용하는 등 현재의 스시와 거의 비슷한 스시를 만들었다. 결과는 대성공이었다. 에도에 막부가 생긴 이후 지금과 비슷한 형태의 니기리즈시가 등장하기까지 약 200년간은 노점에서나 스시 가게에서나 모두 누름초밥인 간사이즈시를 팔았다. 그러다가 우연한 계기에 니기리즈시가 탄생한 이후에 에도, 즉 도쿄의 스시 가게는 모두 니기리즈시로 바뀌게 된다. 노점에 서서 좋아하는 생선을 골라 먹고 휙 가버리는 것이 도쿄 사람의 기질과도 딱 맞았을지도 모르겠다.

뇌물이 된 스시

스시는 원래 노점에서 술꾼들이 간단한 식사로 먹던 값싼 음식이었다. 그러다가 스시 전문점인 '마쓰노스시松のすし'가 등장하면서 스시는 비싼 음식으로 변하기 시작했다. 1810년에 하나야 요헤이가 차린 스시 전문점 '하나야'와 함께 두 가게가 쌍두마차로 스시의 고급화를 이끌었다. 극도로 사치스러운 비싼 메뉴가 막부의 요인들을 대상으로 팔리기 시작하자 다른 스시 가게들도 고가 정책으로 바꾸었다. 앞에 나온 두 스시 전문점의 스시는 뇌물로 사용되었고, 이 때문에 스시는 점점 더 사치스럽게 진화해 갔다. 200년 전 당시에 사치스러운 스시의 가격이 오늘날 긴자의 최고급 스시집보다 더 비쌌다는 기록도 있다. 한편, 이 시기에 텐보 개혁으로 사치 금지령이 내려졌다. 이때 잡혀간 스시 가게 주인들은 무려 200명이 넘었다. 하나야 요헤이도 '호화로운 스시'를 제공했다는 죄로 감옥에 갇혔다. 여기서 말하는 호화로운 스시란 붕장어 스시アナゴ寿司 때문이라고 전해진다. 에도시대의 스시에서 빼놓을 수 없는 생선이 붕장어이다. 고대 유럽에서는 붕장어, 문어, 왕새우를 바다의 견제세력海うみの三さんすくみ, 우미노산스쿠미이라고 했다. 텐보 개혁은 기본적으로 사치 금지와 검약이었는데 하나야 요헤이가 고급생선인 아나고로 만든 호화로운 붕장어 스시를 제공했기 때문에 잡혀간 것이 아닐까 생각된다. 그뿐만 아니라 정치적인 견제라는 감정도 있었던 것은 아닐까?

스시, 대중의 곁으로

원래 에도마에즈시는 노점에서 서서 먹던 서민들의 음식이었다. 그러다가 위생 문제로 노점 판매가 금지되면서부터 스시가 고급화되기 시작해, 어느새 서민들에게는 그림의 떡과 같이 비싼 음식이 되었다. 스시집의 카운터에 앉아서 제철 재료를 사용한 값비싼 스시를 아무런 부담 없이 즐길 수 있는 사람들은 일부 계층이었을 것이다. 그래서 적당한 가격의 스시를 격식에 얽매이지 않고 실컷 즐길 수 있는 가이텐 즈시가 등장하자 서민들은 두 손 들어 환영했다. 일찍이 노점상에서 스시를 먹던 것처럼 적당한 가격에 매너나 먹는 법을 신경 쓰지 않고 부담 없이 누구나 즐길 수 있게 된 것이다. 가이텐즈시의 등장으로 다시 한번 스시가 서민이 즐길 수 있는 음식이 되었다. 이렇게 보면 원래의 에도마에스시가 돌아온 셈이다.

가이텐즈시 1호점은 1958년 오사카의 '마와루겐로쿠즈시 돌아가는 겐로쿠즈시'이다. 스시를 접시에 놓고 레인으로 돌아가게 하는 획기적인 시스템을 고안해 낸 것은 로쿠산업주식회사의 창업자인 시라이시 요시아키白石義明이다. 아사히 맥주공장 견학 중에 병 세척과 보틀링 등 모든 작업을 수작업이 아닌 자동 컨베이어 시스템으로 처리하는 것을 본 순간 가이텐즈시를 떠올렸다고 한다. 1950년대 말, 스시 업계는 심각한 일손 부족에 시달렸다. 당시 시라이시 요시아키는 상류층의 음식이 되어 버린 고가의 스시를 어떻게 하면 일반인들도 다시 부담 없이 먹을 수 있게 할까 하는 생각으로 가득했다. 그는 여러 번의 시행착오를 거쳐 '컨베이어 선회식사대'라고 하는 기계를 완성하여 1962년에 특허를 내었다. 가이텐즈시의 개점으로 스시는 4개에 50엔 이하 현재 가치 기준이라는 파격적인 가격을 선보였다. 에도시대에 한 개에 80~160엔 비싼 것은 1,200엔도 있었으며 심지어는 10만 엔이라는 믿을 수 없으나 뇌물다운 가격의 스시도 있었다고 한다 이었던 것과 비교하자면 그때까지는 볼 수 없던 합리적인 가격이었다.

가이텐즈시 보급에 기여한 또 한 사람 중요한 인물이 있다. 열여섯 살의 나이에 대만에서 건너온 에가와노 콘쇼江川金鐘이다. 그는 원래 노점 스시집을 운영했으나 매출에 비해 이익을 별로 보지 못하자 중국요리의 회전 테이블에서 힌트를 얻어 가이텐즈시와 같은 시스템을 생각해 냈다. 그러나 이미 오사카에서 시라이시 요시아키가 특허를 받은 사실에 충격을 받고 매일 시라이시 요시아키를 찾아가 끈질기게 설득한 끝에 1967년에 특허사용계약을 맺고 전국적으로 점포를 늘려 나갔다. 그리고 3년 후 1970년에 열린 오사카 만국박람회에서 전국적으로 가이텐즈시를 알릴 기회가 찾아왔다. '마와루겐로쿠즈시'는 맥도날드, 켄터키 프라이드치킨, 미스터도넛과 어깨를 나란히 해서 음식점 부문에 출점했고 식품우수점으로 표창을 받았다. 오사카 만국박람회를 계기로 서일본은 시라이시 요시아키, 동일본은 에가와노 콘쇼가 맡아 프랜차이즈 점포를 착실하게 늘려 갔다. 1978년은 시라이시 요시아키가 독점하고 있던 '가이텐즈시 컨베이어' 특허권이 끝나는 해였다. 그러자 독점시장이던 업계에 신규 참가자가 엄청나게 몰렸다. 마와루겐로쿠즈시의 체인점에서 독립하여 새로운 점포를 창업하는 경우도 속출했다.

이렇게 승승장구하던 가이텐즈시 업계도 1986년부터 약 5년간의 버블경제시대를 맞아 위기를 겪기 시작했다. 유통 시스템 개혁 등의 자구책을 펼쳐 온 가이텐즈시는 1995년경부터 고급화·차별화 전략으로 다양한 콘셉트와 분위기의 체인점들이 현재에도 발전과 변화를 거듭하고 있다. 자리에 앉자마자 마구마구 먹고 빨리빨리 돌아가는 박리다매 스타일의 가이텐즈시는 가게의 권위를 무너뜨리고 누구나 가볍게 스시를 즐길 수 있도록 만든 일등공신이다.

가이텐즈시의 회전 속도

돌고 도는 가이텐즈시 레인은 거의 다 시계방향으로 돈다. 대부분의 사람들이 오른손잡이이고 오른쪽 눈으로 판단하기 때문이라고 한다. 오른손에 젓가락을 집은 상태로 앉아 있다면 돌아가는 접시를 잡는 손은 당연히 왼손이다. 가게의 구조 때문에 어쩔 수 없이 왼쪽으로 회전하는 경우도 있는데 이를 '지옥회전'이라고 한다. 레인의 속력은 대개 분당 4~5m를 표준으로 친다. 이 속도는 손님이 스시를 집는 데 불편함이 없는지, 접시를 관찰하기에 편한지를 고려한 것이며 속도가 빠르면 접시 위의 스시가 빨리 마른다고 한다. 레인의 속도는 조절이 가능하여 조리사가 없는 대형 가이텐즈시에서는 분당 6~7m로 다소 빠른 속도로 설정하는 경우도 많다고 한다. 일본은 동쪽과 서쪽의 주파수가 다른데 동부 일본은 50Hz, 서부 일본은 60Hz이다. 이 때문에 레인에 사용하는 모터의 기종이 같을 경우 간사이 지방 쪽이 빨리 돌아간다. 그런데 성질이 급한 관서 지방 사람들에게는 빠르게 느껴지지 않는다는 것이 재미있다. 개인적으로 한국 회전초밥집의 속도도 궁금하다.

스시 즐기는 비법

오카모토카노코岡本かの子가 1940년에 쓴 단편소설《스시鮨》에서는 편식이 너무 심해서 생선을 전혀 먹지 못하는 아이가 나온다. 어머니는 어떻게든 아이에게 생선을 먹이겠다는 일념으로 스시 조리사가 되어 아이의 눈앞에서 스시를 만들어서 먹인다. 단골손님인 초로의 신사가 말해 주는 스시에 대한 추억과 함께 이 신사가 스시를 먹는 순서가 나온다. 주토로로 시작하여 졸인 붕장어나 대합을 먹고 그다음은 푸른 생선 그리고 계란말이 스시와 김초밥으로 마무리한다는 것처럼 농후한 맛으로 시작해서 담백한 맛으로 간다. 현재 우리가 스시를 먹는 순서와는 반대이다. 그렇다면 어떤 순서대로 먹어야 할까? 먹고 싶은 것부터 먹으면 된다고 한다. 아니면 오마카세おまかせ, 맡기다/주방장 특

선라고 해서 스시 조리사에게 맡기는 것도 하나의 방법이다.

스시에는 혀와 코를 톡 쏘는 와사비가 필수이다. 스시를 먹을 때는 특별히 정해진 매너가 없다. 상식적인 테이블 매너만 있으면 충분하다. 스시를 먹을 때 간장을 생선에 찍을지 밥에 찍을지 헷갈릴 수 있다. 생선이 밑으로 가 있는 상태에서 간장을 찍어서 먹는 것이 맞다. 혀에 생선이 직접 닿으면 더 맛있게 느껴지기 때문이다. 군칸마키나 생선에 생강이나 양념이 올라 있는 경우에는 뒤집을 수가 없는데 이런 경우에는 가리생강를 붓 삼아서 간장을 바르는 것은 괜찮다. 그런데 깔끔하게 먹겠다는 생각으로 생선만 들어내어 간장을 찍어 다시 밥 위에 얹어서 먹는 사람이 있는데, 이는 애써 빚어낸 스시의 맛을 망쳐 버리는 행위이다. 그야말로 스시 가게의 폭탄과도 같은 존재이다. 또 가리에 간장을 찍어 스시에 올려 먹기도 하는데, 역시 해서는 안 되는 행위이다. 가리는 스시의 맛을 한층 돋워 주는 것으로 에도마에즈시의 변화에 따라 생겨났다. 냉장고의 보급으로 스시의 재료를 익히거나 소금, 식초, 설탕 등에 절이지 않은 날것 그대로 사용하면서 식중독을 예방하기 위해서 가리를 먹게 되었다. 생강은 뛰어난 살균작용이 있어 기생충인 아나사키스를 죽이는 역할을 하며 생선의 비린내를 잡아 주어 식욕을 증진시킨다. 단백질을 분해해서 소화를 촉진하는 효과도 있다. 우스갯소리로 스시를 먹으면서 가리를 먹지 않으면 스시에게 실례라고 할 정도로 가리는 스시를 먹을 때 입 안을 개운하게 한다. 스시를 손으로 먹는 것이 옳은지 젓가락으로 먹는 것이 옳은지에 대해서는 여전히 의견이 분분하다. 잘 만들어진 부드러운 스시는 부서지기 쉽기 때문에 손으로 먹어야 한다는 의견도 있고, 손으로 먹으면 먼저 먹은 스시 재료의 냄새가 손에 남기 때문에 젓가락이 좋다는 의견도 있다. 손을 선호하는 사람들은 냄새는 물수건으로 닦으면 된다고 주장하는데 각자의 취향대로 맛있게 먹으면 되는 것 아닐까?

스시를 먹을 때는 간장과 와사비, 다양한 양념과 츠마ツマ, 곁들이는 것, 조미료로 재료의 맛을 한층 더 살려 준다. 츠마는 풍미와 색감을 더해 주는 것은 물론 살균작용과 기생충을 죽이는 역할까지 해 준다. 또한 가지, 스시의 맛을 살려 주는 것은 녹차이다. 흔히 차는 식사가 끝난 후에 내오지만 스시는 처음부터 차가 같이 나온다. 스시를 먹으면 평소보다 많은 양의 차를 끊임없이 마시게 되는데 스시의 염분이 생각보다 높아 목이 마르기 때문이다. 이렇게 목이 말라서 차를 마시는 이유도 있지만 스시를 먹을 때 차의 가장 중요한 역할은 스시를 먹은 후에 입안에 남는 생선의 기름기를 제거하는 것이다. 그래서 스시를 먹을 때 차는 진하고 뜨거운 것이 좋다. 가리와는 다른 일종의 입가심이다. 진하고 뜨거운 차를 조금씩 마시면서 혀끝에 남아 있는 기름기와 먼저 먹은 스시의 맛을 없애서 다음에 맛볼 스시를 위해 미각을 신선하게 만드는 것이다.

원래 스시는 노점에서 서서 먹는 싸구려 음식이었다. 그때 제공된 차는 가장 저렴한 가루차였는데, 맛으로 보면 스시와 잘 어울렸다. 가루차는 비싼 차와 달리 고급스러운 향과 맛이 없기에 오히려 스시의 맛을 떨어뜨리지 않기 때문이다. 또한 스시 가게의 찻잔은 상당히 크고 두꺼운데, 가루차는 뜨거운 물을 부어야 하기 때문이다. 또 예전에 노점상에서는 차를 자주 따라 주기가 번거로워서 큰 찻잔을 사용했는데, 그 전통이 그대로 지금까지 이어져 온 것이다. 일본 차의 역사는 805년 당나라에 사신으로 간 사이초最澄가 차 씨를 가지고 돌아와 일본에 차를 퍼뜨리게 된 것으로 시작되었다.

스시는 즐겁게 먹는 것이 최고의 맛

지금까지 스시의 역사를 대략 살펴보았다. 한국에 초밥이 들어온 것은 1901년 일본 주도로 경부선 철도 부설공사가 시작되면서부터였지만 스시가 대중화된 것은 2000년대 이후라고 볼 수 있다. 회전초밥 체인점들이 한국에 생기면서 대중적 음식으로 자리 잡으며 한우초밥, 불고기초밥, 묵은지광어초밥 등 한국인의 입맛에 맞춘 초밥도 등장했다. 요즘은 다양한 주류의 수입 개방과 해외여행, 먹방 등의 영향으로 세계 각지의 술과 음식을 접하면서 음식문화에도 많은 변화가 일어나고 있다. 이제는 개인의 취향이라는 영역은 아무도 침해할 수가 없는 이른바 '소확행'의 구역이 되었다. 스시 역시 지극히 개인의 취향이다. 주변에서 일본 여행을 갔을 때 스시집에 가는 것이 망설여지는 이유로 스시집의 벽에 적혀 있는 많은 어려운 한자를 보면 머리가 어지러워서라고 말하는 사람들이 있다. 주로 풍자나 익살이 특색인 5·7·5의 음으로 구성된 일본의 짧은 시詩의 한 종류인 센류川柳에 다음과 같은 것이 있다.

寿司屋(すしや)には漢字(かんじ)の魚(うお)が泳(およ)いでる。
초밥집에는 한자의 물고기가 헤엄치고 있다.

이처럼 일본 사람들조차도 초밥집의 나무패에 적혀 있는 한자를 어려워했다. 일본 여행을 가서 스시집에 간다한들 생선의 이름을 모두 한자로 알 필요는 전혀 없다. 본인이 좋아하는 생선의 이름 정도만 알아 두면 충분하다. 스시 먹는 법 역시 이것에 얽매여 먹고 마시는 즐거움을 감할 만큼 신경 쓰고 집착할 필요는 없지 않을까? 어디까지나 본인의 입맛대로 자유롭게 즐겁게 먹는 것이 스시를 즐기는 최고의 방법이라고 생각한다.

일본의 스시집

스시

일본 재해 지역의 마쓰리

이인자(도호쿠대학 준교수)

일본 '마쓰리祭り' 하면 축제라는 이미지가 먼저 떠오른다. 다른 측면은 없을까? 재해가 많이 발생하는 일본에서 마쓰리의 또 다른 역할은 무엇일까. 필자는 2011년 동일본대지진을 계기로 인류학적 접근을 통해 재해 지역의 마쓰리를 연구하게 되었다. 이에 마을 공동체와 상처받은 사람들의 마음을 위로할 수 있는 치유癒し의 마쓰리에 초점을 두고 접근해 보려고 한다.

지금까지의 마쓰리

일본의 마쓰리는 지역에서 정기적으로 열리는 행사이다. 한국에서도 명절에 지내는 차례 등은 계승되고 있으나 시대가 흐름에 따라 전통방식은 많이 쇠퇴하고 아련한 추억으로 남아 있는 경우가 많다.

일본의 마을은 하나의 공동체로 대부분의 마을에 신사神社가 있고, 신사에서 모시는 신을 기리는 행사를 마쓰리라고 한다. 이는 조상 대대로 이어져 내려와 정기적으로 매년 이루어지고 있다. 자연재해나 전염병 등 평상시에 겪는 고통과는 차원이 다른 힘든 상황을 이겨 내기 위한 의식이 마쓰리인 경우도 있다. 과거에는 마을 공동체가 유지되었기에 재해가 닥쳐도 공동의 노력으로 서로에게 위로를 주고 치유하는 힘을 가지고 있었다. 그러나 일본 농어촌은 고령화 사회로 급속하게 진전되면서 그 전통을 이어가기 쉽지 않은 상황에 놓여 있다. 현재 상황에서 재난을 극복하기 위한 방법과 그 어려움을 달래 주는 방식에는 어떤 것이 있는지 사례 조사를 통해 살펴보고자 한다.

농어촌 마을에 계승되는 마쓰리

한국의 농어촌보다 저출산, 고령화를 먼저 겪은 일본 농어촌은 주지하는 바와 같이 청년들이 농어촌을 기피하고 있다. 이는 여러 사회기반 시설이 미비해서이다. 과거에는 농어업에만 충실해도 삶이 그런대로 유지되었지만, 산업화와 더불어 도시편중 현상은 피할 수 없었고 필연적으로 세대 간의 갈등을 불러왔다.

마쓰리를 계승하려면 각 집안의 가토쿠家督, 주로 장남이나 아들이 없는 경우 장녀의 사위 등 집안의 종합적인 계승자가 중요한 존재이다. 그렇기 때문에 재해가 일어난 2011년 전까지만 해도 가토쿠는 마쓰리 날이 되면 도시에서 일하고 있더라도 휴가를 내어 귀향해야 했다. 마쓰리 행사에 참석하지 않는 집안은 마을에서 맡은 역할을 제대로 못하는 것과 같았다. 마쓰리는 체계적으로 조직되어 있고 모든 임무는 당번제로 운영된다. 가족 구성원들 대부분 직장생활을 하기 때문에 직장 일을 핑계로 마쓰리에 참석하지 못한다는 말은 하기가 쉽지 않다. 따라서 그 지역 직장에서 마쓰리로 유급 휴가를 받는 것이 당연한 일처럼 생각되기도 했다. 마쓰리 날이 되면 도시에서 일하는 가토쿠는 휴가를 얻어 참석해야 했다.

마쓰리를 구경하는 구경꾼의 눈에는 그저 화려한 모습의 마쓰리로 보이겠지만, 이 같은 마쓰리가 잘 유지되기 위해서는 고루하다고 느껴질 정도로 실천해야 하는 생활규칙이 있다. 또한 마쓰리가 열리고 있는 마을은 그 지역의 구성원뿐만 아니라 타지에 나가 사는 가토쿠까지 귀향해 임무를 담당해야 하는 엄격한 관례가 작용하고 있었다. 이것이 마쓰리의 내면이라고 할 수 있다.

400년 마을을 바닷속으로 끌고 간 지진해일

2011년 3월 11일 진도 9의 쓰나미가 일본 동북지역을 강타했다. 전문가들은 1,000년에 한 번 있을 재난이라고 평가했다. 일본 동북부 지역 지진해일로 일어난 인명피해는 사망, 행방불명자까지 합하면 2만 명에 달했다. 유실되거나 파괴된 집만 해도 75만 채에 달한다. 가장 피해가 컸던 지역은 진원지 미야기현宮城県이다. 1만 2,000명에 달하는 인명피해가 발생했고, 46만 가구가 유실·파괴되었다.

미야기현에서 가장 비참하다고 알려진 지역은 이시노마키시 오가와石巻市大川지역이다. 그중 오가와 초등학교의 피해 사건은 매우 안타깝다. 전교생 108명 중 74명, 교원 13명 중 10명이 지진해일에 희생되었다. 그것도 지진이 일어난 후 지진해일이 덮칠 때까지 50여 분의 시간이 있었고 학교 바로 뒤편에 피난할 수 있는 산도 있었다. 하지만 어른들의 그릇된 판단으로 학생들은 운동장에 그대로 남아 기다리다가 지진해일에 휩쓸려 희생당한 것이다. 이 참사는 일본 국내는 물론 세계 각국에서 보도했고 한국의 여러 매체에서도 소개했다. 한국에서는 특히 세월호와 비슷한 처지로 주목받기도 했다.

오가와 학군은 6개 마을로 이루어져 있었다. 그중 4곳이 지진해일의 극심한 피해를 겪어 마을이 유실되었다. 일본 정부는 지진해일로 침수된 지역은 위험지역으로 정하고 마을을 형성할 수 없다는 법령을 만들었다. 그로 인해 그들은 조상들이 400여 년이나 살아왔던 고향에서 지금도 앞으로도 살 수 없게 되었다.

그 이후로 10년이 지난 지금 재해 지역 마을 사람들은 새로운 지역에서 함께 또는 따로 살아가고 있다. 재해 직후의 피난소에서 가설주택, 그리고 나라에서 지은 부흥주택으로 들어간 사람들이다. 이들은 재해 발생 후 7년이 지난 2018년부터 2019년 봄에 걸쳐 부흥주택에 입주했다. 앞에서 따로 살아간다고 표현한 사람들은 개인적인 사정이나 나라의 늦장 대처에 끌려 다니고 싶지 않다는 생각으로 다른 마을로 이주하거나 분양 안 된 신도시 개발 분양지를 찾아 입주했다. 2019년 봄, 마을은 행정구역에서 사라졌다. 400여 년이나 이어 왔던 마을이 자취를 감춘 것이다. 그야말로 거대한 지진해일이 마을을 끌고 갔다고 할 수 있다.

마쓰리 재생의 사례

그런데 유실된 마을 중 재해가 발생하기 전에 하던 마쓰리를 여전히 유지하는 마을이 있다. 바로 나가쓰라長面 마을이다. 이 마을은 지진해일로 100여 명의 인명피해를 입었다. 2011년 3월 11일 직후인 7월에 마을 사람들은 변함없이 마쓰리를 열었다. 그것을 기점으로 가을 마쓰리, 감사제, 2월에는 건강과 풍요로움을 기리면서 검정 숯을 서로의 얼굴에 장난스럽게 바르고 노는 안바상アンバサン을 거행했다. 안바상

안바상
무병재해를 기원하면서 제관이 숯을 얼굴에 칠하는 모습

은 이 지역에서도 기이한 마쓰리로 유명하며 2019년에 재해 이후로는
처음으로 무형보존문화재로 지정되었다. 나가쓰라 마을이 이렇듯 재
해 전에 했던 마쓰리를 자발적으로 재현한 것은 보기 드문 일이다. 그
리고 정부의 재해 지원금을 받지 않은 것도 특징이다. 정부는 재해 이
후 마을 마쓰리 재건이 중요하다는 전문가의 견해에 따라 미코시가마,
가면, 북 등 마쓰리에 필요한 소품 지원을 아끼지 않았다. 그 외에도 공
기업 등의 사회적 공헌 중 하나로 마쓰리 지원은 넘쳐났다. 그런 가운
데 마쓰리를 스스로 준비한 나가쓰라의 예를 통해 그것이 어떻게 이루
어졌으며 어떤 효과가 있었는지를 풀어 가고자 한다.

희망을 쏘아 올린 재해 후 첫 여름 마쓰리

재해 발생 후 4개월이 지난 2011년 7월에 나가쓰라 지역에서 열린 여름 축제 마쓰리에는 신사에서 알음알음으로 안내를 전달받은 사람들이 모였다. 재해가 없던 시절에는 1년 내내 작업복 차림으로 지내던 사람들도 마쓰리 때만은 정장 양복을 입는다. 하지만 지진해일 피해로 겨우 맨몸으로 살아남은 사람들은 정장을 마련할 틈이 없었기에 구조 물품으로 받은 옷 중에서 가장 단정해 보이는 옷을 골라 입은 후 장화를 신고 신사에 모여 여름 마쓰리에 참가했다. 희생자들의 영혼을 달랜다는 취지로 열린 '진혼' 마쓰리였기에 뜻을 같이하는 사람들이 대거 참석했다. 오가와 초등학교에 다니던 자녀를 잃은 사람 중에는 도저히 학교 앞을 지날 수 없다고 참석하지 못한 사람도 있었다. 또한 지진해일을 보고 산으로 도망쳐 구사일생으로 살아남은 사람 중에는 아직 바다를 보기 두렵다며 참석하지 않은 사람도 있었다.

마을 사람들이 한자리에 모인 것은 재해 이후로 처음이었다. 안부를 모르고 있던 사람 중에 반가운 사람을 만나면 살아 있음에 반갑고 고마워 부둥켜안고 울었다. 몰랐던 사람이라고 해도 누군가의 사망 소식을 들으면 함께 눈시울을 붉혔다. 그날 모두를 울린 감동적인 사건도 있었다. 어느 부인이 주로 경사스러운 행사에 사용하는 음식인 니시메_{煮しめ, 어묵, 채소 등을 조린 제사음식}와 세키항을 만들어 왔다. 재해 전보다 몇 배는 더 많은 마쓰리 음식을 만들어 가져온 것이다. '이런 상황에서 세키항이라니!' 모두 눈물을 훔쳤다. 다 성장한 18세 아들을 잃은 부인이 마쓰리 음식을 만들어 모두에게 나누어 주었는데 그날 음식을 마련한 사람은 그 부인이 유일했다고 한다. 모인 마을 사람들은 세키항을

먹으면서 옛 생각에 눈물짓고 부인의 각별한 정성에 위로받았다. 그 부인은 모두 즐거워하는 모습에서 위로받고, 죽은 아들이 좋아할 것 같아 뿌듯하다고 했다. 이것이야말로 진정한 마쓰리의 모습이 아닐까 생각한다.

가을 마쓰리와 가구라

가을 마쓰리는 이 지역 특유의 가구라神樂, 가면극의 일종으로 일본 지역마다 전통이 다른 모습으로 남아 있다 공연을 하는 것이다.

첫 여름 마쓰리가 나가쓰라 마을 사람들의 안부를 확인하고 죽은 사람들의 진혼鎮魂을 달래면서 자신을 추스른 마쓰리라고 한다면, 가을 마쓰리는 오가와 마을 사람 모두의 마음을 녹여 주는 마쓰리였다. 재

가을 마쓰리

해 전이라면, 옆 마을 마쓰리에는 특별히 초대받은 시의원, 마을 이장 등 인사치레를 해야 하는 사람 외에는 참가하지 않는다. 남의 잔치라는 인식이 있어 초대받지 않았는데 가는 것은 왠지 기웃거린다는 인상을 주기 때문이다. 그런데 가설주택에서 거행한 나가쓰라의 가을 마쓰리는 마을을 잃고 가설주택에 살게 된 다른 마을 사람들까지 위로해 주었다. 가구라는 어느 마을 사람이거나 익숙한 가락과 풍경이다. 지역마다 시기는 다르지만 봄이나 가을에 가구라를 올리는 마쓰리가 마을마다 있기 때문이다. 가설주택에서 올린 나가쓰라 가을 마쓰리는 가설주택에 사는 사람뿐만이 아니라 많은 오가와 재해민들이 한자리에 모이는 계기를 만들었다. 또한 도쿄에 살고 있던 오가와 출신 사람들까지 찾아왔다. 모두 경제적으로 어려운 처지임에도 불구하고 기금을 내면서 고마워했다. 다시 가구라 가락을 듣게 되어 기쁨의 눈물을 흘리는 사람도 많았다. 가구라 공연자를 초청하여 13개나 되는 상연 목록을 올리는 데는 큰 비용이 따른다는 것을 모두 알고 있었다. 십시일반의 마음으로 기금을 성원한 것이다.

마쓰리와 인류의 지혜

앞과 같은 사례를 접하면서 재해를 연구하는 인류학자들은 이구동성으로 마쓰리가 재해로 부서진 공동체를 재결성시키고 상처받은 마음을 치료할 수 있다는 의견을 내놓고 있다. 일본에서 유명한 마쓰리 기원을 살펴보면 기근이나 전염병 그리고 자연재해로 죽은 자의 넋을 기리기 위해서 그리고 살아남은 자들의 마음을 추스르기 위해 만들어졌다는 설이 강하다.

사람들은 종종 전문가의 과학적 근거나 연구에서 나온 이론에 따르지 않고 자연스럽게 필요하고 옳다고 생각하는 행동을 한다. 옛날 사람들의 식생활, 주거양식, 사회조직 형성 등을 들여다보면 이들의 현명함에 감탄할 때가 있다. 그렇게 생활 안에서 누구나 생각해 내고 실천할 수 있는 것이 삶의 지혜라고 생각한다. 그런 지혜는 과학이 발달한 먼 미래에도 증명될 것이다. 마쓰리가 그렇다고 생각한다.

오랫동안 함께 살았던 사람들에게 안부 인사를 건네지도 못할 정도로 재해가 심각할 때, 마쓰리를 매개로 모일 수 있고 여기서 힘을 얻어 다시 시작할 수 있을지도 모른다. 재난 이후 마을 사람들을 처음으로 다시 만나게 해 준 여름 마쓰리가 그랬다. 마쓰리는 마을 사람만이 아닌 재해민 전체를 위로해 줄 수도 있다. 재해민이 모여 있어 보는 것만으로도 슬픈 프레하브의 가설주택이, 늘어선 나가쓰라 가을 마쓰리의 가구라가 공연되는 날만큼은 칠흑같이 검은 하늘의 샛별처럼 빛나는 빛줄기 같은 것이었다. 거기에는 익숙한 음률과 가면극으로 죽은 자의 넋을 기리면서 앞으로 살아갈 날들에 희망을 품길 원하는 주최자들의 염원이 담겨 있었다. 이와 함께 재난을 당한 사람에게는 주택 건설, 구호품 전달, 피난처 제공 등 눈에 보이는 부흥도 중요하지만, 눈에 보이지 않는 정신적 면의 부흥도 중요하다는 사실, 마쓰리가 인간이 고통 안에서 만들어 낸 커다란 지혜라는 사실에 착목해야 할 것이다. 이는 현재만이 아니라 미래에 있을 재난으로 상처받은 사람들이 미래를 살아가기 위한 정신적 양식으로 기억해 내고 지켜 가야 하는 문화유산이다.

현대에도 재현되는 사무라이

박양순(울산과학대학교 교수)

사무라이 엔터테인먼트

사무라이의 역사는 꽤 길다. 12세기까지 거슬러 올라가며 약 700년 간 일본 사회를 지배해 왔다. 사무라이라는 신분은 1868년 메이지 유신을 계기로 역사 속으로 자취를 감추었고 그 이후 일본은 본격적인 근대화로 나아갔다. 하지만 현대에도 여전히 사무라이는 세간의 입에 오른다.

'사무라이'라고 하면 누구나 '갑옷과 투구로 무장한 무사가 칼을 무기로 삼아 명예를 내걸고 투철한 신념을 품고 헌신적으로 싸우는 모습'이 그려진다. 이 이미지를 현대판으로 재현하고 있는 것이 '고스트 오브 쓰시마'2020년, '세키로'2019년와 같은 액션 어드벤처 게임 속에 등장하는 사무라이이다.

'세키로'는 일본의 게임사가 제작한 게임이지만 '고스트 오브 쓰시마'는 미국 게임사가 내놓은 게임이다. 이제 사무라이의 캐릭터성은 일본 역사와 일본인의 생각에 얽매이지 않고 자유롭게 넓혀가고 있다.

일찍이 1954년 구로사와 아키라 감독의 〈7인의 사무라이〉의 반향은 전 세계적이었다. 이 작품을 오마주하거나 리메이크한 작품도 많다. 2003년에는 미국 워너브라더스사가 제작한 〈라스트 사무라이〉가

등장한다. 그 후 애니메이션으로 표현되는 사무라이도 상당수에 이른
다. 지금은 온라인 문화와 더불어 사무라이는 더 이상 일본의 전유물
이 아닌 세계적인 캐릭터로 도약했다.

게임 속의 사무라이

게임 이야기를 좀 더 해 보자. '세키로'의 역사적인 배경은 16세기 말
의 전국시대 말기에 해당한다. 당시의 역사적 맥락 속에 허구의 아시
나국葦名国을 설정하고, 멸망해 가는 주군과 이를 지켜 내려는 사무라
이의 이야기가 마치 일본 사극을 보는 듯 세밀한 스토리로 전개된다.
이에 비해 미국인이 만든 '고스트 오브 쓰시마'는 13세기 후반을 배경
으로 전개되는데 역사적 사건마저도 허구화한다. 몽골군이 일본의 쓰
시마를 침공한다는 가공의 역사적 배경을 펼쳐 나간다. 여기에 사무라
이의 복장과 장비, 검술이 모두 집결되어 사무라이의 재현을 돕는다.

중국 매체 콰이쯔쉰快資訊에는 "일본 사무라이 게임은 인기인데 중
국 무협 게임은 서양에서 왜 고전하는가"(2018년 6월 24일)라는 기사가

'세키로'의 장면

'고스트 오브 쓰시마'의 장면

실린 적이 있다. 일본의 사무라이 게임은 전 세계적으로 뻗어 나가고 있는 데 비해 중국 무협 게임은 같은 동양 격투 게임이면서도 아시아권을 벗어나지 못하고 있다고 한탄하는 내용이다. 이 기사에서는 그 문제점으로 무협의 복잡함, 국내 상업화의 한계, 중국의 문화 발신력 부족이라는 3가지를 꼽았다. 바꾸어 말하면 일본의 사무라이 요소는 복장과 장비, 검술에 대한 형식미가 체계적으로 정비되어 있고 우수한 문화적 발신력을 가지고 있으며 세계적인 시장성을 갖추었다고 할 수 있다.

사무라이 박물관

사무라이 산업은 언택트 문화로만 존재하는 것은 아니다. 사무라이의 복장과 장비를 비롯해서 검술과 그들의 역사, 사상까지도 직접 느낄 수 있는 곳이 있다. 도쿄의 유명한 번화가로 알려진 신주쿠 가부키쵸에 있는 '사무라이 뮤지엄'과 교토의 '사무라이 닌자 체험 뮤지엄'이다. 이 두 곳을 찾는 방문객은 대부분 외국인이다. 여기서는 사무라이의 투구와 갑옷, 칼을 전시하고 있고 직접 체험할 수도 있다. 투구와 갑옷을 입고 사진 촬영이 가능하고 칼도 직접 만져 볼 수 있다. 이런 외형적인 복장과 장비 외에도 사무라이의 글쓰기를 배울 수 있는 프로그램이 있고 박진감 넘치는 사무라이 쇼가 진행되기도 한다. 무엇보다도 검술 기법을 직접 배울 수 있는 체험도 포함되어 있다.

그리고 한국의 민속촌과 비슷한 닛코 '에도무라 日光江戸村'가 있다. 이곳은 에도시대의 생활상을 그대로 반영하고 있다. 사무라이가 거리를 활보하는 모습과 닌자의 활극도 볼 수 있으며 체험이 가능한 어트랙션도 인기가 있어 관광객이 많이 찾는다.

사무라이 뮤지엄
(신주쿠)

사무라이 닌자 체험 뮤지엄
(교토)

에도무라
(닛코)

서양인을 매료시키는 사무라이

서양인이 사무라이에 매료되는 이유는 무엇일까? 우선 '문화의 이질성'을 들 수 있다. 유럽의 문화는 지역적인 인접성과 종교적인 유사성 때문에 크게 차이가 없다. 미국도 이와 흡사한 방식으로 따른다고 보면 서양 문화권은 동질성이 존재한다. 이에 비해 서양인의 눈에 비친 일본의 사무라이는 복장, 머리 스타일, 여러 개의 칼을 찬 모습 등 어느 것 하나 예사롭지 않았을 것이다.

외형적 이질성뿐만 아니라 유럽과 미국에서 볼 수 없는 '무사도'라는 정신적 요소도 결정적인 역할을 한다. 무사도는 니토베 이나조의 《무사도》라는 책을 통해서 서양 세계에 알려졌다. 니토베는 여기서 유럽의 기사도와 다른 사무라이의 정신을 그려 내고 있다. 무엇보다도 기독교에서는 자살을 금지하고 있다. 목숨보다 이름을 지키기 위해 스스로 목숨으로 책임을 지는 사무라이의 삶의 모습은 충격적일 것이다.

때로는 미화되는 무사도

주군에게 충성을 맹세하고 필요하면 목숨을 바쳐 주군과 그 영토를 지켜 내는 것이 사무라이의 임무이므로 죽음도 극복할 수 있는 강한 인격 형성을 위해 힘쓰는 것이 사무라이의 참된 모습이었다. 이런 사무라이의 인생관과 행동 양식을 무사도라고 한다. 무사도는 개인의 욕망을 누르고 검소한 가운데 청렴하게 살 것, 과묵하고 어떤 일에도 동요되지 않도록 늘 평정심을 유지하는 것이 요구되었다.

이렇게 명예를 소중히 여기는 만큼 이름이 더럽혀지는 수치심에는

매우 약할 수밖에 없었다. 또한 자신의 체면을 지키는 것도 이들이 표방하는 요소이다. 실제로 사무라이에게는 3가지 특권이 주어졌다. 첫째는 칼을 소지할 수 있었고, 둘째는 성씨, 즉 가문을 가질 수 있었으며, 셋째는 농부나 상공인을 즉결 처분할 수 있었다. 이 세 번째의 특권을 기리스테고멘斬り捨て御免이라고 하는데, 에도시대 도쿠가와 막부 때 만들어진 법률로 무사의 체면을 지키기 위한 특권으로 부여된 것이다. 이 때문에 한 평민이 무사의 등에 벼룩이 붙어 있다고 알려준 일만으로 칼에 찔려 죽었다는 이야기도 있다. 이런 종류의 어처구니없는 이야기가 떠도는 것도 '명예'와 '수치' 문화의 표출이라고 할 수 있다.

사무라이의 신분

일본의 정치 구조에서 천황이 직접 정치하던 시대를 지나 귀족이 실권을 장악한 헤이안시대 말기에 사무라이가 탄생한다. 사무라이는 전국 각지에서 흩어져 있던 장원귀족, 사원, 신사 등이 소유한 토지의 치안을 지키기 위해 중앙에서 파견된 하급귀족이었다. 무기를 소지하고 무예를 익히며 무사로 성장한다. 당시 조정에는 군대가 없었기 때문에 천황도 귀족들도 이들의 무력에 의존할 수밖에 없었다.

귀족들 간의 다툼이 끊이지 않는 가운데 몰락하는 귀족이 속출했다. 이때 귀족이 소유했던 영지를 차지하고 농민의 인심을 사서 영주가 되는 사무라이가 생겨났다. 영주가 된 사무라이는 여기서 그치지 않았다. 영주 사무라이들은 연합체를 형성하고 점차 무사단이라고 하는 거대 연합체를 이루었다. 이렇게 형성된 사무라이의 거대 연합체는 미나모토 씨源氏 가문의 무사단과 다이라 씨平氏 가문의 무사단으로 나뉘어 대립하다가 미나모토 씨가 이끄는 무사단이 승리하여 귀족을 타도하고 정권을 세우게 되는데 이것이 막부정권이다. 이때를 가마쿠라 막부시대 1185~1333년라고 한다.

사무라이가 구사하는 말은 매우 독특하기로 유명하다. 그 이유는 분명하지 않지만 당시 지방 무사가 에도에 집결하면 지방 출신의 사무라이 사이에는 말이 통하지 않는 경우가 많았다고 한다. 이 때문에 에도에서는 무사의 공통어가 절실했고 인위적으로 만들어진 것이다. 일설에 따르면 당시 사무라이 사이에 유일하게 통용된 것이 편지문 형식이었고 무사가 좋아하는 노能, 교겐狂言 등에 나오는 말이었다고 한다. 이를 토대로 무사의 권위와 위엄을 발휘하는 말투가 형성되었으며 '면목없다面目ない', ' – 데 고자루' 등이 그 대표적인 예이다. 하지만 사무라이의 독특한 언어가 현대에 철저한 상하관계의 남성사회인 야쿠자의 말투로 계승된 점도 무력·폭력과 무관하지 않을 것이다.

사무라이 블루

이윽고 사무라이는 사무라이다운 최후를 맞이하기에 이른다. 에도시대 이전 도요토미 히데요시가 농민에게서 칼을 뺏고 무사와 농민을 분리한 이래 무사는 위정자에 속하는 지위가 높은 존재가 되었다. 그러나 이로 인해 무사가 관리로서 막부와 영지의 운영을 돌보는 것 이외에 아무 일도 못하는 비생산자임을 의미하게 되었다. 당시 신분계급의 비율을 보면 농민85%, 무사7%, 제조업·상인5% 순으로 경제활동에 참가하지 않는 사무라이의 숫자는 상당수에 이른다. 이후 화폐경제로의 전환과 서방의 문호개방 요구 등에 대한 압박은 사무라이 체제에 변화를 요구했다.

이때 등장하는 사무라이가 사카모토 료마 坂本龍馬 이다. 그는 무력보다는 막부 스스로 자진해서 권력을 내려놓게 하자는 소위 '대정봉환大政奉還'을 구상했고 실제로 1867년 11월에 막부가 실각하고 왕정복고가 이루어진다. 그로부터 한 달 후에 31살의 사카모토 료마는 암살당하고 그 이듬해 메이지 유신이 선포된다. 이 대정봉환은 상당히 의미가 크다. 외세에 군사와 무역 압박을 받던 일본이 이들 외세와 싸우기보다는 국내 내전을 통해 힘을 소모하지 않고 메이지 유신을 달성했고 이를 통해 근대화를 이룰 수 있는 발판을 마련했기 때문이다.

이렇게 오랫동안 시대를 풍미했던 사무라이를 일본인은 지금도 애칭으로 살려나가고 있다. '사무라이 블루'는 일본 축구 국가대표팀의 공식적인 애칭이다. 원래 감독의 성씨에 '재팬'을 붙여 이르는 것이 일반적이었다. 이를테면 '니시노西野 재팬' 등으로 불리다가 공식적으로 2006년 독일 월드컵 이래 '사무라이 블루'라는 애칭이 붙여졌다. 물론 사무라이 정신을 이어받는다는 의미 외에도 이들의 유니폼을 상징하는 쪽빛藍의 파랑이 과거 사무라이들이 선호하여 몸에 지녔던 색깔인데서 연유한다. 사무라이들이 싸움에서 이기고자 하는 마음을 블루 컬러를 통해 이어받고 있는 셈이다.

한편 일본 야구 국가대표팀의 애칭은 '사무라이 재팬'이라고 하고 이때 사무라이는 한자侍로 표기하는데, 하키 국가대표팀의 경우는 '사무라이 재팬'이지만 사무라이를 한자가 아닌 가타카나로 표기한다.

스포츠 선수의 혹독한 훈련과 강인한 정신력, 싸움을 사무라이의 정신과 결부시킨 결과일 것이다. 이처럼 사무라이는 현대 일본에서도 다방면에서 재현되고 있다.

일본의 신자유주의 확산과
춘투·노동운동의 퇴조

석치순(국제노동자교류센터 고문)

19년 만의 기본급 인상과 '잃어버린 20년'

　2018년 3월, 일본 언론에는 일본 철도회사 중 하나인 (주)JR화물이 노조와 임금교섭에서 300엔의 '베이스 업'에 합의했다는 기사가 보도되었다. '베이스 업'이란 기본급 인상을 의미하는 말이다. 3,000엔도 아닌 300엔, 한국이었다면 곧바로 '껌 값 가지고 장난 치냐!'며 노조가 펄펄 뛰었을 적은 금액이다. 그런데 이 '껌 값' 기본급 인상조차도 1999년 이후 무려 19년 만에 처음 이루어진 것이라니 더욱 놀랍다. 19년 동안 기본급이 단 1원도 오르지 않았다는 뜻이니 300엔이나 인상되었다면 뉴스감이 될 만도 하겠다. 일본의 이른바 '잃어버린 20년'의 실상을 극명하게 보여 주는 사례가 아닐까 싶다.

　문제는 이런 사례가 (주)JR화물이라는 특정한 회사만의 이야기가 아니라는 것이다. 통계에 따르면 30인 이상 기업의 평균 임금은 1995년에 월평균 41만 엔이었으나, 2014년에는 36만 엔으로 오히려 5만 엔이 줄어들었다. 당연히 소비가 얼어붙고 내수가 주저앉았다. 이에 따라 일본 경제는 극심한 디플레이션과 침체의 터널 속에 빠져들었고, 좀처럼 탈출구를 찾지 못하는 암울한 상황이 되고 말았다. 급기야 아베 신조 총리가 직접 나서서 노동자의 임금인상에 협력해 달라고 재계에 요

청하는 희대의 사태까지 벌
어졌다. '관제춘투^{정부의 지원}

1975년 공공부문 총파업과 철도 노조 파업

^{을 받은 임금인상 투쟁}'라는 비난
을 감수하면서까지 총리가
나서서 기업에 임금인상을
독려하지 않으면 안 될 정도
로 상황이 심각하다는 것인데, 그렇다면 이 시기 노동조합은 무엇을
하고 있었던 것일까.

춘투와 '1억 총중류^{중산층}사회'

지금 50대 이상의 연령인 사람에게는 '춘투^{春鬪, 슌토}'란 단어가 낯설
지 않을 것 같다. 춘투는 일본의 노조들이 고도경제성장기 주로 봄철
에 임금인상 투쟁을 일제히 전개했던 데서 유래된 명칭인데 한국에도
수입되어 그대로 쓰였다.

그리고 조금 생소할 수 있지만 '총평^{総評, 소효}'역시 일본 노동운동을
언급할 때 빠질 수 없는 키워드이다. '일본노동조합총평의회'의 약칭
인 '총평'은 1950년 결성되어 1989년 해산될 때까지 일본 노동운동의
전성기를 이끌었던 노동조합 총연합단체 조직이다. 군국주의 시절 일
본을 좌지우지했던 구 일본 '육군'에 필적할 정도로 그 위세가 대단하
다는 의미로, 매스컴에서 '옛날엔 육군, 지금은 총평^{昔陸軍, 今総評}'이라
는 우스갯소리까지 회자되곤 했을 정도였다. 1960~1970년대 전성기
에는 500만 명에 육박하는 조합원을 보유하면서 일본 노동운동을 전
투적·계급적으로 이끌었고, 동시에 '일본사회당'을 인적·물적으로 지

탱했던 핵심 지지기반이기도 했다.

1995년 8월 15일, 전후 처음으로 조선에 대한 침략과 식민지배를 공식으로 사과한 '무라야마村山 담화'를 발표했던 무라야마 토미이치村山富一 총리도 총평 출신이다. 그는 총평의 핵심 조직 중 하나인 '자치노전일본자치단체노동조합' 간부를 시작으로 시의원, 현의원, 국회의원을 거쳐 1994년에 내각총리대신이 된 인물이다. '자치노'를 비롯한 공공부문, 그리고 주요 민간 대기업노조들로 구성된 '총평'이 춘투를 주도했다.

일본의 춘투는 1955년에 시작되었다. 군국주의 일본에서 노조, 노동운동은 무자비한 탄압으로 괴멸 상태가 되어 1945년 8월 패전 당시 일본에서 노동조합 간판은 전무했다. 그러나 일본을 점령한 미국은 일본의 민주화를 추진하기 위해 노동조합을 적극적으로 육성하는 정책을 펼쳤다. 이런 후원을 배경으로 그야말로 요원의 들불처럼 노조 결성이 이어졌고 불과 몇 년 후인 1949년에는 55.8%라는 경이적인 조직률을 기록하면서 일본 노동운동은 비약적인 성장을 이루었다.

이런 과정에서 나온 산물이 '춘투'였다. 때마침 고도경제성장이라는 순풍을 타면서 춘투는 한껏 고양되어 고액의 임금인상을 쟁취했고, 노동자들은 경제성장의 과실을 듬뿍 향유할 수 있었다. 1950~1960년대에 총평 의장을 역임한 오타 카오루太田薫가 외친 '노동자들도 스테이크를 먹을 수 있는 세상을 만들자!'라는 구호에 화

국철 파업으로 사철로 몰려드는 승객들

답하듯 경제성장률을 넘는 높은 임금인상이 십수 년 동안 이어졌다. 1974년에는 극심한 인플레의 영향이긴 했지만 무려 32.9%라는 기록적인 임금 인상률을 획득하기도 했다.

철도 파업으로 걸어서 등교하는 학생들

봄철이 되면 몇 달에 걸쳐 산발적 또는 집중적인 투쟁과 파업이 연례행사처럼 이어져 국민들의 생활에 불편을 초래하긴 했지만, 고도성장이라는 물결을 타고 부상한 춘투의 성과는 이른바 '낙수효과'를 발휘해 조직노동자들은 물론이고 미조직과 영세사업장의 근로자, 나아가 자영업자 등 모든 근로대중들의 임금과 생활수준을 끌어올렸다. 높은 임금 인상이 소비를 진작시키고 이것이 다시 생산을 자극해 경제 전체가 성장하는 선순환의 사이클이 계속 이어지면서 이른바 '1억 총중류^{중산층} 시대'가 열렸다. 이 같은 '1억 총중류시대'를 만든 1등 공신은 역시 춘투와 일본의 노동운동이라고 해도 과언이 아닐 것이다.

'신자유주의'의 확산과 춘투·노동운동의 퇴조

그러나 1973년과 1979년, 두 번에 걸친 오일쇼크 이후 일본 경제가 저성장에 빠지면서 일본 노동조합과 노동운동에도 찬바람이 불기 시작했다. 거기에 '신자유주의'가 전 세계에 확산되고 일본에도 수입되면서 일본 노동운동은 결정적인 타격을 입었다. 미국, 영국 등이 주도한 신자유주의는 1970년대 말에서 1980년대에 걸쳐 전 세계적으로 확산되었는데, 이 신자유주의의 핵심 '교리' 중 하나가 바로 노동조합의 약화와 와해였다. 1981년 8월 미美관제사노조PATCO가 파업하자 1만 1,000여 명을 해고하는 초강수로 맞서 노조를 굴복시킨 미국의 레이건 대통령, 1984년에서 1985년에 걸쳐 1년 이상 계속된 전국탄광노조NUM의 파업에 역시 초강경대응으로 일관해 노조를 굴복시키고 탄광노조를 와해시키는 데 성공한 영국의 마거릿 대처 총리는 신자유주의의 교리를 신봉하고 실천한 대표적인 글로벌 리더였다.

1982년 총리가 된 나카소네 야스히로中曾根康弘도 레이건과 대처의 뒤를 이어 신자유주의의 전도사가 되었고 선배들과 마찬가지로 신자유주의의 교리를 충실하게 신봉했다. 그 상징적 사건이 1987년 일본 국유철도 민영화였다. 미국 관제사파업, 영국 탄광파업과 마찬가지로 일본의 최강노조로 꼽혔던 '악명 높은' 국철의 강성노조들을 굴복시킨 것은 나카소네의 불퇴전의 의지와 일관된 강경방침, 그리고 역시 국민 여론이었다. 연례행사처럼 되풀이되는 춘투 파업, 특히 철도, 체신 등 국민생활에 지대한 영향을 미치는 공공부문의 파업에 질려버린 국민들은 노조에 등을 돌렸다. 정부는 이 같은 여론 악화를 이용해 강경책을 펼쳤고 최강을 자랑하던 일본철도노조도 결국 굴복하지 않을 수 없었던 것이다.

1987년 일본국철의 민영화는 '춘투'와 '총평'으로 대표되는 일본의 전투적 노동운동의 종언을 상징하는 사건이었다. 이후 일본의 노조, 노동운동은 이렇다 할 저항과 투쟁을 조직하지 못한 채 침체의 늪에 빠져들었다.

격차사회와 《게공선》 신드롬

1985년 '플라자 합의'를 계기로 일본은 이른바 '버블'을 맞이했다. 일본 열도를 부동산, 주식 등의 투기 열풍과 일확천금의 꿈으로 집단 마취상태에 빠지게 했던 '버블'은 1990년대 초반 덧없이 깨지고 말았고 그 대가는 혹독했다. 심각한 장기불황과 경기침체가 이어졌다. 기업의 구조조정, 몸집 줄이기가 일상화되는 가운데 고도경제성장의 원동력이었던 종신고용, 연공서열 등 일본적 경영시스템은 붕괴되기 시작했고, '리스토라 リストラ', '하켄 派遣', '격차사회 格差社会'라는 새로운 조어들이 등장했다. '리스토라'는 'Restructuring'의 일본식 약칭으로 구조조정을 의미하나 일반적으로는 노동자의 해고를 뜻하는 말이다. '하켄'은 말 그대로 파견노동자를 말하는데 일본의 경우 기업이 직접 계약직을 고용하기보다는 파견회사를 통한 파견 형태로 채용하는 것이 대부분이기 때문에 이 용어가 일반적이다. 그냥 비정규직을 지칭한다고 보면 되겠다.

2007년 방영된 TV 드라마 〈파견의 품격 ハケンの品格〉은 이런 시대적 상황이 투영된 드라마로 많은 공감을 불러일으키며 폭발적인 시청률을 기록했다. 한국에서도 〈직장의 신〉이란 제목으로 리메이크되기도 했는데, 이 〈파견의 품격〉의 서두는 다음과 같은 함축적인 내용을 담은 내레이션으로 시작된다.

"영원할 줄 알았던 종신고용, 연공서열 등 일본의 고용 형태가 빈사상태에 빠졌다. 장기불황으로 구조조정에 나선 기업들은 노동력을 아웃소싱했고 그 결과 비정규직, 특히 파견직이라 불리는 인류가 폭발적으로 증가하게 되었다. 파견 노동자 300만 명, 급여는 시급이고 상여금은 없다. 교통비도 원칙적으로 개인 부담, 3개월마다 계약 갱신, 그 환경은 불안정하기 짝이 없다."

2008년 12월, 일본의 NPO와 노동조합 등이 도쿄의 히비야日比谷 공원에 글로벌 경제위기로 계약이 해지된 노동자들이 연말연시를 지낼 수 있도록 만든 이른바 '하켄무라年越し派遣村'가 일본 사회에 커다란 반향을 불러일으켰다. 그해 미국에서 발생한 리먼쇼크의 여파로 인한 전 세계적인 동시 불황으로 일본에서도 '리스토라'와 '하켄기리派遣切り, 파견 해지'가 이어졌고, 수많은 노동자들이 일터에서 쫓겨나 길거리에 나앉게 되었다. 당장 한 끼를 때울 돈도, 하룻밤 잠자리도 없는 노동자들의 처지 등 일본 사회의 암울한 민낯을 '하켄무라'는 적나라하게 보여 주었고, 일본 사회가 파견직 등 비정규직 문제, 양극화 문제의 심각성을 본격적으로 돌아보는 계기를 만들어 주었다.

전전戰前의 프롤레타리아문학을 대표하는 작가 고바야시 다키지小林多喜二의 소설 《게공선蟹工船》이 새삼스럽게 주목을 받으며 베스트셀러가 된 것도 이즈음의 일이다. 100여 년 전, 멀리 오호츠크해의 캄차카 반도 앞바다에서 게를 잡아 가공하는 대형 가공선박인 게공선을 무대로 혹독한 노동조건 아래 비인간적인 대우를 받으며 혹사당하는 노동자들을 그린 작품인데, 21세기 최첨단 정보화시대의 비정규직 노동자들의 처지와 오버랩되어 각광을 받게 된 것은 아이러니가 아닐 수 없다.

《게공선》은 2008년 상반기에만 40만 부를 찍어낼 정도로 베스트셀러가 되었고, 2008년의 신어新語와 유행어 순위에도 선정되어 가히

'게공선 신드롬'이라 할 정도로 붐이 일었다. 또 같은 시기, 일본공산당의 당원이 증가하는 현상이 나타나기도 했는데 주로 젊은 층이 가입한 것이었다. 평소 젊은 층에게 별로 인기가 없던 일본공산당에 젊은 층들이 관심을 갖게 된 것 역시 이런 시대적 상황과 무관하다고 할 수 없을 것이다.

그러나 이 시기에 정작 노동조합의 존재나 유의미한 활동은 별로 눈에 띄지 않았다. 노조의 존재와 역할이 그 어느 때보다 절실하게 요구되는 시대적 상황임에도 1949년 56%를 정점으로 하강 곡선을 그리며 추락했던 노조 조직률은 최근 16%까지 떨어졌다. 비단 양적인 문제만이 아니라 질적으로도 현재의 노동조합이나 노동운동은 유의미한 존재감을 드러 내고 있다고 볼 수 없다. 노동조합의 존재 자체에 대한 의문이 생길 수밖에 없는 현실이다.

'춘투'의 몰락과 일본 노동운동

지금도 춘투는 있다. 봄이 되면 여전히 일본의 노조들은 '춘투'라고 부르는 임금협상을 하고 있고 언론도 그렇게 보도한다. 그러나 그것은 형식화되어 이름뿐인 '투쟁이 없는' 춘투가 되고 말았다. 총평 시절 일본 열도를 진동시켰던 그 '춘투'는 이제 없다. 호랑이 담배 물던 시절의 옛이야기가 되어 TV의 자료 화면에서나 가끔 볼 수 있을 뿐이다.

총평의 주도하에 전개된 춘투가 노동자, 나아가 국민 전체의 생활수준을 끌어올리는 데 상당한 기여를 한 것은 부인할 수 없다. 그러나 연례행사처럼 되풀이되는 정치투쟁, 계급투쟁 등으로 국제경쟁력이 약화되고 경제성장의 질곡이 되었다는 비판에서 자유로울 수 없는 것 또한 사실이다. 춘투의 종언과 함께 총평도 국민들의 지지를 잃고 점점 더 고립의 길을 자초한 끝에 결국 1989년에 해산이라는 막다른 길에 몰리고 말았다.

총평을 대신해 새로 출범한 연합단체인 '렝고連合'와 산하 노조들은 총평의 노선을 탈피해 우클릭을 했으나, 정작 노조의 주요 정신이라 할 수 있는 저항과 투쟁의 DNA를 상실한 것처럼 보인다. 여기에 상시 적인 구조조정, 아웃소싱으로 인한 비정규직의 급증은 정규직을 중심 으로 한 '노동운동의 왜소화'를 초래했고, 노동조합과 노동운동은 '그 들만의 리그'로 전락하고 말았다. 그 결과 노동자계층 내에서조차도 노동운동은 고립되었다. 이런 상황 속에 노조 조직률은 16%까지 떨어 졌고, 나아가 청년층 등 신세대들의 노동조합 이반 현상이 심각해지고 있는 현실이다. 몰락의 길을 걷는 일본 노동운동과 춘투가 다시 과거 의 영광을 되찾을 수 있을까? 현재의 상황과 분위기를 보면 전망이 그 리 밝아 보이지 않는다.

타산지석, 반면교사라는 말이 있다. 시차가 있긴 하지만 일본 노조 들이 걸어온 길과 유사한 경로를 가고 있다고 할 수 있는 한국의 노동 운동은 어떨까? 일본 노조의 현재 모습을 과연 남의 나라 이야기일 뿐 이라고 치부할 수 있을까? 한국의 노동운동 역시, 국민들의 지지를 잃 고 고립을 자초한 끝에 침몰한 일본 노동운동의 전철을 밟고 있는 듯 한 기시감을 주고 있다고 하면 지나친 기우일까?

일본 연구에 평생을 매진한
일본학의 창시자 지볼트

유선경(전직 교사)

필립 프란츠 폰 지볼트Philipp Franz Balthasar von Siebold, 1796~1866년는 지금까지 일본에서 가장 많이 연구된 외국인이다. 1823년 네덜란드 상관商館이 있던 나가사키의 데지마에 의사로 파견되면서 일본과 처음 만난 이후 세상을 떠나는 순간까지 일본 연구를 완성하기 위해 평생을 바쳤다.

그는 일본에 두 차례 체류1823~1829년, 1859~1862년하며 수집한 일본의 동식물 표본과 일본 전반에 관한 연구 성과를《일본식물지 Flora Japonica》1835~1844,《일본동물지 Fauna Japonica》1833~1850,《일본 NIPPON》1832~1851이라는 '지볼트 3부작'으로 발간했다. 이는 서구가 아시아를 자신들의 조약체제 속으로 재편해 나가던 시기에 일본의 종합 안내서 역할을 했다. 이 때문에 지볼트는 유럽에서 본격적인 일본학 창시자로 일컬어진다. 일본에서 대외적인 신분은 의사였지만 그의 활동상을 보면 민속학자, 식물학자, 동물학자, 지리학자, 의학자, 언어학자, 식민지과학자, 무역회사 설립자, 그리고 외교관 등 다양한 면모를 지니고 있다.

일본 여성 구스모토 타키와 낳은 딸 이네는 혼혈아에 대한 편견과 따돌림을 이겨 내고 일본 최초의 여성 산부인과 의사가 되었다. 유럽으로 돌아가 49세에 결혼한 여성과의 사이에 태어난 장남 알렉산더는

사후 150년을 기념하여 지볼트가 모국에 남긴 컬렉션을 가져와 일본의 5개 박물관에서 2016년, 2017년 2년에 걸쳐 순회 전시했다. 나루타키주쿠 모형, 자필 컬렉션 해설, 제자이자 일본 최초의 이학박사인 이토 게이스케의 초상 등 처음 선보이는 자료도 포함되었다. 사진은 그중 에도 도쿄박물관의 포스터이다.

1859년 2차 방문 때 지볼트와 함께 일본에 온 후 영국대사관에서 통역관으로 근무하며 메이지시대에 일본과 서구의 외교사에 큰 역할을 했다. 차남 하인리히는 오스트리아 공사관 서기로 활약하는 한편 일본에 고고학을 처음으로 도입한 인물로, 아버지 지볼트와 구분하여 학계에서는 아버지를 대大지볼트, 차남을 소小지볼트라고 부른다.

외과의에서 네덜란드 육군 군의가 되다

지볼트는 지금의 독일 남부 바이에른 주 뷔르츠부르크의 의학 명문가 출신으로 조부는 외과 명의였고 부친과 숙부들도 유명한 의사였다. 2세에 부친을 일찍 여의고 사제인 외삼촌에게 의탁하여 성장했다.

1820년 임상교육을 중시하는 뷔르츠부르크대학 의학부를 졸업하는데, 대학 재학 중 선친의 친구인 교수 집에서 기거하며 저명한 학자들과 알게 되었고, 정규 커리큘럼을 통해 의학철학, 인류학, 식물학, 약학, 화학, 수의학 등을 폭넓게 공부했다. 이것은 이후 일본 연구의 바탕이 되었다. 1년간 개업의로 일하다가 친족들과 친분이 있던 네덜란드 국왕의 시의侍醫이자 군의 총감으로부터 네덜란드령 동인도행을 권유받고 네덜란드 육군에 입대하여 군의관에 임명된다. 1823년 2월 네덜란드령 동인도 식민지 총독부政廳, 정청가 있는 인도네시아의 바타비아현재 자카르타에 도착해 예술과학협회 회원, 동인도 자연과학조사관을 겸하게 된다.

1차 체류기의 활동

1823년 8월 네덜란드령 동인도 식민지 총독으로부터 상관장商館長 수행업무와 함께 일본의 박물학 조사 임무를 부여받고 일본에 파견되었다. 이후 활발한 연구와 조사 활동을 마치고 귀국을 준비하던 중, 반출이 금지된 일본 지도를 소지한 것이 발각되면서 국외추방 판결을 받는다. 막부 요직의 관리를 비롯해 다수의 관련자들이 처벌받으면서 이 사건은 당시 큰 화제가 되었고 '지볼트 사건'으로 알려졌다. 이 사건으로 1829년 12월 30일 데지마를 떠나기까지가 1차 체류기이다.

약 6년이라는 짧은 기간 동안 믿기 어려울 만큼 정력적인 활동을 했는데, 이 시기의 활동을 정리하면 다음과 같다.

첫째, 교육활동이다. 나가사키의 근교에 사숙私塾, 사설 교육기관 나루타키주쿠鳴滝塾를 열고 서양의학, 박물학, 네덜란드어를 강의하면서 많은 제자를 길러 냈다. 제자들에게 논문을 작성하게 하여 이를 자료

수집의 방법으로 활용하는 한편 교육의 방법으로 삼았다. 수집된 자료는 그의 3부작에 그대로 혹은 편집된 형태로 반영되었으며, 이것은 지볼트의 독특한 일본 연구 방법 중 하나로 평가된다. 제자들이 작성한 네덜란드어 논문은 50여 편 남아 있다. 그중 미마 준조의 〈산과産科 문답〉은 1825년 지볼트의 알선으로 바타비아 학회 논문집에 실렸고 이듬해 지볼트는 이를 다시 독일어로 번역하여 숙부가 주재하는 프랑크푸르트 산과학 잡지에 기고했다. 유럽의 학술 잡지에 최초로 발표된 일본인의 의학논문이다.

둘째, 의사 활동이다. 환자 진료나 수술 시에 제자들을 입회시켜 지도하여 일본 임상의학의 시초라고 평가되기도 한다. 지방에서 모여든 의학생들을 나루타키주쿠에 기숙시키고 우수한 학생을 뽑아 의학생들의 지도를 맡겼다. 자신은 정해진 날짜에 나와 환자를 앞에 두고 임상에 필요한 지식을 설명했다. 주로 진단학적인 지식이었는데, 외과수술의 실기 지도도 함께 했다. 복수천자腹水穿刺, 음낭수종, 유방암, 구순열언청이, 외과수술도구 겸자鉗子를 이용한 분만, 안과 수술 등 다양한 수술을 실제로 시행해서 학생들이 터득하도록 했다. 공식적인 임상의학의 시초는 1857년의 폼페로 인정되고 있지만 폼페보다 앞선 시기에 임상의학을 실시했다는 점에서 인정할 만하다. 사용한 수술도구들은 나루타키주쿠 터에 세워진 지볼트기념관1989년 개관에 진열되어 있다.

또한 성공하지는 못했지만 종두법을 시도하기도 했다. 지볼트의 저서로《약품응수록藥品應手録》이 있는데, 유럽에서 사용되는 주요 약종 중 일본에서 입수할 수 있는 약품과 대체할 수 있는 약품을 소개하고 효능과 용법을 기재한 것이다. 제자 고 료사이에게 일본어로 번역하게 했고 수백 부를 인쇄해서 의사들에게 배포했다. 양약의 사용법이 처음으로 공식화된 것이다.

셋째, 동식물 조사와 표본 수집이다. 상관원들이 '국립 감옥'이라고 부르는 데지마는 외출이 자유롭지 못했기 때문에 환자 진료, 약초 채집 등을 이유로 나가사키 부교奉行의 허락을 얻어 데지마 근교나 규슈 먼 곳까지 동식물 조사를 나갔다. 지볼트는 무료로 환자를 진료해 주고 진료비 대신 표본이나 공예품을 선물로 받기도 했다.

데지마에 식물원을 만들어 1,000종 이상의 일본산 식물을 재배하고 해마다 많은 종자와 살아 있는 식물을 바타비아로 보냈다. 식물원 옆에 이리, 멧돼지, 원숭이를 사육하면서 동물의 박제와 표본을 만들었다. 수많은 동식물 표본이 바타비아로 보내졌는데 장기간의 항해로 표본이 부서지거나 상하지 않도록 세심하게 포장했다. 어떤 이는 지볼트의 공적 중 하나로 표본의 포장을 꼽기도 할 정도이다. 1830년 바타비아로 귀환했을 때 그가 가져온 표본은 포유동물 200부, 조류 900부, 어류 750부, 파충류 170부와 무척추동물의 표본 5,000부 이상, 다양한 종에 속하는 식물 2,000종, 압엽押葉 표본 1만 2,000부였다.

넷째, 1826년 상관장의 에도참부에 동행하며 일본에 관한 조사 영역과 범위를 확대했다. 에도까지 자연조사를 진행하면서 각 지역의 풍습, 민속, 명승지, 공연 등의 일본 문화를 직접 접하거나 기록했다.

지볼트는 에도참부 준비에 많은 공을 들였다. 조수 명목으로 약제사를 동반해 동식물 조사에 도움을 받았고, 일본인 화가를 고용해 풍경과 사물을 그리게 했다. 에도까지 가는 동안 주요 도시에서 자료 교환과 수집에 도움을 받고자 갖가지 사치품과 많은 선물을 준비했고, 에도에서 일본 학자들과 교류할 때 신뢰를 얻기 위해 전기치료기, 현미

경, 외과수술용구, 휴대용 약품을 비롯한 각종 기구류도 지참했다. 보통 참부 일행은 70명 전후이나 이때는 107명이나 되었고, 소요 일수도 평균이 90일이지만 143일로 거의 5개월이 걸렸다. 지볼트는 북쪽 지역을 연구하기 위하여 에도 체재기간 연장을 시도했으나 뜻을 이루지 못했다.

에도참부는 일본 전역의 동식물 거래 상인이나 난벽다이묘^{蘭癖大}^名, 난학자, 막부의 고위 관리 등과 교류할 기회가 되었다. 특히, 막부 소속 의사에게 안과 수술 시 동공을 확대시키는 약초를 알려주고 답례로 쇼군가家의 접시꽃 문장의 옷을 받았고, 천문 측량을 담당하는 관직인 천문방天文方 책임자에게 서양의 최신 세계지도를 주는 대신 막부가 직접 탐사해 완성한 북방지도를 빌리기도 했다. 이것이 '지볼트 사건'의 빌미가 될 줄은 미처 생각하지 못했을 것이다. 막부 의사는 개역改易, 무사신분 박탈과 재산 몰수 처분을 받았고 천문방은 투옥되어 옥사하는 비극을 가져왔다. 당시 막부는 여러 차례 북방 탐사를 실시해 가장 정확한 지도를 작성하고 있었는데, 지볼트는 지도를 보고 사할린이 섬이란 것을 알게 되었다. 후에 유럽학회에 이 사실을 발표하고 사할린과 대륙 사이의 해협을 탐사자 마미야 린조의 성을 따와 '마미야 해협'이라고 이름 붙였다.

다섯째, 바타비아에 요청한 서양 화가와 일본 현지의 화가를 고용하여 당시의 모든 것을 그림으로 그리게 했다. 이것은 후에 유럽에서 발간한 3부작의 밑그림으로 이용된다. 서로 다른 문명을 이해하는 데 시각자료가 가진 이점을 최대한 살린 것이다. 후쿠오카 현립도서관은 소장본《일본》의 도판을 홈페이지에 공개하고 있다.

유럽에서 발간한 '지볼트 3부작'

유럽에 온 이후에도 일본의 제자들과 서신을 교환하며 질문에 답하거나 자료를 요청하는 등 지속적인 교류를 이어 갔다. 그리고 일본에 관한 연구서 《일본》과 함께 《일본동물지》, 《일본식물지》를 분책 형태로 20여 년에 걸쳐 발간했다. 자비출판으로 주문을 받아서 배본했는데, 지볼트는 저서에 실리는 도판의 색채와 정밀도를 중요하게 생각하여 고가의 출판비용을 마련하기 위해 유럽 각국을 돌며 동분서주했다.

《일본*NIPPON*》 1832~1851년

일본의 지리, 역사, 풍속, 인종, 언어, 동식물 등 다방면에서 자신이 조사, 수집한 자료와 일본과 유럽의 기존 자료를 정리한 것이다. 풍부한 도판을 섞어 서술하여 19세기 전반기의 일본을 집대성한 기념비적인 저작이다.

《일본동물지*Fauna Japonica*》 1833~1850년

일본에서 채집한 방대한 동물 표본과 일본인 화가 가와하라 케이가 등이 그린 정밀하고 자세한 밑그림을 바탕으로 레이던 국립자연사박물관 관장, 척추동물 관리자, 무척추동물 관리자 등이 공동으로 연구·집필했다. 지볼트는 그들에게 원고료를 지불했는데, 척추동물 관리자가 받은 원고료는 집 한 채 값 정도였다고 한다.

《일본식물지 *Flora Japonica*》 1835~1844년

　지볼트와 조수 뷔르가가 일본에서 수집한 식물 표본과 가와하라 케이가 등의 밑그림을 바탕으로 간행되었다. 2권으로 구성되어《동물지》에 비하면 상당히 소규모이다. 원래 각 권에는 100장의 도판이 예정되어 있었다. 도판 5장과 본문을 묶은 것을 하나의 분책으로 하여 권당 20분책으로 구성할 계획이었으나 1844년 2권의 5분책까지 배포한 후 중단되었다. 지볼트의 사후 국립식물표본관 관장이 그가 남긴 도판과 초고를 활용해 1870년 10분책까지 간행했지만 이듬해 병사하면서《일본식물지》의 2권은 결국 절반만 간행되었다.

2016년에 열린 국립과학박물관 전시 포스터이다. 지볼트가 유럽에 소개한 일본의 동식물 그림으로 채우고 있는데 지금 봐도 상당히 정밀하고 아름답다.

지볼트의 일본박물관 구상

최근 지볼트는 근대적인 민족학박물관을 구상한 선구자로서 높이 평가되고 있다. 유럽에 돌아와 레이던에 자리 잡은 지볼트는 1832년경부터 자택에 수집품을 진열·공개하기 시작했다. 방명록에는 러시아 황태자, 네덜란드 국왕, 프러시아 국왕 등 각국 요인들의 이름이 즐비하다. 유럽에서 지볼트의 컬렉션에 대한 관심이 얼마나 컸는지 알 수 있다. 이는 후에 레이던 국립민족학박물관1864년 이후의 원형이 된다. 1837년까지 거주한 레이던의 집은 2005년 박물관 '일본박물관 지볼트하우스'로 개관했다. 1835년 바이에른 국왕에게 보낸 서신에는 민족지 박물관 설립의 계획 초안이 첨부되어 있었다. 1843년 이를 12가지 항목으로 정리해 인쇄했는데 당시로는 상당히 진취적인 내용이다.

"민족지 ethnographical 박물관은 큰 윤리적 책임을 갖는다. 유럽 이외의 민족과 문화에 대하여 그들의 사상, 풍속, 종교가 보다 잘 이해되도록 전달할 필요가 있다. (박물관을 통해) 보다 잘 이해한 덕분에 사람들은 다른 민족을 더 이상 '미개인'이나 '이교도'로 간주하지 않고 국제사회에서 같은 권리를 가진 일원으로서 인식하게 된다."

"유럽 사람들이 미리 민족지 박물관에서 다른 문화에 호의적인 인상을 갖게 되면 파견된 다른 나라에서 예의 바르게 행동할 것이다. 다른 문화에 좀 더 주의하고 존경과 이해심을 갖고 대처할 것이기 때문이다."

초안은 채택되지 못했지만 그의 구상과 레이던의 '일본박물관'은 큰 반향을 불러 일으켰다.

2차 체류기와 만년

개국 후 추방 처분이 풀리자 1859년 네덜란드무역회사 고문으로 다시 일본에 들어가 미완이었던 자신의 저작을 완성시키기 위해 자료 조사와 수집을 재개했다. 1861년 봄부터 막부의 외교고문으로 활동했으나 가을에 해고되고 이듬해 5월 귀국한다. 이때 수집한 자료 중 나중에 발송한 16개 상자의 수집품과 초고가 끝내 도착하지 않아 지볼트의 애를 태웠다. 특히 《일본식물지》의 완성을 간절히 원했던 것 같다. 아들에게 부친 편지에서 '책을 완성하는 데 필요한 원고가 분실되고, 아직 학명을 붙이지 못한 식물이 수백 종 포함되어 있는 식물 표본을 입수하지 못해서 절망적이다.'라고 토로했다.

이 시기에 수집한 자료들은 암스테르담, 뷔르츠부르크에서 전시된 후 1866년 뮌헨으로 옮겨 전시되었다. 바이에른 국왕에게 컬렉션을 구입해 주기를 요청했으나 의회의 부결로 뜻을 이루지 못하고, 이것은 나중에 민족학박물관^{현재 뮌헨 오대륙박물관}의 중심 컬렉션이 되었다. 뮌헨의 전시는 남겨진 자료를 바탕으로 재현되어, 지볼트 사후 150년이 되는 지난 2016년 일본의 주요 도시에서 순회 전시되었다.

그는 일본 연구를 완성하기 위해 끝까지 재입국을 시도하지만 이루지 못하고 뮌헨 전시 중에 과로로 세상을 뜨고 말았다. 일본에 있던 아들에게 보낸 마지막 편지에 '나는 일본에 강한 향수를 느끼고 있다. 만약 16개의 짐이 분실된 것이라면 저작을 미완인 채로 두고 싶지 않으니 나는 기꺼이 일본에서 죽어도 좋다.'고 적고 있다. 그야말로 일본 연구에 평생을 바친 지볼트이다. 아버지의 부음을 접한 아들은 아버지의 묘에 일본 식물을 심어 달라는 답장을 어머니에게 보냈다.

스포츠 속
일본 문화

일본의 스포츠문화

홋카이도의 대머리 야구선수 희철이

일본 스모에 관한 작은 에세이

경마는 도박인가 스포츠인가

일본의 스포츠문화

서상옥 ((사)한국스포츠시설학회 회장, (사)한국민간스포츠단체협의회 회장)

한 나라의 스포츠문화를 알아보려면 그 나라 스포츠정책을 살펴봐야 한다. 스포츠정책이란 스포츠관련 법 규정, 관련기구 및 조직, 그리고 스포츠관련 사업이라 할 수 있다. 일본 최초의 스포츠 관련법은 1961년에 제정된 〈국민체육진흥법〉이다. 이를 2011년 〈스포츠기본법〉으로 전면 개정했다. 〈스포츠기본법〉에서는 '스포츠를 통해 행복하고 풍요로운 생활을 영위하는 것은 모든 국민의 권리'라는 내용을 실현하기 위한 국가의 기본방침을 제공하고 있고, 2017년 3월에는 '제2기 스포츠기본계획'을 책정했다. 여기에는 ① 스포츠 관련 제도·예산, ② 유소년의 체력 향상, ③ 학교체육·운동부 활동, ④ 국민의 스포츠라이프, ⑤ 장애인스포츠, ⑥ 경기력의 향상, ⑦ 스포츠국제교류·국제협력, ⑧ 스포츠시설의 정비·운영, ⑨ 스포츠를 통한 지역·경제활성화, ⑩ 스포츠계의 투명성, 공평·공정성 향상, ⑪ 스포츠를 통한 여성의 활약촉진이 바로 그것이다.

일본에서 스포츠에 관한 업무를 담당하는 정부 부처는 문부과학성이다. 최근 2020 도쿄올림픽·페럴림픽을 성공적으로 개최하기 위해 문부과학성 내에 스포츠청을 두고 스포츠 정책을 통괄하는 역할을 수행하게 했다. 이렇게 일본의 스포츠행정은 스포츠에 관한 기본이념 등

을 갖춘 〈스포츠기본법〉과 이 스포츠기본법의 이념을 구체화하여 스포츠정책의 방향성을 제시한 〈스포츠기본계획〉에 기초하여 추진되고 있다. 스포츠 관련 예산은 국비 외에 지방자치단체로부터의 예산, 스포츠진흥복권スポーツ振興くじ. toto 등에 의한 조성 등 다양한 방법으로 확보하고 있다(스포츠청).

다음으로는 일본의 스포츠문화 중에서 전국민을 대상으로 하는 스포츠정책 중에 생애주기별 국민의 특이하면서도 재미있는 스포츠활동 몇 가지를 소개한다.

일본의 생활체조, 라디오체조

일본은 체조강국이다. 체조는 육상과 수영을 대표적으로 하는 체육의 기초종목으로서 스포츠의 진흥에서 가장 중요한 필수종목이라고 할 수 있다. 여기에서는 일본의 라디오체조ラジオ体操를 설명하고자 한다.

라디오체조의 기원은 1922년 4월에 보스턴의 방송국 WGI의 방송인데, 1925년까지 세계 최초의 상용 라디오방송국으로 알려진 피츠버그의 KDKA를 비롯, 유럽의 독일 등에서도 이와 같은 방송이 있었다고 한다. 일본에서는 1928년 8월 1일부터 한 달 동안, 일요일을 제외한 매일 아침 6시부터 사단법인 일본방송협회 오사카중앙방송국이 최초로 방송했다. 이 당시에는 기존의 도수체조를 간주 없이 지도자의 호령만으로 진행했다고 한다.

일본의 라디오체조는 미국의 메트로폴리탄 생명보험회사에서 건강증진·민간위생의 계몽을 위한 목적으로 고안되어 1925년 3월 31일부터 광고의 형태로 방송되었던 라디오 체조프로그램 'Setting up exercise' 가 그 시작이었다고 할 수 있다. 1923년에 보험사업을 조사하기 위해 미국을 방문한 일본의 체신성 이노쿠마 사다노리 간이보험국 감독 과장이 메트로폴리탄 생명보험회사의 라디오체조 기획을 알게 되었 고 1925년 7월에 〈체신협회잡지〉에 이를 소개했다. 이노쿠마는 1927년 8월, 간이보험국 회의에서 쇼와천황의 즉위를 축하하는 사업 으로 라디오체조를 제안, 이후 '국민보건체조'로 호칭하기로 발표하 여 천황의 대전기념사업 중 하나로 1928년 11월 1일 도쿄중앙방송국 에서 방송을 개시했다. 안무는 당시의 우편국장이 전국에 알렸다고 전해진다.

일본의 라디오체조는 지금도 매일 아침 6시와 저녁 6시에 빠짐없이 소개되고 있다. 고령자와 장애인을 위한 배려로 의자에 앉은 지도자와 동작의 폭이 조금씩 다른 두 지도자가 음악에 맞춰 진행하고 있다.

라디오체조 교본

일본의 라디오체조 모습

50여 년을 이어온 유아전문 체육교실, 사와다스포츠클럽

일본에서는 유아의 신체활동, 체육을 담당하는 정부의 부처로 문부과학성이 유치원을, 후생노동성이 보육원을 담당하고 있다. 우리나라도 거의 비슷한 시스템이라고 볼 수 있는데 유치원은 교육부가, 어린이집은 여성가족부가 담당한다.

유아체육은 생활체육의 보급과 활성화를 목적으로 하는 생애주기별 신체활동의 출발점이라는 점에서 매우 중요한 의미를 지닌다. 일본에는 이러한 유아체육을 전문으로 하는 체육교실, 스포츠클럽이 전국적으로 매우 많이 있다.

2020년 1월 기준으로 전국에 2,900개 이상의 스포츠스쿨, 4만 7,000명의 회원을 보유하고 있는 일본 최대의 유소년스포츠스쿨은 자신들만의 새로운 비즈니스기법을 살려, '일본 전체 유소년의 문제를 스포츠로 해결'하고자 하는 목표를 내세우며 그들만의 서비스를 제공하는 '사회적 인프라'를 구축하고 있다고 자부한다. 이들은 자신들의 성공이 프로야구 구단·프로축구 구단·3 on 3 농구단체 등과 제휴하여 현장에서 지도력·교육력·경영력을 향상시킨 노력의 결과라고 한다.

일본에는 전국에 유소년스포츠활동을 사업으로 하는 스포츠클럽이 무수히 많이 있다. 공공의 종합형 지역스포츠클럽을 비롯해서 민간 유소년스포츠클럽을 운영하는 곳이 셀 수 없을 정도로 많다. '사와다스포츠클럽'은 유아기 어린이 체육지도를 전문으로 하는 유아전용 스포츠클럽이다. 대상은 유치원과 보육원(우리나라의 어린이집)으로 주로 유아체육 전문지도자를 파견하거나 계절마다 유치원과 보육원 체육행사를 담당하고 있다. 1975년 창업 이래 지금까지 유아를 위한 체육

활동을 주된 사업으로 하고 있다. 지금까지는 유치원과 어린이집의 어린이를 주 대상으로 했으나 최근 초등학교 학생들까지 그 대상을 넓히고 있다.

육상, 축구, 가라테, 체조, 자연친화적 신체활동, 스포츠스태킹 등의 뉴스포츠와 레크리에이션 등 다양한 프로그램을 제공하고 있다. 사와다스포츠클럽은 일본유아체육학회와 연계하여 현장의 실기지도는 물론 유아체육의 이론 정립에도 많은 투자를 했다. 일본유아체육학회 회장은 마에하시 아키라 교수로 일본 유아의 신체활동에 뛰어난 식견을 인정받은 사람이다. 한국에도 수차례 초대되어 유소년의 수면리듬의 변화로 본 유아운동의 필요성에 대한 연구를 소개하기도 했다. 사와다스포츠클럽의 지도자들은 와세다대학연구팀과 매달 연구회를 실시하여 현장과 이론을 접목시키기 위해 노력해 왔다. 그 결과로 이루어진 것이 삼감三感과 삼육三育의 스포츠교육이라고 할 수 있다.

한국에서도 스포츠산업에 대한 높은 관심과 투자가 이루어지고 있지만, 일본과 같이 유아체육을 하나의 스포츠산업으로 발전시키는 기업은 아직 부족하다. 현장의 교육 시스템과 유아교육 이론의 융·복합을 이루어 내려는 노력이 하루아침에 이루어지지 않는다는 점을 생각하면, 다양한 경험을 축적하고 그 경험을 바탕으로 유아의 신체활동을 장려하는 진지한 시도가 더욱더 절실하다.

현재 사와다스포츠클럽을 운영하는 사람은 창업자인 사와다 유키오의 장남이다. 그는 체육 관련 사립 명문대학인 일본체육대학을 졸업하고 현장에서 다양한 지도 경험을 거쳐 현재 사와다스포츠클럽을 운영하고 있다. 오늘날은 일반적으로 가업을 잇는다는 것이 당연시되었던 과거와 다르지만 사와다스포츠클럽에서 완전하게 그 대를 이어 가는 모습을 보면 한편으로 부럽다는 생각이 든다. 사와다 유키오 대표의 손자는 지금 일본의 인기 스포츠인 스포츠스태킹의 일본 대표선수로 활약할 만큼 스포츠 인재의 자질을 보이고 있다. 그런 의미에서 사와다스포츠클럽의 미래는 사와다 가문이 지속적으로 이어 갈 하나의 스포츠 비지니스모델이라는 생각도 든다.

초고령사회의 생활체육, 저근운동

일본의 초고령사회에서 노인의 건강문제는 개인과 가정 차원의 문제가 아닌 지방자치단체와 국가의 문제로 대두된 지 이미 오래되었다. 노인의 신체활동을 보다 적극적으로 지원하겠다는 다양한 움직임 속에서 획기적인 프로그램이 제공되었는데 바로 저근운동이다.

돈을 저축하면 저금貯金, 근육을 저축하면 저근貯筋이 된다. 이 두 단어는 똑같이 초킨ちょきん으로 발음된다. 돈을 저축하는 것이 중요하듯이 근육을 저축하는 것도 매우 중요하다는 발상으로 탄생한 저근운동이다. 우리가 잘 알고 있는 '돈을 잃으면 조금 잃는 것이고 건강을 잃으면 모두를 다 잃는다'는 속담과도 연관성이 있다. 이 저근운동은 일본에서 유일한 국립체육대학인 카노야체육대학의 학장을 역임한 후쿠나가 데쓰오 교수가 창작한 운동프로그램이다. 자신의 신체 컨디션을 고려하여 음악에 맞춰 매우 간단하게 이루어지는 신체활동으로, 특이한 점은 저근통장을 만들어서 매일매일 자신의 신체활동의 추이를 살펴보는 것이다. 이러한 저근운동을 보급하고 활성화하기 위한 지도자 양성과정은 저근운동의 이론·효과·실천내용·중고령자에 대한 배려·측정방법 등을 중심으로 짜여 있다.

단체로 저근운동을 하는 모습

최근 우리나라에도 보급되어 그 진가를 발휘하기도 했는데, 가노야 체육대학의 가와니시 마사시 교수팀이 직접 내한해서 서울시립대학교의 김설향 교수팀과 함께 노인들을 대상으로 저근운동 프로그램을 3개월간 실천한 결과, 참가자 전원으로부터 긍정적 효과는 물론 앞으로도 계속 저근운동 프로그램에 참가를 원한다는 결과가 나왔다.

홋카이도의 파크골프, 지역 활성화와 세계화 성공 사례

파크골프는 기존의 골프를 변형한 뉴스포츠로 골프의 다양한 재미를 만끽할 수 있도록 고안된 골프 프로그램이다. 1983년, '공원에서 폭넓은 세대가 함께 즐길 수 있는 스포츠'로 홋카이도의 마쿠베츠北海道幕別町에서 고안되었다.

현재 일본 전국에서 1,283코스, 전세계 약 10개국에 64개의 코스가 있으며, 애호자는 124만 명이라고 추산하고 있다. 발상지인 홋카이도가 가장 많은 코스를 보유하고 있다(2011년, 일본파크골프협회 산출).

파크골프는 이름 그대로 공원park에서 골프를 즐기는 것이다. 생활 주변의 빈 공간인 공원을 활용하는 프로그램인 파크골프의 규칙은 일반 골프와 거의 비슷하다. 사용하는 도구는 파크골프 전용 클럽과 볼, 그리고 티이다. 볼은 골프공보다도 크고, 고무와 실리콘으로 만들어진 티는 일반 골프와 달리 티를 지면에 꽂는 방식이 아닌 잔디나 흙바닥에 두는 형태이다.

일본파크골프협회에서는 파크골프의 효과를 ① 건강 증진, ② 세대 간 교류 촉진, ③ 교육현장 적합형 프로그램, ④ 자연활용형, ⑤ 스포츠 관광 효과 증진, ⑥ 지역경제활성화 프로그램이라고 했다.

파크골프의 코스는 골프장보다는 훨씬 짧다. 파수는 18홀 기준 66 타로 정해져 있다. 국제파크골프협회의 범위 내에서 1홀의 거리는 100m까지 9홀로 500m 이내로 정해져 있으며, par3~5로 한정되어 있다. 1개 코스의 홀 구성은 par3 40~60m 이 4홀, par4 60~100m 가 4홀, par5 500~790m 가 1홀로 타수 33타를 기준으로 하고, 1개 코스의 크기는 8,250m 정도이다. 일반적으로 경기하는 시간은 18홀을 도는 데 약 1시간 반, 36홀에 3시간 정도이다.

한국에 파크골프가 시작된 것은 2004년 진주 상락원 6홀, 서울 여의도 한강파크골프장 9홀이었다. 노인체육 종목의 대명사라고 알려졌던 게이트볼의 차기 종목으로 각광을 받고 있으며 2021년 기준 전국에 약 300개소의 파크골프장이 있을 정도로 활성화되고 있다.

공익재단법인 일본레크리에이션협회

　일본의 생활스포츠 보급에 일익을 담당하는 단체로서 공익재단법인 일본레크리에이션협회가 있다. 1947년에 일본레크리에이션협회가 발족되었고, 이듬해인 1948년 재단법인화가 되어 2011년 4월에 공익재단법인 일본레크리에이션협회로서 레크리에이션 보급과 활성화의 주역으로 활동하고 있다. 전국 47개 시도 都道府県와 그 하부 조직이라 할 수 있는 550여 개 시군구 市町村 단위에도 협회가 조직되어 있다. 주된 사업으로 레크리에이션 지도자 양성, 레크리에이션 프로그램 개

전국레크리에이션대회 모습

발·보급·활성화, 각종 이벤트 개최 등이 있다.

　그중 가장 큰 이벤트로 전국레크리에이션대회가 있다. 첫 대회는 1947년 이시카와현石川県에서 개최되었다. 이는 제2회 국민체육대회의 개최를 계기로 발족되었다. 최근 2019년 제73회 미야기현宮城県 전국레크리에이션대회는 실천활동 A에서 워킹, 일본민요, 패들테니스, 파크골프, 유니컬, 인디아카, 킨볼, 스포츠후키야 등 9개 종목, 실천활동 B에서 오리엔티어링, 카바디, 캠프, 그라운드골프, 휠체어레크댄스, 스포츠찬바라, 타겟버드골프, 터치럭비, 디스크골프, 줄다리기, 바운드테니스, 플라잉디스크, 무술태극권, 볼룸댄스, 목구, 유스호스텔, 라지볼탁구 등의 20개 종목이 포함되었고, 체험교류광장은 부메랑과 빌리야드 2종목이 소개되었다. 2020년 효고현兵庫県 대회에 이어 2021년 후쿠시마현福島県 대회는 코로나19로 인하여 실시되지 못했다.

마무리

　이와 같이 일본의 라디오체조는 신체활동의 가장 기본적인 동작들로 누구나 쉽게 즐길 수 있어 모든 국민의 사랑을 받고 있다. 우리나라에는 이러한 전 국민의 체조가 존재하지 않는다는 점을 생각하면 한국형 K-체조가 하나쯤 있었으면 하는 생각을 하게 된다. 코로나19 시대를 맞아 스포츠업계들이 고통을 시간을 보내고 있는데, 일본의 사와다 스포츠클럽은 50여 년의 노하우를 바탕으로 위기를 기회의 장으로 만들고 있다. 주변에 전업과 폐업을 반복하고 있는 우리나라의 유소년스포츠클럽의 현실을 생각하면 가슴 아픈 일이다. 일본의 노인프로그램

중에 활성화되고 있는 저근운동은 우리에게 시사하는 바가 크다. 우리나라에는 노인의 운동프로그램으로 전국적인 프로그램이 실제로 전무하다고 볼 수 있는데, 일본의 저근운동은 글로벌 저근운동으로 추진되고 있다. 또한 우리나라에서 노인의 운동종목으로 가장 많이 알려진 게이트볼과 함께 최근 국내에 급속히 추진되고 있는 파크골프는 일본의 작은 마을에서 마을을 알리고 마을을 살리는 스포츠 종목의 개발이라는 점에서 주목할 만하다. 일본의 스포츠와 레크리에이션의 축제라 할 수 있는 전국레크리에이션 축제에서는 전 국민이 즐기는 생활 스포츠의 현상을 볼 수 있는 다양한 프로그램들을 소개하고 있다. 우리나라에서도 레크리에이션 관련 단체가 많이 있기는 하지만, 현실은 제대로 된 전국적인 축제를 만들어 내고 있지 못하기 때문에 우리나라의 생활스포츠의 미래를 다시 한번 점검할 필요가 있다. 실제로 일본의 생활스포츠를 보면 우리나라와 매우 닮은꼴이라고 하지만 그 속에는 많은 '다름'이 존재한다는 점을 새삼 알게 된다. 앞으로 일본과 한국의 생활스포츠가 어떻게 발전해 나갈지 기대된다.

홋카이도의 대머리 야구선수 희철이

이영기(일본 TVSnext 재직 중)

홋카이도의 대머리 야구 해설자

방송사에서 만든 신호가 인터넷에도 그대로 중계되는 한국 프로야구와는 달리, 일본의 프로야구는 구단별로 중계팀이 있어서 홈팀이 중계하는 신호가 인터넷 동영상 사이트에 제공된다. 이 신호는 지역 방송국이나 케이블 방송사에도 보내져서 TV를 통해 시청자와 만나기도 한다.

홋카이도 니폰햄 파이터즈의 경우에도 전담 중계팀이 있는데, 캐스터는 항상 동일 인물이지만 몇 명의 해설자가 경기별로 돌아가면서 중계를 맡고 있다. 그중 아주 활기찬 목소리의 해설자가 한 명 있는데, 가끔 중계석을 비추는 화면을 보면 그가 대머리라는 것을 알 수 있다. 일본에서 대머리 야구 해설자는 드물지 않지만 홋카이도의 대머리 해설자는 나이가 꽤 젊어 보인다.

그의 이름은 모리모토 히초리 森本稀哲. 잠깐, 히초리? 일본인의 이름에 사용된 한자를 읽는 방법이 아무리 제멋대로라고 하지만 '稀哲'이라고 써 놓고 히초리 ひちょり 라고 읽는 것은 좀 심하다는 생각마저 든다.

불고깃집의 장남 희철이

모리모토 히초리는 1981년 도쿄에서 불고깃집을 운영하는 재일 한국인 가정에서 태어났다. 본명은 이희철 李稀哲. 히초리라는 이름은 '稀哲'의 한글 발음 '희철'을 부를 때 사용하는 '희철이'를 일본 사람이 발음하기 쉽도록 변형하면서 탄생했다. 여기에서는 한국식으로 '희철이'로 표현하도록 하겠다.

한국인의 자식 교육에 대한 대단한 열정은 재일 한국인 사이에서도 마찬가지인지 희철이의 부모 역시 자녀들을 여러 학원에 보냈다. 특히 장남인 희철이는 초등학생 시절만 해도 축구, 주산, 태권도, 수영, 한국어에 이어 수화 교실에도 다녀야 했다.

희철이, 대머리가 되다!

그런 희철이에게 재앙이 찾아왔다. 초등학생이 되자 머리카락이 빠지기 시작한 것이다. 원인은 '범발성 원형 탈모증'. 당시는 물론이고 지금도 정확한 원인과 치료법이 알려지지 않았다.

결국 초등학교 1학년 때 완전히 대머리가 된 희철이는 자신의 대머리가 몹시 부끄러웠다. 물론 학교에서 친구들의 괴롭힘도 있었다. 전학하면서 괴롭힘은 줄어들었지만 본인이 느끼는 부끄러움은 어쩔 수 없었다. 태권도 도장의 합숙 중에 연습이 끝나고 다른 아이들과 함께 목욕탕에 갔는데 거기서도 모자를 쓰고 있을 정도였다.

초등학교 6학년 때는 반 대항 기마전 대회가 열렸다. 대머리를 감추고 싶은 것 이외에는 활발한 성격이었던 희철이는 기마전에서 반대표인 총대장이 되고 싶었다. 제비뽑기 결과 총대장에서 탈락했지만, 총대장이 된 친구의 양보를 받아내 결국 기마전 대회에 총대장으로 출전. 그러나 승패를 판별하는 머리띠를 상대방의 공략에 손쉽게 빼앗겨 경기 시작 10초도 지나지 않아 패하고 말았다. 대머리 때문에 머리띠가 미끄러지듯 손쉽게 벗겨지고 말았기 때문이었다.

희철이는 중학교 1학년 때 태권도 전국대회에서 우승하기도 했으며, 부친이 좋아해서 시작하게 된 축구도 프로팀의 입단 테스트에 참가할 정도로 뛰어난 운동신경을 가지고 있었다.

그러나 희철이에게 태권도와 축구는 힘들었다. 태권도는 전국대회에서 우승을 노리던 만큼 훈련 자체가 엄격했다. 축구는 특히 헤딩이 괴로웠다. 머리카락이 없어 헤딩할 때의 충격이 머리에 고스란히 전해졌고, 공과의 마찰 때문에 머리 피부에도 상당한 통증이 남았다. 그렇다고 헤딩 찬스에서 고통이 두려워 공을 피하면 코치한테 혼나는 것은 당연한 일, 본인 말로는 '헤딩은 지옥'이었다고 한다.

희철이, 야구선수가 되다!

그러던 희철이의 운명을 바꾸는 일이 생긴다. 초등학교 4학년 때 친구가 함께 야구를 하자고 권유한 것이다. 야구는 항상 모자를 쓰고 있기 때문에 대머리를 자연스럽게 감출 수 있었다. 예나 지금이나 일본에서 야구를 하는 학생들은 삭발하는 것이 일반적이기 때문에 대머리가 더욱 눈에 띄지 않았다. 시합 전 모자를 벗고 인사를 할 때 희철이의 머리를 보고 웃는 상대 선수도 있었지만, 희철이의 플레이를 보고는 웃음을 거두었다.

축구를 좋아하는 부모님은 희철이의 야구 경기에 거의 찾아오지 않았다. 덕분에 희철이는 부모님의 잔소리 없이 마음껏 경기를 즐길 수 있었다. 그런 희철이는 야구 명문인 테이쿄고등학교 帝京高等学校 에 진학하게 되었다.

고등학교에 다니던 어느 날 머리카락이 자라나기 시작했다. 어린 마음에 상처를 주었던 대머리에 드디어 끝이 보인 것이다. 그러나 머리카락은 희철이의 기대와 다르게 곱슬머리였다. 결국 희철이는 머리카락이 자라면 면도칼로 밀어버렸다.

고교 3학년 때는 야구부의 주장이 되었는데, 후배들이 연습 전에 운동장에 물을 뿌리는 것이 영 마음에 들지 않았다. 어느 날 희철이는 후배들에게 물 뿌리는 시범을 보이기 위해 다른 학생들보다 일찍 운동장에 도착해 혼자서 물을 뿌렸다. 마침 이 모습을 니폰햄 파이터즈의 스카우트 야마다 마사오 山田正雄 가 운동장이 한눈에 내려다보이는 테이쿄대학병원 옥상에서 몰래 지켜보고 있었다. 당시 야마다 스카우트는 '저게 희철이인가. 3학년에 주장인데도 팀을 위해서 물을 뿌리는 선수는 좀처럼 없다. 저 자세는 프로에서 발전 가능성이 있다.'라고 생각했다고 한다. 사실 희철이가 3학년이 되어서 운동장에 물을 뿌린 것은 이 날이 유일했다.

그 후 여름 고시엔 대회에도 출장하게 된 희철이는 니폰햄 파이터즈의 지명을 받아 프로야구 선수가 되어 입단 기자회견에서 당당하게 자기소개를 하게 된다.

"안녕하십니까. 스킨헤드 대머리 모리모토 히초리입니다!"

퍼시픽리그의 홋카이도 니폰햄 파이터즈

일본의 프로야구는 메이저리그와 같이 2개의 리그로 구성되어 있다. 하나는 한국에서도 유명한 요미우리 자이언츠와 한신 타이거즈가 속한 센트럴리그. 메이저리그의 내셔널리그처럼 투수가 타석에 들어가는 것이 가장 큰 특징이다. 또 하나의 리그는 퍼시픽리그. 한국 프로야구와 메이저리그의 아메리칸리그처럼 투수가 타석에 들어가지 않는 대신 지명타자 제도를 운용하고 있다. 퍼시픽리그는 현재 홋카이도 니폰햄 파이터즈, 도호쿠 라쿠텐 골든 이글스, 사이타마 세이부 라이온즈, 지바 롯데 마린즈, 오릭스 버팔로즈, 후쿠오카 소프트뱅크 호크스의 6개 팀으로 이루어져 있다.

퍼시픽리그는 센트럴리그보다 역사도 짧고 인기도 한참 미치지 못했다. 그 때문에 TV 중계도 거의 없어서 과거의 시합은 영상 자료가 별로 남아 있지 않다. 2020년 2월에 일본의 전설적인 야구인 노무라 카쓰야野村克也가 작고했을 때, 각종 미디어에서는 감독이나 평론가 시절의 영상만을 소개할 수밖에 없었다. 선수 시절 퍼시픽리그에서 활동했기에 영상이 거의 남아 있지 않았기 때문이었다.

'니폰햄 파이터즈'는 도쿄를 연고지로 하고 있었다. 1988년, 고라쿠엔 구장을 같이 사용하던 요미우리 자이언츠와 함께 새로 개장한 도쿄돔으로 홈구장을 옮기게 되었다. 일본 최초의 돔구장은 인기가 많아서 많은 관객이 경기장을 찾았다. 특히 돔구장에 가보고 싶었던 야구팬들에게 인기 팀인 요미우리 자이언츠의 표는 구하기 어려워서 대안으로 니폰햄 파이터즈의 시합을 찾는 사람들이 많았다. 이에 힘입어 1988년 한 해 동안 파이터즈의 시합을 찾은 관객 수는 경기당 3만 7,800명, 총

245만 8,500명에 이르렀다. 이는 퍼시픽리그에서 압도적인 1위이자, 센트럴리그를 포함한 12개 구단 전체 중에서도 요미우리 자이언츠에 이은 2위의 기록이었다. 하지만 1993년 후쿠오카돔, 1997년 오사카 돔, 나고야돔 등이 개장하면서 '돔 구경' 목적의 관객이 감소하자 니폰햄 파이터즈의 관객 수는 눈에 띄게 줄어들었다.

이에 구단은 운영 방침을 '지역 밀착'으로 새로 정하고, 2004년 연고지를 홋카이도로 이전한다. 구단을 운영할 회사로 주식회사 홋카이도 니폰햄 파이터즈를 설립, 팀 명칭도 '홋카이도 니폰햄 파이터즈'로 바꾸었다. 홋카이도는 전통적으로 요미우리 자이언츠의 팬이 많은 지역이었지만 야구 교실과 팬 이벤트 개최, 적극적인 미디어 출연 등 지역 밀착형 운영으로 파이터즈의 팬이 조금씩 늘어났다.

희철이, 코스프레 퍼포먼스를 하다!

2004년 일본 야구계에 큰 사건이 발생한다. 재정난에 빠진 오사카 긴테츠 버팔로즈가 오릭스 블루웨이브와 합병을 발표한 것이다. 이른바 '야구계 재편 문제'가 발발한 것인데 이는 선수들의 반발로 이어졌고, 9월 18, 19일 양일간 일본 프로야구 역사상 전무후무한 선수들의 파업이 일어났다. 이틀간 일본의 모든 프로야구 시합이 중지된 것이었다.

파업 직후인 9월 20일, 시합을 준비하던 희철이 앞에 신조 츠요시新庄剛志 선수가 이상한 물건을 들고 나타났다. 신조 선수는 메이저리그 뉴욕 메츠를 거쳐 2004년 니폰햄 파이터즈에 입단한 슈퍼스타였다. 그 신조 선수가 파업으로 이틀간 야구를 즐기지 못한 팬들을 위해 '고

레인저' 복면 5장을 준비해 온 것이었다. 고 레인저는 이른바 '전대물'이라고 하는 일본의 드라마 캐릭터로 빨강, 파랑 등의 원색적인 쫄쫄이 의상과 헬멧을 뒤집어쓴 5명의 비밀 전투 대원이 악당을 물리치는 내용이다. "이걸로 연습할 테니 뒤집어써."

희철이와 신조를 비롯한 5명의 선수는 고 레인저 복면을 뒤집어쓴 채 시합 전 연습을 하며 관객들의 환호를 받았다. 게다가 이날 시합은 9회말 12대 12 동점, 투아웃 만루 상황에서 신조 선수의 끝내기 홈런이라는 극적인 승리로 마감했다. 시합 내용과 함께 시합 전의 퍼포먼스가 미디어에서 크게 보도되었다.

이후 이런 코스프레 퍼포먼스는 '신조 극장'이라는 이름으로 몇 차례 더 펼쳐지는데, 머지않아 홋카이도뿐만 아니라 일본 야구팬의 뇌리에 희철이의 이름을 각인시키는 일이 벌어진다.

2006년, 처음으로 프로야구 올스타에 선정된 희철이는 신조 선수와 함께 어떤 코스프레를 할지 고민한다. 아이디어를 짜내던 중 희철이가 옛날 기억을 떠올렸다. "짝사랑하던 여자아이한테서 '희철이는 피콜로를 닮았어.'라는 말을 들어서 충격을 받은 적이 있어요." 이에 신조 선수가 "피콜로로 결정이다. 아는 사람 중에 특수 분장 전문가가 있으니 연락할게."라며 말했고, 실제 희철이는 올스타전에 만화 드래곤볼의 등장인물 중 하나인 피콜로의 모습으로 참여했다.

이 모습이 화제가 된 것은 당연한 일. 희철이 본인도 선수 생활 17년간 통산 904안타에 불과한 자신을 아직도 많은 팬이 알아주는 것은 퍼포먼스 덕분이라고 생각하고 있다.

여담으로 2006년 삿포로에서 펼쳐진 우승 퍼레이드에서 신조 선수는 유일하게 사복으로 참가했는데, 의상 콘셉트는 드라마 겨울연가의 준상. 그해를 끝으로 프로야구 선수를 은퇴한 신조 선수의 마지막 코스프레 퍼포먼스는 '욘사마'였다.

희철이, 리그 우승을 이루다!

1998년 니폰햄 파이터즈에 입단한 희철이의 선수 생활은 순탄하지 않았다. 입단 직후 실시한 의료 검진에서 어깨 근육이 프로선수로는 너무 약하다는 진단을 받아 몇 달간 체력 훈련만 하기도 했고, 고교 시절까지 활동한 내야수를 버리고 외야수로 바꿀 것을 지시받기도 했다. 자존심이 강한 희철이는 내야수를 고집했지만 결국 외야수로 전향한다. 그러나 프로의 벽은 높았고, 희철이는 1군과 2군을 들락거리는 신세가 된다.

2005년 5월 13일, 요코하마 베이스타즈에 1대 13으로 패한 후 트레이 힐만 감독이 희철이에게 말을 걸었다. "희철이, 내일은 선발 출장이다. 결과는 필요 없어. 허슬 플레이로 팀을 이끌어 주게."

트레이 힐만Trey Hillman은 팀이 홋카이도로 연고지를 옮긴 후 지역 밀착 외에도 프로팀으로서 성적을 남기기 위해 구단에서 영입한 인물이었다. 훗날 한국 프로야구 SSG 랜더스의 전신인 SK 와이번스의 감독을 맡아 팀을 우승으로 이끌기도 한다.

1군에서 결과를 남기지 못해 스트레스를 받던 희철이는 다음날 감독의 말에 따라 결과 따위는 신경 쓰지 않고 타석에서 힘껏 방망이를 휘두르고, 수비에서는 도저히 잡을 수 없는 타구에도 펜스를 향해 돌진하는 등 허슬 플레이를 선보였다. 다른 선수들이 이런 희철이를 보고 '왜 저러지?'라며 놀랄 정도였다. 이날 희철이의 타격 결과는 4타수

무안타. 그러나 팀은 1대 0으로 승리를 거두었다. 그러자 다음 날 힐만 감독이 다시 찾아왔다.

"예스터데이, 그레이트 잡! 투데이 모어 하이 에너지!"

"노 히트안타, OK?"

"OK, OK. 전혀 문제없어!"

결과의 압박에서 벗어난 희철이는 4타수 2안타로 활약, 팀도 5대 3으로 승리를 거두었다. 이 시합이 야구 인생을 바꾸는 전환점이 되어 희철이는 프로야구 1군 무대에서 활약을 이어 갔다.

희철이와 함께 팀 역시 상승세를 유지하며 2006년에는 퍼시픽리그 우승에 이어 일본시리즈에서도 주니치 드래곤즈에 승리, 홋카이도 이전 후 처음으로 일본시리즈 우승을 이루었다. 희철이도 타율 2할 8푼 5리, 9홈런이라는 준수한 성적을 거두었다.

사실 2006년 니폰햄 파이터즈의 외야수는 대단한 선수들로 구성되어 있었다. 신조 츠요시는 메이저리그를 경험한 슈퍼스타, 오가사와라 미치히로小笠原道大는 후에 요미우리 자이언츠로 이적해 이승엽 선수의 팀 동료로 한국의 야구팬에게도 알려진 타격 천재, 이나바 아츠노리稲葉篤紀는 2021년 일본 야구 대표팀 감독을 맡아 일본 최초로 올림픽 야구 금메달을 이끈 인물이다. 희철이는 이런 슈퍼스타들과 함께 외야 3자리를 맡고 있던 것이다.

2007년에는 신조 선수가 은퇴하고 오가사와라 선수가 요미우리 자이언츠로 이적한 가운데 신조 선수의 등번호 1번을 물려받은 희철이는 주전으로 성장, 타율 3할이라는 훌륭한 타격 기록을 남기며 팀을 퍼시픽리그 2연패로 이끌었다.

희철이, 홋카이도를 떠나다!

희철이는 2010년 FA^{자유계약선수} 자격을 획득한 후 고민 끝에 요코하마 베이스타즈로 이적한다. 그러나 부상과 부진이 계속되어 별다른 활약을 보여 주지 못한 채 2015년 사이타마 세이부 라이온즈를 끝으로 야구 선수를 은퇴하게 된다. 은퇴 후에는 야구 해설자를 비롯해 야구 교실 특별 강사, 강연 등의 활동을 이어 가고 있다.

희철이가 야구 선수로 활동하는 동안 희철이와 같은 범발성 원형 탈모증에 걸린 자녀를 둔 부모들이 희철이의 부모가 운영하는 불고깃집에 상담을 위해 많이 찾아왔다고 한다. 이에 희철이 본인도 같은 병으로 고생하는 아이들에게 용기를 주기 위해 자라나는 머리칼을 면도하며 아직도 대머리를 유지하고 있다. 그리고 자신의 이야기를 정리한 책 《신경 쓰지 않아^{気にしない}》를 2017년 출간했다. 참고로 2007년 일본 국적으로 귀화했다.

홋카이도 니폰햄 파이터즈는 지역 주민의 인기를 얻으며 퍼시픽리그에서 2위의 관중 동원을 유지하고 있다. 젊은 선수가 팀의 중심을 이루고 있는데, 구단 재정이 열악한 스몰마켓 구단의 특성상 선수의 활약이 계속되어 연봉이 올라가면 더는 잡아둘 수가 없기 때문이다. 현재 메이저리그에서 투타 겸업으로 이도류 돌풍을 일으키고 있는 오타니 쇼헤이^{大谷翔平}, 현역 메이저리그 최고 투수 중 한 명인 다르빗슈 유^{ダルビッシュ有} 모두 니폰햄 파이터즈 출신인 것에는 이런 배경이 존재한다.

현재 홈구장으로 사용하고 있는 삿포로돔은 축구와 야구를 모두 개최할 수 있는 가변형 구장이다. 야구를 할 때는 인조 잔디를 깔아서 활용하고, J리그 축구팀인 홋카이도 콘사도레 삿포로가 시합할 때는 구장 밖에 위치한 천연 잔디 운동장을 자기부상 장치로 통째로 끌어와서 사용한다. 이처럼 복잡한 삿포로돔의 특성상 구장 사용료가 비싸지는 것은 어쩔 수 없는 현실. 이에 홋카이도 니폰햄 파이터즈는 비용을 절감하고 홋카이도의 야구팬들에게 더욱 쾌적한 관람환경을 제공하기 위해 2023년 개장을 목표로 천연 잔디 개폐식 돔 야구장인 '홋카이도 볼 파크'를 건설 중에 있다.

일본 스모에 관한 작은 에세이

미하라 류시(류코쿠대학 문학부 교수)

번역: 김영복(전남대학교 박사과정)

스모는《고사기》와《일본서기》라는 일본의 고대 문헌에 기록된 내용이 그 기원이다. 그 후 헤이안시대의 스마이노세치에相撲節会, 천황이 궁중에서 관전하는 스모라고 하는 궁중 행사, 가마쿠라시대, 무로마치시대에는 무사들의 체력 단련을 위한 스모가 있었다.

사찰이나 신사의 건축비와 수리비 등을 모금하기 위한 간진즈모勧進相撲가 있었고, 점차적으로 오락으로서 흥행 스모로 변화했다고 한다. 요컨대 싸우고 저항한다는 의미의 고어古語 'すまふすもう, 스모'라고 하는 말에 연속적·불연속적으로 유무형의 다양한 요소가 취사 선택적으로 도입되어 현대 스모의 형태가 만들어진 것이다. 한편, 법적으로 규정된 것은 아니지만 스모는 일본의 국기國技라고 불리는 경우가 많아 사람들은 '스모는 국기'라는 표현을 그다지 위화감 없이 관용적으로 사용하고 있다.

필자는 스모 연구가도 아니고, 스모 팬이라고 불릴 정도의 스모통相撲通도 아니며, 다니마치谷町, 스모의 열성 팬로 불리는 스모 선수나 스모 양성소의 후원자도 아니다. 따라서 여기에서는 스모를 좋아하는 60대 일본인 남성이 어릴 때부터 오로지 TV 관람을 통해서 본 몇 가지 관점에서 스모를 에세이 형식으로 가볍게 이야기해 보려고 한다.

스모에 대한 친근감

먼저 오즈모大相撲란 일본스모협회 주관으로 열리는 스모 대회흥행임을 밝혀 둔다. 여기서는 특별한 경우를 제외하고 스모相撲라는 용어를 쓰기로 한다. 스모는 그 시합 결과 승패를 쉽게 가늠할 수 있고, 많은 일본인들이 스모에 심적 친근감을 느끼고 있다. 여기서 승패를 쉽게 알 수 있다는 것은 스모의 승패를 가리는 규칙이 단순해서 초심자라도 알기 쉽다는 뜻이다. 도효土俵라고 하는 직경 4.55m의 원형 경기장씨름판에 발바닥 이외 신체의 다른 부분이 먼저 땅에 닿으면 지는 것이고, 또 신체의 어느 한 부분이 도효 밖으로 먼저 나간 선수가 지는 것이다. 어떻게 해서든 자신보다 먼저 상대의 발바닥 이외의 몸 부분을 씨름판에 닿게 할 것인가, 자신보다 먼저 상대의 몸을 씨름판 밖으로 내보낼 것인가, 그 공방이 스모의 묘미이다.

선수 순위에 상관없이 모든 스모 선수를 리키시力士라고 부른다. 또한 실력에 따라 계급이 나뉘는데 '반즈케番付'라고 하는 순위표에 선수의 위치를 쉽게 알아볼 수 있다. 선수의 순위는 조노구치序ノ口, 조니단序二段, 산단메三段目, 마쿠시타幕下, 주료十両, 마쿠우치幕内로 나뉘며, 마쿠우치는 마에가시라前頭, 고무스비小結, 세키와케関脇, 오제키大関, 요코즈나橫綱 등으로 나뉜다. 두말할 나위 없이 모든 스모 선수들은 상위 계급에 오르는 것을 목표로 한다. 여기서 계급이라 함은 실력의 등급을 의미한다. 예컨대 주료十両로 승진하면 마쿠시타와 달리 고액의 급료를 받을 수 있으며, 1인 1실 이용, 식사나 목욕탕 이용 등 모든 면에서 크게 우대받으며, 주료와 마쿠시타는 하늘과 땅만큼 대우가 다르다고 할 정도이다.

한편 일본인들에게 스모가 심적으로 거리감이 없다는 것은, 유구한 역사 등으로 스모가 일본인들 주변 가까이에 있는 존재라고 할 수 있기 때문이다. 스모 경기는 1년에 여섯 차례 홀수 달에 개최하는데, 이를 혼바쇼本場所라 하며 개최 기간은 각각 15일이다. 1월에는 하쓰바쇼初場所, 도쿄국기관, 3월에는 하루바쇼春場所, 오사카부립체육관, 5월에는 나쓰바쇼夏場所, 도쿄국기관, 7월에는 나고야바쇼名古屋場所, 아니치현체육관, 9월에는 아키바쇼秋場所, 도쿄국기관, 11월에는 규슈바쇼九州場所, 후쿠오카국제센터 등 사계절 내내 스모에 쉽게 접근할 수 있다.

따라서 라디오와 TV는 물론 최근에는 인터넷에서도 경기를 관전할 수 있다. 또 스모 선수를 '오스모상お相撲さん'이라고 부르기도 하지만, 친근함은 스모 선수 개인에게 돌아가는 영향도 적지 않다. 예를 들어 지역 출신 선수ご当地力士, 출신지에서 출전하는 선수라는 표현이 있는데, 씨름 선수와 출신지의 인연이 강조된다. 그 인연으로 출신지에서 후원회가 만들어지거나 지역 주민들에게 후원을 받는 측면도 크다.

또한 이 친근함은 선수 자신의 캐릭터에도 크게 기여한다. 예를 들면, 전후戰後의 고도 경제성장기 때는 다이호大鵬, 가시와도柏戸라고 하는 2명의 요코즈나가 전성기를 맞았다. 특히 다이호는 '다이호스모, 자이안트야구, 계란말이음식'라고 하는 말이 유행할 정도로 인기가 있었다. 물론 경기 성적도 뛰어나게 좋았지만 체격이 좋고 얼굴이 하얀 미남으로 어린이뿐 아니라 전 연령대에서 폭넓게 인기가 있었다.

일본스모협회 사이트에 따르면, 2021년 7월 기준 마쿠우치의 스모 선수의 평균 신장은 184cm, 평균 체중은 160kg인데, 이보다 몸집이 작은 선수가 큰 선수를 이기는 것도 스모의 묘미 중 하나이다. 예를 들면 키 169cm, 몸무게 117kg의 데루쓰요시照強나 키 175cm, 몸무게

121kg의 이시우라石浦 등 체격이 작은 선수가 마쿠우치에서 덩치 큰 선수를 이기는 모습에 사람들은 박수갈채를 보낸다. 씨름판 위에서 선수가 시합 전에 소금을 뿌리는 모습을 볼 수 있는데, 데루쓰요시照強는 소금을 뿌리는 방법도 독특해서 그 퍼포먼스가 인기에 한몫을 담당하고 있다. 그런 개인적인 매력도 스모의 흥을 돋우는 중요한 요소이다. 오즈모大相撲의 선수는 인기에 수반하는 흥행의 면모도 갖추면서, '스모 선수는 스모 선수力士は力士'라는 자각과 아울러 각자의 지위에 걸맞은 스모를 연출해야 한다.

스모 선수에게 기대하는 이미지

젊은 선수나 몸집이 작은 선수는 대회의 분위기를 고조시키기 위해 필사적으로 상위에 도전하는 모습이 요구되고, 상위권 선수는 하위권 선수의 도전을 당당히 되받아치는 여유와 강력한 힘이 필요하다. 스모에서 최고의 자리가 요코즈나이다. 사람들은 요코즈나에게 힘뿐만 아니라 강인한 정신력과 인간적인 품격을 기대한다. 2021년 7월 대회나고야 대회에서는 연속해서 여섯 번이나 결장欠場한 끝에 출전한 요코즈나 하쿠호白鵬가 15전 전승으로 45번째 우승을 해냈다. 그런데 요코즈나 심의회의 위원장이 요코즈나 하쿠호가 가치아게스모에서 마주 일어서는 순간 팔과 어깨로 상대방의 턱 밑을 위로 밀어붙이는 기술와 하리테손바닥으로 상대방의 얼굴이나 목둘레를 치는 기술를 많이 사용한 것이나, 이겼을 때 그가 취했던 승리 포즈 등에 대해 '아무리 봐도 보기 흉하고 아름답지 않으며 이기기 위해서는 수단을 가리지 않는다고 생각한 사람이 많았던 것은 아닌가. 오랜 역사와 전통을 바탕으로 성장해 온 오즈모가 쇠퇴해 가고 있다'라고 강하게 비난했다. 다른 위원들도 '일본의 국기이기도 한 스모는 우승만이 제일이 아니라는 점을 어떻게 하면 알릴 수 있을까'라며 비판에 합류했다. 갈라파고스화한 스모의 오랜 전통과 이로 인해 길러진 일본인 취향의 미의식에 따라 스모의 이미지는 고정화되어 일본 내에서 견고하게 공유되어 왔다. 이에 따라서 스모 선수는 국기와 걸맞은, 특히 요코즈나는 그 지위에 걸맞게 씨름꾼의 이미지를 연기해야 한다. 참고로 현재 마쿠우치에는 몽골 출신 선수가 요코즈나 하쿠호를 포함해 7명이나 있지만, 요코즈나 심의회에 지적을 받는 선수는 하쿠호뿐이다. 그리고 보면 많은 팬을 보유하고 있는 이상적인 씨름꾼 이미지에 반대된다는 하쿠호에 대한 비판이 외국인이기 때문에 생겨난 것은 아니라는 사실을 알 수 있다.

스모 국제화의 의미

1968년 외국인 씨름꾼으로서 하와이 출신인 다카미 야마高見山가 마쿠우치幕内 선수가 된 이후 고니 시키小錦, 아케보노曙, 무사시 마루武蔵丸 등 하와이 출신 선수들이 일본 출신 와카노 하나若乃花, 다카노 하나貴乃花 형제와 명승부를 벌였다. 그 후로는 교쿠 슈잔旭鷲山, 교쿠텐호旭天鵬, 아사쇼 류朝青龍, 하쿠호白鵬, 가쿠 류鶴龍, 데루노 후지照ノ富士 등 다수의 몽골 출신 선수와 소코 구라이蒼国来, 가스 가오春日王 등 동아시아 출신 선수들이 마쿠우치 선수로 활약했다. 그리고 고토 오슈琴欧洲, 바루토把瑠都, 도치 노신栃ノ心 등 유럽 출신 선수들이 세계 각국으로부터 요코즈나, 오제키 이하 마쿠우치로 활약하고 있으며, 현재 오야카타親方로서 후진 육성에 힘쓰고 있는 전 리키시도 적지 않다.

　외국 출신 요코즈나에 대해서는 1993년에 하와이 출신의 아케보노 曙가 요코즈나가 된 이후 지금까지 항상 요코즈나에 외국 출신 선수가 포함되어 있다. 현재 요코즈나는 하쿠호白鵬, 다음 대회에서 신요코즈나가 되는 데루노 후지照/富士 두 명이지만, 두 요코즈나 모두 몽골 출신의 리키시이다. 이런 상태를 한탄하는 팬도 적지 않다. 국기인 스모의 최고 정점인 요코즈나를 외국 출신 선수가 차지하는 것에 만족할 수 없다는 감정론이다. 앞서 언급한 다이호는 우크라이나인 아버지와 일본인 어머니 사이에서 태어났는데 출생지인 사할린이 당시 일본 땅이었기 때문에 일본인 스모 선수로 되어 있다. 참고로 한때 일본인 리키시, 외국인 리키시로 구분하는 경향이 있었는데, 호시노 도모유키星野智幸는 그의 저서를 통해 "몽골 출신의 교쿠텐호 마사루旭天鵬 勝는 현역 중에 일본 국적을 취득했고 2021년에 일본인 선수로 우승했기 때문에 애매하게 '일본 출신 리키시'라는 난처한 표현도 궁리해 냈다"라고 지적한 바 있다. 그 정도로 국기와 순혈주의를 고집하더라도 현재 다카 야스高安와 미타케 우미御嶽海 등 두 명의 세키와키 선수 모두 일본인 아버지와 필리핀인 어머니 사이에서 태어난 경우에서 보듯, 위원이 말하는 외국 출신 리키시의 차이는 출신지가 일본인지 아닌지에 지나지 않음을 알 수 있다. 이제 앞으로는 스모 선수의 외국 출신 여부를 묻는 것은 내셔널리즘에 따른 구별짓기와 차별의 근거가 아니라, 스모 선수 개인에 따른 개성으로 보아야 할 것이다.

미래의 스모

앞서 스모와 친해지기 쉬워서 스모에 대한 친근감을 언급했는데, 한편으로 오즈모에서는 스모 선수와 교지行司, 심판의 동작, 관례, 규칙 등을 세세하게 규정해 두고 있다. 아울러 대회 첫날의 의례 행사인 도효 마쓰리土俵祭り를 비롯한 신사의 제례 등 일본 전통의 종교의식이 활용되기도 한다. 혼바쇼本場所의 씨름판에 여성이 올라오는 것을 금지함으로써 일부러 심리적 장벽을 만드는 것도, 지금까지 스모 애호가의 마음을 자극하고 흥행을 성립시키는 한 요인이 되어 왔다. 시대에 따라 그리고 팬들의 기대에 따라 스모 경기를 지지하는 사람들의 면면이나 내용이 달라지지만, 시스템 그 자체는 전통을 중히 여기는 스모의 성격상 바꾸기 어려운 면도 있을 것이다.

이런 긴장과 대립 속에서 지금의 스모가 성립되었다고 할 수 있겠지만, 그런 측면을 지나치게 강조하다 보면 폐쇄적으로 자기들만의 공간에 갇혀버릴 위험성도 배제할 수 없다. 이제는 스모 경기를 어디까지나 엔터테인먼트로서 인식하고 그 즐거움을 팬 전체가 공유하는 것이 중요하지 않을까 하는 생각이다. 지금까지도 스모를 즐기는 여성 팬층이 존재해 왔지만, 여성 팬이 주목받는 경우는 많지 않았다. 하지만 최근에는 스죠スー女, 스모를 좋아하는 여자라고 불리는 스모를 본격적으로 즐기는 적극적인 여성 팬들이 급증하고 있다. 새로운 팬의 획득은 오락성이 강한 스모 본연의 자세를 변화시킬 가능성을 가지고 있다는 점에서 주목할 만하다.

경마는 도박인가 스포츠인가

도이 미호(한성대학교 교양대학 교수)

한국 사람들은 경마하면 무엇을 떠올릴까? 도박, 아저씨, 마권, 과천경마공원 등등을 떠올릴 수 있겠다. 과천경마공원이라고 답했다면 자연 속에서 동물과 어울릴 수 있는 공원으로 가족 동반으로 찾아가기 쉽다는 이미지를 갖고 있을지도 모른다. 실제로 최근에는 '렛츠런파크 서울'이라는 이름으로 데이트 코스로도 인기가 많다고 한다. 그러나 경마 자체는 사행성이 높아서 일상생활과 거리가 멀고, 어쩐지 건전하지 못해서 가까이하기 어렵다는 이미지를 가진 사람이 압도적으로 많을지도 모르겠다.

그렇다면 '일본에서도 마찬가지 아니야?'라는 목소리가 들릴 것 같다. 물론 일본에서도 경마가 도박의 하나로 인식되고 있지만, 이와 동시에 스포츠로도 높은 인기를 끌고 있어 마권을 사지 않고 경마를 즐기는 '경마팬'도 많다. 그런 경마팬들은 도대체 무엇을 즐기는 것일까? 내기의 승부가 아니라 인간과 말이 일체가 되어 만드는 논픽션 드라마로 경마를 보는 것이다. 나 자신도 그런 '경마팬'의 한 사람으로서 일본 경마의 인기와 매력을 소개하고 싶다.

일본의 공영 도박

일본의 공영 도박은 크게 두 종류로 나눌 수 있다. 일본의 도박이라고 하면 파친코슬롯머신를 떠올릴지 모르지만, 파친코는 해당하지 않는다. 하나는 로또 등이 포함되는 공영 복권이고 다른 하나가 공영 경기라고 하는 프로 스포츠이다. 공영 경기란 '경마·경륜競輪·경정競艇·오토레이스auto race' 네 가지를 말한다. 이들은 각 산업 발전에 기여해 공익성이 있다는 이유로 특별법이 제정되어 도박의 위법성을 조각阻却시키고 있다. 예를 들면 경마는 1948년에 제정된 〈경마법〉으로 '말의 개량 증식, 기타 축산업의 진흥에 기여하며, 지방제정 개선을 도모하기 위해' 실시한다고 명기되어 있다. 나머지 세 경기도 마찬가지로 '-의 발전'을 명분으로 내세우고 있지만, 실은 그 매출로 나라나 지방자치제에 경제적 공헌을 하게 만드는 것이 주 목적이라고 볼 수 있다. 참고로 경마는 농림수산성, 경정은 국토교통성, 경륜·오토레이스는 경제산업성 관리하에 있다.

하지만 각 경기는 관할 부서뿐만 아니라 인지도나 이미지에서도 큰 차이가 있다. 오토레이스는 배기량 600cc 이하의 이륜차로 치르는 경기로서 이 이륜차는 얼핏 보면 보통 오토바이 같지만, 브레이크와 계기류計器類가 전혀 없는 게 특징이다. SMAP남성 아이돌그룹의 모리 가쓰유키森且行가 이 오토레이스 선수가 되기 위해 그룹을 탈퇴하면서 주목받았지만, 오토레이스는 현재도 비인기 종목이다. 경정은 도박 요소가 강해 경기장에 쉽게 접근하기 어려운 분위기가 있다. 경륜은 케이린KEIRIN으로 불리며 올림픽 종목으로 채택될 정도로 스포츠 요소가 강하지만, 남녀노소 누구에게나 인기가 많다고 하기는 어렵다.

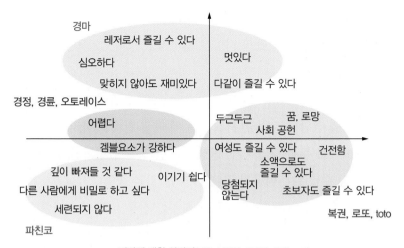

경마

레저로서 즐길 수 있다

심오하다

맞히지 않아도 재미있다

멋있다

다같이 즐길 수 있다

경정, 경륜, 오토레이스

어렵다

겜블요소가 강하다

두근두근

꿈, 로망

사회 공헌

여성도 즐길 수 있다

건전함

소액으로도
즐길 수 있다

깊이 빠져들 것 같다

이기기 쉽다

다른 사람에게 비밀로 하고 싶다

세련되지 않다

당첨되지
않는다

초보자도 즐길 수 있다

파친코

복권, 로또, toto

경마에 대한 이미지(대응 분석에 의거한 매핑)

출처: 일본 저스트 리서치(just research) 조사 결과를 번역.

공영 도박 네 경기라고 하지만, 매출과 국민적 인기 면에서 경마는 다른 세 종목과 크게 차별화되는 특별한 분야라 할 수 있다. '경마에 대한 이미지 조사'에서 경마가 '레저로 즐길 수 있다, 멋있다, 심오하다'라고 하는 긍정적인 회답이 많은 데서도 알 수 있듯이 다른 세 경기와는 다른 독자적인 위상을 갖는다. 경마는 도박을 넘어서 '말과 사람의 모노가타리'로 많은 일본인에게 꿈과 감동을 주고 있다고 해도 과언이 아니다.

경마의 역사

먼저 일본의 경마 역사부터 살펴보자. 1377년에 영국에서 열린 레이스가 근대 경마의 원조라고 알려져 있다. 일본에서는 에도시대 말기, 개국과 동시에 1860년에 당시의 외국인 거류지였던 요코하마에서 행해진 경기가 일본 최초의 서양식 경마라고 한다. 1866년에는 에도 막부가 최초의 상설 경마장인 네기시根岸 경마장을 건설하고 이후에 각지에서 서양식 경마가 행해졌는데, 당시에는 도박이 아닌 귀족의 사교장 역할을 담당하고 있었다. 그 때문에 마권 판매를 하지 못하고 경영적인 이유로 문을 닫았다가, 전쟁에 의한 정책 변경과 국영 경마로의 이행 등 수많은 우여곡절 끝에 1954년 '일본 중앙경마회JRA'가 설립되었다. 이후 JRA는 도쿄, 교토를 비롯한 전국 10개 JRA 관할 경마장에서 열리는 모든 레이스를 주최·관리하고 있다. 이른바 G1 Grade 1이라고 불리는 인지도 높은 빅 레이스가 주로 여기서 개최된다. 일본에는 JRA 소관의 10개 경마장 외에도 각 지방자치단체가 운영하는 지방 경마장도 15개 있지만, 중앙 경마와 지방 경마 사이에는 경기 규모, 상금액, 면허 종류 등에 큰 차이가 존재한다.

요슈 치카노부(楊洲周延)의 〈우에노 시노바즈 대경마(上野不忍大競馬)〉(1884년)
도쿄 우에노에 시노바즈노이케(不忍池) 연못의 둘레를 도는 경마장이 건설되었다. 하늘에 불꽃놀이도 그려져 있어 축하 분위기를 표현하고 있다.

시대를 넘어 사랑받는 전설의 명마들

　앞서 언급한 바와 같이 일본의 근대 경마는 1860년대에 요코하마의 외국인 거류지에서 시작되었다. 19~21세기까지 3세기에 걸친 긴 역사 속에서 수많은 명마가 탄생했다. 명마의 랭킹은 선정하는 사람에 따라 다르고, 시대를 대표하는 말도 한두 마리가 아니므로 여기서는 사회적인 경마 붐과 관련된 전설의 명마 3마리와 번외 편 1마리를 소개해 본다.

　일본 경마의 역사에는 크게 두 차례 경마 붐이 있었다. 1차 경마 붐은 1973년이다. 오일쇼크가 일본을 강타했던 시절에 하이세이코 Haiseiko의 등장으로 첫 번째 경마 붐이 일어났다. 하이세이코는 지방 경마에서 중앙 경마로 진출한 말로서 '지방의 방랑자가 엘리트에 도전한다'는 설정으로 사람들의 마음을 사로잡았다. 고도 경제성장기에 집단 취직으로 지방에서 낯선 도시로 와서 분투하는 젊은이의 모습과 이미지가 겹치고, 또 오일쇼크의 불황과 좌절 속에서도 지치지 않고 힘차게 달리는 모습에 영웅으로 부상했다. '경마는 낭만'이라는 가치관을 가지는 사람이 늘어나기 시작했고, 하이세이코의 출현으로 일본 경마는 도박에서 레저로 전환했다는 평가를 받았다. 하이세이코의 활약으로 큰 레이스마다 마권 판매액이 사상 최대치를 경신했고, 경마에 관심이 없던 사람들, 연령적으로 마권을 살 수 없는 사람들까지 팬층이 두터워졌다. 하이세이코는 인기 소년 만화의 표지를 장식했고, 주전 기수가 하이세이코 은퇴 기념으로 부른 '안녕 하이세이코 さらばハイセイコー'는 오리콘 차트 4위를 기록하기도 했다. '너도 하이세이코처럼 분발하렴'과 같이 자녀를 독려하는 부모도 있었고, '하이세이코님'

이라고 이름만 써도 팬레터가 마구간으로 배달되는 등 하이세이코에 대한 일화는 매우 다양하다.

2차 경마 붐은 1980년대 말부터 1990년대 초까지의 버블경제 시기이다. 이 시기에는 개성적인 경주마가 많아서 군상극群像劇과 같은 레이스에 일본 전체가 열광했는데 그 주인공인 경주마가 바로 오구리캡 Oguri Cap이다. 오구리캡은 '아시게芦毛, 흰털에 검정털이 섞인 말의 괴물'이라는 별명을 가진 강한 말이지만, 역대 명마 중 경주 기록만 보면 그렇게 압도적인 경주마라고 하기는 어렵다. 그럼에도 불구하고 지금도 희대의 인기마로 사람들에게 기억되는 것은 역시 그 드라마틱한 스토리 때문이다. 오구리캡도 하이세이코와 같이 지방 경마 출신으로 제2의 하이세이코라 불리며 각광을 받았다. 혹독한 로테이션 속에서도 우직하게 열심히 달렸고, 부상과 성적 부진에 시달릴 때마다 기적의 부활을 보여 줌으로써 많은 사람을 열광시켰다. 오구리캡의 최후의 경주가된 1990년의 연말 빅레이스에는 17만 명이나 되는 인파가 몰려들어, 이 입장객 기록은 여전히 역대 1위로 남아 있다. 또한 지금 대중화된

오구리캡의 모습

오구리캡 인형

경주마 인형의 원조가 오구리캡이다. 오구리캡 인형은 게임의 경품이
되거나 백화점에서 판매되기도 했다. 참고로 오구리캡 관련 상품 매출
만 100억 엔, 경제 파급효과는 2조 엔인 것으로 알려진다. 이 일화 하
나만으로도 이 시기에 여성과 어린이들에게까지 팬층이 널리 확대되
었음을 알 수 있다.

　앞서 설명한 바와 같이 이미 경마의 인기가 정착되었기 때문에 3차
경마 붐이라고까지는 할 수 없겠지만, 2000년대에도 사회현상이 된
슈퍼스타 경주마가 있다. 그 이름은 딥임팩트 Deep Impact. 이름만큼이
나 경마팬들에게 깊은 충격을 안겨 주었다. '근대 경마의 최고 걸작',
'일본 경마사상 최강의 서러브레드'라고도 불린다. '달리는 게 아니라
날다'라고 표현할 만큼 발군의 가속력으로 역대 최다 타이인 G1 통산
7승, 잔디 장거리 부문 세계 랭킹 1위 등 수많은 금자탑을 세웠다. 최
후방의 그룹에서 출발해 폭발적인 추격전으로 다른 말을 차례차례 앞
지르는 레이스 스타일은 극적이었으며, 마치 한 마리만 다른 차원에
있는 듯한 착각을 불러일으켜 보는 사람들의 마음을 사로잡았다. 프랑

딥임팩트 회고전 '영웅의 제적(蹄跡)'
(2019년, 도쿄 경마장)

딥임팩트가 디자인된
캔맥주

스에서 열리는 개선문상 레이스에 딥임팩트가 출전했을 때 NHK에서 중계했는데 심야임에도 불구하고 관동에서 22.6%, 관서에서는 무려 28.5%의 순간 최고 시청률을 기록했다.

여기까지 소개한 말들은 시대를 대표하는 빠르고 강한 경주마였지만, 일본 경마계에는 이와 반대의 매력으로 대중에게 사랑받는 경주마도 있다. 전설의 명마 번외 편으로 하루우라라Haru Urara를 소개한다. 지방 경마 소속의 이 말은 연패連敗를 너무 많이 해서 유명해진 말이다. 생애 성적 113전 0승. 마지막까지 한 번도 이기지 못한 채 은퇴했지만, 나름 열심히 달리는 모습이 '패배자의 별'로 언론에 소개되면서 하루우라라 열풍이 불었고, 중앙 소속의 경주마 이상으로 인기가 높았다. 하루우라라의 마권은 맞지 않아 교통안전의 부적이나 아이템으로

하루우라라(Haru Urara)
'하루'는 일본어로 봄, '우라라'는 화창하고
명랑하다는 뜻이다.

헬로키티와 콜라보한 굿즈
안쪽에 Never Give Up이라는 글자가 보인다.

주목받았고, 헬로키티와 콜라보한 상품은 불티나게 팔렸다. 하루 우라라를 소재로 한 영화도 2편이나 제작되는 등 화제를 불러일으켜서 존속 위기에 있던 한 지방 경마장의 경영에 크게 기여하기도 했다.

경주마와 함께 살아가는 사람들

말할 것도 없이 경마의 주역은 경주마이지만 그 주위에는 생산자, 말의 주인, 기수, 조련사, 신변 뒷바라지를 하는 사무원 등 경주마를 떠받치는 많은 사람들이 있다. 그중 경주에 직접적인 영향을 미치는 것은 뭐니 뭐니 해도 기수이다. 인기 기수는 많지만 명기수라 불리는 기수는 한정된다. 지면 관계상 한 명만 언급한다면 다케 유타카武豊 기수를 소개하고 싶다. 다케 유타카는 승부처에서 재빠른 판단, 말에 부담을 주지 않는 폼을 비롯하여 말을 다루는 솜씨가 다른 기수와 확연히 다르다. 우수한 성적으로 데뷔 1년째부터 천재 기수라는 타이틀을 마음껏 누렸다. 2018년에는 전인미답의 통산 4,000승을 달성해 쇼와·헤이세이·레이와라는 세 시대의 스타 기수로 군림하고 있다. 앞에서 소개한 전설의 명마 오구리캡, 딥임팩트와도 호흡을 맞춰 최고의 레이스를 펼치기도 했다. 그 실적에 더해 몸집이 작은 기수 중에서는 장신의 외모170㎝, 재치 있는 말솜씨 등 실력 외의 매력도 더해 경마에 전혀 관심이 없는 여성에게도 인기가 높다. 가히 2차 경마 붐을 이끈 주인공이라 할 수 있다. 50세가 넘은 지금도 최일선에서 활약 중이며, 현역으로 이미 레전드의 경지에 오른 기수이다.

또한 기수가 되려면 현재는 전문 양성기관에서 훈련을 거쳐 면허를 취득해야 하지만, 전문 양성기관이 있기 전에는 도제제도apprentice

다케 유타카 기수

system였다. 그 흔적이 남아서인지 2세 기수 혹은 한 가족에서 여럿이 경마계에 종사하는 경우도 드물지 않다. 다케 유타카 기수의 경우도 아버지와 동생이 전前 기수이자 조련사이다. 업계 중에는 아버지·아들·손자 3대 기수 집안도 있을 정도이다. 또 일족이 아니더라도 문하생에게는 일종의 분점分店을 차려 주는 형태로 축사의 설립을 후원하는 사례도 많다. 그러한 면에서는 가업 계승이라고 하는 일본 문화의 특징도 엿볼 수 있어서 흥미롭다.

다양한 팬층과 즐기는 법

글 첫머리에서 마권을 사지 않는 경마팬들도 있으며 필자도 그중 한 사람이라고 밝혔다. 나의 경우 레이스를 스포츠로 관전하고 즐기는 편이다. 어떤 사람은 경주마의 연고지에 여행하는 것을 좋아하기도 하고, 또 어떤 사람은 경마장 내 먹거리B급 맛집 비교를 즐긴다. 경주마 인형 수집이 취미이거나, 경마 만화를 좋아한다는 사람도 있다. '경마팬'이라 하더라도 경마를 즐기는 방법은 제각각이다. 특히 최근에는 '우마무스메 프리티더비ウマ娘プリティーダービー'라는 게임 콘텐츠가 크게 히트한 바 있다. 경주마를 의인화하여 레이스에서 겨루게 하는 게임인데 2021년 3월 기준 전 세계 모바일 게임 매출 3위를 기록하며 새로운 경마팬층이 형성되는 중이다. 또 몇 년 전부터 JRA에서는 여성

경마팬 확대를 위해 '우마조Umajo, 馬女' 프로젝트를 전개 중이다. JRA의 여성 직원이 아이디어를 낸 이 기획은 말을 사랑하는 여성을 '우마조'라 부르며 여성들이 경마장을 편하게 즐길 수 있도록 여성 전용 휴게 공간을 마련해 경주마를 모티프로 한 귀여운 디저트를 맛볼 수 있게 하거나 경마에 대해 기초부터 친절하게 알려주는 안내원을 배치하는 등 여러 서비스를 제공하고 있다. 경마와 관련된 콘텐츠와 서비스가 다양해진 만큼 앞으로 경마를 가깝게 느끼는 사람은 더 많아질 것이고 즐기는 방법도 보다 다양해질 것이다.

끝으로

일본에서 경마는 도박이자 스포츠이며, 사람과 경주마가 함께 만드는 드라마라고 할 수 있다. 일본인들은 스토리를 좋아한다. 경주마의 탄생부터 데뷔 그리고 은퇴까지 여러 사람이 관여하고 많은 사람의 사연이 얽혀 있다. 압도적인 기록을 세운 명마 혹은 단 1승도 거두지 못한 말에게도 스토리가 담겨 있기 마련이다. 진검승부, 부단한 노력, 불굴의 투지, 소원 성취 등 스포츠 경기에 공통되는 요소와 더불어 경마에는 계승되어 온 혈통, 지켜야 할 전통, 기수와의 유대 등 일본 문화 속에서 소중히 여기는 요소들이 더해져 스토리가 중층적으로 전개된다. 이것이 바로 일본 경마를 도박의 차원을 넘어 많은 사람에게 사랑받는 독특한 문화로 이끄는 힘이 아닐까 싶다. 많은 사람들의 꿈과 로망을 태우고 아름답게 질주하는 경주마. 앞으로 어떤 드라마가 탄생할지 그 이야기들이 기대된다.

애니메이션에 그려진
일본 문화

불멸의 칼날
미야자키 하야오의 비밀 키워드: #자연 #일상 #환상
미야자키 하야오의 '일본의 풍경'과 '귀환병'

불멸의 칼날

김은희(제주국제대학교 교수)

일본의 상징, 칼

일본을 상징하는 것 중 하나가 칼이다. 일본도日本刀는 일본을 떠올리게 하는 하나의 오브제이다. 일본 시대극이나 사무라이 영화를 보면 허리춤에 일본도를 차고 거리를 활보하는 무사가 등장한다. 장식품으로 진열된 일본도의 모습도 어딘가에서 본 듯한 장면이다. 일본 사회를 객관적으로 고찰한 고전으로 루스 베네딕트의《국화와 칼》1946년이 있다. 이 책에서는 일본인의 양면적인 정신문화 프레임을 국화와 칼로 표현했다. 칼은 자기 행위를 책임질 줄 아는 이상적인 일본인을 상징하고 있다.

그뿐만 아니라 일본도는 일본 문화콘텐츠의 하나로 소비되고 있다. 칼과 검객을 소재로 하는 애니메이션은 한 장르를 이루고 있다. 그중 〈귀멸의 칼날鬼滅の刃 : 무한열차편〉은 2020년 코로나19 대유행 속에서도 세계를 휩쓸었다. 귀신이 된 여동생을 인간으로 되돌릴 방법을 찾기 위해 귀신들과 맞서 싸우는 검극 기담이다. 귀신을 무찌를 수 있는 무기로 설정된 것이 일륜도日輪刀라는 일본도이다. 원작 만화에는 칼 대장장이 마을을 무대로 한 '도공의 고장편刀鍛冶の里編'이 있다. 주인공이 부서진 칼을 고치기 위해 찾아간 칼 대장간 마을에서 새로운

〈귀멸의 칼날: 무한열차편〉 포스터

출처: https://kimetsu.com

적들에게 도전하는 내용이다.

칼을 만드는 도공刀工은 시대에 따라 흥망이 갈렸다. 전쟁이 있으면 수요가 많아지고 전쟁이 끝나면 일자리를 잃었다. 헤이안시대 말기에 무사의 대두로 명검과 명도공이 역사에 이름을 많이 남겼지만 전국시대의 종말로 도공들은 자취를 감췄다. 에도시대 전기에 오사카와 교토에서 서민중심의 문화가 발달했는데 이를 겐로쿠元禄 문화라고 한다. 겐로쿠 문화가 화려해질 무렵 많은 도공들은 도검刀劍 대장간에서 식칼 대장간으로 활동 무대를 옮겼다.

현존하는 일본 식칼 중 가장 오래된 것은 쇼소인正倉院, 나라시 도다이지(東大寺)에 있는 유물 보관소에 보존되어 있다. 이 식칼은 일본도처럼 날이 곧고 길다. 일본도의 섬세하고 예리한 기술이 생선을 깔끔하게 바르고 쉽게 자를 수 있도록 식칼에 계승되었다. 그야말로 일본도 같은 식칼의 탄생이다. 일본 칼은 예리하면서도 자른 면의 아름다움을 드러나고 입에 닿는 부분은 부드러움을 추구한다. 일본도의 제작 비법으로 발달한 식칼의 탄생은 청출어람이라고 할 수 있다.

일본 칼은 유네스코 무형문화유산 '와쇼쿠'를 지탱하는 주요 도구임에도 불구하고 일본도의 명성에 가려져 있다. 식재료를 자르는 도구에 머무르지 않고 요리인에게는 혼魂으로, 가정에서는 소중한 구성원으로 여겨지는 식칼을 소개하고자 한다.

칼의 고장

일본도 제작 비법이 전해지는 일본도 5대 도공 유파를 오개전五箇傳이라고 한다. 전傳은 비법, 전법을 말한다. 각 유파에 따라 특유의 전법이 있다. 그중 하나인 미노전美濃傳의 비법을 잇는 기후현 세키시関市는 일본 최대의 식칼 생산지이다. 영국의 셰필드, 독일의 졸링겐과 더불어 세계 3대 칼 생산지로 꼽힌다. 800년 역사를 갖는 세키시는 칼을 만드는 데 없어서는 안 되는 흙과 물과 송탄松炭이 풍부한 곳이다. 일본도의 전통 속에서 연마되어 온 도공의 비전이 축적되어 수준 높은 식칼을 생산하고 있다. 순도 95% 이상의 강철을 재료로 쓴다.

오사카부 사카이시堺市는 아득한 고대 5세기 일본 최대의 인덕천황릉仁德天皇陵 고분을 축조하기 위해 괭이나 호미 등 철제 도구를 만들면서 불미 기술이 발달했다. 여기에 15세기 이시카와현 대장장이 집단이 이주하면서 대장간 마을이 형성되었다. 사카이시 칼은 완강하게 외날을 고집한다. 외날은 칼날의 한쪽 면으로만 자르는 칼이다. 전문요리사용 칼은 일본 국내 시장의 대부분을 점유하고 있다. 외날은 절삭감이 좋고 채소를 벗기거나 다지는 작업을 빠르게 할 수 있다. 생선을 조리하는 경우에는 뼈에 가장 가까운 부분부터 잘라 낼 수 있다. 사카이칼은 기본적으로 구리를 사용한다.

니가타현 산조시 三条市 에서는 중세부터 주로 농업에 필요한 도구로 낫과 괭이 등을 제조했다. 농민 구제를 위해 농한기에 남는 시간을 이용하여 일본식 못을 만드는 부업을 시작한 것이 계기가 되어 칼, 가위 등 여러 종류의 날붙이를 제조하게 되었다. 산조시에서는 날붙이를 만들기 위한 도구를 대장장이에게 의뢰해서 제조할 수 있기 때문에 제품부터 그 도구와 용구에 이르기까지 일관되게 만드는 기술이 지금까지도 이어져 내려오고 있다. 이를 에치고 산조날붙이 越後三条打刃物 라고 한다.

에치고 산조날붙이 칼의 특징은 단조 鍛造 기술이다. 단조는 금속을 두들겨서 모양을 만드는 과정이다. 이 불미 기술을 습득하는 데는 오랜 시간이 걸린다. 뜨거운 금속을 두드려서 모양을 만들고 굳히는 과정을 반복한다. 마이크로 단위로 두들겨 조정하기 때문에 장인의 솜씨 하나로 완성도가 크게 달라진다.

칼의 이름

식칼은 일본어로 호초 包丁 라고 하는데 원래는 사람을 이르는 말이었다. 부엌을 뜻하는 한자 포 庖 의 상용한자 포 包 에 하인 남성을 뜻하는 정 丁 으로 이루어진 단어이다. 포정 包丁 은 부엌에서 일하는 남성 하인, 즉 요리사를 가리키는 말이었다. 결국 칼의 어원은 '요리사=칼'이다. 요리에서 칼의 역할이 얼마나 큰지를 말해 주고 있다.

식칼에는 삼덕칼 三德包丁 , 문화칼 文化包丁 , 버드나무칼 柳刃包丁 , 뼈

드렁니칼出刃包丁이라는 재미있는 이름이 있다.

가정에서 사용하는 칼은 대부분 문화칼文化包丁 또는 삼덕칼三德包丁이라고 부르는 것이다. 서양식 우도牛刀와 일본식 채소칼의 장점을 겸비하는 일본 부엌에 맞는 서양칼이다. 거기에 문화칼이라는 이름을 붙였다. 일본어에서 '문화'는 문명개화, 하이칼라, 편리, 모던, 신식 등의 뜻이 있다. 문화주택, 문화냄비 등 전통적인 일본 양식에서 벗어나 개발된 물건에 붙여 새 이름을 만들어 낸다.

문화칼은 한 자루로 야채, 고기, 생선 썰기에 적합하다. 이 세 가지 기능을, 덕을 갖춘 것으로 보아 삼덕三德이라는 별칭을 붙였다. 다목적 가정용 칼로 인기를 얻어 이름이 정착되었다. 지역에 따라 이요형伊予型 삼덕칼, 하카타博多 삼덕칼 등 소재와 모양에 따라 독자적으로 발달한 다양한 삼덕칼이 존재한다.

사카이시가 발상지인 뻐드렁니칼은 일본 식칼의 대표이다. 이 칼을 발명한 대장장이가 뻐드렁니였기 때문에 뻐드렁니 이빨의 칼出っ歯の包丁로 불리다가 뻐드렁니칼出歯包丁로 바뀌었고 '이빨 치齒'를 독음이 같은 한자 '칼날 인刃'으로 바꿔 쓰기 시작했다. 외날로 날이 두껍고 무게가 있는 것이 특징이다. 생선뿐만 아니라 뼈 등 단단한 식재에 유용하다.

버드나무칼은 버드나무 잎 모양을 한 데서 붙여진 이름이다. '잎 엽葉'과 '칼날 인刃'은 독음이 같다. 창포 잎과도 비슷하여 창포菖蒲와 음이 같은 한자를 써서 '쇼부正夫'라고도 한다. 생선을 바르는 데 특화된 간사이 지방의 회칼이다. 주로 초밥 장인, 일식 요리사가 사용한다. 칸토 지방의 회칼은 문어회칼蛸引き包丁이라고 한다. 칼끝이 네모 모양으로 독특한 형태의 칼이다.

세키시산 삼덕칼

출처: http://sumikama.co.jp

사카이시산 버드나무칼

출처: 사카이 이치몬지 홈페이지 https://www.ichimonji.co.jp

또 용도에 따라 소재에 따라 사용하는 사람에 따라 칼 이름이 붙여진다. 채소칼菜切り, 떡칼餅切り, 연어칼鮭切り, 장어칼鰻裂き包丁, 소바칼そば切り, 면칼麵切り 등이 있다.

칼의 무덤

칼은 일생에 한 자루면 된다. 갈아 쓸 수 있기 때문이다. 그러나 수명을 다한 칼은 불연 쓰레기가 된다. 신문지에 말아서 버리는 것이 일반적이지만 칼공양包丁供養이나 칼무덤包丁塚에 봉납하는 방식으로 버릴 수도 있다. 일본 민간신앙에서 공양은 죽은 사람의 영혼을 달래는 제사이다. 사람뿐만 아니라 물건도 공양한다. 바늘공양, 안경공양, 인형공양 등이 그 예이다. 물건 공양은 오랫동안 사용해 온 것에 혼이 깃들어 있다고 하는 일본 고대 전설 쓰쿠모가미付喪神에서 유래된다. 쓰쿠모가미는 오래된 물건에 정령이 깃들어 요괴로 변하는 것의 총칭이다. 오래된 물건은 영적 능력을 가지게 된다는 의미를 포함한다.

각 지역의 절이나 신사에서는 날을 정해 칼 의식包丁式과 칼 공양제包丁供養祭를 거행한다. 칼에 대한 공양뿐만 아니라 칼로 조리된 고귀한 생명의 영혼까지 공양한다.

히로시마현 미야지마宮島에 있는 다이세이인大聖院이라는 절에 칼무덤이 있다. 비석에는 '인류와 칼, 칼을 소중히 여기는 마음을 소중히 하자'라고 쓰여 있다. 해마다 3월에 칼 공양제가 열린다. 요리사에게 칼은 생명이며 가정에서는 식생활의 소중한 물건이다. 오랫동안 쓴 칼을 거두어 조리된 생선, 채소 등 여러 목숨들의 영혼을 위로하고 조리 기술의 향상과 요리 업계의 번영을 기원하는 행사이다.

후쿠시마현 히가시야마 온천東山温泉에 있는 칼무덤 묘비에도 요리사의 혼이 깃든 칼을 거두어 잠재우고 요리의 정진과 그 융성을 기원하니 쓰던 칼을 꼭 봉납해 달라는 글이 새겨져 있다.

수명을 다한 칼은 태어난 고향으로 돌아가기도 한다. 칼을 생산하는 회사에서도 자사의 낡은 칼을 거둬들이기 때문이다. 칼의 산지인 기후

미야지마 다이세이인의 칼무덤

도쿄 우에노공원에 있는 칼무덤

현 세키시는 11월 8일을 '날붙이의 날刃物の日'로 정하고 날붙이 공양제를 개최한다. 사카이시도 사카이날붙이 뮤지엄堺刃物ミュージアム에 칼 무덤을 두고 있다.

일본에서 칼은 무사도 정신과 연결되어 있어 물건이 아닌 정신을 의미한다. 식칼 한 자루에도 일본의 와쇼쿠 문화와 물건에 대한 일본인의 마음이 깃들어 있다. 칼 공양, 칼무덤과 같이 칼을 소중히 다루는 것은 도구에 감사하고 생명을 소중히 여기고 안전을 기원하는 인류의 영원한 마음이다.

미야자키 하야오의 비밀 키워드:
#자연 #일상 #환상

김나정(소설가)

모두의 일상, 공감의 바탕

토토로는 팽이를 돌리다 날아오르고, 고양이버스는 겅중겅중 뛰다 훌쩍 밤하늘로 가로지른다. 애니메이션은 백지 위에 환상을 피워 올린다. 하지만 하늘을 날 때도 활주로나 도약판이 필요하듯, 일상에 뿌리를 박은 나무의 우듬지에서 환상은 날개를 펼친다.

애니메이션이라면 어쩐지 기기묘묘하고 신기한 것들이 등장해야 할 듯싶다. 괴성과 레이저 광선으로 시선을 잡아끌고 거대 로봇, 우주 괴물들이 활보해야만 볼거리가 넉넉하다고 여겨진다. 하지만 미야자키 하야오의 작품은 일상을 텃밭으로 삼는다. 칫솔질하고 목욕하고 옥수수를 따고 우산을 쓰고 버스를 기다리는 하루하루가 그려진다. 일상을 그리려면 일상 속으로 들어가 일상을 바라봐야 한다.

"자네, 그 옷차림이 도대체…"

나리타공항에 등장한 미야자키를 보고 동료들이 웅성거렸다. 사람들은 스위스 전통의상인 멜빵 반바지에 산악용 지팡이를 든 남자를 힐끔거렸다. TV 시리즈 〈알프스 소녀 하이디〉를 만들 때 미야자키는 스위스를 꼭 방문해야겠다고 고집을 부렸다. 스위스 하면 떠오르는 이미지들을 어영부영 끌어다 맞추고 싶지 않다. 시계와 젖소, 꽃밭과 호수는 관광책자에나 걸맞다. 그는 무엇을 만들든 자신이 직접 보고 온 풍경을 기초로 삼아야 한다는 원칙을 세웠다. 스위스에 가니 옷차림도 그곳에 맞춰야 한다. 에델바이스가 수놓인 셔츠에 멜빵바지 차림으로 미야자키는 스위스 곳곳을 누볐다. 스케치북을 겨드랑이에 끼고 다니며 스위스의 풍경과 사람들의 삶을 틈틈이 담아냈다.

알프스의 아이들이 어떻게 생활하며, 어떤 때 기뻐하고 놀라워하는가. 그런 노력으로 〈알프스 소녀 하이디〉에는 웅대한 알프스의 사계절과 생활상이 실감나게 펼쳐진다. 염소 젖을 짜고, 쇠꼬챙이에 꽂은 치즈를 숯불에 굽는다. 별이 뜨는 밤이면, 하이디는 사다리를 타고 방으로 올라가 둥근 창밖으로 내다보이는 산을 보고는 말린 풀을 채운 푹신 침대에서 잠든다. 알프스 소녀의 하루가 생생하게 그려진다.

미야자키의 애니메이션은 어린이의 일상을 작품에 담는 데서 출발한다. 어린이들은 만화에서 자신들의 하루하루를 발견해 냈다. "나도 저럴 땐 힘들었어." 고향에 갔을 때 할아버지가 준 옥수수는 톡톡 터지고 맛났다. 힘든 하루를 마치고 침대에 폭 안겼을 때는 누구나 기꺼워한다. 일상은 공감의 바탕이 된다.

환상의 우듬지

일상은 시간의 누적이며 그 속엔 층층이 사람들의 삶이 묻혀 있다. 일상을 들여다보면 사람들의 숨은 마음이 읽힌다. 극장판 애니메이션 〈판다와 아기판다〉는 일본에서 일어난 판다 붐을 반영한 작품이다. 중일 외교 정상화의 결과물로 우에노 동물원에 자이언트 판다가 들어왔고, 관람객 700만 명이 몰려들었다. 열도를 뒤흔든 판다에 대한 사랑을 애니메이션에 담아내자. 작업에 앞서 미야자키 하야오는 생각에 잠겼다. 사람들은 왜 그다지도 판다에 열광하는 걸까? 당시 일본인들은 경제발전으로 월화수목금금금 바빴다. 주머니는 두둑해졌지만 점점 지쳐갔다.

"판다처럼 뒹굴뒹굴 살고 싶다."

판다는 하루 3분의 2는 잠자고, 나머지 시간은 대나무를 먹으며 지낸다. 일본 사람들은 느긋하고 여유로운 판다를 보며 대리만족을 얻는 건 아닐까. 아이들도 밭게 살아가긴 매한가지였다. 세상의 톱니바퀴가 빨리 돌아가고 경쟁이 치열해졌다. 아이들은 무거운 란도셀을 메고 잰걸음으로 학교와 학원을 오가야만 한다. 미야자키는 〈판다와 아기 판다〉에 이런 사람들의 심리를 반영했다. 대숲에 사는 미미코의 집에 동물원에서 탈출한 판다 부자가 숨어든다.

"이 집이 좋은걸. 특히 대나무 숲이 너무 좋아"

아빠 판다는 흡족해하며 미미코의 집에 눌러앉는다. 어른들이 나가고 혼자였던 미미코는 판다 부자에게 소꿉놀이를 하잔다. 심심한 아이에게 판다는 놀이동무이다.

"나는 엄마, 아빠 판다는 아빠, 그리고 넌 아기가 되는 거야."

미미코는 아버지는 이래야 한다며 아빠 판다의 큰 머리에 중절모를 씌우고, 파이프를 물리고, 방에서 신문을 읽게 한다. 아이들의 눈에 비친 아빠들의 모습은 그러했다.

"서두르지 않으면 회사에 늦어요!"

미미코가 다그치자 아빠 판다는 고개를 갸웃거린다.

"회사?"

세상의 아빠들은 당연히 회사에 가야 한다. 하지만 이 세상 어떤 판다도 회사에 다니지 않는다. 반드시 그래야만 하는 법은 없다. 미미코는 너스레를 떨며 맞장구를 친다.

"아, 참 오늘은 회사가 쉬는 날이지."

아빠 판다가 육중한 엉덩이를 들이밀자 의자가 망가진다. 가구를 망가뜨렸으니 큰일이다. 실수를 하고 혼날까 봐 조마조마해하는 아이의 마음이 드러난다. 하지만 아빠 판다는 의뭉스럽게 말한다.

"음… 이 의자는 누군가 앉아 있는 걸 싫어하나 봐."

미미코는 바닥을 뒹굴며 깔깔 웃는다. 팽팽했던 긴장감이 순식간에 사라진다.

작품 말미에서 아기 판다가 강으로 떠내려갔다. 바로 앞이 폭포이다. 어른들은 수문을 잠가 판다를 구하려고 한다. 하지만 녹이 슨 조종관은 움직이지 않는다. 강에 뛰어든 미미코는 안간힘을 다해 아기 판다가 떠내려가는 것을 막으려 하지만 힘이 달린다. 사람들이 발을 구르는데, 아빠 판다가 나타나 괴력으로 수문을 잠근다. 구조를 하려던 어른들은 발을 헛디뎌 밑으로 떨어진다. 다음 순간, 사람들은 즐거워하며 차례로 강에 뛰어든다. 수문으로 물줄기가 막힌 강은 수영장이 된다. 마지막으로 아빠 판다가 뛰어들자 거대한 물기둥이 솟아오른다. 위기 상황은 사라지고 즐거운 놀이가 시작된다. 결말 부분에서 마침내 판다 부자의 탈출 사실이 들통 난다. 하지만 어찌된 영문인지 아빠 판다는 매일 아침 미미코 집에 출근하고 집에 돌아갈 때는 동물원의 타임카드를 누르고 만원전철을 탄다는 허를 찌르는 내용이 이어진다. 일상 속에 나타난 환상이 다시 일상과 이어지는 것이다. 일상과 환상은 한 묶음이 되고, 밋밋한 일상은 마법의 순간을 품게 된다.

일상 속 마법의 순간

세 끼 밥을 먹고, 같은 잠자리에 들고, 라디오를 듣거나 버스를 타고 일터를 오가는 일은 습관적으로 행한다. 하여 그 소중함을 좀처럼 알기 어렵다. 일상은 넌더리나고 지루한 것이 되기 십상이다. 하지만 막상 일상이 파괴되면 사람다운 삶을 누리기 어려워진다.

《바람계곡의 나우시카》는 1,000년 후 황폐해진 지구를 배경으로 삼는다. 썩은 바다와 '부해腐海'라는 유독가스를 내뿜는 숲은 인간의 생존을 위협한다. 바람계곡 사람들은 바닷바람에 기대 유독가스를 피해 공동체를 이루며 살아간다. 프로듀서는 "낯선 세계라지만 일상적인 부분이 빠져 있어 실감이 나지 않는다."라는 의견을 전했다. 미야자키는 동감하고 바람계곡 사람들의 일상을 상상했다. 곰팡이가 날린 포자는 눈송이처럼 날리고, 사람들은 마스크 없이 5분도 버티지 못한다. 이 가혹한 환경 속에서 바람계곡 사람들은 풍차를 세우고 바람의 힘으로 살아간다. 작품 속에는 간간히 풍차가 삐걱거리며 돌아가는 소리가 들린다. 문명이 파괴된 세계의 모습은 유럽의 중세 사회와 닮아 있다. 동물을 탈것으로 삼고 망태기를 둘러메고 다니며 포도를 기르며 살아간다. 하지만 갓 태어난 아이에게 이름을 붙여 주고 아이들은 신기한 물건을 보고 즐거워한다. 밤에는 침실에서 따뜻한 죽을 끓이며 이야기를 나눈다. 열악한 환경에서도 사람들은 일상을 이어가며 살아간다. 그러나 전쟁이 일어나고 일상은 참혹하게 파괴된다. 소박한 하루하루는 부서지고 삶은 무너져 내린다. 가족은 헤어지고 삶의 터전은 폭격으로 망가진다. 미야자키 하야오의 작품은 일상을 곡진하게 담아내고 그것이 파괴되는 모습을 그려냄으로써, 일상의 소중함과 전쟁의 참혹함이 대비되는 효과를 극대화시킨다.

자연을 '보게 하다'

자연은 우리 곁에 있다. 그러나 우리는 그걸 보지 못한다. 여행을 간 데도 스쳐지나가거나 잠시 감탄하고 도시로 서둘러 돌아올 뿐이다. 곁에 있어도 보지는 못하는 자연. 산과 들은 거기 있지만 '있다'고 해서 보이는 건 아니다. 누군가 "나무가 있잖아"라고 말해야 나무의 모습이 새삼스레 눈에 들어온다. 보아야 아는 게 아니라 알아야 보인다.

자연은 삶의 터전이지만 공기나 하늘처럼 자연스러워 되레 존재감이 희박하다. 구경거리나 개발 대상이 되어야만 주목받는다. 자연을 자연대로 보기는 어렵다. 우리가 자연의 일부임을 잊는다. 자연自然을 보게 하자. 미야자키는 자연의 진면목을 눈앞에 펼쳐 자연스레 우리를 자연 속으로 밀어 넣는다. 곁에 있었지만 보이지 않았던 세계가 열린다.

〈이웃집 토토로〉는 5월의 아름다운 푸른 하늘, 그 아래 보리밭 사이로 달려가는 삼륜차에서 시작한다. 화물칸 이삿짐 사이에 앉은 자매는 캐러멜을 나눠 먹는다. 맞은편에서 오는 우편배달부가 파출소 순경인 줄 알고 재빨리 숨는다. 트럭 뒤 칸에 올라 탄 걸 알면 잔소리를 듣기 때문이다. 우편배달부란 걸 알고 안심한 자매는 자전거 쪽으로 손을 흔든다. 삼륜차의 움직임에 따라 풍경이 펼쳐진다. 물이 넘치는 논에서 벼가 고개를 숙이고 농부들이 일을 한다. 작은 냇가의 돌 위로 시냇물이 조용히 흘러가며 빛난다. 이사를 도우려고 찾아온 이웃 할머니와 툇마루에서 인사를 하는 대목에 이르기까지 작품은 대사 없이 흘러간다. 관객은 이런 움직임을 따라 1950년대 일본의 시골 풍경 속으로 빨려 들어간다.

아이의 눈으로 자연을 본다. 자연은 어린이에게 생활공간이며 동시에 놀이터이다. 풍경은 뛰노는 아이로 살아 움직인다. 미야자키는 이 작품을 위해 어린이의 움직임을 철저히 관찰했다. 어린이는 어떻게 뛰는가. 어린아이와 어른의 보폭은 어떻게 다른가. 어른은 한걸음에 툇마루에 오르지만 다리가 짧은 아이는 한쪽 다리를 올리고 엉덩이를 들어 올리고 다른 쪽 다리를 툇마루 위에 올린다.

카메라는 아이의 시선에 비친 자연을 따라간다. 어른들에게 먼지는 쓸고 닦아내야만 하는 더러운 것이다. 하지만 아이들은 먼지덩이와도 논다. 바닥이 뚫린 양동이는 쓸모가 없다. 하지만 아이에겐 멋진 장난감이다. 모래밭에서, 나뭇잎에서, 작은 돌멩이에서 즐거움을 찾아낸다. 작품 속에서 아이가 민들레 홀씨를 날린다. 아이가 숨을 들이쉬고 내쉬는 것만으로, 민들레 홀씨는 하늘로 낱낱이 날아간다. 홀씨의 비행에 따라 세상은 경이로운 풍경으로 가득 찬다.

"지금은 주택 단지가 되어 버렸어도 원래 이곳은 숲이었다고 말하는 교육보다는 아이들이 숲과 노는 것이 더 좋은 것 아닌가." 미야자키는 자연을 보호해야 한다는 당위적인 주장만 내세우지 말고, 자연이 얼마나 아름다운 놀이터인지를 보여 주는 게 먼저라고 했다.

태양 아래 꽃이 만발하고 나비가 날아다니는 풍경. 달팽이가 기어다니고 두꺼비가 펄떡거린다. 잘 익은 오이와 물방울로 반짝이는 야채들이 군침을 돌게 한다. 저 안으로 들어가 놀고 싶다는 마음이 드는 자연 풍경을 그려 보자. 자연으로 돌아가자고 목청을 높이기보다는 자연과 함께 하는 건 정신을 해방시키고 즐거운 일이라는 걸 보여 주자.

"자연이라는 현상을 그릴 경우에, 예를 들어 공기라는 것도 그렇고 식물도 빛도, 전부 정지 상태로 있지 않고 시시각각 변하면서 움직이는 상태로 존재합니다." 자연은 고정된 액자 속 풍경이 아니다. 아이들의 움직임에 따라 제 모습을 드러낸다. 이사 온 집을 둘러보는 아이들의 시선에서 마당의 꽃과 풀들은 움직인다. 메이의 발걸음을 따라 마당이 펼쳐지고 토토로의 숲이 나타난다. 낯선 집에 대한 두려움은 호기심으로, 새로운 만남을 통한 즐거움으로 변해간다. 자연이 변하듯 자연을 바라보는 사람의 감수성도 시시각각 변한다.

〈이웃집 토토로〉에 등장하는 하루는 다른 빛깔들로 채워진다. 오후부터 일몰까지 시간 변화는 색이 표현해 낸다. 산뜻한 초록에 살짝 황토 빛이 더해진다. 보라색이 섞여 들어가고, 구름에 붉은 기가 더해지면 어둠이 찾아든다. 저물녘이다. 흙은 검거나 황토 빛이 아니라 그 지역의 토양이 그러하듯 붉은 기를 띤다. 여느 작품에서 실개천은 무작정 파랑색이었다. 하지만 이 작품에 등장하는 실개천은 그늘이 드리워진 부분은 바닥이 보이고, 햇살이 닿는 부분은 반사된 빛으로 바닥이 보이지 않는다. 실개천이 빛의 양이나 방향에 따라 모습을 달리하는 것이다. 나무 사이로 들어오는 햇살은 방향에 따라 변한다. 무성한 숲과 잡초를 송두리째 검게 표현하지 않고 녹색과 갈색을 사용해 따뜻하게 담아낸다. 검정색이 아닌 갈색 윤곽선으로 그려진 인물들은 초록 풍경에 자연스럽게 섞여든다.

〈이웃집 토토로〉의 주요 배경은 숲이다. 나무들이 겹겹이 모인 숲은 층층이 입체감을 지닌다. 2차원 평면에 어떻게 숲의 깊이를 담아낼까. 미야자키는 나무 세 그루로 해냈다. 잡목 숲에 들어가면 나무가 세 그루 서 있다. 앞쪽으로는 가지 끝이 보인다. 안쪽에는 나무가 서 있다.

그 사이를 비워 두면 공기가 차 있는 듯한 느낌이 전해진다. 전체가 아닌 일부를 담아내고 여백을 그림으로써 숲은 숲다워진다. 미야자키는 애니메이션의 스토리뿐 아니라 배경이 되는 풍경과 소리에도 세심하게 공을 들였다. 바람 소리, 귀뚜라미 소리가 들린다. 토토로가 부는 오카리나 소리, 빗방울이 우산을 두드리는 소리는 관객을 자연 가운데로 데려간다.

〈이웃집 토토로〉의 광고 문구는 원래 '이 이상한 생물체는 이제 일본에는 없습니다. 아마도' 였다고 한다. 마지막에 미야자키는 '이 이상한 생물체는 아직 일본에 있습니다. 아마도' 로 문구를 바꿨다. 그는 이 작품 속에 숲을 살려냄으로써, 숲을 토토로가 살지도 모르는 마법의 공간으로 만들었다. 기차 밖으로 스쳐지나가는 숲, 그림엽서에 곁들여졌던 숲은 삶의 공간으로 살아난다. 사람들은 이제 숲을 보면 상상할 것이다. 저 숲은 그냥 숲이 아니야. 저 숲엔 토토로가 살지도 몰라.

원原 풍경으로서의 자연

〈원령공주〉에서 숲과 자연은 배경이 아니라 주인공 역할을 해낸다. 무로마치시대의 숲을 재현하기 위해, 미야자키는 스태프 열다섯 명과 조엽수림이 남아 있는 최후의 장소인 야쿠시마로 향했다. 야쿠시마는 유네스코가 지정한 세계자연유산으로 지름 5m가 넘는 300년 된 마호가니 나무를 비롯하여 독특하고 오래된 나무들로 빼곡하다. 이끼에 덮인 나무들은 하늘을 가리고 지표면에 뚫린 구멍엔 물이 들어찼다. 그 물속엔 나무뿌리들이 얽혔고, 이끼 사이에는 작은 꽃들이 피어 있다. 음향 스태프는 깊은 산속의 공기를 녹음했다. 나무들이 내는 희미한

소리를 효과음으로 사용하니 풍요로운 고요가 완성된다.

"청정하게 완성된 풍경이 지금 우리들이 자연이라고 말하는, 일본에서 본 기억이 있는 듯한 풍경이라고 생각해요. 이것을 우리는 자연이라고 부르지만, 실제로 그 이전에 깊고 무서운 자연이 있었고, 그때의 기억은 마음 깊숙한 곳에 남아 있어요. 산속에는 사람들이 들어가본 적이 없는 청정한 땅이 있고, 우거진 숲과 맑은 물이 있죠. … 일본인의 정원이 심산유곡을 모토로 했다는 것은 이런 자연관을 반영합니다. 그러므로 숲을 깎고 산의 모습을 바꾸었음에도 불구하고 사람들 마음속엔 여전히 신이 있어요. 그곳에 가장 청정한 부분이 있다는 기억이 계속 남아 있는 거죠. 제게도 이런 기억이 알게 모르게 남아 있어요."

환상의 놀이터, 일상과 자연

백지 위에서 일상과 자연은 놀이터가 된다. 세심한 관찰이 일상을 달리 보게 만들 듯, 자연에 대한 섬세한 묘사는 자연을 새삼스럽게 만든다. 우리는 그의 작품을 보면서 일상과 자연을 비로소 발견하게 된다. 늘 곁에 있던 것들의 소중함, 아름다움에 비로소 눈뜬다. 일상 속에 환상이 움트고, 자연은 제 모습을 드러낸다. 아이의 눈으론 세상 모든 것은 신기할 따름이다. 경이로운 세상이 새로 열린다.

"아이들을 위한 나의 영화가, 무엇보다도 이 세계가 심오하고 다양하며 아름다운 곳이라는 생각을 심어 주었으면 한다. 나는 아이들에게 이 세상에 태어난 것이 행운이라고 말해 주고 싶다. 미야자키 하야오"

일상과 자연에 뿌리 내린 나무, 그 우듬지에서 미야자키 하야오의 작품은 날개를 펼친다. 우리는 그 세상으로 날아오른다.

미야자키 하야오의
'일본의 풍경'과 '귀환병'

안노 마사히데(상명대학교 한일문화콘텐츠전공 교수)

애니메이션 제작의 길에 들어서다

미야자키 하야오는 1941년 1월 5일 도쿄 스미다 구에서 태어났다. 어린 시절의 미야자키는 운동은 싫어했지만 만화를 무척 좋아했고 그림을 잘 그렸다. 그래서 만화가를 지망했는데 고교 3학년 때 일본 최초의 장편 컬러 애니메이션 영화 〈백사전白蛇伝〉야부시타 타이지 감독, 1958년에 감동했고 애니메이션 만들기에 관심을 가졌다.

미술계 대학 진학을 원했지만 아버지의 반대로 1959년 가쿠슈인대학学習院大学 정치경제학부에 입학했다. 대학에서는 만화에 쉽게 접근할 수 있는 학내 동아리 아동문학 연구회에 들어가 만화가에 뜻을 두었다. 그 시기에 아동문학의 재미를 깨달았던 것이 훗날 미야자키의 '어린이를 위한 영화를 만든다'는 정신을 길러 주었다.

1963년 대학을 졸업하고 당시 일본 최대의 애니메이션 제작회사였던 도에이 동화東映動画 주식회사현재 도에이 애니메이션 주식회사에 애니메이터Animater로 입사했다. 그곳에서 미야자키는 동영상을 담당하고 입사 1년 후에 본 소련의 애니메이션 영화 〈눈의 여왕雪の女王〉레프 아타마노프 감독, 1957년에 감동받고 평생 애니메이션 제작자로 살아갈 것을 결심한다. 회사 선배인 다카하타 이사오高畑勲, 1935~2018년가 첫 감독을 맡은 애니메이션 영화 〈태양의 왕자 홀스〉1968년에서 미야자키는 장면 설정 등을 담당했는데, 3년간 모든 정력을 쏟아 평론가와 애니메이터들에게 높은 평가를 받았다.

1971년 다카하타와 함께 도에이 동화 주식회사를 퇴사한 뒤 제작회사를 전전하며 수많은 작품 제작에 종사한다. TV 애니메이션으로는 다카하타가 감독, 미야자키가 화면 구성을 한 〈알프스의 소녀 하이디〉1974년가 높은 시청률을 얻었고, 한국에서도 알려진 미야자키 첫 본격 연출작 〈미래소년 코난〉1978년도 이 시기에 제작되었다. 미야자키와 다카하타의 협력 체제는 오랫동안 지속된다.

1979년 미야자키는 애니메이션 영화 첫 감독작 〈루팡 3세 칼리오스트로의 성〉을 제작했지만 흥행에 실패하고 한동안 영화감독으로 의뢰가 끊기는 불우한 시기를 보낸다. 그러나 자동차 추격 장면이나 수중영상 등 내용 면에서 높은 평가를 받고 나중에 반복해서 TV로 재방영하고 극장에서도 재상영하는 인기작이 된다.

1984년 자신의 만화를 원작으로 한 애니메이션 영화 〈바람계곡의 나우시카〉의 감독으로 참여하여 내용과 흥행 면에서 성공했다. 이 작품은 냉전하의 세계 정세와 일본의 고도 경제성장기1955~1973년 이후의 자연 파괴와 환경오염 문제가 배경이 되었다. 작품 내 시대 배경은 거대 산업문명이 붕괴한 1,000년 후 상황으로 지구상에 유해한 독을 뿜어내는 썩은 바다의 숲이 펼쳐지고 약해진 인간들은 생존이 위협받는 설정이다. 변방의 작은 나라 바람계곡의 공주 나우시카는 리더십을 발휘해 사람과 사람, 사람과 자연의 대립을 비폭력과 소통의 힘으로 헤쳐 나간다. 이 작품에는 자연과 인간의 공생, 분노와 증오의 극복, 소녀의 성장 이야기 등 후속 작품으로 이어지는 주제들을 엿볼 수 있다.

〈바람계곡의 나우시카〉의 한 장면
© 1984 Studio Ghibli · H

〈센과 치히로의 행방불명〉의 한 장면
© 2001 Studio Ghibli · NDDTM

이 작품의 성공으로 미야자키와 다카하타의 애니메이션 영화를 주로 제작하는 스튜디오 지브리가 1986년 설립된다. 미야자키에 붙여진 지브리는 사하라 사막의 열풍이라는 뜻으로 일본 애니메이션계에 선풍을 일으키겠다는 의도가 담겨 있다. 미야자키는 〈센과 치히로의 행방불명〉2001년 등에 이르는 여러 명작을 내놓음으로써 일본 애니메이션을 세계에서 인정받는 콘텐츠로 만들었다.

〈이웃집 토토로〉 작품 속 '일본의 풍경'

미야자키의 〈이웃집 토토로〉1988년는 다카하타의 〈반딧불이의 묘〉와 동시 공개되었다. 두 작품의 광고 카피는 '잃어버린 물건을 전하러 왔습니다'이다. 〈이웃집 토토로〉는 1950년대 TV가 아직 보급되지 않았을 무렵 교외 농촌으로 이사 온 아버지와 사츠키와 메이 자매의 이야기이다. 미야자키는 산에 있는 목장을 무대로 한 〈알프스의 소녀 하이디〉1974년를 제작할 때 그곳에 자라는 식물과 풀밭을 그리기 위해 현지 시찰을 갔는데, 오히려 일본 경치의 풍요로움을 다시 인식하고 일본을 무대로 한 영화를 만들고 싶어졌다고 한다. 미야자키가 말하는 일본의 풍경이란 식물의 종류가 엄청나게 많이 무리지어 있고, 잡초는 뽑고 뽑아도 다시 자라나며 좀벌레가 많고 어린 시절에 놀던 멋진 강가로 이루어져 있었다.

이런 풍경을 무대로 〈이웃집 토토로〉가 만들어졌다. 그곳에는 논 말고도 커다란 녹나무와 여러 식물이 무성하고 올챙이가 헤엄치는 맑은 개울과 발랄한 생명력 있는 소녀가 약동하는 모습이 선명한 색채로 그려진다. 한편 숲의 어두움도 음영이 풍부하게 그려진다. 그리고 서낭당이나 사당같이 토착신앙과 관련된 큰 녹나무 뿌리 밑 동굴에 사는 토토로 가족, 사람에게는 보이지 않고 하늘이나 물 위를 달리는 고양이버스, 아이에게만 보이는 마쿠로 쿠로스케^{숯 검댕이} 등 이상한 것들이 차례차례 나타난다. '세상은 인간만을 위한 것이 아니다'라고 하는 미야자키의 발상 속에서 어린 자매들은 마쿠로 쿠로스케, 토토로, 고양이버스를 만나 소통하고 교류하며 신기한 체험을 해 나간다.

미야자키는 자연과 신이 일체화된 원시종교^{애니미즘}적인 종교관을 이 작품에서도 보여 준다. 작품 속에서는 네 살짜리 여동생 메이가 두 번이나 미아가 되는데, 첫 번째는 녹나무 앞에서 발견했을 때 아버지와 자매는 커다란 녹나무 앞에 서서 "옛날, 아주 오랜 옛날, 나무와 인간은 사이가 좋았다. 메이가 신세를 졌습니다. 앞으로도 잘 부탁합니다"라며 나무에게 고맙다는 인사를 한다. 또한 초등학생인 언니 사츠키는 동생 메이와 하교 길에 비를 만나자 사당 앞으로 피해 지상^{地蔵}보살에게 기도한다. 그 효험인지 사츠키는 토토로의 힘을 빌려 두 번째로 미아가 된 메이를 6체의 지상 보살 앞에서 발견한다. 미야자키는 버블경제기인 1980년대 후반에 자연숭배적이며 토착적인 신앙이 생활 속에 숨쉬고, 마을에는 지역공동체에서 살아가는 사람과 사람의 유대가 남아 있으며, 아이들이 자연 속에서 뛰어다니는 TV 없는 세계를 그려 내면서 아이들 본연의 모습과 진정한 풍요로움을 추구한다.

〈이웃집 토토로〉와 〈반딧불이의 묘〉은 흥행 면에서는 부진했지만, 내용 면에서는 높이 평가되었다. 또 인형업체의 요청으로 토토로 인형이 상품화되며 인기를 끌었고, 토토로 캐릭터 상품 수익으로 애니메이션 제작비를 충당했다. 더 나아가 토토로는 지브리의 심벌이 된다. 미야자키는 토토로의 캐릭터를 붙임성이 없고 아무 생각이 없는 그런 큰 존재로 그려 내고 싶었다고 말한다. 이런 캐릭터는 후에 지역 캐릭터로 대박을 터뜨린 구마몽くまモン 등 유루케라ゆるキャラ 마스코트와 상통하는 요소를 갖고 있어 보인다.

그런데 〈이웃집 토토로〉의 무대가 된 사이타마현 도코로자와시는 미야자키가 1960년대 후반부터 살고 있는 지역이다. 일본에서는 성지순례처럼 유명한 애니메이션의 무대를 팬들이 직접 방문하며 즐기는 것이 유행해 왔는데, 이 도코로자와의 사야마狹山 '토토로의 숲'이라

〈이웃집 토토로〉의 장면들
© 1988 Studio Ghibli

고 이름 지어진 구릉 지대에도 오래도록 팬들의 방문이 이어진다. 그 잡목이 우거진 숲은 일본인의 생활과 자연 관계를 이어온 역사적 유산으로 재조명되어 지역 주민을 중심으로 자연보호 활동도 이루어지고 있다. 미야자키도 일요일에는 이 숲을 거닐며 쓰레기를 줍는다고 알려져 있다.

〈붉은 돼지〉의 '귀환병'

미야자키는 1941년생으로 태어나 4~5년간 어린 시절이 전쟁의 시기와 겹친다. 그 무렵 아버지는 도쿄에서 도치기현 가누마鹿沼시로 이사해 미야자키 항공기 제작소군수 공장를 설립한다. 미야자키가 3살 무렵 일가는 전화戰火를 피해 우쓰노미야宇都宮시로 피난한다. 그런데 1945년 7월 우쓰노미야에 대규모 공습이 시작되자 4살 6개월 된 미야자키는 가족과 자동차를 타고 도망친다. 어린 미야자키는 둑 위에서 우쓰노미야가 불타는 모습을 보았다. 그 공습을 피해 허둥대며 도망치는 상황에서 부유한 집 아이였던 이유로 자신은 자동차로 재빨리 피난할 수 있었던 점에 '떳떳하지 못함'을 느꼈다고 한다. 훗날 미야자키는 이런 체험에 대해 전쟁 중 군수공장을 운영하면서 부유했던 가족, 세계로부터 고립되어 전쟁이라는 잘못된 길을 걸었던 일본, 아시아에 잔학한 침략전쟁을 치렀던 일본인으로서 '떳떳하지 못함'을 기억한다고 말한 바 있다. 이런 마음을 잊지 않음으로 소중한 부분을 지킬 수 있으며, 그 마음이야말로 자신에게 '마지막 버팀목'이라는 것이다.

앞의 내용은 미야자키의 〈붉은 돼지〉1992년의 여자 주인공인 지나를 연기한 가토 도키코와의 대담에서 이야기한 내용의 일부분을 요

약·보완한 것이다. 거기서 '떳떳하지 못함'이라는 자신의 과오를 인정하는 미야자키의 양심을 엿볼 수 있다.

그런 미야자키의 '떳떳하지 못함'을 반영한 캐릭터가 〈붉은 돼지〉의 중년 주인공 포르코 로소이다. 작품에서 다루는 시대는 1차 세계대전 후인 1920년대로 이탈리아와 아드리아해 주변 등 유럽이 무대이다. 포르코는 이탈리아 공군 조종사로 전쟁에 참전했다가 눈앞에서 친구를 잃고 자신만 살아남은 것을 '떳떳하지 못하게' 여긴다. 그러다 전쟁 후 스스로 마법을 걸어 돼지 얼굴이 된다. 따라서 이 작품은 트라우마를 가진 귀환병사의 이야기이다.

작품 제작 준비를 시작한 것은 1991년이다. 이 시기 미국과 소련의 동서냉전이 종결되었지만 유고분쟁에서 나타난 민족주의의 부활, 걸프전의 발발로 유엔평화유지활동PKO에 일본 정부가 자위대를 해외 파견하도록 하는 법안을 국회에서 가결시키는 등 일본 국내외적으로 새로운 위기감이 팽배해져 가고 있었다. 따라서 이 작품에는 '이와 같은 시대를 어떻게 살 것인가?' 하는 문제의식이 반영되어 포르코의 캐릭터 형성에 깊게 영향을 주었다고 한다.

이 시기 미야자키는 시대의 동향을 계속 불안한 시선으로 바라보면서, 스스로의 '생각이 바뀌지 않았음'을 호소하고 있다. 그것은 과거 전쟁에서 각인된 '떳떳하지 못함'을 잊지 않는 삶의 방식을 관철해 나가고 전쟁에 대해서는 개인적으로 두 번 다시 협력하지 않겠다는 의미라고 할 수 있을 것이다. 작품 후반부에 옛 전우인 페라린이 포르코를 영화관으로 불러 다음과 같이 말하는 장면이 있다.

"너에게는 반국가 비협력죄, 퇴폐사상, 파렴치하고 나태한 돼지로 있는

〈붉은 돼지〉의 장면들
© 1992 Studio Ghibli·NN

죄, 외설물 진열죄로 인한 체포영장이 발부되어 있다. … 그러니 공군으로 돌아가라. 모험 비행가의 시대는 끝났다. 국가라든가, 민족이라든가, 시시콜콜한 스폰서를 해 준다니 하늘을 날 수밖에 없어.”

이에 포르코는 “나는 내 돈벌이가 될 때만 비행을 할 거야…”, “파시스트가 될 바에는 돼지가 낫다.”라고 대답한다. 여기서 포르코는 전쟁으로 가는 파시즘전체주의이나 국가주의보다 개인주의와 자유를 택하며 전쟁에는 협력하지 않을 것임을 선언하고 있다. 필자의 귀에 포르코의 대답에서 미야자키 하야오 감독의 ‘떳떳하지 못함’을 잊지 않겠다는 결의가 겹쳐져 들리는 것은 이런 연유 때문이다. 이런 사연을 되새겨 보면서 한국의 독자 여러분도 미야자키의 작품을 다시 감상해 보기를 추천한다.

비슷하면서도 다른
한국과 일본

싱글 노후대비에 관한 한일 비교

소리에 예민한 일본, 시각에 민감한 한국

우리와 닮은 듯 다른 일본의 결혼문화

삶의 질을 향상시키는 친환경 먹거리와 한일간의 교류 협력

싱글 노후대비에 관한 한일 비교

강창희(트러스톤자산운용 연금포럼 대표)

1980년대 후반 일본 도쿄에서 근무하던 시절 일본의 직장인들과 같이 '금융투자연구회'라는 이름의 공부모임에 참가한 적이 있었다. 공부모임에서 다루었던 주제 중 하나는 '인구고령화와 가계자산운용'에 관련된 내용이었다. 당시 일본은 전체 인구 중에서 65세 이상 노인의 비율이 14%를 넘어서는 고령사회 진입을 수년 앞둔 시기였다. 인구고령화에 대한 관심이 높을 수밖에 없었던 것이다.

전체 인구 중에서 65세 이상 노인인구 비율이 7% 이상인 사회를 고령화사회, 14% 이상인 사회를 고령사회, 20% 이상인 사회를 초고령사회라고 한다. 또한 7% 도달 연도에서 20% 도달 연도까지 소요되는 기간을 고령화 속도라고 한다. 일본에서는 이 기간이 1970년에서 2005년까지 35년 걸릴 것으로 예상하고 있었다. 반면에 서구 선진국 중 프랑스는 1864년에서 2019년까지 155년, 미국은 87년, 이탈리아는 80년, 독일은 76년 걸릴 것으로 예상하고 있었다. 구미선진국의 경우에는 76~155년 기간 동안에 서서히 고령사회에 적응해 나가면 된다. 그러나 일본의 경우에는 35년 동안 급속하게 적응해 나가지 않으면 안 된다. 초고령사회를 향해 가고 있는 것도 문제이지만 그 속도가 너무 빨라 적응하기 어려울 것으로 예상되었다.

세계 주요국 중에서 가장 빠른 한국의 고령화 속도

실제로 그 후 일본은 1994년에 고령사회에, 2005년에는 초고령사회에 진입했으며 2020년 말 기준 일본 전체 인구 중 65세 이상 노인의 비율은 28.8%를 기록하기에 이르렀다. 이 과정에서 적응을 제대로 못하여 20년 넘게 장기 구조불황을 경험하기도 했다. 그러나 1980년대 후반 도쿄에서 공부모임에 참가하던 당시에는 솔직히 인구고령화와 가계자산운용이라는 주제가 한국과 거리가 먼 이야기라고 생각했다. 그도 그럴 것이 당시 한국의 노인 비율은 4%에도 이르지 않아 인구고령화를 실감할 수 있는 시기가 아니었기 때문이다.

그런데 그로부터 삼십여 년이 지난 지금 한국의 상황은 어떤가? 2000년에 고령화사회에 진입한 이래 2025년에 초고령사회 진입을 눈앞에 두고 있다. 고령화사회에서 초고령사회 진입까지 25년밖에 걸리지 않는다. 일본보다도 10년이나 더 빠른 속도로 진행되고 있는 것이다. 문제는 고령화 속도만이 아니다. 그 과정에서 혼자 사는 노인 또한 급속하게 늘고 있다는 것이다.

한일 통계 당국의 자료에 따르면, 일본에서는 65세 이상 노인 3619만 명 중 19.4%에 해당하는 702만 명이, 한국에서는 65세 이상 노인 813만 명 중 19.6%에 해당하는 159만 명이 혼자 사는 노인인 것으로 추계되고 있다. 일본도 한국도 노인 5명 중 1명이 혼자 살고 있는 싱글 노인인 것이다.

2020년 말 기준 일본의 인구는 1억 2571만 명, 그중 65세 이상 노인의 비율은 28.8%이고, 한국의 인구는 5175만 명, 노인의 비율은 15.7%이다. 인구는 일본이 한국의 2.4배, 노인 비율은 2배에 가깝다. 그런데도 전체 노인 중 혼자 사는 노인의 비율은 두 나라가 비슷한 수준이다. 십수 년 지나 한국에서도 노인 비율이 지금의 일본 수준으로 높아질 무렵에는 싱글 노인의 수가 얼마나 많아질지 상상하기 어렵지 않다. 그러면 한일 두 나라에서 이렇게 싱글 노인이 늘고 있는 원인은 어디에 있는가?

우선 부부가 사별할 경우 한쪽 배우자는 재혼을 하지 않는 한 싱글로 살게 된다. 일본인의 기대수명 2017년 기준은 남성이 81세, 여성은 87세이다. 한국인의 기대수명 2019년 기준은 남성이 80세, 여성이 86세이다. 전체 인구의 기대수명은 일본이 한국보다 한 살 정도 높고, 남녀의 기대수명 차이는 두 나라 모두 여성이 남성보다 여섯 살 정도 높다. 평균 결혼연령은 두 나라 모두 남성이 여성보다 세 살 정도 높기 때문에 평균나이에 결혼해서 평균수명만큼 살다 세상을 떠나면 여성이 9년 정도는 혼자 남아 살아야 한다는 계산이 나온다. 그런 이유만은 아니겠지만 실제로 일본에서는 혼자 살고 있는 65세 이상 노인 중 65%가 여성이다. 한국에서는 60세 이상과 70세 이상의 혼자 사는 인구 통계를 나누어 발표하고 있는데, 60세 이상은 68%, 70세 이상은 78%가 여성인 것으로 나타난다. 어찌 보면 싱글 노인의 문제는 여성의 문제라고도 할 수 있는 것이다.

그렇다면 여성들이 혼자 남아 사는 기간을 줄이려면 어떻게 해야 할까? 연하의 남성과 결혼하는 것도 하나의 방법일 것이다. 그래서 그런지 몰라도 연하의 남성과 결혼하는 여성의 비율이 늘고 있다. 한국에서 2010년에 결혼한 초혼 기준 100쌍 중 15쌍이었던 연하남과의 결혼이 2020년에는 19쌍으로 늘었다.

늘어나는 중년·황혼 이혼

또 하나는 이혼율의 증가이다. 일본은 이혼율인구 1,000명 당 이혼 건수
이 1990년의 1.28건에서 2002년에는 2.30건까지 높아졌다가 2019년
에는 1.69건까지 낮아졌다. 한국은 1990년의 1.1건에서 2003년에는
3.4건까지 높아졌다가 2020년에는 2.1건으로 다소 낮아졌다. 그러나
아직도 한국의 이혼율은 아시아 1위, 세계 17위라는 통계가 발표될 정
도이다(아라카와 가즈히사, 2017).

한국은 일본에 비해 이혼율이 높을 뿐 아니라 중년·황혼이혼 비율
도 높다는 게 더 큰 문제이다. 혼인 지속기간별 이혼구성비로 볼 때 혼
인기간 20년 이상인 중년·황혼이혼의 비율이 1990년에는 5%였는데
2020년에는 37%로 늘어났다. 같은 기간 일본은 14%에서 19%로 늘어
난 것과 비교가 된다.

1990년대 말부터 2000년대 초기에 일본에서도 자녀를 결혼시킨 직
후에 이혼하는 이른바 '나리타 이혼'이라는 게 사회문제화 되어 한국
의 언론에도 자주 보도되곤 했다. 그런 이유 때문인지는 모르지만 많
은 한국인들의 뇌리에는 일본은 황혼이혼율이 높은 나라라는 인식이
남아 있다. 그러나 실제는 어떤가? 중년·황혼이혼의 비율은 한국이
일본보다 훨씬 더 높다.

중년·황혼이혼을 하면 젊은 시절에 이혼한 경우에 비해 재혼을 하
기보다는 싱글 노후로 살아갈 확률이 높은 게 일반적이라고 봐야 할
것이다.

그런데 예전에는 싱글 노인이라고 하면 원래부터 결혼을 안 했거나
자녀들과 같이 살 수 없는 사정 때문에 할 수 없이 혼자 사는 경우가 대

부분이었다. 그러나 최근 들어서는 한국과 일본에서도 노부부가 사별할 경우 자녀가 같이 살자고 하더라도 노인들 스스로 혼자 사는 생활을 택하는 경우가 훨씬 더 많아졌다. 예를 들어, 2010년 서울시에서 65세 이상 고령자를 대상으로 노후에 혼자되었을 때 주거 형태를 조사한 바에 따르면, 자녀와 가까운 곳의 독립공간에서 살고 싶다는 대답이 45%, 노인전용 공간에서 살고 싶다는 대답이 31%로, 80% 가까이가 자녀와 따로 살기를 희망했다.

이유는 어디에 있을까? 산업화로 인한 핵가족이 일반화되면서 떨어져 지낸 기간이 긴 만큼 서로 가치관이 달라졌기 때문일 것이다. 서로 생각이 다른 세대가 한 집에 모여 살면 사소한 일상에서부터 갈등이 생길 수 있다고 생각하는 것이다.

물론, 부모들의 경제력도 관계가 있다. 한일 양국에서 퇴직했거나 퇴직을 앞둔 6070세대들은 과거에 경제성장을 주도하며 부를 축적한 세대이다. 따라서 굳이 자녀들의 부양을 받지 않아도 생활하는 데 문제가 없다고 생각하는 것이다.

생애 미혼의 증가

또 하나의 문제는 젊은 세대들이 결혼을 하지 않은 채로 나이가 들어 가고 있다는 것이다. 50세까지 결혼을 한 번도 안 한 사람을 생애미혼 또는 평생미혼이라고 한다. 이 생애미혼율이 한국의 경우 1980년도만 해도 남자가 0.4%, 여자가 0.3%에 지나지 않았다. 그때는 결혼을 안 하는 사람이 거의 없었기 때문이다. 그런데 2015년에는 남자가 10.9%, 여자가 5%로 늘어났다. 그런데 2020년에는 남자가 16.8% 여자가 7.6%로 늘어났다. 일본은 상황이 더 심각하다. 2005년에는 남자의 16%, 여자의 7.3%가 생애미혼이었는데 2020년에는 남자가 26.7% 여자가 17.5%로 늘어났다. 2030년에는 한국과 일본 모두 남자가 30%, 여자는 20%까지 늘어날 것이라는 예상치도 나오고 있다(일본 국립인구문제연구소).

일본의 가족사회학자이며 《혼자 사는 노후》의 저자인 우에노 치즈코 도쿄대 교수는 일본에서 싱글 노인이 늘어나고 있는 것은 사별, 이혼도 중요한 이유지만 보다 근본적인 원인은 혼인율의 저하라고 말한다. 고학력 여성이 많아지면서 여성의 경제력 상승과 남성의 상대적인 경제력 저하가 일어났는데, 이런 현상이 여성에게는 결혼 자체의 매력을 감소시키는 방향으로 작용하고 있다는 것이다. 본인보다 경제력이 부족한 남성과 결혼할 경우 본인의 경제적 상황이 안 좋아질 수 있다는 생각을 하기 때문이다. 결혼하지 않는 여성이 많아지면서 결혼하지 못한 남성도 증가했고 결과적으로 일본 전체의 싱글 인구가 늘어났다는 것이다.

한국의 현재 생애미혼율은 일본의 2000년대 초 수준이다. 그러나 현재의 경제·사회적 분위기를 고려하면 앞으로 생애미혼율은 일본보다 훨씬 더 빠른 속도로 늘어날 가능성이 크다. 그만큼 싱글 노인의 증가 요인으로 작용할 것이라는 뜻이다.

싱글 노후 어떻게 대비할 것인가

따라서 앞으로는 누구라도 언젠가 싱글 노후를 맞을 수 있다. 또한 혼자 사는 삶을 꼭 나쁘게만 생각할 필요도 없다. 도시화가 진전될 때

핵가족화를 우려하는 시각이 많았지만 핵가족은 새로운 가족 형태로 성장해 주류를 이루었다. 노후에 혼자 사는 삶도 마찬가지의 길을 걷게 될 것이다.

서구 선진사회에서는 노후에 혼자 사는 문제를 한국과 일본보다 훨씬 일찍부터 경험해 왔다. 예를 들어, 스웨덴의 경우에는 젊은 세대와 고령 세대를 합하여 전국 평균 1인 가구 비율이 57%이고, 수도 스톡홀름의 경우에는 무려 60%에 달한다. 2020년 우리나라의 1인 가구 비율 32%보다도 훨씬 더 높은 비율이다. 그렇다고 스웨덴이 미래가 어둡고 불행하거나 쇠락하는 나라는 아니다. 세계에서 일곱 번째로 행복한 나라라고 알려져 있다(이코노미스트지 조사). 혼자 살 수 있는 조건이 잘 갖추어져 있는 나라이기 때문이다. 혼자 사는 삶에 어둡고 비관적인 이미지를 갖기보다는 긍정적인 마음가짐이 필요하다. 혼자 사는 삶을 얼마든지 행복한 삶으로 바꿀 수 있으며 그러기 위해서는 미리미리 준비해야 한다는 것이다.

고립을 피하는 데 가장 중요한 요소는 주거 형태이다. 자녀들 모두 분가한 후 부부 단 둘이만 사는 시기, 부부 중 한 사람이 병을 얻어 간병하며 살아야 하는 시기, 부부 중 한 사람만 남는 시기, 남은 한 사람도 병을 얻어 간병이 필요한 시기 등 각각의 시기에 맞는 주거 형태를 미리부터 생각해 두고 필요할 경우 합리적인 선택을 할 수 있어야 한다는 것이다.

우선 먼저 생각해 봐야 할 것은 자녀를 결혼키시고 직장에서도 퇴직한 이후의 주거 형태이다. 과거에는 부모가 경제적으로 여유가 있어서 넓은 평수의 집을 소유하고 있으면 자녀들이 자주 와서 머물다 가곤 했기 때문에 그런대로 의미가 있었다. 그러나 지금은 사정이 달라졌다. 교통의 발달과 자동차의 보급으로 웬만한 거리는 당일로 다녀가는 시대가 되었다. 가족 모임 또한 외부에서 갖는 경우가 늘어나고 있다. 가사 도우미를 쓰기도 어려운 시대가 되었다. 부모 세대가 지나치게 넓은 평수에서 살아야 할 의미가 없어지고 있다는 것이다.

또한 부유층을 중심으로 그동안 고층아파트가 인기를 얻어 왔는데, 노년에도 고층아파트가 바람직한 주거 형태인지는 한번쯤 냉정히 생각해 볼 필요가 있다. 2000년대 초부터 일본에서 심각한 사회문제인 고독사 관련 보도를 볼 때마다 더욱 더 그런 생각이 든다. 자녀와 같이 살기를 희망하지 않는다면 결국 이웃만한 복지시설이 없다. 이 때문에 한국보다 초고령사회를 일찍 경험한 일본의 경우, 노부부만 살거나 부부가 사별하고 혼자된 경우에는 18~20평의 소형 평수이면서 쇼핑, 의료, 취미, 오락, 친교까지 모두 가까운 거리에서 해결할 수 있는 주거 형태를 선호한다고 한다. 아직도 대형 고층아파트를 선호하는 한국의 노년 세대들이 참고해야 할 사례가 아닌가 생각된다.

10여 년 전부터 일본에서 늘어나고 있는 그룹 리빙 Group Living 에 대해서도 관심을 가져 볼 만하다. 그룹 리빙이란 북유럽에서 오래전부터 보급되어 온 주거 방식인데 간병을 필요로 하지 않는 건강한 고령자들이 6~9명 정도 모여 공동생활을 하는 방식이다.

수년 전부터 일본 정부가 적극적으로 추진해 오고 있는 3세대 동거장려정책도 연구해 볼 필요가 있다. 3세대 동거장려정책이란 부모, 조부모, 손자 3세대가 핵가족시대에 맞게 세대 간에 독립성을 유지하면서도 동거 또는 근거리 거주를 할 수 있도록 주택을 개축할 경우 세제상 혜택을 주는 제도를 말한다.

또 한 가지 중요한 것은 노후 생활비 준비 방법이다. 종래의 남편 중심의 노후 준비에서 혼자 남아 살게 될 가능성이 큰 아내를 배려하는 노후 준비로 바꿔야 한다는 것이다. 연령대에 따라 다르지만 한국에서도 일본에서도 혼자 사는 노인의 60~80%가 여성이다. 따라서 아내가 혼자 남아 살게 될 경우를 생각해서 미리 준비해야 한다.

　연금과 보험도 중요하다. 일본내각부가 주요국의 65세 이상 노인을 대상으로 노후의 주수입원을 조사한 자료에 따르면, 일본 노인들은 65% 정도가 '공적사적연금'이라고 대답했다. 반면에 한국의 노인들 중 주수입원이 공적·사적연금이라고 대답한 비율은 17%에 지나지 않았다. 공무원과 교직원 및 일부 부유층뿐일 것이기 때문이다. 따라서 한국에서는 세상을 떠날 때까지 최저생활비 정도는 3층 연금_{국민연금,} _{퇴직연금, 개인연금}으로 받을 수 있도록 현역 시절부터 미리미리 준비하는 게 가장 시급하다. 3층 연금으로 모자랄 경우에는 주택연금이나 농지연금을 활용하는 방법도 있다. 아내를 연금수령자로 하는 종신형 연금 가입도 검토 대상이다. 이 연금에 가입하면 아내는 세상을 떠날 때까지 계속해서 연금을 받을 수 있다. 아내가 국민연금에 가입하지 않았다면 서둘러 임의 가입시킬 필요도 있다. 국민연금은 평생 수령할 수 있을 뿐만 아니라 물가상승 때 연금도 그만큼 늘어난다는 장점 때문에 근래 주부들 사이에 임의 가입자가 늘고 있다. 남편이 종신보험을 들어 두는 것도 좋다. 남편 사망 때 받은 보험금으로 혼자 된 아내가 노후 생활비를 충당할 수 있다. 이 경우 종신보험은 아내에게 재정적으로 큰 도움이 될 것이다. 의료비 마련을 위해 의료실비보험도 한두 가지는 반드시 들어 둘 필요가 있다. 불의의 사고나 질병을 당했을 때 병원비 마련에 큰 도움이 된다. 병원비에 비례해 보험금이 지급되므로 인플레이션 걱정을 덜 수도 있다.

소리에 예민한 일본,
　시각에 민감한 한국

홍유선(번역 작가)

생활을 지배하는 문화 차이

도쿄에서 전차를 타고 가다가 가슴이 쿵 할 때가 있다. 한국인이 전차 안에서 큰 소리로 전화 통화를 할 때이다. 그럴 때면 일본인들이 한국인에게 뭐라고 시비를 걸지 않을까 하고 내 가슴이 조마조마해진다.

위급한 상황에서 어쩔 수 없이 전화 통화를 해야 하는 경우를 제외하고 일본에서 전차나 버스 안은 물론 커피숍이나 공공장소 등에서 큰 소리로 전화 통화를 하는 것은 매너 위반이다. 일본인들은 소리에 매우 예민하여 늘 타인을 의식한다. 반면 시각에는 매우 관대하다. 이런 면이 어쩌면 우리와는 정반대일지도 모른다.

한국인들은 너무 자극적이거나 계절에 맞지 않거나 특이한 모양새를 보면 흘깃흘깃 쳐다보는 경향이 있지만, 반대로 일본인은 전혀 개의치 않는다. 그래서 코스튬_{무대의상}을 입은 많은 코스플레이어들이 아무렇지도 않게 거리를 활보하고 있는지도 모른다.

쌀로 만든 과자나 비스킷을 먹을 때 나는 씹는 소리조차 싫어서 그런 과자를 안 먹는 사람이 있을 정도로 일본인들은 소리에 자극을 많이 받는다. 그래서 일본의 공동주택에서는 층간 소음뿐만 아니라 복도나 엘리베이터 등의 공유 공간에서 조금이라도 시끄러우면 바로 관리

사무소에 클레임을 건다.

우리 집은 맨션 현관에서 복도 맨 끝에 위치해 있다. 바로 아래층에 한국인이 살았다. 그런데 그 집에 한국인 청년 몇몇이 장기 투숙을 했는데 집주인은 이들에게 밤에 술 마시고 들어올 때 절대 큰소리 내지 않도록 주의를 주었다고 한다.

어느 날 이들이 밤늦게 술을 마시고 들어오면서 복도에서 잡담을 나누었고 그 소리에 복도 초입에 사는 남자가 나와 한밤중에 시끄럽다고 주먹을 날렸다. 아래층 주인 남자가 폭력을 휘두른 일본인에게 왜 때리느냐고 따졌으나 그 남자는 그런 적이 없다고 시치미를 뗐다. 급기야 경찰을 불렀고, 복도의 감시 카메라를 통해 주먹을 휘두른 증거가 나오자 그 일본인이 한국인들에게 사과하고 일은 마무리되었다. 그 일이 있고 두세 달 후, 일본 남자는 이사를 갔다. 나는 두 집 모두 잘 알고 있었다. 일본 남자가 좀 까다로운 성격이긴 하지만 그렇다고 특별히 폭력적인 사람은 아니었다. 문제는 밤 12시에 술을 마시고 들어오면서 다른 집에도 들릴 만큼 큰소리로 잡담을 나눈 한국인들이었다. 그것도 한두 번이 아니라 자주 그런 일이 있다 보니 그렇지 않아도 소리에 예민한 그 일본인을 자극해서 폭력까지 가는 사고가 일어난 것이다. 이것은 공동 주택의 규정을 위반하는 일이었고 폭력을 쓴 것은 잘못된 대응이었다.

더러는 길을 가다가도 시끄럽게 떠든다고 주의를 주는 일본인들도 있다. 양국에서 살아 본 경험에 비추어 보면 일본인은 한국인에 비해 3배 이상 소리에 민감한 것 같다. 일본인들이 소리에 민감하다고 느낀 것은 어제오늘의 일이 아니다. 20여 년 전 일본에 처음 왔을 당시 큰 애가 2살이었는데, 옆집에 사는 사람이 시끄럽다고 자주 클레임을 걸어

왔다. 소음 클레임을 서너 차례 받으니 아이의 행동에 신경을 쓰지 않을 수 없어 매일같이 '떠들지 마, 뛰지 마'를 입에 달고 살았다. 그런 애가 한국에 다니러 가면 이모가 "여기는 한국이니까 조금 큰 소리는 괜찮아."라며 우리 애가 자유롭게 행동할 수 있도록 여유를 내 주었다.

반면 시각적인 측면에서 한국인은 일본인에 비해 3배 이상 예민하다. 일본에서는 타인의 옷차림이나 행동에 한국인처럼 그렇게 예민하게 받아들이지는 않는다. 아예 관심을 두지 않는다고 해야 할 정도이다. 이에 반해 한국인들은 시각적인 면에서 이상하다고 느끼면 즉각 상대를 확인하듯이 다시 쳐다본다. 이렇듯 한일간에는 같은 것에 대한 반응이 상반되는 경우가 더러 있다.

일본은 겨울에 추운데도 난방에는 매우 인색하다. 옷을 겹겹이 껴입을망정 집안이 따뜻하다고 느낄 만큼 난방을 하지 않는다. 반면 여름에는 아주 시원하게 에어컨을 켜고 산다. 한국에서라면 참을 정도의 더위인데도 일본인들은 냉방을 한다. 일본 가정에서는 빠르면 6월부터 에어컨을 켜기 시작해서 대체로 한국보다 늦게까지 가동한다. 물론 습한 일본 날씨 탓도 있다. 그래서 일본은 맥주가 맛있는 나라이다. 겨울에 마시는 맥주보다 여름에 샤워 후에 마시는 맥주는 더위와 갈증을 동시에 날려 버리는 최고의 술이다. 그래서인지 낮에 맥주를 마시는 일본인들이 많은데, 여성들 또한 낮 맥주를 즐겨 마신다. 일본인들이 술을 마실 때는 '도리아에즈 비루까라^{일단 맥주부터}'를 외친 후 맥주부터 마시기 시작한다. 한국에서는 일단 소주부터 시작해서 마지막에 입가심으로 맥주를 마신다고 하니까 음주 문화도 참 많이 다른 셈이다.

한국은 여자들이 머리에 많은 공을 들인다. 반면 일본인들은 여자보다 남자들이 머리에 더 많은 공을 들이고 힘을 준다. 일본 여자들은 머리 손질을 한국 여자들보다 덜 하는 편이다. 한국 여자인지 일본 여자인지를 펌으로 판단할 수 있다면, 펌이든 무스이든 머리에 확실히 힘을 주었는지로 한국 남자인지 일본 남자인지를 판단할 수도 있다.

일본인들이 옷을 입을 때 기준은 색깔이다. 어떤 색을 메인으로 해서 거기에 어울리는 색을 어떻게 맞출까가 멋쟁이의 첫 번째 요소가 된다. 예를 들면 입은 옷의 색깔 중에서 한 가지를 메인으로 정하고 거기에 가방과 구두를 같은 색으로 맞춰 입고 전체적인 통일감과 안정감을 주어 멋을 낸다. 그리고 색깔을 재미와 포인트의 요소로 삼아 즐거움을 추구하는 경향이 강하다.

이렇게 사소한 생활 속의 차이가 전혀 다른 문화를 낳는 셈이다. 서로 다른 이질적인 문화가 그 기질로 이어지고, 종국에는 그것이 국민성이나 민족성을 형성시키는 것은 아닌가 싶다.

겉으로 보이는 문화는 비슷해 보인다. 그러나 좀 더 깊이 들어갈수록 한일간의 문화 차이를 느낀다. 사소한 생활문화 차이로 외국인이 일본인에게 감정을 상하기도 하고 오해받기도 한다. 이웃 나라의 문화를 바르게 알고 우리의 문화도 바르게 알아야 한다. 서로를 이해한다는 것은 상호존중에서 나온다.

일본인 친구들과 일본의 문화나 민족성 등에 대해 이야기하다 보면 우리와 비슷하면서도 너무 다르다는 것을 자주 느낀다. 일본에 오래 살다 보니 서로에게 어떤 이질감을 느끼는 것은 아닐까 하고 자주 생각한다. 한국과 일본은 똑같이 쌀을 주식으로 하고 된장국을 먹으며 젓가락을 사용하지만 행동방식과 사고방식에 차이가 있다. 이질감에서 오는 신기함은 어쩔 수 없는 것 같다. 공간이 의식을 지배하고 있듯이 생활과 문화에 차이가 있는 것 또한 당연하다.

우리와 닮은 듯 다른 일본의 결혼문화

김수인(현대일본사회연구회)

인생사에 결혼만큼 중요한 일이 또 있을까? 시대가 바뀌고 세상이 변해도 인생에서 결혼의 중요성은 여전해 보인다. 하지만 결혼하는 방식이나 결혼에 대한 인식은 여러모로 많이 바뀌고 있는 것 같다. 21세기 글로벌 시대가 되면서 외국인과 결혼하는 사람을 주위에서 많이 볼 수 있는 것도 달라진 풍경이다. 실제로 내 주변에도 일본인 며느리를 맞이한 사람들이 여럿 있다.

일본의 결혼식은 어떤지 궁금해하는 사람들이 많다. 초대받지 않아도 결혼식에 와 주면 환영을 받는 한국과 달리 일본의 경우 초대를 받은 사람만 결혼식에 참석할 수 있기 때문에 초대를 받지 않은 사람들이 결혼식에 오면 서로가 곤란해진다. 우리와 닮은 듯 다른 이웃나라 일본의 결혼 이야기는 어떨까? 한국과는 다른 일본의 결혼 풍습을 살펴보기로 하자.

결혼식 초대장과 축의금

한국이나 일본이나 결혼식을 앞둔 예비부부는 지인들을 결혼식에 초대한다. 그런데 청첩장 문화가 한국과 일본이 다르다. 한국은 결혼식을 앞두고 수십 혹은 수백 장의 청첩장을 보내며 대략 몇 명의 인원이 참석할지 예상해 식장을 예약하고 음식을 준비한다. 반면 일본은 늦어도 결혼식 3개월 전에 반신용 우표를 동봉해서 초대장을 보낸다. 그리고 초대받은 사람은 적어도 1개월 전에는 참석 여부를 알려주어야 한다.

일본에서는 결혼식에 참석하면 테이블 위에 참석자의 이름표가 준비되어 있어서 아무나 가서 앉을 수가 없다. 주최 측에서는 참석 인원에 맞춰 식사와 답례품을 꼼꼼하게 준비해 둔다. 결혼식 식사비용은 보통 1인당 1만 5,000엔 정도이며, 또 참석한 사람들에게 주는 답례품도 1~2만 엔 정도의 고가품이기에 참석자는 3만 엔 정도의 축의금을 내는 것이 기본이다. 그러니 초대받지 않은 사람이 결혼식장에 가면 큰 실례가 된다.

축의금 봉투에도 격식이

일본 사람들은 타인에게 돈을 건넬 때나 가게에서 물건을 살 때 외에는 되도록이면 돈을 그냥 건네지 않는다. 예를 들어 누군가에게 고마운 마음으로 팁을 건네고 싶은데 미처 봉투를 준비 못한 상황이라면 하다못해 티슈 한 장에라도 돈을 곱게 싸서 건네려고 한다. 하물며 인륜지대사인 결혼식에서는 그 어느 때보다 격식과 예의를 중요시하는데, 이런 문화는 축의금 봉투에서도 느낄 수 있다. 결혼 축의금은 부부의 연이 끊어지지 말라는 뜻의 결혼 축의금 전용 봉투에 넣어 전달한다. 이런 일본 문화를 알지 못하면 자칫 실수하기 쉽다. 축의금이나 조의금 봉투는 미즈히키水引라고 하는 띠로 장식을 하는데 경사스러운

미즈히키(水引)로 장식한 축의금 봉투들　　　　축의금 속 봉투의 앞과 뒤

일에는 홍백紅白, 금은金銀, 적금赤金색의 띠로, 조사弔事에는 흑백이나 청백, 홍백색의 띠로 장식한다. 또 경사에는 5, 7, 9의 홀수의 띠를 사용하며 혼례용으로는 다섯 가닥을 양쪽에서 묶어 열 가닥으로 장식한다. 또한 봉투에 이름만 적어서 전하는 우리와 달리 액수에 따라 다른 봉투를 준비하거나 다른 사람의 봉투와 금액이 혼동되지 않도록 속봉투에 금액을 명시한다.

결혼식 답례품

　일본의 호텔에는 대부분 예식 상담실이 있다. 입구에는 찻잔이나 케이크 등 결혼식 답례품 샘플과 가격표가 전시되어 있는 진열장이 놓여 있기도 한다. 요즘은 결혼식이 끝나면 결혼식에 참석한 사람들에게 답례품 카탈로그를 나누어 주고 각자 자기가 원하는 답례품을 고르게 하는 경우도 많다. 천편일률적인 답례품보다는 각자 꼭 필요한 물품을 선택할 수 있게 배려하는 마음이라고 할 수 있겠다.

약혼예물 유이노

혼인 날짜가 정해지면 약혼의 표시로 양가에서 예물을 교환하는데 이를 '유이노結納'라 한다. 현대에는 주고받는 예물도 간소해졌고 금전으로 대신하기도 하는 점도 우리와 비슷하지만, 우리의 납폐納幣에 해당하는 전통적인 유이노 품목은 우리와 닮은 점도 있고 다른 점도 있다.

전통적인 유이노 품목으로는 장수와 건강, 자손번창의 기원이 담긴 품목이 주를 이루지만 관서 지방, 관동 지방 혹은 규슈 등 지역에 따라 조금씩 다르다. 우선 품목을 적은 목록과 함께 장수를 뜻하는 말린 전복 나가노시長熨斗, 점점 더 번창하라는 의미로 끝이 넓어지는 부채인 스에히로壽榮廣, 우리의 '봉채비'에 해당하는 고소대료小袖料, 옻칠한 술통 야나기다루家內喜多留가 들어간다. 백발이 될 때까지 부부의 연이 이어지기를 기원하며 우리는 목각 원앙이나 기러기를 넣지만 일본은 노부부 인형인 다카사고高砂를 넣어 주며, 자손번창을 기원하는 뜻에서 강력한 생명력과 번식력을 상징하는 다시마昆布 등을 보내는데 이 또한 3, 5, 7, 9의 홀수에 맞추어 품목을 보낸다.

결혼과 함께 바뀌는 성씨姓氏의 문제

일본은 우리와 달리 결혼하면 부부 중 한쪽이 다른 한쪽의 성씨로 바꾸어야 한다. 즉 부부동성제도인 것이다. 메이지시대 이전에는 서민들에게는 성을 사용하지 못하게 했으나 메이지 31년1898년에 시행된 일본민법은 '결혼을 통해 아내는 남편의 집에 들어가 남편 집안의 성을 따른다'고 되어 있다. 부권중심사상이 일본의 가족 형태와 여성의 지위를 결정하게 된 것이다. 그 후 1947년 민법 개정으로 자녀에 대한 공동친권과 부부 균등 상속권이 인정되었지만 여전히 부부는 같은 성을 사용해야 하며 대부분 아내가 남편의 성을 따른다. 그러나 여성의 사회진출이 활발해지면서 결혼 후에 성이 바뀌어 사회적으로 불편하고 불이익이 생긴다는 문제가 나오면서 부부별성제도의 도입을 요구하는 목소리도 높아졌다.

예를 들면 다나카 하루미가 야마다 성을 가진 남자와 결혼해 야마다 하루미로 되었다가, 이혼하면 다시 여권이나 의료보험카드, 은행통장과 인감, 운전면허증 등을 결혼 전의 성명인 다나카 하루미로 발급받아야 한다. 만약 재혼을 하면 다시 새로운 남편의 성으로 바뀌게 되어 재산의 등기나 논문 등을 발표했을 때의 성명과 현재의 성명이 달라지고, 이전의 이름으로 쌓아 놓은 커리어가 사라지는 등 불편한 점이 이루 말할 수 없이 많다.

최근의 예로는 24년 전에 미국에서 결혼한 영화감독 소다 카즈히로想田和弘 씨와 카시와기 노리요코柏木規与子 씨가 2018년에 일본에 들어와 혼인 신고서를 제출했으나 받아들여지지 않아 소송한 사례가 있었다. 그러나 '부부는 남편 또는 아내의 성을 칭한다'라고 규정한 민법 750조와, '혼인신고서에는 부부가 칭하는 한 개의 성을 기재한다'고 규정한 호적법 74조에 위반된다며 소송을 기각당했다(도쿄 지방 법원, 2021년 4월 21일).

'선택적 부부별성제도'의 도입 논의

이런 논란을 배경으로 '선택적 부부별성제도'의 도입이 논의되고 있다. 선택적 부부별성제도란 부부가 원한다면 결혼 후에도 부부가 결혼 전의 자신의 성을 그대로 유지하는 것을 인정하자는 제도인데, 일본 정부가 부부별성제도 채택을 검토하게 된 이유는 1970년대 중반부터 시작된 유엔의 양성평등정책 때문이다. 유엔은 '세계여성의 해'1975년 와 'UN여성 10년'1976~1985년의 선포, 1979년에 채택된 유엔의 '여성차별철폐조약' 등을 통해 각국에게 양성평등실현을 위한 국내기구 창설, 법적 기반 강화, 여성지위 향상을 위한 통계조사 실시 등을 강력히 요구했다. 일본 정부도 이에 대응하는 형태로 양성평등을 위한 여성정책을 전개해 왔고 그 과정에서 선택적 부부별성제도를 포함한 일부 민법개정 검토를 시작했으나 2022년 현재 아직 입법화되지는 않았다.

2017년에 일본 내각부에서 실시한 〈가족법에 관한 여론조사〉에서는 부부나 자녀의 성씨가 다르면 가족 간의 유대감이 약해질 것이라는 응답자도 많지만 별로 영향을 받지 않는다는 응답자도 많다고 한다. 2020년 1월에 아사히신문사가 실시한 여론조사에서는 선택적 부부별성제도에 69%가 찬성한다고 답변을 해서 반대인 24%를 크게 웃돌았다. 2017년의 찬성 58%, 반대 37%에 비하면 찬성 쪽이 크게 많아졌다는 사실을 알 수 있다(아사히 디지털신문 연재포럼. 부부의 姓 어떻게 생각하나요. 2021년 1월 17일자).

자신의 이름으로 살아갈 자유를 달라

태어날 때부터 지어진 자신의 이름姓으로 살게 해 달라는 취지에서 선택적 부부별성제도의 법제화를 실현하고자, 국회로 청원서를 보내는 활동을 지원하는 클라우드 펀딩을 모집한 단체도 있다. 이 단체는 2020년 2월 14일부터 4월 17일까지 1,124명의 지원자로부터 목표액 700만 엔이 넘은 7,316,500엔을 모집하는 데 성공했다.

이렇듯 선택적부부별성제도의 도입을 요구하는 여론이 높지만, 일각에서는 부부의 성이 다를 경우 정식부부가 아닌 사실혼 관계로 오해받거나, 자녀는 어느 쪽의 성을 따르게 할 것인가라는 등의 현실적 과제도 지적되었다. 일본법무성은 오랫동안 지켜온 혼인제도나 가족이라는 전통적 정체성에 관한 중요한 문제이므로 국민의 충분한 이해하에 신중히 진행되어야 한다는 입장을 밝히고 있다.

사회에서는 A씨로, 집에서는 B씨로 살아가는 커리어우먼들

'선택적 부부별성제도 전국 청원활동 센터'의 이다 나호井田奈穂 사무국장에 따르면, 결혼한 여성 중에는 직장에서는 미혼 때 사용하던 이전의 성旧姓을 쓰고 사적으로는 호적상의 성을 따르는 이른바 '이중 이름'을 사용하는 여성이 많다고 한다. 왜냐하면 성이 바뀐 줄 모르는 사람은 그 사람에 대한 정보를 전혀 모르는 제3자의 정보로 인식하기 때문에 지금까지 쌓아온 신용과 실적, 커리어가 모두 원점으로 돌아가기 때문이다.

일본에서는 츠쇼通称라고 하여, 정식 이름은 아니지만 '나를 ○○라고 불러 주세요'라는 의미에서 기혼자가 편의상 직장에서 결혼 전의 성을 그대로 사용하기도 한다고 한다. 그러나 결혼 전의 성姓을 츠쇼로 인정하는 기업은 전체의 절반 이하로, 인사나 경리업무 등의 사무적 부담이 늘어난다는 이유에서 그다지 반기지 않는다고 한다.

예를 들어 업무상 해외에 나갈 때는 호적상의 성으로 여권을 발급받아야 한다. 그러나 여권과 신용카드가 같은 성이 아니면 호텔에서 계산할 때 거절당한다. 그렇다고 카드의 성을 바꾸려다 보니 사용하던 카드는 이름만 바꿀 수 없고 카드번호도 바꿔야 한다. 그렇게 되면 그 카드로 인출되고 있던 전기, 가스, 수도 등의 공과금과 은행계좌, 증권 계좌 등 생활 전체를 바꿔야 하는 불편함이 생긴다.

남성은 결혼, 이혼, 재혼을 해도 이런 일을 겪지 않는다. 따라서 분명 여성에게만 부담되는 불평등한 제도라고 이다 나호 사무국장은 강조한다.

지인의 일본인 며느리 노리에 씨에게 한국인과 결혼해서 인상적인 것이 무엇이었냐고 물어보았더니 결혼 후에도 자신의 성이 바뀌지 않는다는 것, 그리고 결혼식장에 하객이 무척 많았던 것과 출산 후 산후조리원에서 아기와 산모의 건강을 위해 전문적인 케어를 받았던 경험이 인상적이었다고 대답했다. 일본은 아직 산후조리원이 한국만큼 대중적이지 않아서 일본에 있는 친구들이 많이 부러워했다고 한다. 그러고 보니 얼마 전 일본인이면서 미혼모의 삶을 택한 방송인 사유리 씨가 최근 일본에 유일하게 있는 산후조리원을 이용했다는 방송을 본 것이 생각났다.

이상으로 우리와 닮은 것 같으면서도 다른 특성을 지닌 일본의 결혼문화 몇 가지를 간략하게 살펴보았다. 일본도 고물가와 취업난으로 결혼비용에 대한 고민이 많기에 결혼을 아예 포기하는 경우가 점점 많아지고 있고, 양가 가족끼리만 하와이로 여행을 가서 간단하게 식을 올리거나 결혼식을 생략하고 혼인신고서만 제출하는 경우가 증가하고 있다고 한다. 그렇게 보면 사람 사는 세상이라는 게 제각기 다른 것 같으면서 또한 비슷하다고 해야 할지 모르겠다.

삶의 질을 향상시키는 친환경 먹거리와 한일간의 교류 협력

신재관(전 CEO, 일본어 강사)

　여러분에게 '살기 위해 먹는가? 먹기 위해 사는가?'라는 질문을 한다면 엉뚱하다고 생각할지 궁금하다. 현대와 같이 먹을 것이 넘쳐나는 시대에 한 번쯤 생각해 봄은 어떨까? 우리는 매일 뭔가를 먹는다. 매일 먹어도 먹어도 질리지 않고 하루 세 끼 식사에 커피나 차를 더하면 우리 인간은 먹기 위해 사는 것이 아닌가 하는 생각이 들 정도이다. 사실 우리는 먹기 위해 사는 것 같기도 하다. 지난 2018 평창 올림픽에서 후지사와 일본 컬링 여자대표가 연발한 '한국 딸기 참 맛있다'에서 시작된 달달한 딸기 품종 논란은 일본 농림수산장관이 "한국 딸기는 일본 딸기에 뿌리를 둔 것으로 일본 딸기를 이종 교배하여 만든 것이다"고 했지만 '설향'은 한국 기술로 교배에 성공한 한국산 품종이라고 마무리되었다. 그러나 여전히 일본에서 제기한 '종자 도용인가? 품종 개발인가?' 하는 문제를 둘러싼 양국의 입장은 다르다. 기술이 발전됨에 따라 삶은 더욱 풍요로워질 것이고 그에 따라 우리가 먹는 음식에 대한 맛, 모양, 품종 개발에 대한 연구는 계속될 것이다.

　'보기 좋은 떡이 먹기도 좋다'는 속담이 있다. 좋은 농산물로 이익을 극대화해야 하는 농부의 입장은 어떤가? 오늘날 농촌 현실을 보면 그리 밝지 않다. 젊은 층은 농업을 등한시하고, 스마트 농법이나 ICT라고 불리는 첨단 농법은 시설비가 지나치게 많이 들며, 노동력은 노령화되어 어려움이 많다. 게다가 이상 기후 재해로 소득 감소까지 겹치면서 농촌의 현실은 참으로 암담하다. 또한 코로나19 사태로 국제 거래와 인적 교류가 제한되는 등 해결 과제가 많은 가운데 제한된 노령층에 의해 겨우 유지되고 있는 상황이다. 다양한 환경의 변화에서 소비자는 농산물을 선택할 때 친환경, 무농약, 저농약, 유기농을 우선시한다. 이런 현실 속에서 한일간의 품종 개발에 대한 노력, 소비자의 바른 먹거리 인식과 미래 농업을 위한 노력을 소개한다.

친환경 농산물과 인증 마크

일본 하면 섬세한 나라, 디테일에 강한 나라라는 인식은 인증 마크에서 알 수 있다. 가벼운 예로 슈퍼나 마트에 가면 신선하고 먹음직스러운 먹거리가 다양하게 진열되어 있고 웬만한 마트에는 만든 시간까지 표시되어 있다. 저녁 문 닫기 1시간 전부터는 가격을 30%에서 50%까지 할인한다. 한국도 그렇지만 일본은 음식의 신선도에 더 신경을 쓰는 것 같다. 독자 중에 일본에 갔을 때 주머니 사정이 안 좋을 때는 먹고 싶은 것을 참았다가 마트 문 닫을 시간에 가서 이것저것 사서 맛있게 먹었던 사람도 있을 것이다. 그런데 식품에 다양한 마크가 있어서 이것이 무슨 의미인지 이해하기 어려울 때가 종종 있다. 사실 마크는 장황한 설명을 하지 않더라도 그림으로 표시하여 소비자가 빨리 알아차리도록 하는 문자인데 한국과 일본은 유사하면서도 다르다. 일본은 마크나 표시를 아주 잘하는 나라 중 하나이다. 마크는 알면 쉬운데 모르면 어렵다. 먹거리의 마크는 식품 용기나 포장에 표시된다. 품질,

특징, 승인, 허가 등의 다양한 표시에는 주요 내용이 담겨 있고, 소비자를 이를 보고 안심하고 구입해 먹을 수 있다. 일본에서 종합위생관리 HACCP에 해당하는 것은 후생 노동부 장관 승인 마크인 JAS 마크이다. 사실 마크가 너무 많아 당황스러울 때도 있다. 쌀의 경우, 인증 마크와 쌀 정보제공 마크는 다르다. 커피는 커피에 표시하는 공정 마크, 레귤러 커피와 인스탄트 커피의 표시에 관한 공정경쟁규약에 따라 전일본커피공정거래협의회에 의한 품질로 표시하고 있다. 각각 그 분야의 최고로 인증받기 위해 꾸준히 노력하고 있다. 많은 상품 중에 안심하고 선택할 수 있는 근거로서 품질 표시나 인증 마크는 도움이 된다. 일본의 마크는 국가, 지자체, 업계단체 등이 제품의 안전과 품질에 대하여 규격과 기준을 엄격히 정하고 있다. 백화점이나 대형마트에 가보면 친환경 농산물 코너가 있다. 소비자는 상품과 포장만으로 구분하기 어려워 상품 가격이나 친환경 상품인지를 보고 구매하는데 유기농, 무농약, 저농약, 천연산, 특산, 명산 등 다양한 문구가 눈에 띈다. 이 중에서 공인된 유기농, 무농약, 저농약에 관심이 많아지고 있다.

유기농organic은 3년간 농약과 화학 비료를 사용하지 않은 농산물을 말한다. 무농약은 농약을 전혀 쓰지 않는 농산물이 아니라 농약은 사용하되 권장 투여량의 1/3 이하면 무농약, 1/2을 넘어서면 저농약이라고 한다. 무농약과 저농약 모두 화학 비료를 사용할 수 있다. 유기농과 무농약, 저농약을 총칭하여 친환경 농산물이라 일컫는다. 일본과 한국의 식품 안정성은 인증의 표준화와 규격화가 잘 되어 있어 세계에서도 인정받고 있다고 할 수 있다. 우리 몸에 유익한 순서로 본다면 유기농 - 무농약 - 저농약 - 일반 농법 순서겠지만 품질은 순서가 반대라고 생각한다.

한국과 일본에는 어떤 식별 시스템이 있을까? 한국에서는 소비자가 사려는 상품을 제대로 구분하지 못하기 때문에 생산자 인증, 지자체 인증, 국립 농산물 품질관리원의 인증 등으로 복잡하다. 거기에 소비자를 현혹하는 친환경 문구가 넘쳐나고 있다. 인증 마크는 많지만 이 중에 소비자가 알아두면 도움이 되는 인증 몇 가지를 알아보자.

한국의 친환경 농산물은 고유의 인증번호를 가지고 있다. 시도별 지정번호 두 자리 + 인증분류번호 한 자리 유기농 1번/무농약 3번+일련번호 다섯 자리의 숫자로 제품 특성을 확인할 수 있다. 또한 식품에 관한 국제 인증으로는 HACCP 인증 마크 제도를 도입하고 있다. 일본의 경우 농산물 인증마크 JAS와 농산물의 지리적 인증 표시 GI를 시행하고 있다.

친환경 농산물의 인증 마크와 고유 인증번호

JAS의 종류

마크	내용
JAS	品位, 성분, 성능 및 품질에 대해 JAS에 적합한 식품, 임산물
JAS	유기 JAS를 만족시키는 농산물 유기 JAS를 만족시키지 못하는 산품에 유기 표기는 불가함
JAS	특별 생산, 특별제조에 관한 JAS나 표준적 제품에 비해 특색이 있는 JAS로 생산정보 증보

농산물의 지리적 인증 표시

그러나 한일 양국에서는 이것 이외에도 생산자가 자기 상품을 선전하기 위해 자연산이라든지 친환경이라든지 특산, 명품이라는 이미지를 내세워 소비자는 혼란스럽기 짝이 없다. 특히 외국인은 더 구별하기 어렵다. 외국인은 JAS 마크가 있거나 농산물 지리적 표시인증 GI 마크가 있는 산품産品을 찾으면 좋을 것 같다.

좋은 먹거리를 생산해 가려는 노력

농산품의 대표격인 쌀을 예로 들어보자. 우리나라에서 쌀 하면 이천 쌀이 잘 알려져 있다. 그런데 이천 쌀 품종은 일본 품종인 아키바레秋晴, 추청이다. 이 품종은 경기미의 약 2/3 지역에서 재배되고 있고 이천 쌀 브랜드인 '임금님표 쌀'이 바로 이 품종이다. 아키바레는 1960년대에 일본에서 들여온 품종으로 우리 입맛에 잘 맞아 인기가 높다. 최근 일본에서는 고시히카리가 인기가 많고, 고시히카리와 다른 품종의 기능을 살려 교배한 아키타코마치, 히토메보레, 히노히카리 등이 개발되었다. 이처럼 새롭게 개발된 쌀은 밥맛, 식감, 식용 색감 등 소비자의 까다로운 요구에 대응했다. 한국에서는 과거에 쌀이 화폐 대용으로 통용되던 때도 있었고 분식의 날無米日도 있었다. 그만큼 쌀은 매우 중요한 생필품이다.

한국에서는 벼에 대한 개발에 여러 실패를 거듭한 끝에 1970년대에 통일벼 품종 개발하여 '기적의 쌀'이 탄생했다. 그 후 2000년대 들어와서 외관과 밥맛, 내재해성 등을 갖춘 운광벼, 하이아미, 삼광, 진수미, 대보, 미품 등 최고 품질의 벼 품종을 개발하여 양질의 쌀이 탄생한 것이다. 한국과 일본은 쌀을 주식으로 하는 것은 매우 흡사하지만 상당히 다르다고 할 수 있다. 일본은 순수한 쌀밥만을 한국은 혼합 곡식밥을 좋아하는 것만 보아도 양국의 차이를 알 수 있다.

일본의 특수작물

● 사례 1 – 기무라 아키노리(木村秋則) 씨의 유기농 사과

농약, 화학 비료를 전혀 사용하지 않고 도토리 추출물로 산속 깊은 곳에 재배환경을 조성했다. 풀과 잡초도 함께 자라고 해충과 익충이 함께 공존하는 가운데 튼실한 과실이 열매를 맺는 초친환경 재배를 개인이 불굴의 의지로 일구어 냈다. 철저한 자연관찰 사례로 초등학교 교과에도 소개되고 연구 대상이 되고 있다(NHK 2006, 12월 6일 방송 자료).

● 사례 2 – 식용 꽃을 재배하여 건강과 환경에 이바지하는 가나가와현 이세시의 가토화원

코로나19 팬데믹 상황에서 친환경 소비, 외식금지 등 식생활 패턴의 변화에 따른 식용 꽃 소비가 활발해지고 있다. 이에 타나하시棚橋 欄 씨는 '우물 안 개구리가 되지 말자'라는 농사 철학을 바탕으로 꽃의 소리를 듣고 꽃의 기분을 생각하는 방충, 비료 등 친환경적인 농법을 사용하고 있다.

● 사례 3 – 도쿠시마 가미카츠 마을의 농촌재생운동

도쿠시마德島 가미카츠 마을은 고령화와 젊은이의 도시집중화가

지속되는 상황에서 유휴 노동력을 활용하는 농촌재생운동을 펼치고 있다. 그중 음식물 장식용이나 식용 나뭇잎 비즈니스いろどり, 재활용 쓰레기를 활용한 재활용 상품은 오늘날 고령화 사회로 진전하는 우리에게도 큰 가르침을 준다.

고령화가 된 산지 마을 200여 호의 고령 유휴 인력을 활용해서 산에 있는 나뭇잎, 꽃 등을 채취하여 일본 전국의 식당 등에 요리에 곁들이는 쓰마모노つまもの 사업을 성공시켰다. 농협 체인망을 통해 공급해서 연 2억 5000만 엔의 판매고를 올리고 있고, 겨울철에는 그 노동력을 활용하여 재활용품을 이용한 재생 상품 생산 등으로 농촌재생운동의 모델이 되었다. 일본은 환경 보전을 위해서 '3R', 쓰레기 발생 억제 Reduce リデュース, 쓰레기 재사용 Reuse リユース, 쓰레기 자원으로 재이용 Recycle リサイクル에 많은 관심과 노력을 기울여 왔다. 최근에는 '3R'에 일회용품 거절 Refuse, リフューズ과 고장난 물건 수리 Repair, リペア를 더 추가해서 '5R'로 변화를 꾀하고 있다. 이와 같이 농촌재생운동을 한 결과 도시로 떠난 청년층이 귀환했고 이는 영화로도 소개되어 세계 각지에서 견학을 오는 등 유명세를 더하고 있다. 필자도 2017년 5월 11일 이곳을 견학차 방문했고 지역신문인 도쿠시마신문에 인터뷰한 기억이 새롭다.

● 한국 사례 – 한국의 딸기와 파프리카 농업의 매력

그렇다면 한국은 어떤가? 우리도 많은 노력이 차츰 결실을 맺어가고 있다. 어려운 농촌 현실 속에서 새로운 환경에 대처하며 먹거리 자급과 친환경 식품 개발에 노력하고 있다. 예를 들면 논산에서는 '친환경 딸기, 경제성, 종자 독립'이라는 슬로건으로 일본에서 광합성 활성

증진 장치와 보온 설비를 도입하여 제품의 당도를 높여 수확량의 20~
30%를 증진시키는 품종 개발에 성공했다. 종자 독립을 이루었고 그
우수성을 인정받아 동남아, 일본 등에 수출하고 있다. 딸기 묘목의 로
열티를 거둬들이는 종자 독립과 한일 기술 교류의 필요성을 일깨워 준
사례로 그 우수성과 특징을 정리하면 다음과 같다.

파프리카는 고추과 식물로 매운맛에 익숙하지 않은 일본인에게 매
우 인기 있는 농산물이다. 생산 초기에는 일본 수출 목적으로 재배를
시작하여 생산자와 관련 기관의 체계적 노력으로 단시간에 일본 시장

한일 양국의 대표 딸기 품종 비교표

한국		일본	
설향	매향	육보	장희
• 매향종을 개량한 국산 품종 • 충남 논산에서 주 출하됨 • 삼각형 모양에 선홍빛을 띰 • 단단하고 당도가 높음 • 국내는 물론 일본 시장에서도 인기가 높음	• 수출재배 전용 품종 • 계란 모양을 띰 • 큰 원뿔 모양으로 길고 단단함	• 전남 지방에서 주 출하됨 • 끝이 둥글면서 뭉툭하고 검붉은 색을 띰 • 독특한 신맛과 아삭한 식감이 특징 • 육질이 단단해 저장성이 좋음	• 촉성 또는 초초성 재배 품종 • 경남(진주, 합천 등) 지방에서 주로 출하됨 • 끝이 길쭉하고 선홍색을 띰 • 당도가 높고 신맛은 별로 없음

의 약 80%를 점유하는 농산물이 될 정도로 품질을 인정받고 있다. 일본 이외에도 여러 나라에서 한국산 파프리카를 좋아한다. 그만큼 좋은 종자를 잘 활용해 더 좋고 새로운 품종 개발에 성공한 채소 중 하나이다. 국내 시장에 출하되고 있는 국산의 고급 파프리카는 우리에게 친숙한 식재료이다. 비타민, 칼슘, 인 등이 풍부하여 건강식품으로도 알려져 있고 세계 3대 요리의 하나인 터키 요리의 주재료이기도 하다. 달고 수분이 많으며 색상도 다양해서 성장기 어린이의 필수 식재료라고 해도 무방하다. 이런 한국 농업 발전사에서 채소 육종학에 지대한 공헌을 한 우장춘 박사 이야기를 빼놓을 수 없다.

우장춘 박사와 시브사와 에이치渋沢栄一를 통해 본 한일 농업 발달사

우장춘1898~1959년 박사 하면 일반적으로 '씨 없는 수박'을 개발한 식물 육종학자로 알고 있다. 그는 한국인 아버지와 일본인 어머니 사이에서 태어난 재일 한국인이다. 아버지의 나라 한국에 대한 미안함과 학자로서의 사명감으로 52세였던 1950년부터 한국에 들어와 '종種의 합성' 연구로 약 10년간 한국 채소 원예육종에 지대한 공헌을 하여 사후에 대한민국 문화포장을 수여받고 2017년에는 생명과학분야에서 대한민국 과학기술유공자로 지정되었다. 그의 '禹의 삼각형 이론'은 다윈의 기원을 다시 써야 한다는 이론을 정립하여, 생존해 있었다면 노벨상생물학을 받을 만한 충분한 업적을 가지고 있다. 8.15 해방 전까지 한국의 농업, 특히 종자 시장은 거의 일본에 의존하고 있었다. 2차 세계대전 패전과 함께 일본 의존이 어려워지자 6.25 전쟁으로 황폐화된 우리 농촌에 무균 감자 씨앗, 채소 종자 등을 개발 보급하여 식량난 해결에 크게 기여했다. 지금 우리가 먹는 대관령 고랭지 채소무, 배추, 감 자, 제주 감귤 등이 모두 우 박사의 품종 개량의 산물이다.

그가 '나의 조국'라고 칭한 한국을 위해 부인과 자녀를 일본에 남겨 둔 채로 한국 농업에 헌신한 계기는 아버지가 구한말 명성 황후 시해 사건에 연관되었다는 미안함이라는 설이 있다. 마지막 열정을 불살랐 던 우 박사의 묘는 수원에 있다.

오늘날 일본 농업 발전의 선각자인 시부사와 에이이치를 말하지 않 을 수 없다. 부농의 장남으로 태어났지만 당시 농촌의 현실을 연구하 고 기후 풍토에 맞는 양잠 가옥을 고안하여 일본이 생사生絲 수출로 산업 기반을 닦는 초대를 놓았고, 후에는 기업과 은행 설립 등 많은 공 헌을 했다. 그의 저서 《논어와 주판論語と算盤》에서 언급한 도덕에 입 각한 박애주의 사상의 실천을 언급하고 싶다. 지나친 이익만을 추구하 지 말고 대다수의 공익을 강력히 주장하여 이상적 사회상을 생각한 것 이다. 그런 그의 업적이 높이 평가되어 2024년 상반기에 새로 나오는 일본 1만 엔권 지폐의 인물이 되었다. 우장춘 박사도 우리나라 지폐 1만 원권에 나오는 날을 상상해 본다.

친환경 먹거리를 대하는 우리의 자세

2020년 도쿄 올림픽을 치르면서 일본은 먹거리 논쟁이 뜨거웠다. 이는 일본만의 문제가 아닌 우리의 문제이기도 하다. 이 먹거리를 둘 러싸고 국가 간 무역 분쟁도 일어나고 있다. 한일간의 국제교역에 한 일양국의 상호인증제 또는 글로벌 인증제도의 도입이 시급하다. 국가나 단체가 할 일은 논외로 하더라도 우리 개개인이 할 수 있는 일에는 어떤 것이 있을까? 예를 들면, 친환경적인 못생긴 농산물 구매, 못난이 농산물의 가축 사료 이용 등으로 이산화탄소 발생을 8%를 감소시킬 수 있다고 한다. 약간 상처가 있거나 못난이 B급 농산물을 적극 구매하고 축산물의 과소비 억제, 친환경 재료로 만든 채식 위주의 비건 vegan 식품 활용 등 친환경적인 소비가 필요한 시대이다. 앞으로 더욱 건강한 먹거리에 관심이 커질 것이므로 종자 개발과 품종 개발에 대한 끊임없는 연구는 21세기를 살아가는 우리에게 매우 중요하다.

정치와 역사로
다시 보는 일본

일본 전국시대의 영웅 이야기

가고시마, 자연과 역사가 어우러진 신화의 땅

일본 근대사 여행길에 만난 어느 조선인 이야기

일본 전국시대의 영웅 이야기

최갑수 (금융투자협회)

일본 역사에 흥미를 느껴 접하다 보면 반드시 만나는 복병이 있다. 읽기 어려운 인명과 지명, 수많은 사무라이들이 얽히고설킨 투쟁사가 그것이다. 하지만 꼭 알고 싶은 일본 역사에 제대로 다가가려면 이런 복병 정도는 넘어야 할 산이라 생각한다. 일본 역사에 관심 있다고 하는 사람들이 특히 주목하는 시기가 전국戰國시대이다. 일본의 전국시대는 어떤 시대이며, 왜 이 시기를 아즈치 모모야마 시대라고 부를까?

전국시대는 시기적으로 살펴보면 일본이 하나로 통일되기 전 여러 지역의 다이묘大名가 할거했던 시기이다. 난세를 평정한 후 여세를 몰아 정명가도를 외치며 조선을 상대로 침략 전쟁을 일으킨 시기와도 겹친다. 이 시기에 수많은 인물이 등장하는 전투 속에서 몇 명의 영웅적인 인물을 살펴보고, 임진왜란분로쿠노에키으로 이어지는 과정과 에도 시대가 시작된 후 265년간 일본의 평화시대가 열리는 배경을 살펴보려고 한다.

전국시대의 다른 이름, 아즈치 모모야마

일본의 전국시대는 무사 세력이 중심이 된 시기이다. 중세 이후 천황의 권력은 상징적인 존재가 되고, 가마쿠라 막부1185~1333년, 남북조시대1336~1392년, 무로마치시대를 거쳐 다시금 무사들이 주도적으로 활약했던 시대이다. 학자 간에 다양한 견해가 있으나 전국시대는 주로 오닌의 난1467~1477년과 에도 막부1603~1867년의 시작 사이에서 근세로 막 넘어온 시기를 말한다.

한반도의 조선 시대에 해당하는 이 시기는 오다 노부나가의 거성인 아즈치성安土城과 도요토미 히데요시의 거성인 후시미성伏見城이 있던 지역에 오다 노부나가를 나타내는 일본 한자 이름織田信長과 도요토미 히데요시를 나타내는 일본 한자 이름豊臣秀吉에서 한 글자씩을 따서 쇼쿠호織豊시대라고 부르기도 한다. 한편 히데요시의 후시미성이 문을 닫은 이후 복숭아나무를 많이 심었다 하여 모모야마桃山라고도 불렸기에 여기서 생겨난 전국시대의 별칭이 바로 아즈치 모모야마安土桃山이다.

전국시대를 주름잡은 인물들

전국시대 영웅호걸 중에 최고의 라이벌은 '가이의 호랑이'라고 불리는 다케다 신겐1521~1573년과 '에치고의 용'이라고 알려진 우에스기 겐신1530~1578년의 관계도 재미있다. 두 인물 모두 가마쿠라 막부 시기의 행정관료적 성격이 강했던 다이묘에 비하여 군사와 사법권, 경제권에 이르기까지 막강한 권력을 거머쥔 슈고 다이묘守護大名였다. 군사학서《고요군칸甲陽軍鑑》에는 두 사람에 얽힌 일화로 가이노구니甲斐国, 현재 야마나시현 전투에서 등장한 다케다 신겐의 전략과 전술 이야기가 나온다. 이 내용 중에 다케다는 영토 확장을 위해 가이노쿠니를 치면서 기타시나노北信濃 지배권을 둘러싸고 우에스기와 다섯 차례 싸움을 벌인다. 마츠시로성현재 나가노현 소재을 주무대로 한 가와나카지마川中島 전투로 알려진 둘 간의 패권다툼은 일본 전국시대 무장이나 에도시대의 무사에게 큰 영향을 주었다.

일본 야사에 유명한 에피소드가 있다. 다섯 차례 전투를 통해 신겐과 겐신의 관계는 악화 일로를 걷는다. 신겐의 영지가 바다를 접하지 않아 도카이도東海道 지방에 소금 공급이 끊기자 스루가駿河를 공략하지만 뜻을 이루지 못한다. 어느 날 겐신이 이런 편지를 보내온다. "우리 싸움은 무사간의 싸움이다. 백성을 괴롭히기 위한 생필품 투쟁이 아니다" 라는 서신과 함께 소금을 보내 준다. 오늘날에 '적에게 소금을 보내다敵に塩を送る'라는 말은 곤란에 빠진 상대를 이용하기보다는 곤경에서 구해 준다는 뜻으로 통용되고 있다. 학자에 따라서는 '겐신의 정의감'으로 표현하는 사람도 있고, 오히려 '소금을 팔아 상당한 경제적 이익을 취했을 것'으로 보는 견해도 있다.

신겐의 어록을 살펴보자. '적을 지나치게 이기려 하지 마라. 지지만 않으면 되는 것이다.' 이것은 무엇을 말하는가? 섬나라 특성상 무한정 도망칠 곳이 마땅치 않은 상황에서 '쥐도 코너에 몰리면 고양이에게 덤빈다'라는 말처럼 상대를 지나치게 몰아붙이다가 자신에게 자칫 부메랑이 되어 돌아올 수도 있다는 의미일 것이다.

적장이었지만 겐신의 사람됨을 흠모한 신겐은 병마로 죽음을 앞두고 아들인 다케다 카쓰요리武田勝賴에게 유언을 남긴다. "겐신과 화의를 맺어라. 그는 남자다운 장수여서 애송이인 너를 괴롭히지 않을 것이다. 내가 어른스럽지 못해 마지막까지도 겐신에게 차마 아들을 부탁한다는 말은 못했구나. 반드시 너는 겐신에게 의탁하는 것이 좋겠다.

겐신은 통이 큰 인물이다." 그러나 카쓰요리는 그 말을 따르지 않고 무모한 전투를 벌이다가 나가시노 전투長篠戰鬪, 1575년에서 패퇴하고 역사의 뒤안길로 사라진다.

오다 노부나가, 다케다 신겐, 우에스기 겐신의 연합과 결별

전국시대 천하 통일을 앞두고 이 세 사람의 성향을 살펴보면 큰 흐름을 알 수 있다. 훗날 조선 침략으로 이어지는 흐름이 여기에서 시작되었다고 해도 과언이 아니다. 다케다 신겐은 풍림화산風林火山을 기치로 전쟁에 임하면서 치밀한 사전 준비로 승리 요건을 만드는 전술, 자신의 관할지역 내에서는 절대로 전투를 벌이지 않는 용병술과 영토확장전략을 구사했다.

우에스기 겐신은 에치고越後, 현재 니이가타현를 중심으로 기타시나노北信濃의 패권을 둘러싸고 오다 노부나가, 다케다 신겐과 라이벌 관계를 유지했다. 정의감이 있었으나 상술도 능하여 경제적 이익이 힘이라는 실용론에 입각한 장수였다.

한편 오다 노부나가織田信長, 1534~1582년는 천하포무天下布武를 기치로 대담하고 참신한 발상으로 천재적인 지략을 펼쳐 천하통일 일보 직전까지 간 인물이다. 그런 오다조차도 기마 병술에 능한 다케다 신겐을 두려워했다. 또한 관계 설정의 필요성을 느끼면 동맹을 맺고, 때로는 실익에 따라 멀어지기도 한다. 그는 겐신과 신겐을 견제하기 위해 이이제이以夷制夷의 전략을 구사하기도 한다. 특히 서구문물에 관심을 가져 다네가시마種子島를 통하여 일본에 처음으로 소개된 철포를 도입하고, 천주교를 적극 지원하기도 한다. 이를 두고 일본 사학자들은 노부나가가 전술에 능하고 부하를 잘 다루었으며 싸움도 많이 한 장수였던 반면, 겐신은 완벽히 전투 준비를 한 후 실제 전쟁에 나서는 장수라고 평가한다. 이들은 서로 다른 지략을 가지고 서로를 두려워하며 견제하는 가운데 시나브로 천하통일의 길로 들어서고 있었다.

오다 노부나가, 오와리의 바보가 천하통일의 문을 열다

어릴 때부터 기발한 옷을 입고 돌발적이고 엉뚱한 행동을 자주 했던 오다 노부나가의 별명은 '오와리 현재 아이치현 서부 의 바보'라는 뜻의 '오와리노오우츠케 尾張の大うつけ'였다. 그런 그가 2,000여 명이라는 병력의 열세를 딛고 2만 5,000여 명의 대군을 이끌고 오와리를 공격하러 온 스루가노쿠니 현재 시즈오카현 의 이마가와 요시모토 今川義元 를 대상으로 비오는 날 밤에 기습 작전을 펼쳐 극적으로 대승을 거둔다. 이 싸움이 일본 역사상 가장 화려한 역전극의 하나인 오케하자마 桶狹間 전투이다. 이 전투의 승리로 도쿠가와 이에야스가 이마가와 가문의 영향에서 벗어나는 기틀이 마련되기도 한다.

'절대적인 것은 절대 없다. 해 보지도 않고 처음부터 불가능하다고 포기하는 것은 어리석다. 불가능하다고 결정하는 것은 바로 자기 자신이다'라는 오다의 어록은 그의 스타일을 그대로 보여 준다. 오다는 오케하자마 전투의 승리를 계기로 교토 진출을 구체적으로 수립한다. 마침내 오다의 세력이 점차 강해져서 아시카가 요시아키 足利義昭 를 쇼군으로 옹립하며 교토에 입성한다. 오다는 당시 모든 다이묘들이 오매불망 꿈꾸던 교토 입성을 제일 먼저 실현하면서, 천황과 무로마치 막부

쇼군의 권세를 이용하여 기나이機內와 도카이東海 지방을 실질적으로 지배한다.

목표를 세우면 행동으로 실천하는 오다는 일본인들에게 인기가 많은 역사적 인물이다. 병농분리 정책이나 상공업자들에게 자유로운 영업활동을 인정하는 시장진흥 정책인 라쿠이치·라쿠자樂市·樂座, 통행세를 징수하기 위한 세키쇼關所, 검문소의 폐지 등 당시로서는 획기적인 정책을 도입했다.

오다의 천하통일을 향한 야망은 점점 커져 갔다. 1569년 천황과 쇼군의 명령이라며 전국 다이묘와 무사들에게 교토로 집합하라는 서신을 보낸다. 오다의 명령을 받고 교토로 온 다이묘도 있었으나, 오다에 대응하는 다이묘도 있었다. 이 와중에 오다가 옹립한 쇼군 아시카가 요시아키가 오다에 반기를 들자 요시아키를 가와치 지방으로 추방한다. 마침내 무로마치 막부室町幕府가 막을 내리는 순간이다.

오다의 어록을 살펴보자.

"이상을 내세우고 신념을 갖고 살아라." 理想を掲げ、信念を持って生きよ。
"이상과 신념을 잃은 자는 싸우기도 전에 패자가 된다." 理想、信念を無くした者は戦う前から負けている。
"이와 같은 사람은 죽은 자와 같다." そのような者は死人と同じ。

목적한 바를 이루고자 어릴 적부터 바보 행세를 하고 마침내 오다 정권을 확립한 그는 성격이 급하고 잔혹하며 집념이 강한 캐릭터로 알려져 있다. 전국시대 선교활동을 한 루이스 프로이스는 저서《일본사》에서 오다 노부나가에 대해 '수면시간이 짧고, 아침에 일찍 일어나며,

다케다 신겐과 우에스기 겐신의 세력 분포도(1570년 추정도)

술은 마시지 않고, 식사는 소식을 했다'고 언급하고 있다. 반면에 '모든 것을 세심하게 처리하며, 신분이 낮은 부하와도 잘 어울리는 성격'이라고 하니 이런 면 또한 이상적인 리더의 이미지라고 할 수 있다.

가장 신임했던 부하 아케치 미츠히데明智光秀가 교토의 열병식을 핑계로 혼노지本能寺에서 쿠데타를 일으킨다. 오다는 반란군 진압이 불가능함을 깨닫고 시종인 모리 나리토시와 함께 '어쩔 수 없군是非に及ばず'이라는 말을 남기며 자결을 택한다. 당시 반란군 다이묘 아케치 미츠히데의 돌격 명령은 '적은 혼노지에 있다!敵は本能寺にあり!'는 것이었다. 이 말은 세월이 흘러 '진짜 무서운 적은 내부에 있다'는 의미가 되었고 '내부의 배신을 경계하라'는 경구로 지금까지 회자된다.

입신양명의 아이콘, 도요토미 히데요시

"두견새가 울지 않으면 울게 하라" 泣かぬなら泣かせようホトトキス。

미천한 신분으로 태어나 천하통일을 달성한 도요토미 히데요시의 성격을 단적으로 보여 주는 말이다. 도요토미는 가난한 농민 출신으로 첫 번째 목표가 무사가 되는 것이었다. 그는 오다 노부나가의 보병이 되었고, 사람의 마음을 잘 읽었으며, 친절을 베풀어 다른 사람의 마음에 들고자 노력했다. 선교사 루이스 프로이스는 저서 《일본사》에서 도요토미의 외모와 성격을 '키가 작고 추악한 용모이다. 한쪽 손이 여섯 손가락이며 중국인처럼 머리숱이 적다'라고 묘사했다. 그리고 '야심가이며, 성격이 잔혹한 기만자, 거짓말쟁이'라는 혹평을 더했다. 오다 노부나가의 정책을 이어받아 초기에는 기독교에 호의적이었으나, 바테렌 추방령 伴天連追放令 을 선포하고 기독교인을 박해했던 도요토미를 선교사가 호의적으로 평할 리 없었다.

히데요시는 다른 사무라이들이 미처 생각하지 못했던 책략가임은 틀림없어 보인다. 일례를 살펴보자. 히데요시는 포로로 잡은 적군의 무장을 주군인 오다 노부나가에게 압송해 갔다. 노부나가는 포로에게 할복을 명하나, 히데요시는 적군의 무장을 풀어 주었다. 이것은 사람 죽이는 것을 좋아하는 오다의 성정과는 달리, 히데요시가 생명을 존중하는 장수라는 이미지를 미노 美濃 지역에 퍼뜨리기 위해서 취한 용의주도한 전략이라고 볼 수 있다. 히데요시가 어느 추운 겨울날 노부나가의 신발을 가슴에 품고 있다가 노부나가가 외출할 때 따뜻하게 대령했다는 일화는 너무도 유명하다. 이것은 다른 사람에게는 사소해 보일지 모르나 주군의 마음에 들려면 물불을 가리지 않고 실행에 옮기는 성격이라고 보아야 할 것이다.

히데요시의 성격은 천하통일을 하고 나서 변하게 된다. 첫째 아들 츠루마츠가 요절을 하자 조카인 히데츠구를 후계자로 내세웠으나, 2년 후 둘째 아들 히데요리가 태어난다. 그러자 둘째 아들을 후계자로 삼고자 조카에게 모반죄로 할복할 것을 명령하고, 그 가족과 부하까지도 잔인하게 몰살시킨다. 그의 성격이 바뀐 이유로는 원래 '냉혹한 성격이었으나 숨기고 있었다, 천하통일을 하고 나서는 숨길 필요가 없었기 때문에 잔혹한 성격이 드러났다, 나이가 들어 판단력이 흐려졌다'는 등 해석이 분분하다. 두 번에 걸친 조선 침략이 모두 실패하여 많은 병력을 잃고, 일본의 원정군 규모가 조선 침략을 완성할 정도가 아닌데도 실행에 옮긴 것은 소위 판단력이 흐려졌기 때문이라는 설도 있다. 천하통일에 그치지 않고 명과 조선까지도 넘보았던 도요토미는 62세로 죽음을 맞이한다.

죽음을 앞둔 도요토미는 '자신을 야하타노가미 八幡神 로 신격화할 것'과 '자신을 화장하지 말고 매장하라'는 유언을 남긴다. 그러나 그의 무덤은 훗날 이에야스가 정권을 잡은 후 철저히 파괴되어 흔적도 없이 사라져 버렸다. 그의 유언처럼 '오사카의 영화여, 모든 것은 한낱 일장춘몽은 아닐런지!'

너구리 영감, 도쿠가와 이에야스

'도쿠가와 이에야스' 하면 소설 《대망》이 떠오를 것이다. 《대망》은 15세기 중엽에서 16세기 말에 걸쳐 이에야스를 중심으로 히데요시와 노부나가 등 일본 역사를 주름잡은 인물들이, 일본의 전국시대 난세를 평정하고 에도시대를 열기까지 파란만장한 삶을 다룬 대하소설이다.

이에야스는 1543년 미카와구니 현재 아이치현 마쓰다이라 히로타다의 장자로 태어나, 훗날 일본을 통일하여 265년간 에도시대의 평화와 발전을 이끌어 낸 인물이다. 오늘날 일본의 기초를 이루는 데 중추적인 역할을 한 사람으로 평가받는다. 히데요시가 일으킨 임진왜란 분로쿠노에키과 정유재란 케이쵸노에키은 조선을 침략함으로써 힘있는 다이묘, 호족과 무사세력의 불만을 어느 정도 잠재우고, 명나라를 거쳐 인도까지 세력을 확대하기 위한 최초의 동아시아 국제전의 성격을 띤다. 당시 이에야스는 온갖 핑계와 다양한 변명을 하면서 임진왜란에 불참한다. 그러던 중 1598년 히데요시가 죽음으로써 마침내 조선 침략의 전쟁은 막을 내렸다.

그 후 1600년 음력 9월 15일, 일본 역사상 가장 유명한 싸움이라고 할 수 있는 세키가하라 전투 関ヶ原の戦い가 일어난다. 지금의 기후현 벌판에서 이시다 미츠나리가 이끄는 서군과 도쿠가와 이에야스가 이끄는 동군의 일본 역사상 최대의 전투가 벌어진 것이다. 일본 통일의 운명을 결정짓는 커다란 전쟁이었지만 겨우 3시간 만에 동군의 압승으로 싱겁게 끝나 버린다. 바야흐로 이에야스의 시대가 막이 열리는 순간이었다.

용인술의 귀재

이에야스는 마침내 1603년 천황으로부터 정이대장군 쇼군에 임명되면서 에도에 막부를 연다. 쇼군에 오른 후 2년 만에 셋째 아들 히데타다에게 권좌를 물려주고 자신은 슨푸현재 시즈오카현에 은거하며 막후 정치를 한다. 1615년에는 오사카성을 함락해오사카 여름 전투 도요토미 가문을 완전히 멸망시킴으로써 도쿠가와 가문을 이어갈 수 있는 기틀을 완성했다.

이에야스는 치밀하고 사람 보는 눈이 뛰어나다. 이에야스에 대한 주변의 평가는 인내심이 있고 신중하다는 것이다. 언젠가는 최고의 지위에 오를 것을 꿈꾸며 목표를 달성하기 위해 건강 관리에 남다른 신경을 썼다. 사람에 대한 의리와 신용을 무엇보다 중요시하며 살았다. 그러다 보니 사람을 보는 안목이 생겨 적재적소에 인재를 배치하는 용인술이 뛰어난 인물로 알려져 있다.

세계문화유산 닛코, 도쇼구에 영원히 잠들다

이에야스는 '닛코日光에 작은 사원을 짓고 나를 신으로 모셔라. 나는 평화의 수호자가 되리라'는 유언을 남겼다. 이에야스의 묘는 닛코시 도쇼구東照宮에 있다. 이에야스 하면 떠오르는 유명한 문구들이 있다. "사람의 일생은 무거운 짐을 지고 먼 길을 걸어가는 것과 유사하니 결코 서둘지 말지어다人の一生は、重荷を負うて遠き道をゆくが如し。急ぐべからず". "승리하는 것만 알고 패배를 모르면 해로움이 자기에게 돌아온다勝つことばかり知りて負くるを知らざれば、害その身に至る." 이에야스의 평상시 삶의 철학과 지혜, 태도를 잘 보여 주는 명문이다. 앞의 어록은 여러 번을 읽어 보아도 마음속 깊은 곳까지 진한 여운이 남는다.

일본 사람들은 '닛코에 가보지 않고 일본의 아름다움을 논하지 말라'는 말을 자주 한다. 닛코가 그 정도로 자연풍경이 아름다운 곳이라

는 뜻이다. 그들은 닛코를 잘 보존해 도쿠가와 스토리를 만들어 유네스코 세계문화 유산에 등록한 후 도쿄 근교에서 최고의 관광지로 탄생시켰다. 5층탑에는 세 마리의 조각 원숭이에서 배우는 교훈세상의 좋지 않은 것은 보지 말고 말하거나 전하지 말고 듣지 마라이 담겨 있고, 황금색을 칠한 도쇼구의 요메이몬陽明門에는 500점이 넘는 상상의 동물과 인물들이 장식되어 있다. 도쿠가와 묘를 지키고 있는 잠자는 척하고 있는 고양이居眠り猫 같은 흥미로운 볼거리도 있다.

이에야스를 기리는 신사인 도쇼구는 닛코에만 있는 것이 아니라 일본 전역에 130여 개나 있다. 도쿠가와 이에야스를 소재로 스토리텔링이 담긴 관광 인프라를 구축한 일본을 보면 이런 저런 생각에 빠져든다. 한국의 영웅 이순신 장군을 소재로 한 스토리텔링이 담긴 국내 관광 인프라를 우리는 어떻게 만들어 낼 수 있을까? 한국 역사 속의 수많은 비범한 인물을 '역사책'이나 '박물관' 속의 박제가 아니라 우리들의 생활공간, 삶의 영역으로 보다 적극적으로 불러낼 필요가 있지 않을까? 전통의 가치를 새롭게 발견하고 역사 속 인물들의 시련과 좌절, 도전의 세세한 이야기에 지속적으로 관심을 만들어 내는 일본의 사례를 보면서 우리 안의 감춰진 보석을 새롭게 발굴하고 이어 가는 즐거운 상상의 나래를 펼쳐본다.

가고시마, 자연과 역사가 어우러진 신화의 땅

최성문(일본 전문 여행가)

원시림과 거대한 화산, 그리고 신화

가고시마鹿児島는 일본 규슈의 남쪽에 위치하고 있다. 연평균 기온이 20℃ 정도로 겨울에도 눈이 잘 내리지 않는 온화한 기후이다. 그래서 오키나와, 미야자키와 함께 한국과 일본 프로야구단의 겨울 전지훈련 장소로 알려져 있지만, 일본의 다른 지역에 비해 아직 우리에게는 조금 낯선 여행지이기도 하다. 그러나 가고시마는 일본 건국 신화의 이야기를 품고 있는 곳으로, 수천 년 된 나무들이 원시림을 이루고 있으며 지금도 거의 매일같이 활발한 분화 활동을 하고 있는 화산섬을 시내 어디서나 볼 수 있는 신비로운 자연과 신화神話의 도시이기도 하다. 가고시마 여행은 호기심을 가득 안고 설레는 마음으로 그렇게 시작되었다.

가고시마현의 중앙에 위치한 기리시마霧島산에는 태양의 여신 아마테라스 오미카미의 손자 니니기노 미코토를 모신 기리시마 신궁이 있다. 일본의 건국 신화에 따르면 니니기노 미코토가 일본 왕위 계승자의 표시로 통하는 3종의 신기神器와 함께 벼이삭을 가지고 지금의 기리시마 신궁 뒤에 있는 다카치호 봉에 내려왔다고 한다. 참고로 기리시마산은 지금도 활동 중인 활화산으로 가장 높은 봉우리가 '가라쿠니다케韓国岳'라는 이름으로 불리고 있어서 매우 신기하게 생각했는데, 나중에 이 명칭에 대한 유래를 확인해 봤더니 다양하고 재미있는 해석이 많아서 무척 흥미로웠다.

사쿠라지마

사쿠라지마桜島는 화산 폭발로 형성된 화산섬으로 가고시마의 앞바다에서 매일같이 연기를 뿜어내며 웅장한 위용을 뽐내는 가고시마의 상징이다. 긴코만錦江湾을 사이에 두고 가고시마 시내와 마주하고 있는데 이렇게 인구가 밀집된 도시와 활화산이 근접해 있는 것은 세계적으로도 보기 드문 일이라고 한다. 해안 경치가 빼어나 일본 최초의 해상공원으로 지정된 사쿠라지마는 화산 폭발의 흔적과 용암이 만들

사쿠라지마

어 낸 신비로운 자연 경관을 자랑하며 가고시마 여행에서 빼놓을 수 없는 최고의 명소가 되었다. 특히 에도시대에 만들어진 시마즈島津 가문의 차경借景식 정원 센간엔仙巖園에서 바라본 사쿠라지마는 마치 정원의 배경으로 일부러 산을 둘러놓은 것처럼 자연스럽게 잘 어우러져 황홀경을 선사한다.

다양한 해저 지형과 형형색색의 산호초를 볼 수 있는 해중공원, 화산 지대의 다양한 기록과 생활환경의 변화를 볼 수 있는 비지터 센터, 분화구의 절경을 360도로 즐길 수 있는 유노히라 전망대, 아름다운 긴코만의 전경을 바로 눈앞에서 감상할 수 있는 아리무라 용암 전망대 등은 사쿠라지마에서도 특히 놓칠 수 없는 볼거리이다. 이 외에 기네스북에 등재되어 있는 세계에서 가장 큰 무와 세계에서 가장 작은 귤은 사쿠라지마의 또 다른 흥미로운 명물이다. 1914년에 있었던 거대한 분화로 30억 톤이 넘는 엄청난 용암이 쏟아지면서 인근 8개의 마을을 덮쳤는데, 이때 사쿠라지마의 남쪽 지역이 규슈 오스미大隅 반도와 연결되면서 원래 섬이었던 사쿠라지마가 지금은 페리뿐만 아니라 자동차로도 이동이 가능해졌다.

야쿠시마

나이가 7,000년 이상으로 추정되고 있는 세계에서 가장 오래된 삼나무로 유명한 야쿠시마屋久島는 규슈 최고의 높이를 자랑하는 미야노우라다케를 비롯하여 1,000m 이상의 고봉이 늘어서 있어 '바다 위의 알프스'라고 부른다. 해안으로부터 우뚝 솟은 산들은 나이가 수천 년이나 되는 야쿠스기를 비롯하여 다양하고 특이한 생태계와 뛰어난

야쿠시마의 수천 년 된 삼나무

자연경관을 가지고 있어 일본 최초로 세계 자연 유산에 등록되었다. '한 달에 35일이나 비가 온다.'라는 말이 있을 정도로 강우량이 많아서 비가 오면 안전 때문에 통제되기도 하지만, 시기가 맞으면 섬의 서쪽 해변에서 바다거북이 알을 낳는 진기한 구경을 할 수도 있다. 또한 도로변이나 숲에 야생의 원숭이나 사슴이 자주 출몰하는데 사람이 가까이 다가가도 경계하지 않을 정도로 야쿠시마의 자연은 원래의 모습 그대로 잘 보전되어 있었다.

근대 문명의 초석

고대부터 가고시마 일대에 존재하던 수많은 소국가들은 여러 시대를 거치는 동안 합쳐지면서 지금의 가고시마현이 되었다. 전국시대부터는 약 700여 년 동안 가고시마 시즈 가문의 본거지가 되었고, 사츠마번의 당주였던 시마즈 요시히로島津義弘는 임진왜란에 참전하여 악명을 떨치기도 했다. 10여 년 전에 방영된 NHK 대하드라마 〈아츠히메篤姫〉는 당시 일본은 물론 한국에서도 제법 인기가 있었는데 이 대하드라마의 주인공인 '아츠히메'가 바로 시마즈 가문 출신이다. 지금도 가고시마 곳곳에는 드라마의 흔적이 남아 있으며, 시마즈 가문은 여러 분야에서 상당한 재력을 지니고 있어 현재도 꽤 영향력이 있는 가문이라고 한다.

지리적 특성으로 일찍부터 류큐 왕국을 중계지로 한 무역이 발달해서 대륙과 유럽의 문화를 빨리 만날 수 있었다. 예수회 선교사 프란시스코 자비에르Francisco Xavier를 통해 일본 최초로 천주교가 전파된 지역이며 현재 일본 우주센터가 있는 다네가시마種子島를 통해서는 총포가 전해지기도 했다. 19세기에는 영국에서 방적기계가 도입되어 일본 최초로 서양식 방적소가 지어지는 등 가고시마는 일본 근대 문명의 개화에 초석이 되었다.

사쓰마야키

가고시마의 또 다른 명물로는 '사쓰마야키薩摩焼'라고 불리는 도자기가 있다. 임진왜란 때 강제로 연행된 조선인 도공들이 만든 도자기로 특히 가고시마 서쪽 미야마의 심수관沈壽官 도요지가 유명하다. 일본의 3대 도자기이자 세계적인 명품 도자기로 이름난 사쓰마야키는 임진왜란 때 끌려온 전북 남원 출신의 도공 심당길沈當吉이 처음으로 가마를 짓고 도자기를 구워 내면서 시작되었다. 사쓰마야키는 그의

12대 후손 심수관에 이르러 빛을 보는데, 조상으로부터 물려받은 도예 기술을 기반으로 400여 년이 지난 지금까지도 한 단계 발전된 명품 도자기를 만들면서 일본인에게도 추앙받는 세계적인 도예가로 알려져 있다. 심수관가家는 그를 기리기 위해 '수관'을 세습명으로 15대째 이어받고 있으며, 현재는 제15대 심수관이 이곳에서 가업을 전수받고 있다고 한다.

사이고 다카모리와 오쿠보 도시미치

가고시마에는 역사적인 인물도 많다. 도쿠가와 막부를 끝내고 메이지 유신을 성공으로 이끈 사이고 다카모리西鄕隆盛와 오쿠보 도시미치大久保利通를 비롯하여 러일전쟁을 승전으로 이끌어 일본의 영웅으로 등극한 해군 제독 도고 헤이하치로東鄕平八郞 등이 가고시마 출신이다.

특히 메이지시대를 여는 데 가장 큰 공을 세운 사이고 다카모리는 신정부의 정책을 결정하는 참의까지 올랐던 가고시마의 가장 대표적인 인물로 꼽힌다. 하지만 자신과 함께 메이지 유신을 성공으로 이끌었던 사족들메이지 신정부에 가담한 사무라이들이 신정부가 추진하는 여러 정책들로 핍박을 받으면서 불만이 극에 달하자 이를 해결하기 위해 정한론征韓論을 주장하지만, 오쿠보 도시미치를 포함한 신정부와 대립하면서 결국 모든 걸 내려놓고 고향으로 돌아온다. 고향에서 사학을 세우고 후학을 양성하는 데 전념하던 사이고 다카모리는 반란군의 지도자로 추대되면서 서남전쟁메이지 유신에 불만을 품은 사이고 다카모리가 일으킨 반정부 내란. 영화 〈라스트 사무라이〉의 배경이 된 내전을 일으키고 참전했으나 점점 패색이 짙어지자 결국 시로야마 동굴에서 할복 자결했다.

메이지 유신의 또 다른 주역이었던 오쿠보 도시미치는 사이고 다카모리와 달리 신정부의 요직을 두루 거치면서 신정부의 핵심 인물이 되어 승승장구했다. 이와쿠라岩倉 사절단을 조직하여 2년에 걸쳐 서양 여러 나라를 시찰하며 견문을 넓혔고 징병제와 지조 개정 등의 근대화 정책을 적극적으로 추진했다. 대외 관계 측면에서는 1874년 타이완을 침공하는가 하면, 1876년에는 강압적인 방법으로 조선과 '강화도 조약'을 체결하기도 했다. 고향으로 돌아간 사이고 다카모리가 서남전쟁을 일으키자 직접 정부군을 지휘하여 승리하면서 자신의 반대 세력을 모두 제압하고 압도적인 권력을 갖게 되지만, 서남전쟁에 참가했던 사족에 의해 결국 암살당했다.

작은 도시 치란의 인연

가고시마 남쪽의 치란이라는 작은 도시를 방문한 적이 있다. 무사마을 답사를 마치고 일행들과 함께 식당에서 점심 식사 중이었는데 연세가 지긋하신 참가자 한 분이 근처에 가보고 싶은 곳이 있다며 잠깐 갔다 올 시간이 되겠냐고 물어보셨다. 가고시마 여행에만 두 번째 참가하셔서 이미 잘 알고 있던 분이었다. 항상 밝은 표정으로 먼저 인사를 건네시며 일행들과도 잘 어울리셨고 늘 적극적으로 여행을 즐기시던 분이었다. 시간을 확인하고는 어디에 가시는지 그리고 시간은 얼마나 걸릴지를 여쭤 봤더니, 근처에 가미카제 특공대와 관련된 기념 공원이 있는데 20~30분 정도면 충분하다고 하셨다. 원래는 계획된 일정이 아니었지만, 도보 5분 이내의 가까운 거리였고 마침 시간도 조금 여유가 있었기에 답사 여행의 주제와도 어울릴 것 같아서 식사를 마치고 일행들과 같이 가 보기로 했다.

생각했던 것보다 크지 않은 낡은 전투기 몇 대가 야외에 전시되어 있고, 기념비와 안내판 몇 개가 세워져 있는 작고 소박한 공원이었다. 당시 자료와 사진들이 전시된 작은 기념관도 있었는데 계획된 일정이 아니라 잠시 공원만 둘러봤지만 그분에게 상세한 설명을 들을 수 있었다. 나중에 알게 된 사실이지만 일본에서 항공대학을 졸업하고 조종사가 되었는데, 그래서 자칫 가미카제 특공대에 강제로 끌려갈 뻔 했다고 하셨다. 다행히도 본인은 위기에서 벗어날 수 있었지만 함께했던 동기들은 대부분 희생당했다며 설명하는 중에 눈시울을 적시기도 하셨다. 광복 후에는 우리나라 민간 항공사의 조종사로 근무하셨다는 그분을 통해 참혹했던 당시의 상황을 알 수 있어 함께했던 참가자 모두에게 뜻깊은 기억으로 남아 있다.

마치면서

첫 번째 가고시마 여행에서 돌아온 이후, 얼마 지나지 않아 가고시마를 다시 방문할 수 있는 기회가 생겼다. 업무와 병행한 여행이었지만, 짧은 첫 번째 여행의 여운이 가시기도 전에 다시 방문하게 되어 정말 기뻤다. 시간적인 여유도 조금 있었기에 지난 여행에서 가보지 못했던 야쿠시마와 가라쿠니다케를 가기 위해서 업무가 끝난 후에 일행을 먼저 보내고 혼자 남았다.

가라쿠니다케라는 명칭의 유래 중에 산 위에서 한국이 보인다고 하여 이런 이름이 붙었다는 설도 있었는데 1,700m 정상에 올라서도 한국이 보이지는 않았다. 산세가 험하고 바람이 강해서 내려올 때는 고생을 많이 했는데, 정상에서 한국이 보이지 않는 당연함이 조금은 섭섭했지만 그래도 '한국악韓国岳'이라는 명칭이 더욱 친근하게 느껴졌다. 또 다른 목적지 야쿠시마를 가기 위해 이틀을 기다렸지만 심술궂은 날씨 때문에 들어가지 못했다. 야쿠시마는 결국 한참이 지난 뒤 여행에서 갈 수 있었는데, 이때도 날씨가 좋지 않아 정상까지는 가보지 못했다. 하지만 수천 년이나 되었다는 야쿠시마의 원시림을 보면서 밀려오는 감동을 주체하기 어려웠던 기억이 새삼스럽다. 언젠가 기회가 되면 다시 야쿠시마를 방문하여 정상에 올라 보고 싶은 바람이다.

가고시마의 매력은 다양성에 있다. 보고 배우고 체험해야 할 것들이 무궁무진하다. 활화산, 원시림, 바다, 온천 등 아름답고 웅장한 가고시마의 자연은 감탄을 자아내지만, 때로는 휴식과 위안을 주기도 한다. 또한 일본의 건국 신화를 비롯하여 고대에서 근대에 이르기까지 가고시마의 역사에는 지금도 우리에게 보여 주고 들려줄 이야기들이 많이 남아 있다.

일본 근대사 여행길에 만난
어느 조선인 이야기

백용선(인하대학교 정치외교학과 박사과정)

수수께끼 속의 인물과 조우하다

"역사란 현재와 과거의 끊임없는 대화이다."

영국 외교관이며 세계적인 역사가인 에드워드 핼릿 카E. H. Carr의 말이다. 19세기 동아시아 근대사는 격렬하게 요동치던 시대였던 만큼 그 시대의 갈피갈피 흥미로운 사건이나 인물들이 켜켜이 숨어 있다. 벌써 한 세기 반 정도 지나간 세월 속의 이야기이지만 곰곰이 들여다볼수록 현재를 반추하게 하는 사연들이 말을 걸어온다. 이 글에서 필자는 일본 근대사를 공부하다 조우한 어떤 조선인에 관한 이야기를 옛 사료에 근거하여 간단히 소개하고, 이와 아울러 근대사 여행길 위에서 직접 만난 일본인들과 흥미로운 인연을 소개해 두려고 한다.

에도 막부 말기인 1853년 어느 날, 우라가浦賀 앞바다에 나타난 페리의 거대한 흑선 함대를 보고 일본의 지도부는 압도당하는 경험을 한다. 그리고 이듬해 일본은 미국과 화친조약을 체결하고 시모다下田와 하코다테函館 두 항구를 개방하며 개국의 길을 선택한다. 이후 일본은 서양문물을 배우기 위해 적극적으로 유학생을 내보내고 서양 기술 전수를 위해 수많은 외국 전문가를 일본으로 초빙하여 고용했다.

서양과의 수교로 여러 국가 외교관들이 입국했다. 그중에서 당시 세계를 주도하던 패권 국가인 영국의 외교관으로 활약했으며 후일 영국의 동아시아 최고 전문가로 불리게 되는 인물이 어니스트 사토Ernest M. Satow, 1843~1929년 이다. 그런데 그가 남긴 자료를 찾아 조사하던 중 조선인 개화파에 대한 언급과 함께 빈번하게 거론되는 인물이 있었다. 그의 이름은 이동인李東仁, 1878년부터 1881년까지 역사의 무대에 등장하지만 사실상 베일에 가려져 있다. 김옥균, 박영효처럼 유명하지는 않으나 안개에 가려져 더욱 흥미로운 인물이기도 하다. 그래서 필자는 이동인이라는 인물의 흔적을 찾아 나섰다.

이동인, 일본으로 건너가다

이동인이 최초 기록으로 나타난 것은 1878년으로 오타니파 혼간지 부산별원의 주지住持로 있던 오쿠무라 엔신奧村圓心이 기록한 《조선국포교일지朝鮮國布教日誌》를 통해서이다. 《조선국포교일지》는 후쿠오카福岡 가라츠시唐津市의 고덕사高德寺에 지금도 《한국포교일지》와 조선에 관련된 서찰들과 함께 원본이 보관되어 있다.

오쿠무라는 히가시 혼간지東本願寺가 본산인 일본 불교 정토진종 오타니파 소속 승려이다. 당시 메이지 정부의 내무경인 오쿠보 도시미치大久保利通의 의뢰로 1877년 9월 부산에 도착하여 정토진종 부산별원현재 부산 신창동의 대각사을 설립하고 포교 활동을 시작했다.

이동인은 일본으로 밀항하기 위해 1878년 6월 2일 오쿠무라를 찾아 혼간지 부산별원을 방문했다. 이동인은 오쿠무라에게 박영효가 내준 순금 막대기 4개를 보여 주며 '열국列國의 공법公法' 등을 배우기 위해 정토진종에 귀입歸入하여 일본에 건너가려고 한다고 말했다. 이는 조선 개화파로서 최초로 이루어진 일본 입국 시도였다. 여기서 '열국의 공법'이란 당시《만국공법萬國公法》이라는 것으로 오늘날로 보면 서양에서 만들어진 근대 국제법을 의미한다. 당시 조선은 서양의 국가관계에 어떤 규칙이나 법규가 존재하는지 알지 못했는데, 개화파 인사들이 근대 국제법에 대한 지식을 익혀 당시의 위기상황에 대처하려고 했음을 알 수 있다.

오쿠무라는 부산 영사관과 교토 본산의 협조로 이동인을 1879년 9월 상순에 일본 옷을 입혀 벙어리 시늉을 하게 하고 승려 와다엔쥬和田圓什를 따라 밀항하게 했다. 그리고 지난 1877년 11월에 자신을 찾아온 바 있는 영국 외교관 어니스트 사토라는 인물을 소개해 주었다. 그후 오쿠무라는 이동인을 조선통신사와 수신사의 숙소이기도 한 도쿄 아사쿠사浅草 별원으로 보내 고종의 지시로 일본을 방문한 2차 수신사인 김홍집과 만날 수 있도록 주선하기도 했다.

오쿠무라 일기를 살펴보면 그의 행적은 포교사이면서도 일본 외무성과 밀접한 연결로 조선 개화파 인사들과 교섭창구 기능을 한 것을 알 수 있다.

오쿠무라와 이동인의 첫 만남과 동인일본만유사정(東仁日本漫遊事情)의 기록

출처:《조선국포교일지》, 가라츠시 고덕사.

이동인의 일본 활동

1980년 영국 국립공문서관에 소장되어 있던 어니스트 사토 문서가 공개되었다. 공문서, 편지, 일기, 메모 등으로 구성된 방대한 문서였다. 이 문건에는 조선 말기 외교사에 관한 대단히 중요한 사실들이 기록으로 남아 있다.

어니스트 사토는 런던에서 대학을 수학하고 청국에서 한자를 익힌 후 1862년 19살 어린 나이에 주일 영국 외교관으로 부임한다. 당시 국제질서의 헤게모니는 영국이 쥐고 있었고 메이지 정부의 외교 노선 역시 영국공사관을 주목하고 있었다.

사토가 조선에 관심을 기울이게 된 계기는 1877년 서남전쟁의 발발로 1월 29일 서둘러 가고시마鹿児島를 방문하면서였다. 사토는 사이고 다카모리를 기다리던 중 당시 일본은 물론이고 유럽에서도 유명해진 사쓰마 도자기의 생산지이며 조선 도예 공의 후손들이 사는 가고시마의 나에시로가와苗代川를 방문한다.

이후 사토는 1878년 11월 제주도와 부산 방문을 시작으로 조선과 본격적인 외교활동을 하던 중 1880년 5월 12일 자신의 집에 아사노朝野라는 이름으로 방문한 이동인을 처음 만나게 된다. 이동인은 만국공법을 배우고 서양의 문물을 익히기 위하여 일본에 밀입국했다고 일본어로 자신을 소개했다.

사토는 이동인이 도쿄에 체류하는 동안 거처를 제공하고 그에게 조선어를 배웠으며 그가 외교적 수완을 쌓아가도록 돕는다. 그뿐만 아니라 이동인이 조선에서 영국 측의 대리인agent을 자칭하는 것을 승인하기도 했다. 밀항으로 일본으로 건너온 이동인은 2차 수신사 김홍집 일

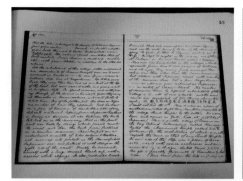

사토가 나에시로가와의 조선 도예촌을 방문한 일기(1877년 2월 7일)와
이동인 구명을 위해 애스턴에게 보낸 편지(1881년 9월 4일)

출처: 요코하마 개항자료관.

행과 함께 조선으로 들어갔고, 개혁과 개방정책을 고심하던 국왕 고종의 밀사로서 활약하기에 이른다. 고종의 밀명을 받아 2차 도일渡日을 한 이동인은 다시 사토를 찾아와 자신이 작성한 조미수호통상조약의 초안을 보여 주며 영국의 조속한 조영수교를 요청하기도 했다.

한편 이동인은 1880년 히가시 혼간지의 학승인 데라다 후쿠쥬寺田福壽를 통해 일본의 사상적 지도자인 후쿠자와 유키치福澤諭吉를 만났다. 후쿠자와는 열흘 동안 이동인을 자신의 집에 머물게 하면서 일본 사정을 살피고 일본 조야의 인사들과 만남도 주선했다. 이것이 후쿠자와와 조선 개화세력의 역사적인 첫 만남이다.

이듬해 5월 후쿠자와는 조사시찰단의 수행원이었던 유길준과 유정수를 자신이 설립한 게이오 기주쿠慶應義塾에, 그리고 윤치호를 도우 진샤同人社에 입학시켰다. 후쿠자와는 이동인의 소개로 조선의 문명화를 위해 김옥균 등 조선 개화파 인사들과의 교류를 적극적으로 추진하게 된다.

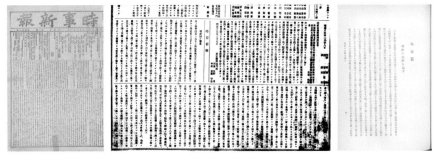

《시사신보》창간호(1882.03.01.)와 '조선국의 변란'(1882.03.09.),
'조선과의 교제를 논한다'(1882.03.11.) 기사

출전:《時事新報》,《福沢全集》第8卷, 國民圖書 (1926).

조선 귀국 이후의 활약

이동인에 대한 조선 정사의 기록은《고종실록》,《승정원일기》,《일
성록》에서 짧게 보인다. 그중《일성록》의 자료가 다른 사료보다 좀 더
소상한 편이다. 이동인의 탁월한 외교적 수완과 능력이 2차 수신사로
일본에 다녀온 김홍집을 통하여 조선 조정에 알려지고 국왕 고종의 총
애를 받아 승려 신분으로 새로이 신설하는 통리아문統理衙門의 참모관
參謀官으로 임명받는다.

1880년 10월 국왕 고종과 만난 이동인은 자신이 보았던 일본의 발
전 상황과 국제정세의 변천에 관해 자세히 설명했다. 고종은 마침 김
홍집이 가져온《조선책략》의 '연미론'에 주목하면서 미국과의 수교 체
결과 일본 정세 파악을 위해 이동인에게 두 번째 도일을 명했다. 수구
파의 견제를 피해 이동인을 원산에서 출발하도록 하고 여비와 정식의
여행증명서를 소지하고 방일하게 했다. 이번에는 고종이 국법을 어긴
밀항의 방식이 아니라 조선 정부의 정식 밀사로 이동인을 일본에 파견

한 것이다.

이 시기에 마침 고종은 개화를 추진하는 근대화된 정부조직으로 통리기무아문統理機務衙門을 구상하고 있었고, 일본에 조사시찰단, 청국에 영선사 파견과 외교, 국방에 관련된 업무까지 실무를 이동인이 주도적으로 처리하도록 절대적 신임을 보냈다. 이동인은 미국과 수호통상조약을 체결하기 위해 조선 측의 조약 초안을 미리 작성하기도 했다.

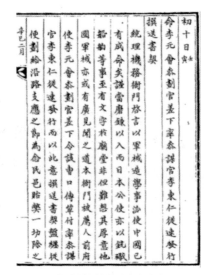

고종의 이동인 일본파견 지시문
[고종18년(1881년) 2월 10일]

출처:《일성록》, 고종기, 서울대학교 규장각.

이동인의 못다핀 꿈

1881년 3월 이동인은 조사시찰단 파견과 함께 비밀리에 군함과 총기를 구입하기 위하여 3차 도일을 준비하던 중에 실종되고 만다. 홀연히 등장하여 활발하게 활약하던 이동인에 대한 정치적 질투와 음모가 빚어낸 안타까운 비극이 아닐 수 없었다.

아직 이동인은 베일에 가려져 있다. 따라서 그를 평가하기는 쉽지 않다. 하지만 전환기의 위기 상황에서 일본으로 밀항하여 국제정세에 대한 시야를 넓히고 서양의 외교관과 전문가들은 물론이고 일본 고위 조야 인사들과 접촉했던 인물인 이동인의 가치는 한국 근대사에서 특별하다.

어니스트 사토는 이동인의 탁월한 능력과 감각을 매우 높이 평가했다. 그런 만큼 서구 세력을 배척하던 약소국 조선에서 근대문명을 받아들이고 자주 자강을 이루고자 노력한 이동인의 빈자리에 대한 사토의 아쉬움은 클 수밖에 없었다. 아무도 서구와의 교류에 관심을 기울이지 못하던 상황에서 생명의 위협을 감수하며 조선의 근대화를 위해 노력하고 숨은 외교관 역할에 충실했던 이동인은 그렇게 역사 속으로 사라지고 말았다.

이동인의 흔적을 찾다가 우연히 만난 사람들

어니스트 사토의 일기와 편지 등 여러 가지 자료의 원본은 영국 국립공문서관에 소장되어 있으며 사본이 요코하마시 横浜市 에 있는 개항자료관에 마이크로필름으로 보관되어 있다. 개항자료관은 1854년 미일화친조약 日米和親条約 이 체결된 역사적인 장소이기도 하다. 또한 오랫동안 영국 총영사관으로 사용되었으며 사토가 사용하던 트렁크가 놓여 있는 총영사 집무실은 지금도 예전 모습 그대로 남아 있다.

필자가 학예관과 사토와 관련된 내용을 의논하며 자료 복사를 의뢰하던 중에 마침 옆에서 그 대화를 듣고 있던 한 일본인이 말을 건네 왔다. 그는 교린대학 杏林大学 의 영문학자이면서 역사학자인 구스야 시게토시 楠家重敏 교수였다. 《영국 외교관이 본 메이지 유신 막후 イギリス外交官の見た明治維新の舞台裏》를 집필한 일본의 대표적인 사토 연구가인 구스야 교수로서는 사토에 관한 1차 자료를 찾는 한국인과 만남이 무척이나 흥미로운 것 같았다. 짧은 시간이나마 들어본 사토 문서에 관한 전문가의 자상한 설명은 사토 문서의 체계를 이해하는 데 큰 도움이 되었다.

요코하마 개항자료관에서 만난 구스야 시게토시 교수, 오른쪽은 1854년 3월 가나자와조약을 위해 페리가 상륙한 모습을 그린 것으로 타마구스노키(玉楠の木)가 아래쪽 사진에서 보는 것과 같이 지금도 개항자료관 정원에서 자라고 있다.

출처: 요코하마 개항자료관.

필자는 오쿠무라의 《조선국포교일지》를 찾아 고덕사로 향했다. 규슈의 후쿠오카역에서 가라쓰역으로 가는 도중 고덕사高德寺에 전화로 출발 사실을 알렸는데 오쿠무라 주지가 장례의식을 집전하여 출타 중이라 늦는다고 했다. 그동안 가라츠에 있는 나고야성名護屋城을 답사할 시간을 가졌다. 가라츠는 예부터 일본에서 조선과 중국으로 건너가는 해상교통의 중심지였다. 나고야성은 도요토미 히데요시가 임진왜란 직전 조선 침공의 전진기지로 대대적으로 축성을 한 곳이다. 고덕사는 오다 노부나가의 가신인 오쿠무라 카몬노스케奧村掃部介가 죠신淨信이라는 법명으로 부산에 건너가 1592년에 부산해 고덕사釜山海高德寺를 창건했다가 왜란이 끝나면서 철수한 사찰이다.

나고야성을 둘러본 후 고덕사에 도착하여 전시관에 있는 조선 관련 자료들을 살펴볼 수 있었다. 《조선국포교일지》 외에도 《한국포교일지》를 비롯하여 임진왜란 시기의 포교 자료와 메이지 정부의 조선파견 승려에 대한 미간 자료도 상당히 존재하고 있었다. 오쿠무라 주지는 이방인을 반갑게 맞아주면서 《조선국포교일지》와 함께 하얀 면장갑까지 준비하여 내놓았다. 아주 얇은 종이에 기록된 일기 한 장 한 장을 조심스럽게 넘기면서 내가 찾는 이동인의 모습이 머릿속에 그려지기 시작했다. 잊힌 역사 속 인물을 탐구하며 1차 자료를 찾아내 직접 마주하는 느낌은 유레카의 흥분을 일으키는, 뭐라 표현하기 힘든 감동과 희열로 다가왔다. 오쿠무라 주지의 세심한 배려에 감사의 인사를 전하고 다시 한번 찾아오겠다는 말을 남기고 후쿠오카 공항으로 돌아왔다.

오쿠무라 주지와 함께 찍은 사진(좌),
임진왜란 때 부산에 사찰을 건립한 부산해 고덕사 문건(1598년 4월 13일)(우)

글과 그림으로 체험하는
일본 여행

생명이 흐르는 니가타의 재탄생
- 설국의 땅이 예술로 거듭나다

안원실 (신성대학교 교수)

인문학 기차여행을 계획하던 중 버킷리스트를 실천해 보고 싶은 심정으로 어느새 내 마음은 '설국'의 땅, 니가타新潟로 쏠리고 있었다.

"기차가 국경의 긴 터널을 빠져나오자
거기 '설국'이 펼쳐졌다. 밤의 밑바닥이 환해졌다."

일본 최초로 노벨문학상을 수상한 가와바타 야스나리川端康成 의 《설국雪國》1968년을 완독하지는 못했지만 설렘과 기대를 안겨 주는 첫 문장만큼은 외우고 있다. 과연 그런 설국이 펼쳐질까. 소설 속 주인공처럼 '환한 설국'을 맞이할 작정으로 마음은 이미 기차에 올라타 터널로 향하고 있었다. 국경을 뜻하는 니가타현과 군마현의 경계가 되는 지점인 시미즈터널[1]로 들어서면 누구나 살짝 긴장할 것이다. 도쿄와는 완전히 딴 세상인 신세계를 기대하면서 말이다. 하지만 터널 밖의 세상은 기대만큼 감동적이지 않다. 왜냐하면 사람들은 조에츠신칸센上越新幹線[2]을 이용하는데 소설 속의 캄캄하고 긴 터널 대신 다른 터널

---

1 1931년에 개통된 JR이며 길이 9,702m로 물론 지금도 이용하면 소설 속 '환한 설국'이 펼쳐질 것이다.

2 1982년에 개통된 신칸센이며 도쿄에서 《설국》의 무대인 에치코유자와역까지 2시간

가와바타 야스나리가 집필하던 다카한 료칸(高半旅館)[3]

로 빠져나오고 나오자마자 바로 에치고유자와越後湯澤 역이기 때문이다. 실망해서 싱거워진 가슴을 애써 쓸어 담고 그 길로 곧장 소설《설국》을 집필한 장소로 발걸음을 옮긴다. 작가 가와바타 야스나리는 에치코유자와 온천마을에 묵으면서 실제 자신의 삶과 정서를 심미적인 감각으로 써 내려갔다.

여행 준비물로 가장 먼저 챙길 것은 소설《설국》을 끝까지 읽어 보는 일이었다. 여기에 영혼을 자극하는 서정적이고 인상적인 문장을 간략하게 소개해 본다.

이면 도착한다.
3 900여 년 전통의 36대째 운영 중인 전통 료칸이다.

《설국》 슬프도록 아름다운 이야기

　도쿄 출신 문필가인 남자주인공 시마무라島村는 번역 일로 에치고 유자와 마을에서 휴양차 머물게 된다. 거기서 솔직하고 정열적인 게이샤 고마코駒子를 만나 매력에 끌리면서 이야기가 전개된다. '거울 속에는 저녁 풍경이 흐르고 있었는데…' 거울에 비춰진 고마코의 기모노 차림을 마치 살아 움직이는 듯 섬세하고 함축성 있게 그려 내는 문체는 차라리 신비로운 떨림마저 안겨 준다. 그 후 시마무라는 우연히 기차 안 창유리를 통해 맞은편에 앉아 환자를 병시중하던 미소녀 요코葉子의 청초함에 이끌린다. '기차가 달리고 있는 가운데 바깥 풍경과 기차 안의 풍경이 흘러가는 듯이…' 내다보이는 창밖의 풍경과 창유리에 비춰지는 기차 안의 정경을 한 장의 스크린으로 겹쳐 비춰 내는 작가의 필력과 재치에 잔잔한 감동의 물결이 일렁인다.

　한편, 고마코의 연정은 시마무라를 만난 후부터 그를 향해 달아올랐지만 시마무라는 요코가 병시중을 하던 남자 유키오行男가 고마코의 약혼자인 사실을 나중에 알게 되었고, 고마코에게 깊이 매혹되면서도 기차 안에서 병시중하던 요코에게서 아름다움의 극치를 발견한다. 여기서 삼각관계의 미묘한 심리를 시마무라는 두 여인 고마코와 요코와의 이별을 예감이라도 했는지 모호한 태도로 지식인답게 절제하며 비정함을 끝까지 유지한다. 그러던 중에 병든 유키오가 결국 죽고, 1년 후 요코는 갑작스런 화재로 죽게 되는데 그 소식을 듣고 황급히 찾아간 고마코에게 요코는 이렇게 고백한다. 1년 전, 유키오가 죽기 직전에 '고마코'를 부르며 눈을 감았다고…. 유키오를 애인이라 믿고 병시중하던 요코는 자신의 덧없는 사랑을 내려놓기라도 하듯 한순간에 죽음을 맞이한다. 활활 타오르던 불기둥이 스러지듯 아스라이 사라지는 상실감으로 마무리되지만, 죽음 자체를 슬프고도 아름다운 환상의 세계로 빨려 들어가듯이 마지막을 그려 낸다. '땅을 버티고 선 채로 하늘을 우러른 순간 쏴아 하고 밤하늘의 은하수가 시마무라의 몸속으로 흘러내리는 것 같았다.'

신비한 슬픔을 머금고 하얀 눈밭으로 총총히 사라지는 고마코의 뒷모습은 왠지 허전하고 쓸쓸한 여운만이 감돈다. 결말을 보여 주지 않은 채 마치 인간이 풀어야 할 영원한 과제로 제시하듯 아쉬운 울림만을 남기고 있다. '아름답기 때문에 슬프고, 슬프기 때문에 아름답다' 는 말처럼….

니가타의 '천상의 조화'

지도를 펼쳐놓고 니가타의 위치를 찾아보니 바다를 사이에 두고 서울과 니가타의 위도가 동일선상에 있지 않은가? 대체 어떠한 마법의 힘이 작용했기에 니가타의 겨울에 '설국'이 펼쳐지는지 사전 조사를 해 보았다.

겨울이면 동해바다 습기를 흠뻑 머금은 구름과 기압골이 니가타의 높은 에치고 越後산맥을 넘지 못하고 함박눈으로 바뀌어 최대 4m 이상 하염없이 쏟아붓는데

서울-니가타 위도

이는 천상의 조화인 듯하다. 감성소설 《설국》이 탄생할 수 있었던 것도 아무래도 대자연 설국의 경이로움을 배경으로 서정적인 스토리를 입혀 만들어 낸 결과가 아닐까. 사실 과거의 니가타는 겨울에는 폭설로 오도 가도 못하고, 봄이면 그 엄청난 눈이 녹아 시나노강이 범람하고, 여름이면 잦은 홍수에 게다가 지진까지 대자연 앞에서 피할 길 없는 척박한 오지의 땅이었다.

그러나 사람들은 자연에 순응하며 체념하기보다는 하늘이 주는 혜택이라 여기고 홍수 대비 관수시설과 품종 개발 등 끊임없는 연구를 거듭한 결과 척박한 오지를 보배의 땅으로 일구어 냈다. 마침내 폭설은 풍부한 청정수가 되어 대지를 촉촉하게 적시며 명품 쌀 '고시히카리'와 명품 술 '사케'를 만들어 냈다. 이것은 바로 대자연 '설국'의 결과물이고, 소설 《설국》이 지닌 스토리의 힘이 아닐까. 이제 사람들은 니가타를 보고 역설적으로 이렇게 말한다.

'흰 눈과 흰 쌀 그리고 투명한 사케는
하늘이 내린 3백三白의 선물이라고…'
'대지大地 그리고 물과 흙의 생명이 흐르는
그곳이 바로 니가타新潟라고…'

니가타 여행을 계획하며 흥분하게 만든 것은 '니가타의 3백三白'이란 별칭이다. 별칭에 걸맞은 먹거리와 즐길 거리, 느긋한 휴식을 통해 리프레시하기에 충분한 자격을 갖춘 곳이 바로 니가타란 사실에 떠나고 싶은 충동을 더는 억제할 수가 없어 당장 떠날 채비를 한다.

'3백三白'의 매력에 취하다.

'스키 천국'[4]인 니가타의 겨울은 4m 이상의 폭신한 파우더 설질을 자랑하는 양질의 눈이 쌓이기 때문에 해외에서도 많은 스키어들이 찾는다. 주변에 온천이 많은 것도 빼놓을 수 없는 매력이다. 낮에 짜릿한 스릴을 즐겼다면 저녁에는 설경 속 노천 온천에서 피로를 풀 수 있다니 제대로 쉼표를 찍을 수 있는 곳이 아닌가.

먹거리의 기본은 밥상이다. 밥상의 주인공은 밥이다. '니가타의 빛'이란 뜻을 담은 고시히카리越光 쌀로 밥을 지었을 때 윤기가 나면서 쫀득쫀득 찰진 맛은 일품이다. 밥이 맛있으면 가장 중요한 것이 해결되지 않는가. 거기에 명품 술 사케를 곁들인다면 최고의 호사를 누리는 사치가 될 것이다. 왜냐하면 '설국'이 빚어낸 청정수와 쌀, 낮은 기온 그리고 '사람의 기술'이 모여 만들어 낸 술, 그야말로 '니가타 하면 사케酒'[5]이기 때문이다.

사케 관련한 흥미로운 곳으로 '폰슈칸ぽんしゅ館'을 들러 보자. 기차로 이동 중에 역 구내에 있는 폰슈칸에 누구나 쉽게 들러 단돈 500엔을 내고 술잔과 코인을 받아서 자판기로 5잔을 시음할 수 있는 곳인데 사케를 직접 맛보고 구매하라는 실속 있는 마케팅 전략이 엿보인다. 자판기로 사케를 마시다니 언택트 시대에 잘 어울리는 콘셉트가 아닌가. 인기 순위대로 5잔만 시음해도 이 세상 술을 다 마셔 본 듯한 만족감과

---

4 스키 발상지(1911년)로 니가타현에만 60여 개의 스키장이 있다.

5 니가타 지역 내 96개의 양조장에서 생산하는 500여 개의 사케브랜드 파워는 매년 3월에 술 축제를 통해 세계로 통한다고 한다. 사케의 본고장답게 샤브샤브 국물을 사케 100%로 끓여 내는 기발한 발상과 사케 성분을 이용한 화장품 등을 선보인다니 오감을 자극하기에 충분하다.

폰슈칸(에치고유자와 역 구내)
술병을 베개 삼아 술에 취해 있는 샐러리맨

착각에 취할 것 같다. 안주로는 된장과 소금이 무료 제공되며 18시까지 입장 가능하고 제한시간은 60분이란 정보도 입수했다. 옆집 '누룩 카페'에서는 누룩으로 만든 건강음료와 효모, 술지게미를 활용한 빵 등 발효식품을 즐길 수 있다니 색다른 체험도 보태야겠다. 그리고 바로 옆에는 사케온천 술을 들이부은 목욕탕이 있는데 숙취 해소에 그만이란다. 술에 몸을 담그는 재미는 어떨까? 이제 슬슬 그 쏠쏠한 재미에 취해 보고 싶기도 하다.

그뿐인가. 니가타에서만 맛볼 수 있는 기와미極み는 '극한의 맛'을 낸다는 뜻으로 갓 잡은 싱싱한 성게, 참치, 게, 방어 등 10종류의 초밥 브랜드를 말하는데 그 기막힌 맛을 식도락하기로 기억 속에 꼭 챙겨야겠다. 이어서 미식 여행 테마기차를 타고 100가지 연어 요리로 유명한 고장에 들러 맛본 후, 노천 온천을 즐기며 바다의 아름다운 석양을 바라보는 야무진 상상도 해본다.

농촌의 위기를 '예술'에서 답을 찾다

소설《설국》의 무대였던 에치고유자와의 옆 동네 에치고츠마리越後妻有 마을은 적설량이 많고 고시히카리 쌀을 대량 생산하는 산골짜기 농촌마을이다. 그런데 젊은이들의 도시유출로 빈집과 폐교가 속출하고 노령화로 생산성이 떨어져서 아름다웠던 계단식 논은 황폐해졌고 외롭고 텅 빈 산골짜기 마을이 되었다.

산골짜기 두메산골에서 '대지大地의 예술제'[6]라니 처음에 주민들은 도무지 생소하고 납득할 수 없었기에 완강하게 반대했다. 이렇듯 예술제의 출발은 순탄치 않았다. 뜻있는 예술가와 대학생들이 마음을 열지 않았던 고령자 주민들을 직접 방문하여 끊임없이 설득하고 지역설명회만 무려 2,000회 이상 열어 공감을 얻어낸 결과 마침내 호응을 얻어 지금까지 약 20년간 현재진행형으로 유지하고 있다.

특히 지역을 강타한 지진2004년으로 무너진 집과 폐교 등을 재창조하는 작업을 지켜본 주민들은 결속력을 갖게 되었고 그토록 반대했던 '대지의 예술제'를 오히려 목소리를 높여 적극 추진하고 유지해야 한다고 주장하며 실천하고 있다. 농촌의 위기에 대한 답을 '예술'에서 찾았다고 할까.

또한 '대지의 예술제'가 지향하는 특이한 점은 '비효율성 정신'이다. 무려 350여 점의 작품을 에치고츠마리 전역762㎢에 걸쳐 분산 배치했다는 것은, 효율적이지 않아 불편을 호소할 법하지만 그 넓은 대지가 한 장의 캔버스가 되어 예술을 담아내고 발품을 팔아 '느림의 미학'으

---

6 2000년 여름부터 개최된 국제 예술제(3년 주기)로서 세계각지에서 성황리에 참여하는 대규모 예술제이다.

로 체험하라는 정신이 녹아 있다. 이것은 하루에 다 구경할 수 없다는 계산이 나오는데 여기서 주민들은 직접 재배한 고시히카리 쌀과 각종 농산물로 식당을 열거나 관광객이 쉬어갈 수 있도록 휴게소와 숙소도 마련했고, 심지어 90세가 넘은 고령자들도 조금이나마 보탬이 되고자 마을 어귀에서 환한 미소로 따뜻하게 맞이하며 안내 역할을 해냈다는 이야기는 가장 아름다운 감동을 준다.

한편, 니가타 시내에서는 '물과 흙의 예술제'를 통해 삭막한 도시공간을 새롭게 해석하고 있다. 과거의 시공간을 기억하며 레트로Retro를 뉴트로Newtro로 새롭게 접근하는 시간여행 축제로서 도시의 공해문제 등 현재를 성찰하여 미래에 활력을 불어넣는 역할을 하고 있다. '흙에서 와서 흙으로 돌아간다'는 자연의 섭리와 사람을 연결하고, 니가타의 물은 대자연 '설국'이 만들어 낸 청정수라는 사실을 부각시키며 지역의 숨겨진 가치를 자연 친화적인 흙, 돌, 밀짚, 나무를 사용해서 창작하고, 자연과의 공생 방법과 먹거리 등 농업 관련 심포지엄도 활발하게 진행하고 있었다.

생명이 흐르는 니가타의 재탄생

니가타의 두메산골 에치고츠마리는 아름답고 정겨운 농촌풍경과 예술이 함께하는 마을이 되었다. '인간은 자연에 내포되어 있다'는 콘셉트로 창작한 예술작품은 개최 기간이 아니라도 일 년 내내 에치고츠마리 전역에서 볼 수 있다. 카바코프의 작품 '계단식 논'을 바라보며 제철 밥상을 즐길 수 있는 식당이 있고, '숲속 학교 쿄로로'는 주민들이 모두 자연과학자가 되어 만들어 낸 자연박물관이기도 하다. 쿠사마 야요이의 '꽃피는 츠마리'와 하라 히로시가 설계한 '사토야마 미술관'을 관람할 수 있으며 두메산골에 숨겨진 매력을 예술의 관점에서 찾아낸 마츠다이 '노부타이農舞台'는 '설국'의 농경문화와 예술을 접목시킨 종합문화시설이다.

폐교의 교실은 카페로 새롭게 변신하고 관광객들에게 멋진 하룻밤을 보낼 수 있도록 각별한 숙박을 제공한다. 빛의 예술가 제임스 터렐의 '빛의 여관'은 추억의 숙박 장소로 남을 것이다. 처음은 2군데 마을로 출발했지만 현재는 200여 군데 마을이 참가할 만큼 확대되어 세계 각지에서 니가타로 발걸음을 재촉하고 있다.

니가타는 자연과 예술이 공존하는 지역재생의 선진 사례로 주목받고 있다. 술 익는 봄에는 '술 축제', 여름과 가을은 '대지의 예술제'와 '물과 흙의 예술제', 겨울은 대자연 '설국' 덕분에 스키 관광객으로 북적대는 그야말로 연중무휴 니가타의 저력을 보여 주고 있다. 생명이 흐르는 '니가타의 재탄생'을 예감하게 된다.

핵심은 사람이다. 주민들의 주인의식과 참여의식이 자원봉사로 이어졌기에 성공적으로 지역재생을 이루었다고 해야 할 것이다. 주민들의 협조 없이는 '예술제'를 진행할 수 없기 때문이다. 한편 세계 각지의 예술가들은 작품 속에 '대지와 사람들'을 담기 위해 1~2년 전부터 마을에 직접 체류하면서 주민들과 함께 먹고 마시며 자연과 사람이 어떻게 소통할지를 깨달아 가며 작품을 창작한다. 이때 주민들은 단순히 넓은 대지만 제공하고 그저 작품을 감상하는 데 그치지 않고, 작품의 설치, 유지와 보존에도 직접 참여하여 관리하고 운영했다. '대지'와 가장 밀접한 농업인의 삶에 '예술'을 입혀 마침내 예술마을로 거듭났고 주민들은 주인공이 되어 있었다.

니가타 여행을 사전 조사하는 과정에서 의외의 수확이라면, 자연과 예술의 힘이 빚어낸 '대지의 예술제'를 알게 된 사실이다. '예술'은 사람과 자연을 이어 주고, 사람과 사람을 연결시키는 힘이 있다는 것을 새삼 깨달았다. 잃어버린 자연의 가치를 되찾고 자연과의 관계를 이어 가기 위해 속도를 늦출 줄도 아는 삶의 지혜를 겸손하게 체험하고 싶어진다. 마치 이 세상에 숨어 있던 소중한 보물을 찾아낸 것만 같아 뿌듯하고 가슴 설렌다.

교토는 지금도 문화의 도시

유민영(교토대학 법학연구과 정치학 박사과정)

우리나라에 천년고도 경주가 있다면 일본에는 역시 천년고도인 교토가 있다. 서기 794년부터 1869년, 불과 150여 년 전까지 천 년 넘게 수도였던 이곳에는 오랜 역사와 문화가 그대로 남아 있다. 지금의 기준으로는 그리 큰 도시가 아님에도 불구하고, 교토라는 도시의 이름 자체가 세계적으로 많은 사람들에게 하나의 브랜드로 인식되고 있다. 덕분에 교토의 거리에서는 수많은 관광객을 쉽게 만날 수 있다. 일본의 다른 지역 고등학생들이 단체로 교복을 입고 수학여행을 즐기고 있는 모습부터, 가까운 한국을 비롯한 아시아에서 온 관광객들, 그리고 동양의 옛 수도가 궁금해 멀리서 찾아온 서양인들과 매일 거리에서 마주친다. 하지만 교토의 매력을 '천년고도'라는 말로 충분히 설명하기는 어렵다. 교토는 천 년 전 도시이기도 하지만 지금 이 순간을 살고 있는 교토 사람들의 도시이기도 하기 때문이다. 이 글에서는 교토의 전통적 매력과 함께 이 도시에 살면서 느끼는 바로 지금의 모습을 소개한다.

녹음이 우거진 교토의 모습

교토의 전통과 사계절

교토에서 태어나 평생을 살아온 사람들에게 교토의 가장 좋은 점을 물으면, '사계절을 느낄 수 있는 계절감이 뚜렷하다'고 대답하는 경우가 많다. 실제로 교토의 봄에는 어딜 가더라도 벚꽃이 흐드러지게 피어 있고, 여름에는 분지 지형 탓에 일본 최고라는 더위와 함께 짙은 초록빛이 펼쳐져 녹음이 우거진 도시라는 사실이 자연스레 실감이 난다. 가을에는 짙은 붉은색의 단풍을 더욱 고즈넉하게 감상할 수 있는 옛 사찰로 사람들이 모여들고, 겨울에는 앙상해진 나무들과 매서운 바람 사이에 꼿꼿하게 서 있는 옛 절과 신사들이 교토의 겨울을 깊이 느끼게 한다. 아마도 교토를 관광지로 찾는 이들은 이렇게 짙게 풍기는 계절감의 매력에 교토를 좋아하게 될 것이다.

계절은 자연의 변화이지만 계절감을 더 깊게 느끼게 해주는 건 옛 사람들이 만들어 낸 교토의 오래된 건축물이다. 권력의 중심지 역할을 했던 사찰과 신사가 천여 개 이상 교토에 모여 있고, 단순히 수만 많은 것이 아니라 규모 면에서도 천년고도다운 모습을 보여 준다. 관광객들이 많이 찾는 기요미즈데라淸水寺의 경우 경내 면적만도 13만 평에 달하는데, 참배로와 출입문 근처에 크고 작은 사찰과 신사들이 함께 늘어서 있어 체감상의 기요미즈데라는 훨씬 더 크다. 옛 향기를 풍기는 건축물 사이사이에 있는 정원과 참배로에는 항상 초목이 함께하기 때문에 계절에 따라 모습을 바꾸는 자연과, 어떤 계절의 자연에도 잘 어우러지는 전통 목조건물의 조화가 교토의 분위기를 진하게 자아낸다.

교토 시내와 조금 떨어져 있지만 관광객들의 필수 코스로 꼽히는 곳이 남쪽의 뵤도인平等院이다. 자주 쓰이는 10엔짜리 동전 뒷면에 새겨져 있을 정도로 일본을 대표하는 유적지 중 하나이기도 하다. 교토 중심지역에서 카모강鴨川을 따라 남쪽으로 내려가다 보면 오사카로 가는 길목에서 강줄기가 카츠라강桂川과 우지강宇治川으로 나뉘는데, 이 우지강을 끼고 있는 곳에 뵤도인이 위치한다. 이 지역은 산과 물로 둘러싸인 유려한 풍광 덕에 역사상 처음으로 교토를 수도로 삼은 794년부터 시작된 헤이안시대 귀족들의 별장지이기도 했다. 뵤도인 역시 당대 최고의 권력자였던 후지와라藤原 씨의 별장이었던 곳이다. 후지와라 씨의 세도가 가장 번성했을 때 지어진 화려하고 아름다운 건물들이 자연과 어우러지며 당시의 귀족문화를 생생하게 보여 준다.

많은 관광객들은 교토에서 계절과 전통을 느끼기 위해 이런 사찰과 신사들을 찾는다. 사찰이 그대로 커다란 자연 속에 들어가 있는 듯한 기요미즈데라, 자연을 이용한 건축으로 당대 최고의 세련됨을 보여 주는 뵤도인, 지붕을 금으로 바른 번쩍번쩍한 지붕으로 눈을 사로잡는 금각사金閣寺, 이와 대비되어 소박한 듯하지만 자세히 들여다보면 섬세한 배치로 역설적인 화려함을 자아내는 은각사銀閣寺의 정원, 길게 늘어선 주황빛의 도리이鳥居, 신사의 대문 역할을 하는 높은 건축물들이 영화 〈게이샤의 추억〉의 배경으로 쓰여 유명해진 후시미이나리 신사伏見稲荷大社 등이 관광객들을 가장 많이 끌어모으는 곳이다. 필자 역시 교토에 살기 전, 여행자로 방문했을 때 이곳들을 찾아 고즈넉한 교토의 풍경을 마음껏 즐겼던 기억이 있다.

교토의 지금

4년째 교토에 살고 있는 지금, 계절이 바뀔 때 저 유명한 사찰과 신사들을 찾아 자연과 교토의 분위기를 듬뿍 느끼고 오는 것은 당연히 즐거운 일이다. 하지만 교토의 하루하루 일상에서 접하는 문화들은 의외로 현대적이기도 하다. 사찰과 신사로 향하면 전통문화가, 그리고 지금부터 소개할 교토의 '지금'으로 향하면 현대의 문화가 우리를 반겨 준다. 교토를 '전통문화의 도시', '천년고도'라고만 표현하기보다 바로 지금도 생생히 살아 있는 풍성한 문화의 도시라고 소개하고 싶은 이유이다.

먼저 전통적 건축물인 헤이안 신궁 바로 옆에 커다란 문화공간인 교토 국립 근대미술관이 들어서 있다. 일본의 국립 근대미술관은 수도인 도쿄와 교토 두 곳에만 있다. 경제 규모나 인구 규모가 10위권 안팎인 교토에 국립미술관이 있는 것 자체가 문화도시인 교토의 위상을 보여 준다고 할 수 있다. 교토 국립 근대미술관에서는 일본 미술은 물론, 서양 근대미술의 사조를 잘 보여 주는 전시회가 다수 개최되고, 생활 속

디자인에 중점을 둔 특별전, 영화 포스터 특집 전시 등 현대의 예술을 느끼게 해 주는 전시가 끊임없이 열리고 있다. 2020년에는 '체코 디자인 100년의 여행'과 '폴란드 영화 포스터전'이 진행되었고, 2019년에는 '드레스 코드, 입는 사람들의 게임', '터키 보석전', 그 이전에는 '교토의 직물', '세기말 빈의 그래픽 디자인', '후지타 츠구하루藤田嗣治전', '바우하우스에의 응답' 등 다양한 분야의 전시가 열렸다. 인구가 많은 도시가 아님에도 불구하고 인기 있는 전시의 경우 주말에는 길게 줄을 서야 관람할 수 있을 정도로 시민들의 관심도 매우 뜨겁다.

헤이안 신궁과 교토 국립 근대미술관 사잇길에는 '롬 시어터 교토'라는 큰 공연장이 있다. 이곳에서는 전통공연부터 현대극, 발레, 오페라, 현대미술과 접목한 설치미술까지 다양한 예술적 체험을 가능하다. 또 매년 교토국제사진전이 시내 각지의 크고 작은 전시관에서 개최되고, 시내 이곳저곳에 위치한 여러 작은 갤러리에서는 개인 작가들의 수준 높은 전시를 종종 만날 수 있다.

교토의 생활 속 문화

교토에는 다른 나라와 문화교류를 위한 공간들도 생활 속 깊숙이 파고들어 있다. 백여 년 전 개화기에 일본 최초로 프랑스식 빵을 만든 곳이 바로 교토의 한 빵집일 정도로 교토는 문화 포용에 적극적이었는데, 지금도 교토 시내 중심에 프랑스, 독일, 이탈리아 등의 문화원이 큰 규모로 자리하고 있다. 문화원에서는 프랑스어와 독일어, 이탈리아어를 배우는 프로그램을 진행하고 있고, 한 달에 한 번 간식과 기념품을 판매하며 야외 음악회를 함께 즐길 수 있는 축제를 열기도 한다.

자국 영화 상영회와 문학 강연회 등도 주기적으로 개최된다. 또한 1층에 자국의 음식을 판매하는 식당을 운영하고 있어, 언어나 문화를 배우려는 사람들뿐 아니라 간단히 식사를 위해 방문한 사람들이 자연스레 다른 나라의 문화를 접하는 기회를 제공하고 있다. 필자 역시 친구와 점심식사를 하러 프랑스 문화원을 방문했다가 영화 상영회를 보고 평소에 잘 알지 못했던 프랑스 영화에 관심을 갖게 되기도 했다.

한편 교토에서 가장 흔한 일상적인 문화공간은 바로 커피를 파는 카페이다. 교토의 전체 커피 소비량은 일본 전국 도시 중 1위를 차지한다. 인구 순위가 13위인 것을 감안하면 놀라운 수치이다. 또 교토에 위치한 카페 수는 2,232개로, 인구 1,148명 당 한 개의 카페가 있는 꼴이다. 대도시인 도쿄와 그 주변 도시의 경우 오히려 인구 2,000~3,000명 당 카페 하나 정도의 수치에 그친다는 점을 감안하면 어떤 도시보다도 교토 사람들의 일상에 카페가 스며들어 있다고 할 수 있다.

우리나라도 카페 문화가 발달했지만, 교토의 카페 문화가 한국과 조금 다른 점은 바로 카페에서 간단한 식사를 하는 사람이 많다는 점이다. 번화가가 아닌 곳에도 직접 개발한 런치메뉴를 파는 동네 카페가 많고, 그곳에서 혼자 간단한 점심을 해결하는 단골도 많다. 물론 식당이 아니라 카페이기 때문에 오므라이스나 함박스테이크 등 간단한 메뉴가 주로 등장하고, 식후 커피도 필수로 따라 나온다. 이렇게 간단하게 식사를 해결하며 동네 카페에 단골이 되면, 아무리 개인적 성향이 강한 일본 사람들이라도 자주 마주친 만큼 웃으면서 인사할 정도로 친분이 쌓이게 된다.

물론 친분을 쌓으러 카페에 가는 것만은 아니다. 전국 1위를 자랑하는 교토의 커피 소비량에서 보듯 교토 사람들은 다른 지역에 비해 커피를 좋아하고 그만큼 많이 마신다. 작은 카페나 간단한 음식점에서도 어떤 브랜드의 커피를 사용하는지 입간판으로 표시해 두기도 하고, 가게마다 특유의 원두를 조합해 카페의 개성을 나타내는 곳들도 많다. 일본 전국의 커피 애호가들과 세계 각국에서 온 관광객들이 원두 생산지도 아닌 교토에서 원두를 구입해 가는 이유이기도 하다.

교토에 거주하면서 이렇게 다양한 문화를 접할 수 있었는데, 또 한 가지 좋은 점은 전통과 현대의 문화시설이 대부분 걷거나 자전거를 이용해 쉽게 도착할 수 있는 거리에 있다는 사실이다. 교토시 자체의 면적은 작지 않은 편이지만, 북쪽의 절반 정도는 산지로 이루어져 있기 때문에 대부분의 문화시설이 평지인 남쪽에 집중되어 있다. 옛 중심지도 교토 남쪽 지역에 위치했기에 많은 유적지들도 가까운 곳에 남아 있다. 천 년 전의 문화가 살아 숨쉬는 바로 그곳에서 또다시 다양한 문화를 받아들여 현대의 문화가 활발히 숨쉬는 곳, '옛'과 '지금'을 동시에 즐길 수 있는 곳이 바로 교토이다.

도쿄 긴자의 어제와 오늘

정은순(공부모임을 사랑하는 사람)

긴자는 명품 거리이다. 에르메스, 구찌, 루이비통, 디오르 등 세계적인 고급 브랜드 매장이 줄지어 들어서 있다. 고급 백화점과 고급 상점, 화랑과 골동품점도 밀집해 있어 단연 번화가 중의 번화가이다. 긴자는 멋의 거리이기도 하다. 에도시대부터 쇼와시대까지 긴자의 패션과 미의식은 각 시대별로 세련粹, 하이칼라, 모던, 미유키족みゆき族으로 상징되며 이어져 왔다. 모두 현대적이며 시대를 앞서 이끄는 힘이 느껴진다. '미유키족'은 1960년대에 미국 동부의 명문대 학생들이 주로 입던 클래식하면서도 편안한 스타일인 아이비 룩 차림으로 긴자의 미유키거리 주변을 어슬렁거리며 독특한 문화를 유행시켰던 젊은이들을 지칭한다. 이런 이유들로 긴자는 럭셔리함과 화려함이 넘치는 패션가, 쇼핑가, 유흥가로만 기억될 수 있다. 하지만 긴자는 많은 얼굴을 가지고 있다.

1920~30년대 긴자에서는 '긴부라'가 유행했다. 긴부라銀ぶら는 긴자거리를 하릴없이 어슬렁거리며 산책하는 것을 말한다. 지금과는 다른 환경이었지만 긴자는 긴자였다. 보고 듣고 먹고 즐길 것이 많았다. 쇼트커트 파마머리에 화려한 양장 차림을 한 전화 교환원과 타자수, 그리고 백화점 점원들이 긴자거리를 활보했다. 이들은 당시 대표적인

사무직 여성 화이트칼라였다. 남성들은 멀끔한 양복에 세련된 모자와 지팡이로 한껏 멋을 내고 긴자거리로 진출했다. 모던 걸, 모던 보이의 약칭인 '모가'와 '모보'로 불리던 젊은이들이다. 긴부라는 긴자가 상업 도시로 현저하게 발전한 것을 배경으로 생겨난 단어라고 할 수 있다. 긴자에서 모가와 모보는 세계를 뒤덮은 불경기는 아랑곳하지 않은 채 긴부라를 유행시키며 패션을 선도했다.

오늘날 이름 자체가 브랜드가 된 긴자는 어떤 역사를 가지고 있을까. 쭉 곧기만 한 역사일까, 굽이굽이 이어져 온 역사일까. 긴자거리를 어슬렁어슬렁 '긴부라'하며 어제의 긴자를 만나는 일은 오늘의 긴자를 더 잘 이해하게 만들어 줄 것이다. 그런데 긴자는 왜 긴자일까.

은화를 만들던 은좌, 긴자

긴자銀座는 은화를 만드는 주조소가 있던 것에서 유래한다. 에도시대, 통일 정권을 이룬 도쿠가와 이에야스는 지역마다 각각 통용되던 화폐 체제를 새롭게 구축할 필요가 있었다. 금화, 은화, 동전의 기준 통화를 정하고, 각각의 양식과 무게, 형태 등을 통일하는 이른바 삼화 제도를 확립했다. 각 화폐의 발행은 시기적으로 차이는 있었지만, 이로써 통일 정권이 독점적으로 제조하는 금화, 은화, 동전이 공적인 화폐로 통용되었다. 은화를 만들고 관리하던 조합조직인 관청이 바로 은좌銀座, 즉 긴자였다. 당시 긴자는 교토와 오사카, 그리고 슨푸와 나가사키에 있었다. 그런데 슨푸駿府에 있던 긴자가 지금의 긴자 자리로 옮겨오면서 '도쿄의 긴자'가 시작되었다. '은좌'라고 하는 이름이 빛나는 거리의 유래가 된 것이다.

그러나 은화를 둘러싼 부정행위를 이유로 긴자는 다시 니혼바시日
本橋 쪽으로 이전되었다. 그럼에도 '긴자'라는 명칭은 살아남았다. 현
재 '긴자'는 일본 전국 여기저기에 많이 존재한다. 홋카이도에도 있고
가고시마에도 있다. 주로 상점가나 거리명에 붙어 상업지 혹은 번화가
의 대명사로 사용되고 있다. 도쿄 긴자의 화려한 이미지와 번성을 염
원하는 마음이 함께 녹아 있는 듯하다. 통칭이었던 도쿄의 긴자는 나
중에 정식 지명으로 정해져서 오늘에 이른다.

근대화의 상징, 벽돌거리 긴자

일본에는 목조 가옥이 많다. 전국적으로 단독 주택의 80% 이상이
목조 건축이다. 이는 일본의 풍토, 역사, 문화적인 면과 관계가 깊다.
일본 특유의 고온다습한 기후도 무시할 수 없는 요인이다. 그렇지만
목조 건축인 만큼 화재도 많다.

메이지시대 초기, 긴자에는 네 차례나 엄청난 큰불이 일어났다.
1872년에 발생한 '긴자 대화재'는 도쿄역 앞의 오피스가인 마루노우
치와 상업지구 긴자, 그리고 수산물 도매시장이 있던 쓰키지 일대까지
모두 태워 버렸다. 모든 것이 무너져 내린 긴자는 폐허가 되었다. 그런
데 역설적으로 긴자 대화재는 긴자를 지금의 패션거리로 발전하게 만
든 원동력이 되었다. 긴자와 쓰키지 주변에는 메이지 신정부의 주요 인
사들이 많이 살고 있었다. 오쿠마 시게노부大隈重信의 저택도 있었다.
오쿠마의 저택에 모여 앞으로의 일본을 그려 내고 있던 이노우에 가오
루井上馨, 이토 히로부미伊藤博文 등 당대의 거물들은 거듭되는 화재에
넌더리를 내며, 긴자를 근대화 거리로 만드는 데 큰 힘을 보탰을까.

당시 메이지 정부는 19세기의 개항과 함께 맺은 외국과의 불평등조약을 개정하고자 많은 노력을 기울이고 있었다. 그러나 문명국이 아닌 일본은 조약을 개정할 자격이 없다는 이유로 거절당했다. 서양에 대한 열등감도 있던 정부는 여러 제도나 관청가의 건설 등을 서구식으로 바꾸는 것이 불평등조약 개정의 대상 조건이라고 생각했다. 때마침 긴자 주변에 신바시역이 생기고 쓰키지에는 외국인거류지가 있어, 긴자는 지리적으로 조금씩 존재감을 드러내기 시작했다. 결국 정부는 일본이 근대 국가라는 것을 보여 주며 불평등조약을 개정하려는 의도를 가지고, 서양의 어느 곳에도 뒤지지 않는 긴자 만들기를 결의했다. 바로 화재에 강한 벽돌거리 긴자를 건설하는 것이었다. 엄청난 예산이 투입된 대사업이었지만 벽돌거리 건설은 매우 빠른 속도로 진행되었다. 일본 최초의 근대 도시 계획이었고 정부 관리 주도의 국책 상점가 건설이었다.

주오도오리 中央通り 라고도 하는 긴자도오리 銀座通り 와 함께 여러 도로가 건설되었다. 당시에 건설된 도로의 대부분은 지금까지도 거의 그대로 남아 있다. 벽돌거리는 고담한 석조 건물이 우아하게 곡면을 그리며 이어진 런던 최고의 쇼핑거리 리젠트 스트리트를 모델로 했다. 붉은 벽돌의 2층 건물이 긴자에 줄줄이 들어섰다. 긴자 벽돌거리의 건설은 도쿄의 근대화를 상징하는 의미를 갖는다. 하지만 사람들의 평가는 부정적이었다. 집세가 높은 데다 벽돌 건물에 익숙하지 않아서 사람들의 거부감은 컸다. 텅텅 빈 근대식 건물의 입주자를 찾느라 정부는 무진 애를 써야 했다. 가까스로 해결된 근대 벽돌 건물 내부에는 다다미가 깔리고, 포렴을 늘여 널고, 에도시대 그대로의 생활이 이어졌다. 벽돌 건물은 창이 작아 습기가 차고 비가 새는 단점도 있어 심지어

'벽돌집에 살면 죽는다'는 소문까지 퍼질 정도였다. 그렇지만 어쨌든 긴자에 모던한 거리는 실현되었다.

기업가·미디어·문인의 거리, 긴자

'언젠가는 긴자에 가게를 내고 싶다'는 염원은 긴자가 최종 목표인 것처럼 보인다. 하지만 메이지기의 긴자는 '여기서 새로운 사업을 시작해 보자'고 생각한 사람들이 모인 곳이었다. 벽돌거리 건설과 함께 긴자의 땅주인과 주민들이 많이 교체되면서 사회 변화에 민감하고 신문물을 좋아하는 사람들이 전국에서 모여들었다. 수입 상품과 외국인 대상의 상품을 취급하는 진취성을 가진 상인들의 집합소였다고 할 수 있다. 점점 긴자는 새로운 기업이나 신산업이 모이는 거리가 되었다. 화장품회사 시세이도, 세이코 시계의 와코, 제빵회사 기무라야 등의 창업주가 그런 사람들이었다. 지금이야 당당하게 노점포의 간판을 단 그들의 출발점은 바로 긴자의 '벤처기업'이었다.

메이지기 후반이 되면 여러 신문사가 긴자로 진출하기 시작한다. 쓰키지에 외국인거류지가 있고, 신바시에는 철도가 개통되었다. 상업의 중심지인 니혼바시와 정부 기관이 몰려 있는 마루노우치가 긴자와 적당한 거리를 두고 있었다. 긴자에는 자연히 정보가 집중되었다. 뉴스는 사람들에게 큰 관심의 대상으로, 사람들은 시시각각 변하는 유신 후 도쿄의 움직임을 주시하고 있었다. 신문사를 핵으로 주변 산업도 모여들고 또 저널리스트나 문화인들이 모여들었다. 건설된 벽돌 가옥에는 빈 집이 많아 오피스 용지를 얻기가 쉬웠다. 각종 신문과 대중지가 발행되고, 자유민권파 신문과 정부계 신문까지 창간되었다. 이와 동반해 잡지사, 출판사, 인쇄소, 광고대리점, 통신사들이 속속 모여들었다. 지방의 신문사나 텔레비전국의 지국도 긴자 주변으로 집중되었다. 후쿠자와 유키치福澤諭吉, 도쿠토미 소호德富蘇峰, 나카에 초민中江兆民 등 긴자에 이름을 남긴 논객은 많다.

유입 인구의 증가와 함께 카페와 요릿집과 클럽이 많아졌다. 긴자의 카페는 문인들에게서 시작되었다고 한다. 외국 경험을 한 화가나 문인들이 주로 모여 담론하는 사교 살롱이자 문화 살롱이었다. 가와바타 야스나리川端康成, 모리 오가이森鷗外, 기쿠치 칸菊池寬도 긴자를 사랑한 문인이었다. 자주 자기 학생들을 데리고 긴자로 나와 '긴부라'를 즐겼던 나가이 가후永井荷風는 '긴자'를 소재로 한 문학 작품도 남겼다.

에로·구로·난센스의 긴자

일본은 자연재해인 지진이 많은 나라이다. 1923년에 발생한 관동대지진으로 도쿄, 사이타마 등 관동 지방의 넓은 지역이 큰 피해를 입었다. 많은 가정에서 점심 준비로 불을 사용하고 있던 정오 즈음에 지진이 발생했기 때문에 여기저기서 화재로 이어졌다. 꼬박 이틀 동안이나 계속된 화재는 피해 규모를 한층 더 키웠다. 벽돌거리가 되었던 긴자는 벽돌 구조 뼈대만 남겼다. 국책 상점가의 상징인 벽돌거리의 소멸이었다. 근대적인 불연 도시를 목표로 건설된 벽돌거리를 파괴한 것은 역설적이게도 지진이 아니라 화재였다. 복구 사업으로 도쿄 도심에 수백 개의 다리가 놓였다. 니혼바시에 있던 어시장이 쓰키지로 옮겨 왔다. 쓰키지 시장의 이전은 긴자로서는 커다란 선물이었다. 바로 코앞에 식재료 종합 시장이 생기면서 기존의 유흥가와 세트를 이루며 식문화 거리로 번성할 수 있는 요인이 된 것이다. 긴자거리에는 건물 정면을 전면 간판으로 뒤덮은 목조 2층 건축이 나란히 들어섰다. 철근 콘크리트의 근대 건축물도 점재하여, 크고 작은 건축이 혼재한 긴자는 활기와 함께 흥청거림도 되찾았다.

마쓰자카야, 마쓰야, 미쓰코시 백화점이 긴자거리에 등장했다. 이들 백화점은 참신한 공간 조성과 새로운 상법을 선보이며 대중을 끌어들여, 긴자를 대중화하면서도 더 모던한 유행의 최첨단 거리로 만들었다. 사람들은 신발을 벗어 맡기지 않고 입장해서 백화점 전관을 신발을 신은 채 돌아다니게 되었다. 긴자로 출점하는 백화점이 많아져 긴자의 상권은 훨씬 넓어졌다. 부동산 임대가는 니혼바시를 넘어서 전국 제일이 되었다. 전국에 수많은 긴자가 생기기 시작한 때가 바로 이때이다. 하지만 외부에서 밀려온 자본과 경영은 토박이들을 점점 긴자에서 밀어냈다. 주로 오사카 등의 관서 지방과 남쪽의 규슈에서 온 사람들이 많아졌다. 카바레가 생기고 포장마차도 늘었다. 카바레는 '에로·구로·난센스'라는 유행어를 탄생시키며, 긴자거리를 네온가로 변모시켰다. '에로·구로·난센스'는 선정적 erotic 이고 기괴 grotesque 하고 어이없다 nonsense 는 의미를 가진 단어로, 노골적인 성 풍속을 상상할 수 있다. 모보와 모가들은 미국식 유행의 최첨단 패션으로 몸을 휘감고 긴자를 활보했다. 도쿄와 지방이 철도로 연결되면서 백화점 방문을 핑계로 올라온 지방 사람들은 그동안 동경하던 '긴부라'를 마음껏 즐길 수 있게 되었다. 긴자거리 레코드 가게에서는 '도쿄행진곡'이 울려 퍼졌다. 한편으로는 국제 정세의 악화와 국내 정치의 불안으로 동반된 군국주의의 확대가 긴자에 공존하고 있었다.

1902년경(메이지기) 긴자
도오리

출처: TOKYO GINZA
OFFICIAL.

1923년(다이쇼기) 관동
대지진 직후 긴자도오리

출처: 《긴자역사산책지도》,
2015.

1933년(쇼와기) 모가와 모보

출처: 《도쿄의 격변》, 2005.

1945년(전후) 와코 시계탑

출처: 《별책 태양》, 2017.

긴자스트리트에서 다시 긴자도오리로

　태평양전쟁 말기인 1945년 세 차례에 걸친 공습으로 긴자는 피폭되어 완전히 폐허가 되었다. 패전 후의 긴자거리를 활보한 것은 연합국 점령군의 병사들이었다. 마쓰야 백화점 등 피해를 면한 큰 건물들은 점령군을 위한 편의시설이 되었다. 긴자도오리에는 긴자스트리트 Ginza St. 라는 도로 표지가 걸렸다. 미군을 상대로 한 노점도 빽빽이 늘어섰다. 하지만 긴자의 상업 부흥에 큰 역할을 했던 노점은 불법이고 비위생적이라는 이유로 점령군에 의해 폐지되었다. 전쟁 강화조약이 체결된 후 본격적으로 긴자가 복구되기 시작했다.

　거리 곳곳에 쌓인 쓰레기더미를 처리하는 것이 전후 부흥의 최우선 과제였다. 일각을 다투는 상황에서 쓰레기는 비교적 배의 운항이 적은 강과 수로에 매립되었다. 강으로 둘러싸였던 긴자는 이제 고속도로로 둘러싸인 긴자가 되었다. 폐허의 긴자에는 급조된 가건물이 들어서고 음식점이 생겨나 또다시 번화가로 변모해 갔다. 현재 도쿄에서 땅값이 가장 비싼 긴자에는 주소가 없는 곳이 존재한다. 매립으로 생긴 땅이다. 에도성을 둘러싼 바깥 해자인 외호外濠와 시오도메가와 강을 매립하여 생긴 땅 약 6,000평이 그것이다. 위로는 일반자동차도인 도쿄고속도로가 건설되어 수도고속도로에 연결되어 지난다. 고속도로 밑으로 건물이 여럿 들어섰다. 토지를 둘러싸고 관련된 세 관청의 교섭이 결실을 맺지 못하여 지금도 여전히 주소 불명의 땅이다. 행정 업무를 위해 이곳의 건물주들은 스스로 어느 구든지 한 곳을 선택해서 주소 등록을 한다. 그리고 실제로는 존재하지 않는 지명을 편의적으로 만든다. 실례로 긴자인즈의 경우, 주오구 긴자니시 2초메 2번지 앞銀座西

1957년 스키야바시 다리 철거

출처: 교도통신사.

2018년 긴자 스키야바시 교차로

출처: 도쿄카메라클럽.

2-2先이라는 주소를 갖고 있다. 존재하지 않는 긴자니시라는 지명을 만들고, 또 지번 없는 장소 표기인 앞先을 붙여서 2초메 2번지 쪽이라는 것을 나타낸다. 긴자인즈 외에도 니시긴자 백화점, 긴자파이브, 긴자나인 등의 주소가 그렇다. 일본의 시가지는 대부분 '초메丁目'라는 오래된 행정 구획으로 나뉘는데, 한국의 종로1가, 종로2가와 같은 구획이라 할 수 있다. 긴자는 1초메부터 8초메까지로 구성되어 있다. 긴자에는 9초메도 없다. 긴자나인은 긴자에 새로 9초메를 만들고자 하는 의미를 담아 붙인 명칭이다.

'긴자다움'의 긴자

긴자가 현재의 모습을 갖게 된 것은 1968년 긴자도오리 대개수공사를 통해서이다. 도심을 달리던 노면전차의 폐지를 계기로, 다가올 자동차사회에 걸맞은 전망을 확보하는 콘셉트였다. 전주와 전선을 없애고 가스·수도·전화선을 지하로 매설했다. 긴자거리에는 커튼월curtain wall로 불리는 유리와 철로 건물 정면을 구성한 현대적인 빌딩이 줄줄이 들어섰다. 원래 긴자는 100척31m을 상한으로 저층의 목조와 중층의 빌딩이 한데 섞인 물결 모양의 스카이라인을 형성하고 있었다. 그런데 도쿄가 점점 초고층 빌딩숲으로 변해 가면서 긴자도 그 바람을 피해 갈 수는 없었다. 하지만 일본은 전통을 잇고 계승하는 것을 대단히 중요한 가치로 여기는 나라이다. 긴자가 에도의 거리를 계승하기 위해서는 '긴자다움'의 유지가 필요했다. 그래서 법률상 예외를 허가하지 않는 법적 환경을 정비해서 건축물 높이를 56m로 제한했다. '긴자 룰'의 정립이다. 현재 6초메에 있는 긴자식스의 높이가 바로

56m이다.

　이 규칙은 건물의 높이뿐만 아니라 색채, 거리와의 조화, 광고물의 내용 등 디자인 면에서도 적용된다. 다만 예외는 있다. 4초메에 있는 가부키좌 타워는 145.5m의 초고층 빌딩이다. 쇼와도오리 昭和通り 동쪽 구역에 한해서 '문화를 유지하고 계승하는 데 기여하는 대규모 개발에 한해서는 고도 제한을 제외'한다는 특례를 인정한 것이다. 가부키좌 歌舞伎座 의 복원과 함께 세트로 건설된 이곳은 재해 발생 시에 방재 거점과 이재민 대피소의 기능도 함께한다. 초고층 빌딩을 건설하는 것만이 거리의 발전을 의미하는 것이 아니라는 메시지를 담고 있다. '긴자다움'의 실현으로 긴자는 최신 건물과 100년 전통의 점포와 그리고 특색 있는 상점이 각자 자리를 지키며 독특한 이미지를 연출해 내고 있다. 긴자도오리의 '보행자 천국'도 긴자다움의 한 표현이라고 할 수 있다. 1970년 도쿄도 내에서 처음으로 시행된 긴자 보행자 천국은 토요일과 일요일, 그리고 경축일에 실시된다. 서울의 대학로에서도 1985년부터 4년여 동안 주말에 차 없는 거리가 운영되면서 다양한 거리 공연이 펼쳐져 시민들의 많은 사랑을 받았다. 긴자의 보행자 천국은 2020년에 시행 50년을 맞았다.

전통과 현대로 엮은 오늘의 긴자

　은화를 만들던 거리에서 근대화의 거리로, 다시 도쿄에서 가장 비싸고 고급스러운 거리로 변화한 긴자. 긴자는 일본을 대표하는 거리로 메이지·다이쇼·쇼와의 세 시대에 걸쳐 일본 문화의 첨단을 반영하고 발전시켜 왔다. 그러나 결코 완만한 역사를 거쳐 지금에 있는 것이 아니다. 메이지시대의 대화재, 관동대지진, 태평양전쟁이라는 큰 고비를 넘어선 현재인 것이다. 전 지역이 폐허가 되고 주민들의 교체도 잦아 어려운 상황이 반복되었지만 그때그때 전국 제일의 번화가로 복귀하여 '역시 긴자는 긴자네', '긴자다워!'라는 말로 회자되었다. 어떤 비결이 있었을까.

긴자는 에도의 거리를 계승하고 '긴자다움'을 유지하면서 전통과 현대가 공존한다. 벽돌거리가 건설되었을 때, 사람들은 근대식 건물에 다다미를 깔고 포렴을 늘이고 에도시대의 삶을 살았다. 전통을 근대 안에 끼워 넣으며 양쪽 모두 수용한 것이다. 그것은 지금도 변함없다. 오래된 포렴을 늘인 노점포가 현대 빌딩과 세계적 기업을 받아들이며 함께한다. 일본식 소통으로 성립된 강한 공동체 의식이 전통과 현대를 잘 엮고 있는 거리라고 할 수 있다. 긴자는 일본의 과거, 현재, 미래를 알 수 있는 곳이라 해도 과언이 아니다.

긴자에는 격변의 역사를 오롯이 간직한 건축물이 많이 남아 있다. 우아한 네오 르네상스 양식의 와코 시계탑과, 작가 시마자키 도손島崎藤村과 기타무라 도코쿠北村透谷 등 저명한 졸업생을 많이 배출한 명문 공립 초등학교 다이메이泰明가 있다. 일본에서 현존하는 가장 오래된 맥주홀인 비어홀 라이온 긴자 7초메점이 있고, 또 모가와 모보가 살았던 최첨단 아파트 건물 오쿠노빌딩도 있다. 긴자거리의 새로운 핵으로 자리매김하고 있는 독특하고 멋진 건축물도 눈길을 끈다. 메이지시대의 '벤처기업' 기무라야의 단팥빵 한입 베어 물고 건축물 엿보기를 하며, 긴자의 굽이진 어제를 돌아보는 역사 산책 '긴부라'는 상상만으로도 설레게 한다.

일본의 사립 미술관 느리게 보기

김경옥 (일본 미술관 탐방가, 마로니에포럼 회장)

　일본을 떠올리면 온천, 신사, 사찰 그리고 전자제품, 화장품과 약품, 초밥 등을 연상해 왔는데, 그들의 문화 중에 우연히 들여다보고 흠뻑 빠진 그림과 도자기 공예품은 아름답고 섬세하며 놀라우리만큼 기발하다. 일본에는 이런 작품을 전시하는 국공립 미술관과 사립미술관이 5,000여 곳이 넘는다고 한다. 일본의 기업인들은 19세기부터 재산의 사회적 환원 차원에서 세계 명화를 수집하고 자국의 예술품들을 모아 고향에 미술관을 만들어 일반에게 공개하는 사회사업을 실시했다. 그리고 그 작품들을 일본인 특유의 감성으로 잘 보존하여 후세에 전달하고 있다.

　유명 관광지의 랜드마크를 주마간산으로 돌아보는 여행의 시대는 이미 지났다. 미술관 탐방을 테마로 그 지역의 숨은 이야기를 캐내 보고 음식과 정원, 호텔의 특색을 찾아보는 맛있는 관광을 해 보는 것도 의미 있는 일이 될 것이다. 일본의 수많은 미술관 중에 개인적으로 가장 오래도록 여운이 남는 사립 미술관 세 곳을 소개해 본다.

오카야마시 구라시키의 오하라 미술관

구라시키倉敷는 에도시대 쌀과 기름, 목화의 집산지로 전통양식의 큰 창고가 이어져 있다. 지금은 미관美観 지구로 보존되어 인공운하를 따라 늘어선 이층 상점과 물 따라 흐르는 뱃놀이가 정취를 더해 준다. 유서 깊은 작은 시골 마을이 에도시대의 건축물로 새롭게 빛을 보고, 전통 가게들이 즐비한 아름다운 마을은 일본인과 외국인이 가보고 싶은 명소가 되었다.

오하라大原 미술관은 오카야마의 실업가 오하라 마고사부로大原孫三郎가 1930년에 설립한 일본 최초의 서양식 미술관으로, 그리스 파르테논 신전 풍의 외관이 눈길을 끄는 구라시키 미관지구의 상징적 존재이다.

미술학도 고지마 토라지로児島虎次郎, 1881~1929년는 오하라 집안이 후원하는 장학금을 받고 도쿄미술학교와 대학원을 졸업하고 이후 약 5년간 파리와 벨기에에서 유학했다. 그의 재능을 알아본 마고사부로는 유럽에서 미술품을 사오도록 전권을 주었다. 고지마는 여러 차례 유럽을 방문하여 세계적인 명화를 수집했고 고지마가 죽자 마고사부로는 그를 기리며 구라시키에 미술관을 개관한다.

1929년에 뉴욕 근대미술관이 개관했는데, 미술관 자체가 몇 개 없었던 쇼와시대 초기인 1930년에 일개 지방 도시에 지나지 않았던 구라시키에 사립미술관을 설립했다는 것은 획기적인 일이었다. 개관 초기에는 관람객도 없었고 주목받지도 못했다.

모치쓰키 미유코望月麻美子 등이 쓴《언제든지 세계의 명작을 만날 수 있는 일본의 10대 미술관いつでも名画に会える 日本10大美術館》이라는

수태고지　　　　　　기모노를 입은 벨기에 소녀(고지마 토라지노)

출처: 오하라 미술관 홈페이지.

책자에서는 두 번째로 오하라 미술관을 소개하고 있다. 그리스 신전 모습의 미술관 입구에는 로댕의 작품인 칼레의 시민 동상이 있다. 본관에는 클로드 모네, 엘 그레코, 폴 세잔, 폴 고갱, 파블로 피카소, 피에르 오귀스트 르노아르 등 거장의 작품을 전시하고 있다. 분관에는 일본근대미술과 공예를 전시하고, 동양관에는 이집트 미술, 페르시아 도자기, 일광삼존불상 등 동아시아의 공예품을 갖추고 있으며 우리나라 화가로는 김환기 화백의 작품이 있다.

　오하라 미술관의 대표적 소장품이라고 할 수 있는 수태고지受胎告知는 엘 그레코1541~1614년 작품이다. 이 작품은 고지마가 파리의 화랑에서 우연히 발견했는데 당시에도 너무 비싼 가격이라 작품 구입의 모든 전권을 위임받은 고지마도 마고사부로에게 그림의 사진을 보내고 상담을 받았다고 한다.

신약성서 누가복음 1장 26~38절 수태고지는 성모 마리아에게 가브리엘 대 천사가 찾아와 성령에 의해 처녀의 몸으로 예수 그리스도를 잉태할 것이라고 고하고, 마리아가 순명하고 받아들인 사건이다. 이런 작품을 일본이 소장할 수 있다는 것은 기적에 가깝다고 한다. 오하라 마고사부로의 뒤를 이은 장남 오하라 소이치로도 예술을 사랑한 문화인이며 그의 수집품으로 앤디 워홀, 로이 리히텐슈타인, 잭슨 플록 등의 작품이 있다.

미술관 서쪽에 있는 카페숍에서 미술관에서 전시하고 있는 상품을 구입할 수 있다. 전시되지 않고 보관 중인 그림 중에서 한복을 예쁘게 입은 조선 양반집 규수의 그림을 인쇄한 카탈로그를 보고 놀랐다. 그 그림은 1921년 고지마의 작품으로 조선 여인이 여름한복인 모시 치마 저고리를 입고 있었는데, 그곳에 전시된 그림 속의 여인들 중 가장 우아하고 아름다웠다. 그렇게 느낀 것은 내가 한국 사람이라서일까?

연못에는 모네의 자택에서 옮겨온 수련이 자리 잡았다. 연못은 5월에서 10월 사이가 특히 아름답다. 오하라 미술관은 대중교통으로 구라시키역에서 도보로 10분 거리에 있다.

유명패러디 미술관 오츠카 국제미술관

시코쿠四国의 도쿠시마德島현 나루토鳴門시 나루토 공원 안에 위치한 오츠카 국제미술관大塚国際美術館은 포카리스웨트로 잘 알려진 오츠카제약 그룹이 1988년 창업 75주년 기념으로 개관했다. 총 공사비 400억 엔을 들인 미술관은 세계의 명화를 원본과 같은 크기와 색채로 복제하고 나루토 해협의 모래를 사용하여 도판화로 재현한 도판명화 미술관陶板名画美術館으로 세계 25개국 190여 곳의 미술관이 소장하고 있는 서양 명화 1,000여 점을 도자기로 재연하여 전시하고 있다. 오츠카 그룹의 2대 회장이었던 오츠카 마사히도 회장이 모스크바를 방문했을 때 흐루시초프의 묘를 참배했는데, 비닐로 덮은 종이사진이 훼손된 모습을 보고 원래의 모습을 영원히 보존할 수 있는 사진을 도자기로 구워 보고 싶다는 생각을 했다고 한다.

바티칸 미술관, 우피지 미술관피렌체, 루브르 미술관파리의 작품들과 암스테르담 국립미술관의 렘브란트의 작품들, 마드리드 프라도 미술관의 사실주의와 인상주의의 귀감이 된 벨라스케스의 작품들, 클로드 로랭의 항구 풍경도 볼 수 있고, 별실에는 엘 그레코, 고야 등 거장의 그림이 모여 있다. 고대에서 현대까지 미술사의 핵심 작품을 한 곳에 모아 시대에 따라 세계 미술과 역사의 흐름을 알 수 있도록 했다.

미술관의 중심 공간은 많은 작품 중 가장 인기 있는 미켈란젤로의 천장화 '시스티나 성당'을 실물 크기로 완벽하게 재현한 홀이다. 시스티나홀은 가부키를 상연하고 결혼식도 올리며 콘서트홀이 되기도 한다. 이탈리아 파도바에 있는 스크로베니 예배당은 조토 디 본도네의 벽화 그리스도와 마리아의 생애가 전시되어 있고, 바로크의 라파엘로의 방에는 아테네학당이 있다. 그 외에도 피카소의 대작 게르니카와 지하 2층에 있는 레오나르도 다빈치의 복구 전후 두 개의 '최후의 만찬'도 인기 있는 작품이다. 원본과 색을 다시 입힌 최후의 만찬이 의자를 사이에 두고 전시되어 이전과 이후를 비교하는 공간을 만들었다. 방대한 작품을 한 곳에서 모두 볼 수 있는 미술관을 방문한 전 세계의 미술관 관장과 피카소의 아들, 미로의 손자들은 복제 작품과 미술관에

찬사를 아끼지 않았다고 한다. 오리지널 크기로 재현한 도판陶板 명화는 2,000년이 지나도 퇴색하거나 노화하지 않아 마음대로 사진 찍고 손으로 만져 볼 수도 있다. 작품 중 모네의 수련은 옥외에 전시하여 동그란 의자에 앉아 모네의 정원을 감상할 수 있게 했다. 지하 3층부터 지상 2층으로 구성된 전시관은 시대별 전시, 역사적 환경 복원 전시, 테마별 전시로 나뉘어 있는데 그 길이가 약 4km에 달해서 하루에 볼 수 있는 규모가 아니다.

지하 3층부터 시작하여 위로 오르면서 고대에서 현대로 이어진다.

비너스의 탄생
출처: 오츠카 국제미술관 홈페이지.

시스티나 성당
출처: 오츠카 국제미술관 홈페이지.

바닥의 화살표가 안내하는 동선을 따라 관람한다. 고흐의 작품에는 특별한 점이 있다. 반들거리는 다른 작품과 달리 원본의 거친 붓의 질감을 그대로 재현하여 타일에도 거친 느낌을 옮겼다. 작은 작품들은 대작에서 보이는 이음새를 느낄 수 없다. 규슈 지역 구마모토 지진 직후에 미술관을 관람했는데, 원본과 같은 크기와 색채로 복제한 그림이 아닌 타일에 전사하여 실물을 재현하면서도 타일의 이음새가 안 보이는 특수기술에 압도되었던 기억이 아직도 생생하다. 소인 520엔, 대학생 2,100엔, 성인 3,150엔이었던 입장료가 아깝지 않다. 기회가 되면 다시 찾아가 도판의 매력에 흠뻑 빠져 보고 싶다.

차경 산수화 같은 아다치 미술관

'일주일 후 세계가 멸망한다고 하면, 그때까지 뭘 하실 건가요?'라는 질문에 일본의 추리소설가 요네자와 호노부米澤穗信는 "사회 기능이 마비될 테니 어디에도 못 갈 것이고 아무것도 못하겠지요. 정원이 멋지다고 하는 시마네島根현의 아다치 미술관에 가보고 싶어요"라고 했다고 한다.

세계가 멸망할 때 마지막으로 보고 싶은 곳으로 꼽힌 아다치 미술관足立美術館은 시마네현 야스기시에서 약 8km 떨어진 산골짜기 사기노유 온천마을에 위치해 있다. 아다치 미술관의 아름다운 정원과 일본화日本画를 보러 일본 국내에서는 물론 해외 각지의 관광객들이 찾아온다.

아다치 미술관은 사업가로 성공한 아다치 젠코足立全康가 '고향에 보답하고 싶다'는 생각으로 그의 나이 71세 되는 1970년에 개관한 미

요코야마 다이칸 단풍

출처: 아다치 미술관 홈페이지.

술관이다. 이곳에는 근대 일본화를 부흥시킨 요코야마 다이칸橫山大
觀, 1868~1958년의 작품 130여 점을 비롯하여 다케우치 사이호, 하시모
토 간세츠, 가와바타 유우시, 히시다 슌소 등 일본을 대표하는 근현대
화가의 작품 약 1,300여 점과 기타오지 로산진의 도자기 컬렉션, 히라
쿠시 덴추, 요네하라 운카이의 목각 등 매력 넘치는 작품들을 전시하
고 있다.

광대하고 아름다운 아다치 미술관은 일본의 최고 화가인 요코야마
다이칸이 그린 정원 그림 백사청송을 모체로 정원을 설계하고 만들었
다는 데 의미가 있다. 정원의 규모는 약 5만 평으로 화가의 그림을 살
려 실제 정원으로 만들어 버린 것이다. 이 정원의 특징은 차경借景 식
정원으로 멀리 있는 산과 나무를 끌어들여 조형미를 살려 냈고, 돌과
모래로 산수의 풍경을 표현하는 일본 전통의 가레산스이 정원 양식을
멋지게 재현해 놓았다. 창틀을 통해서 구도가 잡힌 바깥 풍경은 그 자
체가 하나의 거대한 액자와 같은 느낌을 준다. 창틀 앞에 서 있으면 뒤

아다치 미술관 정원

의 정원이 멋지게 보이기 때문에 정원과 내가 거대한 액자 속에 들어가 있는 것 같은 착각에 빠진다. 시시각각으로 변화하는 정원을 그림을 보듯 감상할 수 있도록 '生의 액자'와 '生의 족자' 등 재미있는 장치가 있다. '정원도 한 폭의 그림이다'라는 신념 아래 아다치 젠코는 91세로 사망할 때까지 정원에 깊은 애정과 정열을 쏟았다. 미국의 일본정원 전문지 *Journal of Japanese Garden* 에 의해 2003년 일본 정원 중 1위로 선정된 이후 지금까지 17년 연속 부동의 1위 자리를 지키고 있다. 정원 창가 찻집에서 정원을 감상하며 차를 마시면 내가 한 폭의 그림이 된다.

대자연마저도 한 공간으로 끌어들여 아기자기한 세계로 만들어 버리는 일본의 정원을 보면서 떠오르는 일본의 특징이 있다. 규격에 맞게 반듯하게 꾸민 정원과 예쁘게 정리하고 효율적인 수납을 한 작은 집, 똑같은 교복과 란도셀을 멘 어린이들이 나란히 발맞춰 걸어가는 풍경은 전혀 관계없는 듯이 보이지만 꼭 닮은 공통점이 있다. 이방인이 함부로 만질 수 없게 질서 있고 반듯하게 잘 정리된 일본의 이미지이다.

이즈 반도에는 특별한 것이 있다

박수경(자유여행가 뮤즈 챔버 오케스트라)

1968년 일본과 세계를 놀라게 한 노벨 문학상 수상자 가와바타 야스나리! 그는 아름다운 문장을 잘 쓰는 작가로 알려져 있다. 그의 대표작인 《이즈의 무희 伊豆の踊り子》는 몇 번을 읽어도 또 읽게 된다.

"비를 맞으며 아마기를 올라가 차를 파는 가게에 도착했을 때, 나는 내 기대가 정확히 적중했음을 느낀다. 왜냐하면 이전에 슈젠지 쪽으로 가는 길과 유가시마에서 마주친 적이 있는 남사당패를 이 부근에서 다시 만날 것으로 예상하고 있었기 때문이다. (중략) 그중 고풍스러운 머리를 하고 있는 무희는 17세 정도로 보였다. 이 일행과 나는 시모다까지 함께 가기로 하는데⋯."

소설 《이즈의 무희》 첫 구절이다. 이야기를 이끌어 가는 내레이터인 '나'는 스무살이고 구제 고등학생이다. '나'는 무언가에 이끌려 도쿄를 뛰쳐나가 낯선 곳으로 여행을 떠난다. '나'의 여행 경로는 이즈 반도의 슈젠지 修善寺, 유가시마 온천, 아마기 고개, 유가노 온천, 시모다 下田에서 도쿄로 돌아가는 것이다. 비오는 아마기 고개에 접어들 무렵 빗발이 매서운 속도로 산기슭에서 주인공을 뒤쫓아 왔다. 주인공인 '나'의 여정을 따라 나도 그 장면 속으로 들어가 본다.

이즈 반도에는 특별한 것이 있다

도쿄에서 특급열차로 2시간이면 닿는 이즈^{伊豆} 반도. 태평양 해안에 면해 있어 바다와 산의 아름다운 풍경을 모두 즐길 수 있는 온천지대로 일본 사람들에게 휴양지나 신혼여행지로 인기 있다. 그리고 무엇보다 '가와바타 야스나리'의 감성적인 문학이 탄생한 곳이며 나쓰메 소세키는 슈젠지 온천에서 요양 생활을 하기도 했다. 시인 백석도 1930년대에 시모다항 근처 가키사키라는 어촌 마을을 여행하면서 '가키사키의 바다'라는 시를 포함해 2편의 시와 산문 1편을 남겼다. 이즈 반도의 하단에 있는 시모다는 페리의 흑선이 와서 개항을 맞은 역사적인 곳이기도 하다.

동쪽 해안선을 따라 떠나는 기차 여행

아타미^{熱海}는 이즈 반도의 동북쪽에 위치하며 사가미만에 면해 있다. 아타미라는 이름은 바다 속에서 용출하여 바다를 뜨겁게 하는 간헐천이라는 것에서 유래된다. 온천 용출량이 풍부해 일반 가정에서도 온천욕을 즐길 정도라고 한다. 아타미에는 우리에게 잘 알려지지 않았지만 아타미성이 있고 모아 미술관이 있다. 모아 미술관은 언덕에 있는 사립 미술관으로 그림을 좋아하거나 즐기는 분들에게는 잘 알려진 미술관이다. 아타미를 지나면 이토가 나온다.

이토는 이즈 반도 동부 해안 근처의 도시로 바다와 산으로 둘러싸인 아름다운 관광지이다. 역에서 가까운 동해관^{도카이칸}은 일본 전통 료칸이었으나 지금은 관광문화시설로 관광객에게 개방되고 있다. 이토 시내를 흐르는 마쓰가와松川라는 강변에 위치한 동해관은 1920년대 건축양식이 그대로 남아 있는 목조 3층 건물로 어딘가 장엄함도 느껴진다. 정원과 료관 내부가 잘 보존되어 있고 실제 사람 크기로 정교하게 잘 만들어진 유카타를 입은 마네킹 인형도 있다. 도카이칸에서는 유카타 체험도 할 수 있고 온천 체험도 할 수 있다. 일본은 스토리를 만들어 마을 보존에 힘쓰고 있는데 시골 마을인 이토도 타임머신을 타고 100년 전의 일본을 느낄 수 있도록 그대로 보존해 활용하고 있다. 이토에는 다양한 볼거리가 있지만 그중에서도 도카이칸을 메인으로 하는 스토리와 더불어 문화재인 료칸을 외국인을 위해 호스텔로 운영하고 있는 것이 특징이다. 일본국가등록문화재에서 보장하고 운영 관리하는 일본 전통온천의 호스텔이라는 점을 내세우고 있다.

이토에서 '슈퍼 뷰 오도리코 Super vie 踊り子' 기차를 타고 이즈고원역으로 간다. 이즈의 기차 이름은 《이즈의 무희》가 탄생한 곳답게 '슈퍼 뷰 오도리코'이다.

'슈퍼 뷰 오도리코'는 창밖을 내다보기 편하도록 창을 향해서 의자가 길게 놓여 있고 창이 커서 바깥 풍경이 한눈에 들어온다. 바닷가와 철길이 나란히 달리기 때문에 차창 밖으로 경치를 감상하면 누구나 작가가 되어 여행을 떠나는 기분을 만끽할 수 있다.

이즈고원역에서 찾아간 '죠가사키城ヶ崎 해안'은 아마기天城화산에서 분출된 용암이 파도의 침식작용으로 형성된 암벽 해안이다. 수직으로 깎인 해안 절벽이나 암초 등 자연의 웅대한 힘을 느낄 수 있다. 파도가 암벽에 부딪힐 때마다 옥빛이 도는 하얀 거품들이 암벽 일대에 멋진 광경을 만들어 낸다. 가도와키門脇 등대도 있다. 해안 암벽을 잇는 '쓰리바시'라는 현수교는 자연과 인간의 힘을 다시 한번 생각하게 하는 곳

인데 의외로 건널 때 많이 흔들리지는 않는다. 이즈고원역에는 족욕을 할 수 있는 곳도 있어 해안을 걷고 온 후 나른함을 풀기에도 좋다.

시모다항과 페리로드

이즈고원역에서 기차를 타고 시모다로 향한다. 이즈큐 시모다역에 도착하여 맞은 편 510m 높이의 '네스가다야마寢姿山, 여성이 하늘을 보고 누운 모습과 닮았다는 산'에서 로프웨이를 타고 올라가서 시모다 시내와 항구를 내려다보았다. 어머니 품 안처럼 잔잔하기 그지없는 저 시모다항에 막부 말기 저 멀리 태평양 너머 미국 함대들이 들어와 일본인들을 공포에 떨게 했던 것이다.

시모다항에서부터 시작되는 '페리로드'라는 길이 있다. 페리로드는 페리 제독이 미일화친조약을 체결하기 위해 항구에서부터 조약을 체결하기로 한 '료센지'까지 300명을 이끌고 약 600m 걸어간 길이다. 페리로드는 하천을 따라 있는데 개항 당시의 가옥, 골동품 가게, 공방, 가스 가로등 등이 옛 모습을 그대로 보존하고 있다. 특히 오래된 집의 검은 바탕에 하얀 바둑판 모양을 비스듬하게 교차한 벽을 여기저기 볼 수 있다. 이런 벽을 '나마코 벽海參壁'이라고 하는데 방화, 방습을 위해 토담에 평평한 기와를 붙이고 이음매에 회반죽을 둘러쌓아 굳힌 구조로 된 것이다. 회반죽의 형태가 해삼 같다고 해서 나마코 벽이라고 한다. 페리로드 끝 지점에는 100년 된 집이 시에 헌정되어 일반인들에게 공개되고 있는데 해설사에게 페리 내항에 관한 해설을 들으면서 집 구경도 할 수 있다. 시모다항에는 페리 제독의 동상이 있다. 도로 위 맨홀 뚜껑에서 흑선 모양이나 완전히 검은색으로 칠한 블랙 페리 기차도 볼

나마코 벽

페리 제독의 동상

수 있다. 미국과 개항하면서 불평등 조약을 맺었지만 결국 메이지 유신으로 이어졌고 일본 근대화의 시작이 되었다는 점에서 페리 내항을 긍정적으로 평가한다는 말이 맞는 것 같다.

시모다의 페리와 관련된 또 다른 사건은 조슈번 하급 무사의 아들이었던 요시다 쇼인이 21세 나이에 서양 문물을 익히기 위해 미국으로 가려고 페리 군함에 몰래 탔다가 붙잡힌 사건이다. 요시다 쇼인은 일찍이 막부 타도와 왕정복고를 주장한 선각자였다.

시모다항 하면 《이즈의 무희》에서 주인공이 도쿄로 떠나는 장면을 빠뜨릴 수 없다. 주인공은 고아 근성으로 비뚤어진 성격의 소유자라는 생각에서 떠난 이즈 여행에서 무희 가족과 가까워지면서 가족의 따뜻함도 느끼고 '좋은 사람'으로 비춰지는 것을 자연스럽게 받아들이게 된다. 그것은 주인공의 마음이 정화되는 것을 의미하는데 주인공은 그들에게 말로 표현할 수 없는 고마움을 느낀다. 그러나 시모다에 도착할 즈음 여비가 떨어져 도쿄로 돌아가기로 마음먹는다. 주인공을 배웅하기 위해 시모다항에 나온 14살 천진한 무희 가오루는 주인공이 떠나는 것이 싫었다. 아쉽고 쓸쓸한 표정으로 아무 말도 못하고 앉아만 있었고 그렇게 그들은 가슴 아픈 이별을 한다.

유가시마 온천 마을에는 가와바타 야스나리가 실제로 묵었던 료칸 '유모토칸'이 140여 년의 역사를 지니고 남아 있다. 작가가 당시 처음 무희의 춤을 구경하던 현관과 2층 계단, 묵었던 방 등이 그대로 보존되어 있다. 그날이 유가시마에서 두 번째 날이었고 밤에 여관으로 호객하러 온 무희 일행과도 두 번째 마주쳤다.

절은 슈젠지 修禪寺 , 마을은 슈젠지 修善寺

시모다역에서 기차를 타고 10분 정도 달려 '가와즈'에 하차한 뒤 여기서 '슈젠지'로 가는 버스를 타고 1시간 반 정도 가는 길에 아마기 고개를 지나게 된다. 슈젠지는 이즈 반도 중앙부에 있다. 산세가 험하고 꼬불꼬불한 산길을 어느 구간쯤 가다 보면 아주 높은 고가도로같이 생긴, 용수철처럼 360도를 두 번 돌면서 빨리 올라갈 수 있게 만들어 놓은 도로가 보인다. 일본 100대 명산 중의 하나인 아마기산은 이즈 반도 중앙부를 동서로 가로지르는 사화산이다. 소설 《이즈의 무희》 주인공이 처음엔 유가시마 온천으로 가는 도중에, 그다음엔 유가시마 온천 여관에서 두 번을 마주친 후, 다음날은 아마기 고개에서 마주칠 것이라는 예상대로 아마기 고개 찻집에서 남사당패들을 만난다. 주인공은 무희와 아주 가깝게 앉게 되자 허둥대며 아무 말도 하지 못했다. 언뜻 무희의 얼굴을 보며 17세 정도라고 생각한다. 이 아마기 고개는 교통이 불편한 곳이어서 1907년에 터널이 만들어졌다. 이 터널은 소설에 등장한 것을 계기로 유명해졌다.

슈젠지 修禪寺, 절 이름이고, 마을 슈젠지와는 한자가 다르다로 가는 도중에 아이를 갖게 하는 데 효험이 있다는 '히에진자 日枝神社'라는 신사가 있다. 계단을 올라 도리이를 지나면 크고 곧게 뻗은 둘레 5.5m, 높이 25m의 거목이 세 그루 있다. 거목에서 뿜어 나오는 에너지로 힘이 생길 것 같다.

슈젠지로 가는 길에 있는 하천에서는 온천수가 나온다. 헤이안시대 구카이 스님이 불법을 널리 설파할 목적으로 한 소년을 돕는데, 강변에서 병든 아버지의 몸을 씻는 소년을 위해 바위를 깨뜨리자 그곳에서 온천수가 뿜어져 나왔다고 한다. 그곳이 바로 '돗코노유 独鈷の湯'로 여기서 슈젠지 修善寺 마을의 온천이 시작되었다고 한다. 지금은 하천 가운데에 족탕을 할 수 있는 곳을 만들어 두었다. 또, 이 마을은 1급수 물이 흘러서 질 좋은 와사비를 키우는 곳으로도 유명하다. 오랜 전통의 생 와사비를 갈아 만든 아이스크림이 유명하다. 달콤한 아이스크림에 매콤한 와사비 토핑! 와사비를 아이스크림으로 만든 기발한 아이디어와 그 맛에 감탄하게 된다.

슈젠지는 신사 神社가 아니고 절이라서 신사에 없는 종이 있었다. 슈젠지는 807년 일본 진언종의 창시자 구카이 스님이 세운 절이다. 구카이는 홍법대사 こうぼうだいし란 이름으로 더 많이 알려져 있고, 일본에서 유명하고 신망받는 고승 중 한 사람으로 철학자, 종교 지도자, 시인, 예술가, 서예가로도 명성을 날렸다.

또, 슈젠지는 가마쿠라 막부의 제2대 쇼군이며 미나모토 요리토모와 호조 마사코 사이에 태어난 큰아들인 미나모토 요리이에가 요리토모 가문을 이어받아 제2대 세이이타이쇼군 征夷大將軍 이 되었지만 실권자인 외척 호조씨에 의해 슈젠지에 유폐되었다가 1204년 23세에 살해되는 비운의 역사를 품고 있는 곳이기도 하다.

이처럼 슈젠지는 작은 마을이지만 오랜 역사와 문학, 일본 최고로 자랑하는 온천, 대나무숲, 와사비 아이스크림, 아시유 족탕 등이 있어 일본인들도 가보고 싶어 하는 여행지이다. 계절별로 다양한 풍경을 즐길 수 있고, 마을에 흐르는 가쓰라강을 따라 오래된 료칸, 상점 등이 자리 잡고 있어 유구한 온천 마을의 운치를 느낄 수 있다.

슈젠지에서 조금 더 가면 '치쿠린노코미치 竹林の小径'가 있다. '죽림의 좁은 길'이란 뜻으로 녹색의 대나무 숲에 빨간색 다리가 놓여 있는데 보색인 초록색과 빨간색의 조화가 매우 아름답다. 대나무 숲의 산책도 좋고, 대나무로 된 둥근 평상에 누워서 높이 올라간 대나무 사이로 하늘을 바라보면 몸과 마음이 깨끗하게 정화되는 기분이다.

이즈 반도 동쪽 해안선을 따라 난 철길로 북동부 아타미에서 남쪽 시모다항을 거쳐 중앙부에 위치한 슈젠지에서 끝난 이즈 기행, 이즈 반도의 서쪽은 여행지로는 잘 알려지지 않았다. 이즈는 종합세트이다. 역사, 문화, 문학, 자연경관이 하나가 된 곳으로 '이즈 반도에는 특별한 게 있다'. 직접 가보지 않고는 특별한 것을 찾아내기란 쉽지 않다. 이즈를 알면 일본을 알 수 있고, 일본을 제대로 알기 위해서는 이즈 반도를 여행해야 한다. 그 여행은 특별한 경험일 것이다.

일본 도자기문화의 탄생과 그 전개

정혜원(고베학원대학 겸임교수)

프롤로그

한국의 백화점 도자기 판매장에는 마이센, 로열코펜하겐, 리모주 등 해외 도자기 브랜드 제품이 즐비하게 나열되어 있다. 그런데 유럽산 도자기가 탄생하기까지 큰 영향을 끼친 사람은 임진왜란 때 납치되어 17세기 초에 일본에서 활약한 이삼평 도공이다.

여기서는 한반도에서 일본으로 전해진 도자기문화와 특별히 외국 제품을 소중히 여기는 일본 문화의 발전 과정을 소개하려 한다. 6세기 일본에 중국과 한반도의 도기 제조 기술이 전해져 그 후로 11세기에는 도기가 식기로 사용되었고 대륙에서 수입된 도기는 귀중품으로 취급되어 '카라모노唐物'라 했다. 카라의 발음을 '唐'이란 한자로 표시하며 중국과 조선의 국명과 명칭에 상관없이 카라唐라 불렀다.

카라모노에 이어 15세기에는 코라이모노高麗物, 조선 시대의 수입물품을 대부분 코라이모노라 부른다와 16세기부터 난방모노南蛮物, 규슈의 남쪽에서 전해져서 서(西)의 서융(西戎)이 아닌 남(南)의 남만(南蛮)이라 일컬었으며 포르투갈, 스페인, 네덜란드의 유럽 제품을 의미한다란 말들이 생겨나 메이지시대까지 이런 명칭으로 불렀다.

15세기경부터 에도시대 말기까지 카라모노는 대륙에서 전해졌으며, 코라이모노는 한반도에서, 난방모노는 서양에서 전해진 것이라는 세 가지 세계관을 갖고 있었다. 이런 세계관에서 일본이 한반도로부터 큰 영향을 받았다는 것을 알 수 있다.

13세기 이후 일본에서는 대륙에서 건너온 카라모노의 도자기를 모방하여 많은 제품을 만들었다. 15세기가 되어서 한반도에서 도자기가 수입되는데 이 시기에 일본 독자적인 차노유茶の湯 문화가 발전하여 일본인은 차를 담는 그릇으로 사용하는 도자기에 미적 감각과 가치관을 부여했다.

이 시대에 조선 시대의 분청사기는 아름다운 조선백자로 발전했다. 일본에서는 분청사기와 같은 작품이 선망의 대상이 되어 조선에서 수입된 도자기를 '고려다완'이라 불렀다. 왜 조선에서 수입된 도자기를 고려다완이라고 불렀는지 그 이유는 알 수 없지만 말이다. 다만 이 시기에 한반도에서 가져온 분청사기의 영향을 강하게 받았다는 사실을 알 수 있다.

분청사기

조선백자

한반도에서 일본에 전해진 도자기

임진왜란과 정유왜란은 한국과 일본의 사이에서 일어난 불행한 전쟁이다. 이 전쟁을 일으킨 침략자들은 일본 각 지방에서 새로운 지배자가 된 무사들이었으며 무력적이면서 문화적으로도 교양이 부족하고 거친 집단이었다. 이들은 조선에서 불상과 조선왕조실록 등 역사적으로 귀중한 문화재뿐만 아니라 가구 등 일상품까지 가져갔으며 일본에서 노동을 시키기 위해 많은 조선인을 끌고 갔다. 이렇게 끌려간 조선인 중에는 여성과 훌륭한 학자들도 있으며 도자기를 만드는 도공들도 있었다. 많은 조선인들은 일본에서 그저 노동자로 취급받았으나 고귀한 여성은 지배자의 아내가 되기도 하고 우수한 남성은 무사의 신분을 부여받아 장군이나 번주藩主의 측근이 되어 활약하기도 했다.

특히 이렇게 끌려온 조선인들 중에서도 특별히 주목할 만한 인물이 있었으니, 바로 충청도 금강의 현재 충청남도 공주시 반포면 도공 이삼평이었다. 번주는 이삼평에게 당시 일본에서 세계 최고급의 명품이었던 경덕진의 백자와 동질의 자기를 제작하도록 명했다. 이삼평은 자기의 원료가 되는 카올린도석을 찾기 위해 조사를 시작하여 1616년에 현재의 규슈 사가현 아리타 지방에서 양질의 카올린을 발견했다. 그곳에 최초의 백자 제작을 위해 가마를 만들었는데 이것이 현재까지 이어지는 아리타야키의 시작이다.

사쓰마야키도 아리타야키와 같은 임진왜란과 정유왜란 시대에 한반도에서 끌려온 43명의 도공들이 현재의 가고시마현 나에시로가와地区에서 한국풍의 도자기를 제작하면서 탄생했다. 이것이 사쓰마야키의 기원이다.

이도다완 (국보)　　　　　가라쓰야키　　　　　하기야키

이 시기 일본 각지에서 조선인과 관계된 도자기가 등장하는데 이도다완, 가라쓰야키, 하기야키 등이 유명하며 현재에 이른다. 한반도에서 가져온 이도다완이 5개 남아 있는데 그중 하나가 국보로 지정되어 있다. 도자기는 고가의 자기가 아닌 보통의 가정에서 사용되던 식기인데 국보로 지정되어 있다는 사실에 그저 놀라울 뿐이다.

17세기에는 조선인이 탄생시킨 도자기가 일본 각지에서 만들어졌지만, 경덕진 가마를 지향하여 모방한 아리타야키만이 네덜란드의 동인도 회사에서 가치를 인정받아 17세기와 18세기에 대량으로 유럽에 수출되었다. 이도다완, 가라쓰야키, 하기야키는 에도시대의 차노유의 발전과 함께 가치가 높았으나 외국인의 기호에 맞지 않아 해외 수출은 거의 없었다.

아리타야키와 사쓰마야키의 전개

17세기 초 동아시아에서 패권분쟁을 동반한 정치적 변화가 일어났다. 중국의 명왕정은 만력제万歷帝에 의해 정치가 혼란스러워지면서 마침내 1644년에 멸망했고, 만주인들이 세운 청왕정이 탄생했다. 네덜란드는 스페인으로부터 독립하기 위해 싸움을 벌이는데 이는 동아시아의 패권분쟁으로까지 이어졌다. 1602년 네덜란드 동인도 회사가 설립되어 동남아시아 나라들과 무역을 하면서 네덜란드의 본국에 유리한 제도를 만들었다. 1620년에 만력제의 죽음으로 명나라의 국내 가마가 폐지되자, 동인도 회사의 중요한 무역품 중 하나였던 경덕진 자기의 생산이 어려워졌다. 그래서 경덕진 자기의 대용품으로 주목받은 것이 1616년부터 자기를 제조하기 시작한 아리타야키였다.

수출용 자기 생산과 함께 아리타에는 많은 도공들이 모여들어 한국인과 일본인의 구별 없이 양질의 자기를 생산하고 발전시켰다. 1650년대에는 동인도 회사를 통해 '가키에몬 양식'이란 아리타야키가 대량으로 수출되었다는 기록이 남아 있다.

또한 17세기 말에는 '킨란데'라고 하는 금으로 도안한 고가의 그림이 생겨나면서 유럽에서 탄생하기 시작한 로코코 양식과 그리스 신화를 모델로 한 디자인의 아리타야키가 대량으로 수출되었다. 당시 도공들은 동인도 회사의 지시에 따라 경덕진 자기를 모방하는 직업인이란 의식을 가졌을 뿐 근대에 이르기까지 도자기 공예가 예술이라는 의식은 없었다. 아리타야키의 제작된 작품에는 '아리타有田'라는 생산지가 아닌 동인도 회사의 VOC 마크를 표시했다. 같은 시대의 중국제와 비교해도 손색이 없을 정도로 우수한 제품을 생산하면서 중국의 연호와 중국 기원의 길조의 의미가 새겨진 한자를 작품에 새겨 중국제의 모조품으로 수출한 것이다.

점차 유럽에서 일본제 자기의 인기가 높아지자 일본에서 만드는 자기의 생산지는 아리타가 아닌 출하항의 이름인 '이마리'란 이름으로 알려졌다. 1715년 막부가 네덜란드와 중국과의 무역량을 규제하면서

동인도 회사의 VOC 마크

이마리야키. 뒷면에 '大明万歷年製'라는 제작 시기가 보인다.

이마리야키. 뒷면에 '富貴長春'라는 글귀가 써 있다.

일본에서 생산된 이마리야키가 중국의 도자기를 모방하여 만들어졌기에 일본의 연호가 아닌 중국 식 연호와 길조의 뜻이 담긴 한자를 새겨 놓았다.

무거운 중량의 도자기 수출이 어려워졌다. 게다가 유럽에서는 1709년에 독일에서 카올린이 발견되어 1710년에 마이센 가마가 탄생했고 18세기 유럽에서는 비교적 싼 가격의 도자기가 시중에 나오면서 동아시아의 비싼 자기는 인기가 시들해졌다. 그 후에 유럽인이 다시 아리타야키를 만나게 되는데 그것은 1867년 파리 만국 박람회에서였다.

1600년경 사쓰마에서는 한국인 도공을 나에시로가와地区에 살게 하면서 일본에서 한국풍 도자기의 제작을 지시했고 번주는 도공들에게 무사의 신분을 수여했다. 또한 번주의 지배권하에 있으면서 그 지역 밖에서 일본인과 접촉을 금지시키며 한국풍의 자기를 만드는 데 전념하도록 요구했다. 사쓰마번에서는 아리타야키와 달리 한국인의 자손들만 사쓰마야키의 생산에 관여해서 번주의 주문과 지시로 작품을 만들었으며 완성된 작품은 번주가 막부의 요인들에게 선사품으로 올렸다. 일반적으로 쓰이지 않았던 사쓰마야키가 점차 유럽에 알려진 것은 1867년 파리 만국 박람회 이후가 된다 .

1867년 파리 만국 박람회의 일본 도자기

1867년 파리 만국 박람회는 일본이 에도시대에서 메이지시대로 전환되기 1년 전으로 도쿠가와 막부, 사쓰마번, 사가번이 참가했다. 여기서 사쓰마번의 사쓰마야키와 사가번의 아리타야키가 높은 평가를 받았다.

1852년경부터 사쓰마야키를 수출하기 위해 유럽인의 기호에 맞게 일본풍의 고급스러운 디자인으로 적극 개량했다가 드디어 1867년 파리 만국 박람회에 하얀색의 세밀하면서 호화로운 문양이 그려진 '사쓰마니시키데'가 출전되었다.

아리타야키는 18세기 중엽부터 유럽에서 판매가 부진해지자 일본 내 생산에 총력을 기울이면서 유럽 수출은 줄어들지만 100년 사이에 유럽풍의 디자인에서 벗어나 섬세하고 아름다운 고가의 일본풍의 작품으로 발전한다. 1862년 런던 만국 박람회에서 주일영국공사 러더퍼드 올콕을 통해 개인적으로 아리타야키가 출전되었는데, 그 평판이 아리타에 전해져 본격적으로 유럽인의 기호에 맞게 연구되면서 1867년에 출전을 준비했다. 그 결과 파리 만국 박람회에서 유럽인들에게 처음으로 호화로운 고가의 사쓰마야키와 100년 만에 세련되고 일본풍으로 변모한 아리타야키가 호평을 얻어 그 명성을 알리면서 유럽 문화에 큰 영향을 끼쳤다.

한편 도자기의 완충재 역할을 하기 위한 우키요에가 그려진 포장지

| 사쓰마야키 | 아리타야키 | 〈기모노를 입은 카미유〉, 모네 |

가 인기를 불러일으켜 점차적으로 자포니즘이란 문화가 탄생했다. 이어서 아르누보의 예술운동과 인상파 클로드 모네, 드뷔시와 모리스 라벨 등의 음악가에게 영향을 미쳤다.

아울러 유럽에서 '자포니즘'이란 문화를 탄생시킨 것은 도자기문화의 기초를 구축한 조선인 도공들이다. 이때 사쓰마야키와 아리타야키의 출전 작품은 만국 박람회 회장에서 모두 매진되었으며 그 판매 대금의 대부분은 유럽제 무기를 사들이는 데 쓰였다.

현재 일본의 도자기문화

메이지시대 이후로 일본은 서양인의 예술문화를 의식하고 여기에 영향을 받으면서 아리타야키와 사쓰마야키를 예술작품으로 탄생시켰다. 그리고 도공들은 예술가로서 인간문화재로 지정되었고 훈장도 수여받았다. 조선에서 끌려온 도공들은 낮은 천민의 신분이었으나 아리타야키를 탄생시킨 이삼평은 도잔 신사陶山神社에 모셔져 신처럼 추앙받는다. 지금도 그의 14대 자손이 아리타에서 활약하고 있다.

사쓰마야키의 가마가 있는 나에시로가와地区에는 단군신을 모시는 신사가 만들어져 한국문화가 보존·보호되고 있다. 현재도 그 지역에서 도공들의 중심으로 활약하고 있는 한국인 자손인 심수관 가문 15대가 현존하고 있다.

고대에서 현대에 이르기까지 일본인들은 외국산 도자기에 강한 동경을 품고 있는 것 같다. 11세기 일본에서는 중국제의 카라모노, 15세기에는 한반도의 고려다완이 일본의 국보가 되었으며, 17세기 일본에서 조선인 도공의 손에 의해 유럽인들로부터 호평을 받는 도자기가 탄생한 것이다. 그러나 현재 일본의 백화점 고급 매장에는 일본의 도자기를 목표로 만들었던 유럽의 도자기 마이센과 리모주 그리고 영국제 본차이나 디너 세트가 일본제 도자기를 밀어내고 진열대를 차지하고 있다.

참고 자료

● **한국어 자료**

강상규,《동아시아 역사학 선언》, 에피스테메, 2021.

구태훈,《일본사 강의》, 휴먼메이커, 2017.

권태일·이수진, '(韓)외래관광객 실태조사와 (日)방일외국인소비동향조사 주요지
　　표 비교분석(2015년)',《숫자로 읽는 문화관광》, 한국문화관광연구원, 2017.

김나영,《코페아신드롬 커피테스팅 가이드》, 코페아신드롬, 2021.

김동규, "몇 학번이세요?', '무슨 띠예요?' 어떻게 물어보면 좋을까?',《일본인의 언
　　어유희》키워드로 읽는 일본어학 3, 한국일어일문학회, 글로세움, 2021.

김민정,《지역 관광지 이미지와 지역 음식 이미지의 조화성이 소비감정 및 만족에
　　미치는 영향》, 세종대학교대학원 박사학위논문, 2015.

김숙자(외),《日本事情, 사진으로 보고 가장 쉽게 읽는 일본문화》, 시사일본어사,
　　2020.

김시덕,《그들이 본 임진왜란》, 학고재, 2012.

김시덕,《일본인 이야기 2: 진보 혹은 퇴보의 시대》, 메디치미디어, 2020.

김찬훈,《다시 보는 일본, 일본인》, 나라아이넷, 2017.

김효진(외),《난감한 이웃 일본을 이해하는 여섯 가지 시선》, 위즈덤하우스, 2018.

나쓰메 소세키, 박현석 역,《도련님》, 동해출판, 2005.

나쓰메 소세키,《도련님》, 책 만드는 집, 2007.

닛케BP, '100년 기업의 생명력 연구'.

다키우라 마사토·오하시 리에, 이경수·사공환 역,《일본어와 커뮤니케이션》, 지식
　　의날개, 2020.

류시화,《백만 광년의 고독 속에서 한 줄의 시를 읽다》, 연금술사, 2014.

목정수, '높임말을 다시 생각한다: 이른바 '사물 존대' 현상에 대한 상념',《새국어생

활》27권 1호, 국립국어원, 2017.

박경자,《일본의 정원》, 학연문화사, 2013.

박경희,《연표와 사진으로 보는 일본사》, 일빛, 1998.

박규태,《현대 일본의 순례 문화》, 한양대학교출판부, 2020.

박상현,《일본문화의 패턴 – 일본문화를 이해하는 10가지 문화형》, 박문사, 2017.

박소현,《하이쿠: 조용한 매미의 울음소리》, 북코리아, 2008.

박은자,《일본의 지역·전문의료기관 연계 약국 도입과 시사점》, 국제사회보장리뷰
　　18권, 한국보건사회연구원, 2021.

스베틀라나 알렉시예비치, 김은혜 역,《체르노빌의 목소리》, 새잎, 2011.

신경애, ‘일본의 선택적부부별성제도에 대한 의식변화’, 동북아시아문화학회 국제
　　학술대회 발표자료집, 2013.

신경호,《현대 일본 사정과 문화》, 성안당, 2014.

신상목,《학교에서 가르쳐 주지 않는 일본사》, 뿌리와이파리, 2017.

심훈,《신 일본견문록 일본을 보면 한국이 보인다》, 한울, 2012.

야마쿠세 요지, 이경수 역,《일본인이 오해받는 100가지 말과 행동: 국제교류와 비
　　즈니스에서 일본을 이해하는 힌트》, 한울, 2013.

양은경,《일본사를 움직인 100인》, 청아출판사, 2012.

오경순, ‘미디어 속 번역문제에 대하여’,《말과 글》, 한국어문기자협회, 2019.

오경순,《번역투의 유혹》, 이학사, 2010.

오수현·이평수, ‘일본 전문의 제도 변화’, 자료집 25, 대한의사협회 의료정책연구소,
　　2016.

오치아이 에미코, 이동원 역,《21세기 가족에게》, 양서원, 2004.

유정래,《이것이 진짜 일본이다》, 세나북스, 2015.

유홍준,《나의 문화유산답사기 일본편 5: 교토의 정원과 다도》, 창비, 2020.

이경수·강상규·동아시아 사랑방 포럼,《알면 다르게 보이는 일본 문화》, 지식의날
　　개, 2021.

이숙의, ‘높임 선어말 어미 ‘– 시 –’에 대하여: 화자의 전략적 불일치 유도 현상에 주
　　목하며’,《한국어학》Vol. 66, 한국어학회, 2015.

이영·서민교,《일본근세근현대사》, 한국방송통신대학교출판문화원, 2015.

이윤미, ‘일본차, 트렌디한 맛의 진원을 찾아서’,《coffee and tea》, 서울꼬뮨, 2021.

이정복, '상황 주체 높임 '-시-'의 확산과 배경', 《언어과학연구》 Vol. 55, 언어과학회, 2010.

이창위, '일본의 도서와 해양경계 문제', 《국제법학회논총》 54권 2호, 대한국제법학회, 2009.

이한정, 《일본문학의 수용과 번역》, 소명출판, 2016.

일본고전독회 편저, 《의식주로 읽는 일본문화》, 제이앤씨, 2018.

일본사학회, 《아틀라스 일본사》, 사계절, 2014.

《일성록(日省錄)》, 서울대학교 규장각 문화재청 국보 153호.

임현선·안덕선·안서원, '한국·중국·일본 의사 양성과정 비교 연구', 《한국의학교육》 19권 4호, 한국의학교육학회, 2007.

정현숙, 《인구위기국가 일본》, 에피스테메, 2021.

정형, 《일본어로 읽는 일본문화》, 다락원, 2016.

조성관, 《도쿄가 사랑한 천재들: 하루키에서 하야오까지》, 열대림, 2019.

조아라, 《일본의 외국인 관광객 지방유치 정책 분석》, 한국문화관광연구원, 2018.

조양욱, 《상징어와 떠나는 일본 역사문화 기행》, 엔북, 2018.

지지통신사(時事通信社), 이경수(외) 역, 《인구감소와 지방 소멸》, 지식과 감성, 2018.

최병호(외 6인), 《건강보험제도의 발전과정 비교연구》, 연구보고서 2005-26, 한국보건사회연구원, 2005.

최보람·조여진·손창규, '일본의 한방의료서비스 현황 조사연구', 《대한한방내과학회지》 35권 3호, 대한한방내과학회, 2014.

최수진, 《책과 여행으로 만난 일본 문화 이야기》, 세나북스, 2020.

츠노다 후사코, 우규일 역, 《우장춘 박사 일대기: 나의 조국》, 북스타, 2019.

타구치 마모루, 윤선해 역, 《카페를 100년간 이어가기 위해》, 황소자리, 2012.

홍광표, 《교토 속의 정원, 정원 속의 교토》, 한숲, 2020.

황명준, '태평양 지역 일본의 팽창주의로부터 읽어내는 우리의 법적 대응 논리', 《법학연구》 Vol. 20, No. 1, 한국법학회, 2020.

● 일본어 자료

アーネスト サトウ, 坂田精一(譯),《一外交官の見た明治維新(上)》, 岩波文庫,
　　1960.

赤土亮二,《喫茶店と日本人》, 旭屋出版, 2019.

アレックス・カー,《ニッポン巡礼》, 集英社, 2020.

粟谷健太郎,《東京裁判への道》, 講談社, 2013.

庵功雄(外),《やさしい日本語のしくみ : 改訂版》, くろしお出版, 2020.

磯野栄治,《言語景観から学ぶ日本語》, 大修館書店, 2020.

石毛直道,《日本の食文化史ー旧石器時代から現代まで》, 岩波書店, 2015.

魚住孝至,《文学・芸術・武道にみる日本文化》, 放送大学振興会, 2019.

江面弘也,《名馬を読む》, 三賢社, 2017.

エー・アール・ティ,《西日本 美術館 ベストガイド》, メイツ出版, 2012.

大和田智文, '若者における一人称の使用の様相とその機能的意味', *The Journal
　　of the Departmenet of Secial Welfare*, Kansai University of Social Welfare, pp.77 –
　　86, No. 13, 2010. 2.

小高 健,《日本近代医学史》, 考古堂書店, 2011.

柿原武史(他),《今こそにある多言語なニッポン》, くろしお出版, 2020.

加藤周,《日本文化における時間と空間》, 岩波書店, 2007.

川口葉子,《京都・大阪・神戸の喫茶店》, 実業之日本社, 2015.

木村衣有子,《東京カフェ案内》, 平凡社, 2002.

草間俊郎,《ヨコハマ洋食文化事始め》, 雄山閣, 1999.

久留島浩(他編),《薩摩・朝鮮陶工村の400年》, 岩波書店, 2014.

小菅桂子,《カレーライスの誕生》, 講談社学術文庫, 2013.

小早川護,《接客は利休に学べ》, WAVE出版, 2013.

五味文彦,《伝統文化(日本の伝統文化)》, 山川出版社, 2019.

権代美重子,《日本のお弁当文化 : 知恵と美意識の小宇宙》, 法政大学出版局, 2020.

齊藤勇,《日本語力で切り開く未来》, 集英社, 2020.

司馬遼太郎・Donald Keene,《日本人と日本文化》, 中公文庫, 1984.

杉田俊介,《宮崎駿論 神々と子どもたちの物語》, NHK出版, 2014.

スタジオジブリ・文春文庫編,《ジブリの教科書3 となりのトトロ》,文藝春秋, 2013.

スタジオジブリ・文春文庫編,《ジブリの教科書7 紅の豚》,文藝春秋, 2014.

滝浦真人・大橋理枝,《日本語とコミュニケーション》,放送大学教育振興会, 2015.

胎中千鶴,《叱られ,愛され,大相撲!「国技」と「興行」の100年史(講談社選書メチ
　エ)》,講談社, 2019.

永積昭,《オランダ東インド会社》,講談社学術文庫, 2000.

夏目漱石,《漱石全集》第二巻,岩波出版, 1994.

夏目漱石,《坊っちゃん》,新潮文庫, 2003.

新田一郎,《相撲 その歴史と技法》,ベースボール・マガジン社, 2016.

新田一郎,《相撲のひみつ》,朝日新聞社, 2010.

新渡戸稲造,《武士道》,三笠書房, 2013.

半藤一利・保阪正康・井上亮,《‘東京裁判’を読む》,日本経済新聞出版社, 2009.

樋口清之,《梅干と日本刀》,祥伝社新書, 2014.

日暮吉延,《東京裁判》,講談社, 2008.

福家聡子(著), 木村銀治郎(監修),《大相撲語辞典:相撲にまつわる言葉をイラ
　ストと豆知識でどすこいと読み解く》,誠文堂新光社, 2018.

藤田正勝,《日本文化をよむ5つのキーワード》,岩波書店, 2017.

文化審議会,《敬語の指針》,文化庁, 2007.

星野智幸,《のこったもう,相撲ファンを引退しない》,ころから株式会社, 2017.

三宅和子,《日本語の対人関係把握と配慮言語行動》,ひつじ書房, 2011.

宮崎駿,《風の帰る場所 ナウシカから千尋までの軌跡》,ロッキング・オン,
　2002.

宮崎駿・加藤登紀子,《時には昔の話を》,徳間書店, 1992.

宮崎駿監修・スタジオジブリ編,《トトロの生まれたところ》,岩波書店, 2018.

村松友視,《銀座の喫茶店ものがたり》,文藝春秋, 2015.

森谷尅久,《身につけよう!日本人のおもてなしの心》,KKロングセラーズ, 2013.

森脇昭介,《松山句碑めぐり》,愛媛新聞サービスセンター, 2014.

山本加奈子(著), 村澤智之(監修),《コーヒー語辞典》,誠文堂新光社, 2015.

和歌山人権研究所,《女人禁制伝統と信仰》,阿吽社, 2020.

● 기타자료

有田町史編纂委員会編,《有田町史陶芸編》,有田町, 1987.

伊万里市教育委員会編,《伊万里・鍋島ギャラリー所蔵品図録》,伊万里市, 2003.

伊万里市史編纂委員会編,《伊万里市史 陶磁器編 古伊万里》,伊万里市, 2002.

大阪市立東洋陶磁美術館編,《東洋陶磁の展開》,大阪市立東洋陶磁美術館, 1999.

大谷派本願寺朝鮮開教監督部 編,《朝鮮開教五十年誌》,大谷派本願寺朝鮮開教監督部, 1927.

大塚国際美術館,《大塚国際美術館 図録100選(日本語版)》,大型本, 2018.

大原美術館,《大原美術館III 児島虎次郎》,図録, 1995.

奥村圓心,《朝鮮國布教日誌》,大谷派本願寺釜山別院, 1883.

鹿児島県高等学校歴史部会編,《歴史散歩(46) - 鹿児島県の歴史散歩》,山川出版社, 2010.

高麗美術館,《高麗美術館蔵品図録》,高麗美術館, 2003.

国立歴史民俗博物館(他),《よみがえれ!シーボルトの日本博物館》,青幻舎, 2016.

ディスカバー・ジャパン,《Discover Japan - テーマでめぐるニッポン》, 2021.

NHKテキスト,《趣味どきっ! 茶の湯を楽しむ》,NHK出版, 2020.

横浜開港資料館編,《横浜開港資料館館報 - 開港のひろば》,復刻版 I (第1号~第34号),横浜開港資料館, 1985.

Alan Scott Pate, *Japanese Dolls: The Fascinating World of Ningyo*, Tuttle Publishing, 2008.

Corporate Longevity Forecast, 2021.

Ian Ruxton (ed.), Sir Ernest Satow, *A Diplomat in Japan, Part II: The Diaries of Ernest Satow, 1870 - 1883*, North Carolina, Lulu Press Inc, 2010.

Jon Van Dyke, Opinion: Speck in the Ocean Meets Law of the Sea, *New York Times*, 1988. Jan. 21.

Mehrotra, Vikas et al., Adoptive Expectations Rising Sons in Japanese Family Firms, *Journal of Financial Economics 108*, 2013, 840–854.

● 홈페이지

https://www.komeda.co.jp/menu/morning.html (고메다 모닝세트)

https://www.okinawa41.go.jp/reports/8060 (오키나와 41)

https://ja.wikipedia.org/wiki/日本の端の一覧 (위키피디아 일본의 끝 일람)

https://www.sangyo‑rodo.metro.tokyo.lg.jp/nourin/suisan/okinotorishima/about (도쿄도 산업노동국)

https://www.jacar.archives.go.jp/das/image/B02031163800?IS_KEY_S1=B02031163 800&IS_ (일본 국립공문서관)

https://www.mlit.go.jp/river/kaigan/main/kaigandukuri/pdf/okinotori.pdf (국토교통성, 오키노토리시마의 보전: 직할해안관리)

https://media.unipos.me/bukatsu (추천 12! 동아리 활동)

https://www.larousse.fr/encyclopedie/peinture/japonisme/152718 (프랑스 〈라루스 백과사전〉 중 '자포니즘')

https://woman.mynavi.jp/article/190604‑8/2/ (平松隆円, 「一人称は僕, オレ, 私? 彼が何を使うかで距離感がわかるかも」, 《マイナビウーマン》)

https://sirabee.com/2019/11/23/20162204093/ (《めざましテレビ》で一人称「わい」を紹介も専門家「飛躍した放送」, 2019年11月23日)

https://www.coffee‑jiten.com/ (コーヒーの歴史(日本編))

https://coffee.ajca.or.jp (全日本コーヒー協会)

https://www.jfa‑fc.or.jp (日本フランチャイズチェーン協会)

https://www.ucc.co.jp (UCC上島珈琲株式会社)

https://www.keycoee.co.jp (キーコーヒー株式会社)

https://www.doutor.co.jp (ドトールコーヒー株式会社)

www.komeda.co.jp (コメダ珈琲)

https://kome‑academy.com/bento_library (Plenus 米食文化研究所)

https://resources.matcha‑jp.com/resize/720x2000/2016/10/13‑4826.jpeg (전통적인 스시)

https://img.buzzfeed.com/thumbnailer‑prod‑us‑east‑1/ccb4620bac9b4a0b99ab2 d8c119166be/BFV30104_SushiDinnerForTwo_FB_NiNo_Final.jpg?output‑ format=auto&output‑quality=auto (캘리포니아 롤)

http://chosirak.com/bbs/board.php?bo_table=dic&wr_id=59 (가이세키 요리)

https://ja.wikipedia.org/wiki/ (文学賞の一覧)

https://www.naru‐navi.com/award (高額賞金の文学賞)

https://loohcs.jp/articles/1196 (日本の文学賞にはどんなものがある)

https://crea.bunshun.jp/articles/‐/3078 (회중시계)

http://www.moj.go.jp/MINJI/minji36.html (選択的夫婦別氏制度について)

https://president.jp/articles/‐/33237 (日本の"夫婦同姓"制度のデメリット3つ)

https://www.asahi.com/articles/ASP4P4QVXP4PUTIL02B.html (米国での別姓婚
「日本でも有効」)

https://zexy.net/mar/manual/guest_gosyugi/chapter2.html (축의금봉투)

http://www.yuinou‐center.co.jp/html/page28.html (結納品전문통판점)

https://www.maff.go.jp (농림수산성)

https://edupedia.jp/article/53b1576603de53289d165cfe (農業ビジネス)

https://www.sangyo.net/ (제1차산업네트)

https://www.alic.go.jp/vegetable/index.html (農畜産業振興機構)

https://cnnongup.chungnam.go.kr/ (논산 딸기 시험장)

https://irodori.co.jp/ (株いろどり)

https://www.pref.niigata.lg.jp (니가타현청)

https://enjoyniigata.com/korean (니가타현 관광협회)

https://ponshukan.com (사케 박물관‐폰슈칸)

https://www.naqs.go.kr/ (국립농산물품질 관리원)

https://ja.wikipedia.org/wiki/%E4%B8%8A%E9%87%8E%E4%B8%8D%E5%BF%8
D%E6%B1%A0%E7%AB%B6%E9%A6%AC (上野不忍大競馬)

https://www.gifu‐np.co.jp/articles/‐/2652 (오구리캡)

https://www.kochinews.co.jp/article/detail/298445 (하루우라라)

https://news.line.me/articles/oa‐flash/a4fe90b23724 (다케 유타카)

https://www.kochinews.co.jp

https://older.minpaku.ac.jp/museum/exhibition/traveling/siebold_tokyo (국립민속
학박물관 전시회 포스터)

https://www.kahaku.go.jp/event/2016/09Siebold/Siebold_2016.pdf (국립과학박물

관 포스터)

https://m.medigatenews.com/news/1076383582 (김웅철, '일본 약국은 지금 혁명 중...드라이브스루에 처방약 오토바이 배달까지', 메디게이트 뉴스, 2018)

https://ja.wikipedia.org/wiki/日本の医療 (일본의 의료)

https://ja.wikipedia.org/wiki/%E6%97%A5%E6%9C%AC%E8%AA%9E%E3%81%AE%E4%B8%80%E4%BA%BA%E7%A7%B0%E4%BB%A3%E5%90%8D%E8%A9%9E (日本語の一人称代名詞)

https://woman.mynavi.jp/article/190604-8/ (一人称は僕、オレ、私?彼が何を使うかで距離感がわかるかも|「マイナビウーマン」(mynavi.jp))

https://www.excite.co.jp/news/article/Sirabee_20162204093/ (《めざましテレビ》で一人称「わい」を紹介も専門家「飛躍した放送」(2019年11月23日)‐エキサイトニュース (excite.co.jp))

https://www.pref.kagoshima.jp (鹿児島)

https://haiku-textbook.com (俳句の教科書)

https://kimetsu.com/ (귀멸의 칼날)

http://sumikama.co.jp/ (세키시산 삼덕칼)

https://www.ichimonji.co.jp/ (사카이시산 버드나무칼)

http://www.mizkan.co.jp/natto/mame (ミツカン納豆のサイト)

https://tokubai.co.jp/news/articles/3422 (トクバイニュース)

https://tokubai.co.jp/news/articles/2505 (トクバイニュース)

https://www.maff.go.jp (農林水産省)

찾아보기